suhrkamp taschenbuch 1514

Hans Jonas, geboren 1903, studierte bei Husserl, Heidegger und Bultmann. 1928 promoviert er bei Heidegger und Bultmann über den Begriff der Gnosis. 1933 Emigration nach England, 1935 nach Palästina. 1949 Übersiedlung nach Kanada, 1955 nach USA. Dozenturen und Professuren in Jerusalem, Kanada und USA. Von 1982 bis 1983 erste Eric-Voegelin-Gastprofessur an der Ludwig-Maximilians-Universität in München. 1987 erhält er den Friedenspreis des Deutschen Buchhandels. Seine Bücher im suhrkamp taschenbuch: *Das Prinzip Verantwortung. Versuch einer Ethik für die technologische Zivilisation* (st 1085), *Macht oder Ohnmacht der Subjektivität? Das Leib-Seele-Problem im Vorfeld des Prinzips Verantwortung* (st 1513) und *Technik, Medizin und Ethik. Zur Praxis des Prinzips Verantwortung* (st 1514).

In dem Buch *Technik, Medizin und Ethik* probiert Jonas die Anwendung des ›Prinzips Verantwortung‹ an paradigmatischen Fällen im Felde biologischer Forschung und ärztlicher Praxis aus.

Er greift eine Reihe von praktischen Fragen auf, die sich aus dem explosiven Fortschritt der Naturwissenschaft für die Ethik (als Lehre vom »guten Leben«) ergeben. Von welchem Ende des breiten technologischen Spektrums aus, fragt Jonas, kann tunlichst ein Anfang gemacht werden mit der konkreten Anwendung sittlicher Normen in diesem Neuland der Verantwortung? Am besten doch wohl von dem uns nächsten, wo die Technik direkt den Menschen zum Gegenstand hat und unser Wissen um uns selbst, die Idee von unserem Gut und Übel, ihr direkt antworten kann – also im Bereich der Humanbiologie und der Medizin. Hier, beim Menschen mit sich allein, braucht die Ethik noch wenig Wissenschaft von der großen Welt, vom lokalen und globalen Gleichgewicht der Biosphäre und der Fernwirkung ihrer Störungen, um ihren Weg zu finden.

Die »Machbarkeiten«, die zumal die neuartigsten und ehrgeizigsten Wege biogenetischer und medizinischer Technik anbieten und die besonders den Anfang und das Ende unseres Daseins betreffen, rühren an letzte Fragen unseres Menschseins: an den Begriff des menschlich Guten, den Sinn von Leben und Tod, die Würde der Person, die Integrität des Menschenbildes. Ihnen gegenüber kann der Philosoph schon jetzt, ohne auf die (noch ferne) Globalwissenschaft von der Umwelt warten zu müssen, die Begegnung der Ethik mit der Technik stattfinden lassen.

Hans Jonas
Technik, Medizin und Ethik

Zur Praxis
des Prinzips Verantwortung

Suhrkamp

Umschlagfoto: Isolde Ohlbaum

suhrkamp taschenbuch 1514
Erste Auflage 1987
© Insel Verlag Frankfurt am Main 1985
Lizenzausgabe mit freundlicher Genehmigung des
Insel Verlags, Frankfurt am Main
Suhrkamp Taschenbuch Verlag
Alle Rechte vorbehalten, insbesondere das
des öffentlichen Vortrags, der Übertragung
durch Rundfunk und Fernsehen
sowie der Übersetzung, auch einzelner Teile.
Druck: Ebner Ulm
Printed in Germany
Umschlag nach Entwürfen von
Willy Fleckhaus und Rolf Staudt

2 3 4 5 6 – 92 91 90 89 88 87

*Für Gertrud und Immanuel Kroeker
in alter, doch nie veraltender Freundschaft*

Inhalt

Vorwort 9

1. Warum die moderne Technik ein Gegenstand für die Philosophie ist 15
2. Warum die moderne Technik ein Gegenstand für die Ethik ist 42
3. Auf der Schwelle der Zukunft: Werte von gestern und Werte für morgen 53
4. Wertfreie Wissenschaft und Verantwortung: Selbstzensur der Forschung? 76
5. Freiheit der Forschung und öffentliches Wohl 90
6. Im Dienste des medizinischen Fortschritts: Über Versuche an menschlichen Subjekten . . . 109
7. Ärztliche Kunst und menschliche Verantwortung 146
8. Laßt uns einen Menschen klonieren: Von der Eugenik zur Gentechnologie 162
9. Mikroben, Gameten und Zygoten: Weiteres zur neuen Schöpferrolle des Menschen 204
10. Gehirntod und menschliche Organbank: Zur pragmatischen Umdefinierung des Todes . 219
11. Techniken des Todesaufschubs und das Recht zu sterben 242
12. Aus öffentlichen Gesprächen über das Prinzip Verantwortung:
    a. Podiumsgespräch (1981): »Möglichkeiten und Grenzen der technischen Kultur« 269
    b. Interview (1981): »Im Zweifel für die Freiheit?« 301

Bibliographische Notiz 323

Vorwort

Das Prinzip Verantwortung (1979) hatte einen »angewandten Teil« in Aussicht gestellt, worin die neue Art von ethischen Fragen und Pflichten, die uns die Pandorabüchse der Technik zugleich mit ihren Gaben beschert, an ausgewählten Beispielen sichtbar gemacht und womöglich die richtige Antwort des Handelns darauf ermittelt werden soll. Dieser Schritt vom Allgemeinen zum Besonderen und von der Theorie in die Nähe der Praxis wird in den hier vereinigten Aufsätzen versucht. Sie wollen also einen Anfang mit der »Kasuistik« machen, deren das erst zu erkundende Neuland technologischer Verantwortung noch mehr bedarf, als Moral und Recht im allgemeinen es auf schon bekanntem Terrain tun. Von welchem Ende des breiten technologischen Spektrums kann ein solcher Anfang gemacht werden? Am besten doch wohl von dem uns nächsten, wo die Technik direkt den Menschen zum Gegenstand hat und unser Wissen um uns selbst, die Idee von unserm Gut und Übel, ihr direkt antworten kann – also im Bereich der *Humanbiologie* und der *Medizin*. Hier, beim Menschen mit sich allein, ist die Ethik noch auf heimischem Boden und braucht wenig Wissenschaft von der großen Welt, vom lokalen und globalen Gleichgewicht der Biosphäre und der Fernwirkung ihrer Störungen, um ihren Weg zu finden. Das hier bereits Sichtbare, auch erst Denkbare, läßt sich im Licht unseres Menschenbildes schon jetzt mit einiger, theoretischer wie präskriptiver, Schlüssigkeit behandeln – und das bindend Gefundene auch unschwer befolgen, denn keine äußere Nötigung (außer beim Bevölkerungsproblem) treibt hier das Können zur Tat. In diesem Horizont also nehmen die folgenden Untersuchungen ihren Stand.

Gewiß ist nach dem Maßstab kollektiver Bedrohung, der die Verantwortung heute begegnen muß, manches andere von größerer und gröberer Dringlichkeit als die feingetönten, z. T. ganz persönlichen Fragen medizinischer und gentechnischer Humanität. Man denkt zuerst an die jähe Drohung des atomaren Holocaust, dann an die schleichende der Umweltzerstörung. Aber über jene – den Selbstmord der Menschheit – braucht die Ethik keine Worte zu verlieren außer dem unbedingten *Nein,* über das sich alle einig sind, auch ohne Philosophie. Ethik und Metaphysik haben ihr esoterisches Wort dazu gesagt, wenn sie gezeigt haben, *warum* das Nein *unbedingt* sein muß – mit einem denkgültigen *Grund* für die unbedingte *Pflicht* der Menschheit zu ihrem eigenen Dasein (wir haben im *Prinzip Verantwortung* einen Versuch dazu gemacht). *Wie* der Wahnsinn – die buchstäbliche Todsünde – zu vermeiden sei, ist Sache der Politik, wo die Einstimmigkeit bekanntlich aufhört. Ethische *Theorie* hat hier um so weniger noch etwas zu verrichten, als selbst die Radikalform der Vermeidung, die gänzliche Abschaffung der Kernwaffen, im Unterschied zu sonst erwägbaren Abschaffungen bedenklicher technischer Machtarten, niemandem wehtut, keinerlei Opfer im Genuß allen Segens wie Unsegens der (von jener Abschaffung ja nicht weiter berührten) Technologie auferlegt, vielmehr deren konsum- und wohlfahrtsdienliche Produktivität durch Ersparung des Aufwandes am Vernichtungspotential nur erhöht: so daß die durchaus ethische Frage gar nicht entsteht, welche Opfer nun wem nach gerechter Lastenverteilung zugemutet werden dürfen. Für Vernunft und Sittlichkeit ist hier außerhalb der Wildnis der Politik alles sonnenklar, und für das Abwägen widerstreitender Rechte oder Güter kein Platz. Daher spricht dieses Buch nicht davon.

Eine solche Eindeutigkeit mangelt der anderen apokalyptischen Drohung moderner Technik, der schleichenden Zerstörung der Umwelt, die mit einer nicht geringeren Verödung und vielleicht noch größeren Leiden enden kann als die Einmalkatastrophe. Zwar wird das *Nein* zu dem deutlich genug vor den Blick gestellten Endruin wohl so einmütig sein wie das zum Atomtod. Aber der Prozeß dahin schreitet auf hundert Pfaden und in tausend kleinen Schritten fort, überall voll von Unbekannten hinsichtlich der kritischen Schwellenwerte, also offenen Fragen, wie weit man hier oder dort gehen darf; nicht in dramatischen Entscheidungen, sondern in banaler Alltäglichkeit und durch den Einsatz an sich unschuldiger, dem Leben förderlicher, ja ihm nötig gewordener Mittel – der gesamten, rastlos tätigen Technik unserer Gütererzeugung, die den weltweiten Verzehr speist. Da kann von schmerzloser Verhütung, wie bei den schweigend wartenden Arsenalen, nicht mehr die Rede sein, und die Einmütigkeit des *Nein* zur abstrakten Zukunftsdrohung geht verloren: die des Wissens, weil es mangelhaft ist; die des Wollens, weil das opferheischende, ferne Vielleicht die von heutiger Gewißheit Bedrängten nicht trifft. Selbst das *ethische* Ja zur allgemeinen Pflicht wird mit sich uneins, weil die ungleiche Verteilung der global verlangten Opfer die Sittlichkeit selbst beleidigt: Wer möchte hungernden Bevölkerungen Umweltschonung predigen?

In dieses Dickicht einzudringen, sich darin schon kasuistisch zu versuchen, ist für den Philosophen verfrüht. Die dafür vorausgesetzte *integrale Umweltwissenschaft* gibt es noch nicht. Zumindest müssen erst die hier zuständigen Sachwissenschaften (der Natur wie der Wirtschaft) aus dem Netzwerk der Kausalitäten die praktischen Optionen herausarbeiten, an denen die ethische Prüfung dann im einzelnen ansetzen kann, und das steckt erst in den Anfängen. Noch können wir das Teleskop nicht mit der Lupe vertauschen. Inzwischen, bis es um die kognitiven Vorbedingungen des Konkretwerdens bessersteht, müssen Ehrfurcht und Vorsicht, von denen im *Prinzip Verantwortung* die Rede war, und das Bewußtsein der Gefahr überhaupt uns im allgemeinsten Sinn von verderblichem Leichtsinn zurückhalten und einen Geist neuer Enthaltsamkeit in uns großziehen. Daher – aus dem Gegenteil der »Übereinfachheit« nuklearer

Apokalyptik – schweigt dies Buch auch von der Umweltethik, wo es sich an Paradigmen der Praxis versucht.

Diese also sind alle dem Gebiet der Humanbiologie entnommen. Sosehr auch sie, auf dem Weg über das Bevölkerungsproblem, in die Ökologie hineinreicht und in dieser Hinsicht, als Faktor im Umweltschicksal und Funktion davon, ebenfalls eine Sache von Zahlen und objektiven Kausalgrößen ist – ein Stück biosphärischer Naturwissenschaft also –, so stellt sie doch in sich selbst eine Dimension der *Sittlichkeit* dar, in der wesentlich qualitative, nichtquantitative Fragen rein menschlicher Art unsere menschliche, wertende Antwort fordern. Hierzu müssen wir in uns selbst hineinhorchen. Die Fragen aber, die heute hier unsere Antwort heischen, entspringen der gebietseigenen neuen Technologie dieses Bereichs, die unter dem erweiterten Begriff der *Medizin* befaßt werden kann. Wohl die älteste Vereinigung von Wissenschaft und Kunst, war die Medizin, im Unterschied zur ausbeutenden Technik der Umweltmeisterung, wesenhaft zum Wohl ihres Objektes gedacht. Mit dem eindeutigen Ziel der Krankheitsbekämpfung, der Heilung und Linderung war sie bislang ethisch fraglos und nur ihr jeweiliges Können dem Zweifel ausgesetzt. Doch mit ihren völlig neuen Machtmitteln – ihrem Gewinnanteil am allgemeinen wissenschaftlich-technischen Fortschritt – kann sie sich heute Ziele setzen, die dieser fraglosen Wohltätigkeit entbehren; auch die herkömmlichen mit Methoden verfolgen, die ethische Zweifel wecken. Die »Machbarkeiten«, die zumal die neuartigsten und ehrgeizigsten dieser Ziele und Wege anbieten und die besonders den Anfang und das Ende unseres Daseins, unser Geborenwerden und unser Sterben betreffen, rühren an letzte Fragen unseres Menschseins: an den Begriff des ›bonum humanum‹, den Sinn von Leben und Tod, die Würde der Person, die Integrität des Menschenbildes (religiös: der ›imago dei‹). Das sind echte Fragen für den Philosophen, die er angehen kann nach Kriterien des Wesens und daher frei vom Rätselspiel der Zahlen und der verschlungenen Weltkausalitäten, welche die Wirkung unseres Tuns im Großen beherrschen. Hier, wo schon das einzelne Paradigma seine ganze Wahrheit zu sagen hat, kann er die Begegnung der Ethik mit der Technik am Beispiel seiner Wahl und mit den ihm eigenen Mitteln versuchsweise stattfinden lassen und braucht nicht auf die fertige Wissenschaft von der globalen Krankheit und ihrer möglichen Heilung zu warten. Hier auch, wie schon gesagt, wird die Befolgung einer gewonnenen ethischen Einsicht nicht selbst wieder zum Problem.

Soviel zur besonderen Thematik der hier versuchten Anwendungen des *Prinzips Verantwortung* auf konkrete »Fälle« im technologischen Feld (Abhandlungen 6-11). Allgemeinere Betrachtungen zum Thema »Wissenschaft, Technik und Ethik«, die auch den Nichtleser des früheren Werkes ins systematische Bild setzen, umrahmen die speziellen Erörterungen. Diese selbst sind über viele Jahre aus wechselnden Anlässen entstanden – der früheste Beitrag stammt aus dem Jahre 1968. In ihrem jetzigen, meist unveränderten Erscheinen enthalten sie sicher vieles, was inzwischen in der rapide anwachsenden Literatur auch von anderen gesagt wurde. Es ist ein ermutigendes Zeichen, daß das öffentliche Gespräch vielsprachig im Gange ist. Unterschiede der Meinungen sind dabei so wichtig wie Übereinstimmungen. Man sehe es meinem Alter nach, daß ich mir versagen mußte, dem jetzigen Stand durch entsprechende Hinweise gerecht zu werden. Das Vorgetragene gibt – tastend, wie es dem Gegenstand angemessen ist – auch heute noch meine Ansicht der Dinge wieder.

Eine bibliographische Notiz am Ende des Bandes gibt Auskunft über die Veröffentlichungsgeschichte der einzelnen Beiträge in ihren englischen und deutschen Fassungen.

New Rochelle, New York, USA
April 1985
Hans Jonas

I. Warum die moderne Technik ein Gegenstand für die Philosophie ist

Da die Technik heutzutage in beinahe alles hineinreicht, was den Menschen betrifft – Leben und Sterben, Denken und Fühlen, Tun und Erleiden, Umwelt und Dinge, Wünsche und Schicksal, Gegenwart und Zukunft –, kurz, da sie ein sowohl zentrales wie bedrängendes Problem des gesamten menschlichen Seins auf Erden geworden ist, so ist sie damit auch Sache der Philosophie geworden, und es muß so etwas wie eine Philosophie der Technologie geben. Diese steckt noch in den Anfängen, und man muß auf sie hinarbeiten. Hierzu muß man sich erst des Phänomens selber deskriptiv versichern und ihm analytisch die Einzelaspekte von philosophischer Dignität abgewinnen, mit denen sich dann in der Interpretation des Ganzen weiterarbeiten läßt. Damit wollen die folgenden Ausführungen einen Anfang machen, indem sie nach der Eigenart dieser neuen Technologie fragen, die plötzlich mit so extremen Attributen wie utopische Verheißung und apokalyptische Drohung – einer quasi eschatologischen Qualität jedenfalls – ausgestattet erscheint.

Nützlich für unseren Zweck ist hier die alte Unterscheidung von »Form« und »Stoff«, die es uns erlaubt, die folgenden zwei Hauptthemen zu unterscheiden:

1. Die *formale Dynamik* der Technologie als eines fortlaufenden kollektiven Unternehmens, das nach eigenen »Gesetzen der Bewegung« voranschreitet.

2. Der *substantielle Inhalt* der Technologie, bestehend in den Dingen, die sie in menschlichen Gebrauch stellt, den Vermögen und Gewalten, die sie uns verleiht, den neuartigen Zielen, die sie uns eröffnet oder diktiert, und den veränderten Weisen menschlichen Handelns und Verhaltens selber.

Das erste, formale Thema betrachtet die Technologie als abstraktes Ganzes einer Bewegung; das zweite, inhaltliche, ihren mannigfachen konkreten Gebrauch und dessen Wirkung auf unsere Welt und unser Leben. Der formale Zugang will die durchgehenden »Prozeßeigenschaften« erfassen, wodurch moderne Technologie »sich« – durch unser Tun natürlich – in jedesmal folgende und überholende Neuheit vorantreibt. Der materiale Zugang will die Arten der Neuheit selbst mustern, sie zu klassifizieren suchen (sie gewissermaßen in eine »Taxonomie« bringen) und ein Bild davon gewinnen, wie die mit ihnen ausstaffierte Welt aussieht.

Ein drittes Thema, beide übergreifend, wäre die ethische Seite der Technologie als Auflage auf die menschliche Verantwortung, die später zu Wort kommen soll. In systematischer Ordnung demnach betreffen die drei angezeigten Themen, die als Grundriß für die anzustrebende Philosophie der Technologie dienen können, die »Form«, den »Stoff« und die »Ethik« der Technologie. Während das dritte (und wichtigste) Thema wertend ist, sind die ersten zwei, hier behandelten, analytisch und beschreibend.

Die formale Dynamik der Technologie

Zuerst denn, noch ganz absehend von konkreten Errungenschaften der Technik, einige Bemerkungen über ihre Form als eine abstrakte Ganzheit von Bewegung, die man dann wohl »Technologie« nennen darf. Da es dabei um Merkmale *moderner* Technik geht, ist die erste Frage, worin diese sich *formal* von aller früheren unterscheidet. Da ist denn eine Hauptunterscheidung eben die im Namen »Technologie« angedeutete, daß moderne Technik ein Unternehmen und ein Prozeß ist, während frühere ein Besitz und ein Zustand war.

Vormoderne Technik

Wenn der Begriff »Technik«, grob beschrieben, den Gebrauch künstlicher Werkzeuge und Vorrichtungen für das Geschäft des Lebens bezeichnet, zusammen mit deren ursprünglicher Erfindung, wiederholender Herstellung, hin und wieder Verbesserung und gelegentlich auch Hinzufügung zum bestehenden Arsenal, dann trifft solch eine geruhsame Beschreibung wohl auf die meiste Technik im Verlauf der Menschheitsgeschichte (mit der sie gleichaltrig ist) zu, aber nicht auf die moderne Technologie. Denn in der Vergangenheit pflegte ein bestehendes Inventar von Werkzeugen und Verfahren ziemlich konstant zu sein und auf ein gegenseitig angepaßtes, statisches Gleichgewicht von anerkannten Zwecken und geeigneten Mitteln hin zu tendieren. War ein solches Verhältnis einmal hergestellt, so blieb es für lange Zeiten ein nicht weiter herausgefordertes Optimum technischer Kompetenz. Gewiß, Revolutionen kamen vor, aber mehr durch Zufall als durch Absicht. Die Ackerbau-Revolution (vom Jäger- und Nomadenleben), die metallurgische (von der Stein- zur Eisenzeit), der Aufstieg der Städte und ähnliche Entwicklungen »passierten« sozusagen und waren nicht bewußt veranstaltet, und ihr Tempo war so langsam, daß sie nur in der Zeitkontraktion historischer Rückschau das Aussehen von »Revolutionen« gewinnen (mit dem irreführenden Nebensinn, daß die Zeitgenossen sie als solche empfanden). Selbst wo ein Wechsel plötzlich war, wie bei der Einführung erst des Streitwagens, dann bewaffneter Reiterei in die Kriegführung – eine heftige, wenn auch kurzlebige Revolution in der Tat –, entsprang die Neuerung nicht von innerhalb der Kriegskunst der davon betroffenen, fortgeschrittenen Gesellschaften, sondern wurde ihnen von außen aufgezwungen von (viel weniger zivilisierten) Völkerschaften Zentralasiens. Andere technische »Durchbrüche«, wie Purpurfärbung in Phönizien, »Griechisches Feuer« in Byzanz, Porzellan und Seide in China, Stahlhärtung in

»Damaskus«, blieben – anstatt sich durch die technologische Welt ihrer Zeit auszubreiten – eifersüchtig gehütete Monopole ihrer Urhebergesellschaften. Andere wiederum, wie die hydraulischen und Dampfkraft-Spielereien alexandrinischer Mechaniker oder Kompaß und Schießpulver bei den Chinesen, wurden nicht erkannt in ihrem ernsthaften technologischen Potential.[1] Im ganzen hatten die großen klassischen Kulturen relativ früh einen technologischen Sättigungspunkt erreicht – eben das vorerwähnte »Optimum« im Gleichgewicht von Mitteln und Fertigkeiten mit anerkannten Bedürfnissen und Zielen – und fanden später wenig Grund, darüber hinauszugehen. Von da an regierte zuoberst die Konvention. Von Töpferei zu Monumentalbauten, von Bodenbestellung zu Schiffsbau, von Textilien zu Kriegsmaschinen, von Zeitmessung zu Himmelskunde: Werkzeuge, Techniken und Ziele blieben wesentlich dieselben durch lange Zeiträume, Verbesserungen kamen sporadisch und ungeplant, Fortschritt daher – wenn überhaupt[2] – in unauffälligen Zutaten zu einem allgemein hohen Niveau, das noch heute unsere Bewunderung erregt und, dem geschichtlichen Faktum nach, eher zum Nachlassen durch Abstieg als zu übertreffenden Neuerungen durch weiteres Schöpfertum neigte. Mindestens war ersteres (wenn es im großen geschah) das mehr bemerkte Phänomen und von den Epigonen mit wehmütiger Erinnerung an eine bessere Vergangenheit beklagt (wie in der niedergehenden römischen Welt). Doch selbst in den Zeiten kräftiger Blüte gab es keine proklamierte *Idee* einer Zukunft *beständigen Fortschritts* in den Künsten; und wichtiger noch: niemals eine vorsätzliche *Methode*, ihn herbeizuführen – wie Forschung, Experiment, risikowilliges Ausprobieren unorthodoxer Pfade, weitreichender Austausch von Informationen darüber usw. Am allerwenigsten aber gab es *Naturwissenschaft* als ein wachsendes Korpus der Theorie, die solche halbtheoretischen, vorpraktischen Tätigkeiten hätte leiten können – von einer gesellschaftlichen Institutionalisierung all dieser Dinge gar nicht erst zu reden.

Kurz, sowohl in Routine wie Instrumentarium erschienen die »Künste« ihren Zwecken adäquat und standen daher so fest wie diese Zwecke selbst.[3]

Moderne Technik

Das gerade Gegenteil dieses Bildes gilt für die moderne Technik, und dies ist für uns ihr erster philosophischer Aspekt. Beginnen wir mit einigen naheliegenden Feststellungen.

1. Jeder neue Schritt in irgendwelche Richtung in irgendeinem technischen Gebiet steuert nicht etwa auf einen Gleichgewichts- oder »Sättigungs«-Punkt in der Anpassung von Mitteln an vorgegebene Zwecke zu, sondern – im Gegenteil – wird im Erfolgsfalle der Anlaß zu weiteren Schritten in alle möglichen Richtungen, wobei die Zwecke selber sich »verflüssigen« (s.u.). Bloßer »Anlaß« wird zur zwingenden Ursache bei jedem größeren oder »wichtigen« Schritt – und dies mag geradezu ein Kriterium dafür sein, daß er das war. Auch der jeweilige Neuerer selbst *erwartet* dergleichen von der Lösung seiner unmittelbaren Aufgabe, sowenig er sagen kann, wohin ihre Fortpflanzung darüber hinaus führt.

2. Jeder technischen Neuerung ist es sicher, sich schnell durch die technologische Ökumene zu verbreiten, wie dies auch bei theoretischen Entdeckungen in den Wissenschaften der Fall ist. Die technologische Verbreitung geht, mit geringem Zeitunterschied, auf der Ebene des Wissens wie der praktischen Aneignung vor sich: erstere (samt ihrer Geschwindigkeit), garantiert durch die universelle Interkommunikation, die selber eine Errungenschaft des technologischen Komplexes ist; die zweite, erzwungen durch den Druck des Wettbewerbs.

3. Das Verhältnis von Mitteln zu Zwecken ist hierbei nicht einsinnig linear, sondern dialektisch zirkulär. Vertraute, seit je erstrebte Zwecke mögen bessere Befriedigung

durch neue Techniken finden, deren Entstehung sie eingegeben hatten. Aber ebenso – und zunehmend typisch – mögen umgekehrt neue Techniken neue Zwecke, an die niemand je zuvor gedacht, eingeben, erzeugen, sogar aufzwingen, einfach durch das Angebot ihrer Ausführbarkeit. Wer hatte je den Wunsch, große Oper oder offene Herzchirurgie oder Leichenbergung von einer Flugzeugkatastrophe in seinem Wohnzimmer vorgeführt zu haben (von der mitgelieferten Reklame für Seifen, Kühlschränke und Damenbinden zu schweigen)? oder seinen Kaffee aus Papierbechern mit Einmalgebrauch zu trinken? oder künstliche Insemination, Retortenbabys und Gastschwangerschaften zu haben? oder Klone von sich selbst und anderen herumlaufen zu sehen?

Technologie also fügt den Gegenständen menschlichen Begehrens und Bedürfens neue und neuartige hinzu, ja ganze Gattungen solcher Gegenstände – und vermehrt damit auch ihre eigenen Aufgaben. Der letzte Punkt zeigt das Dialektische oder Kreisförmige des Falles an: Zwecke, die zunächst ungebeten und vielleicht zufällig durch Tatsachen technischer Erfindung erzeugt wurden, werden zu Lebensnotwendigkeiten, wenn sie erst einmal der sozialökonomischen Gewohnheitsdiät einverleibt sind, und stellen dann der Technik die Aufgabe, sich ihrer weiter anzunehmen und die Mittel zu ihrer Verwirklichung zu vervollkommnen.

4. »Fortschritt« ist daher nicht eine ideologische Verzierung der modernen Technologie und auch nicht bloß eine von ihr angebotene Option, die wir ausüben können, wenn wir wollen, sondern ein in ihr selbst gelegener Antrieb, der über unseren Willen hinweg (obwohl meist im Bunde mit ihm) sich in der formalen Automatik ihres Modus operandi und dessen Widerspiel mit der nutznießenden Gesellschaft auswirkt. »Fortschritt« ist hierbei kein Wertbegriff, sondern rein beschreibend. Wir mögen seine Tatsache beklagen und seine Früchte verabscheuen und müssen doch mit ihm gehen, denn außer bei (durchaus möglicher) Selbstzerstörung durch seine Werke rollt das Ungetüm voran, ständig

seine mutierenden Sprößlinge gebärend, in Erwiderung von Mal zu Mal auf die Anforderungen und Lockungen des Jetzt. Aber, obwohl kein Wertbegriff, ist »Fortschritt« hier doch auch kein *neutraler* Ausdruck, für den wir einfach »Veränderung« einsetzen könnten. Denn es liegt in der Natur der Sache, als ein Gesetz der Serie, daß jedes spätere Stadium nach Kriterien der Technik selbst dem vorangehenden *überlegen* ist.[4] Hier also liegt ein Fall von antientropischem Prozeß vor (biologische Entwicklung ist ein anderer), wo die innere Bewegung eines Systems, wenn sich selbst überlassen und nicht von außen gestört, als Regel zu immer »höheren« und nicht »niedrigeren« Zuständen seiner selbst führt. Das jedenfalls ist zur Zeit der Befund.[5]

Wenn Napoleon sagte: »Die Politik ist das Schicksal«, so kann man heute wohl sagen: »Die Technik ist das Schicksal.«

Diese Punkte gehen weit genug, um die anfängliche Behauptung zu erläutern, daß die moderne Technologie, ungleich der traditionellen, ein Unternehmen und nicht ein Besitz ist, ein Prozeß und nicht ein Zustand, ein dynamischer Antrieb und nicht ein Vorrat von Werkzeugen und Fertigkeiten. Und sie deuten bereits gewisse »Bewegungsgesetze« für dies ruhelose Phänomen an. Was beschrieben wurde – erinnern wir uns –, waren formale Züge, die noch wenig über den Inhalt des »Unternehmens« zu sagen hatten. Wir stellen zwei Fragen an diese Beschreibung: *Warum* ist es so, d. h. was *verursacht* die Rastlosigkeit moderner Technologie – was ist die Natur des Antriebs? Und: Was ist die *philosophische* Bedeutung der so erklärten Tatsachen?

Kausalerklärung: Zwänge und Triebe zum technischen Fortschritt

Wie bei einem so komplexen Phänomen zu erwarten, sind der bewegenden Kräfte viele, und einige kausale Winke enthielt schon die vorige Beschreibung.

Wir erwähnten den *Druck des Wettbewerbs* – um Profite, aber auch um Macht, Sicherheit, Prestige usw. – als ein Perpetuum movens in der universellen *Aneignung* technischer Verbesserungen. Ebenso wirksam ist er natürlich schon in ihrer Hervorbringung, d. h. im Prozeß der Erfindung selbst, der heutzutage von ständiger Finanzhilfe und sogar Zielsetzung von außen abhängt: Mächtige Interessen sorgen für beides. Krieg oder seine Drohung hat sich als besonders potenter Faktor bewiesen. Die weniger dramatischen Faktoren sind Legion. »Den Kopf über Wasser halten« ist ihr gemeinsames Prinzip. (Etwas paradox bei einem Überfluß, der schon weit übertrifft, womit frühere Zeiten auf immer glücklich gewesen wären.)

Wettbewerb ist nicht die einzige Art des Druckes hinter der Fortbewegung der Technologie. Bevölkerungszunahme, z. B., und drohende Erschöpfung von Naturreserven wirken als Triebkräfte unabhängig davon. Da beide bereits selber Nebenprodukte erfolgreicher Technik sind, können sie als gutes Beispiel für die allgemeinere Wahrheit dienen, daß zu einem beträchtlichen Grad die Technik selbst die Probleme schafft, die sie dann durch einen neuen Vorwärtsschub ihrer selbst zu lösen hat. (Die »grüne Revolution« und die Entwicklung synthetischer Ersatzstoffe oder alternativer Energiequellen fallen hierunter.) Diese Zwänge zum Fortschritt würden demnach selbst für eine Technologie in konkurrenzfreien, z. B. sozialistischen Verhältnissen wirksam sein.

Ein autonomerer und spontanerer Antrieb als diese Arten von fast mechanischem Stoß mit ihrem »schwimm oder sink«-Imperativ wäre der Zug der quasi-utopischen Vision eines immer »besseren Lebens«, ob vulgär oder edel aufgefaßt, nachdem die Technik erst einmal die anscheinende Fähigkeit zur fortschreitenden Beschaffung seiner Bedingungen bewiesen hat: Appetit geweckt von der *Möglichkeit* (der »amerikanische Traum«, die »Revolution der steigenden Erwartungen«). Dieser nicht so handgreifliche Faktor ist schwieriger abzuschätzen, aber daß er eine Rolle spielt, ist unleugbar. Seine absichtliche Reizung und Manipulierung durch die Traumfabrikanten des industriell-merkantilen Komplexes ist eine Sache für sich und mindert ein wenig die Spontaneität des Motives – wie sie auch den Traum in seiner Qualität degradiert. Es muß auch offen bleiben, wieweit die »Vision« selbst mehr post hoc als ante hoc ist, d. h. eingegeben von den blendenden Leistungen des schon unterwegs befindlichen technologischen Prozesses. Auch dann ist sie mindestens ein verstärkender Einfluß.

Es gibt auch spekulativere Erklärungen der rastlosen Dynamik, wie die Spenglersche von einer »Faustischen Seele« unserer abendländischen Kultur, welche sie irrational zum endlos *Neuen* und zu ungeloteten Möglichkeiten um ihrer selbst willen treibt; oder die Heideggers, von einer ebenfalls dem westlichen Geist eigentümlichen und ihm zum Schicksal gewordenen Entscheidung des *Willens* zu grenzenloser *Macht* über die Dingwelt. Hierauf will ich jetzt nicht eingehen. Um beim mehr Empirischen zu bleiben, so ist ein ebenfalls nicht wirtschaftlicher Faktor technologischen Ansporns der Erwähnung wert: die Notwendigkeiten der *Herrschaft* oder »Kontrolle« in den großen und volkreichen Staaten unserer Zeit, jenen riesigen territorialen Superorganismen, die für ihren bloßen Zusammenhalt auf eine fortgeschrittene Technik angewiesen sind (z. B. in Information, Kommunikation, Verkehr) und daher ein Interesse an ihrer Weiterentwicklung haben; und zwar um so mehr, je zentralistischer sie sind. Dies gilt natürlich für sozialistische Systeme so gut wie für freie Marktgesellschaften. Können wir daraus vielleicht schließen, daß selbst ein kommunistischer Weltstaat, frei von äußeren Rivalen wie von innerer Marktkonkurrenz, immer noch die Technologie vorantreiben müßte, wäre es auch nur zu Zwecken der Kontrolle so kolossalen Ausmaßes? Der Marxismus natürlich ist ohnehin der Technik aus mehr als technischen Gründen verschrieben – nämlich zur utopischen Befreiung des Menschentieres von aller materiellen Notwendigkeit. Doch selbst wenn wir alle Dynamismen dieser subjektiven und wählbaren Art beiseite lassen, so würde auch der monolithischste Fall, den wir uns vorstellen können – ein kommunistisches Weltsystem ohne sonstigen ideologischen Ballast und speziell ohne ideelle Fortschrittsverpflichtung –, immer noch jenen vom Wettbewerb unabhängigen, »natürlichen« Drücken ausgesetzt sein, wie Bevölkerungszunahme und schwindende Naturvorräte, die dem Industrialismus als solchem in die Wiege gelegt sind. Es könnte also wohl sein, daß das *Zwangselement* im technologischen Fortschritt nicht an seinen ursprünglichen Nährboden, das kapitalistische System, gebunden ist. Vielleicht sind die Chancen für eine schließliche (und rechtzeitige) Stabilisierung etwas besser im Sozialismus – wenn er weltweit ist und dazu totalitär. Wie die Dinge stehen, sichert der Pluralismus, für den wir dankbar sind, die Ständigkeit technologischen Vordringens für so lange, als Raum dafür ist.

Die ontologisch-erkenntnistheoretische Prämisse für die Möglichkeit unaufhörlichen Fortschritts

Wir könnten mit dem Ausfasern des Kausalstranges fortfahren und dabei zweifellos viele weitere Strähnen in die Hand bekommen. Doch keine davon, noch alle insgesamt – soviel sie erklären – würden auf den Grund der Sache gehen. Denn alle teilen sie eine Prämisse, ohne die sie nicht auf lange ihr Werk tun könnten: die Prämisse, daß es unbegrenzten Fortschritt geben *kann*, weil es immer etwas Neues und Besseres zu finden *gibt*. Das (keineswegs selbstverständliche) Vorliegen dieser objektiven Bedingung ist in der Tat auch die Überzeugung der Akteure des technologischen Dramas, aber wäre sie nicht auch *wahr*, die Überzeugung allein würde so wenig helfen wie der Traum der Alchemisten. Ungleich diesen kann sie sich zwar auf eine eindrucksvolle Geschichte bisheriger Erfolge stützen, und für viele ist dies wohl ein zureichender Grund für ihren Glauben. (Vielleicht kommt es gar nicht sehr darauf an, ob man ihn hat oder nicht.) Was ihn zu mehr als einem sanguinischen Glauben macht, ist eine unterliegende und wohlbegründete *theoretische* Ansicht von der Natur der Dinge und des Wissens von ihnen, wonach *diese* dem Entdecken und Erfinden keine Grenzen setzen, vielmehr von sich aus an jedem Punkt einen neuen Durchgang zum noch nicht Gewußten und Getanen öffnen. Die ergänzende Überzeugung ist dann, daß eine Technologie, welche einer Natur und Wissenschaft mit solch offenen Horizonten zugepaßt ist, die gleiche, immer erneute Offenheit für deren Umsetzung in praktisches Können genießt – derart, daß jeder ihrer Schritte einen nächsten einleitet und niemals ein Halt durch interne Erschöpfung der Möglichkeiten eintritt.

Nur Gewöhnung stumpft unser Staunen über diesen ganz präzedenzlosen Glauben an virtuelle »Unendlichkeit« ab. Am erstaunlichsten ist, daß der Glaube, nach allem derzeitigen Verständnis der Wirklichkeit zu urteilen, höchstwahrscheinlich stimmt – jedenfalls genug davon, um die Bahn für innovative Technologie im Gefolge der fortschreitenden Wissenschaft noch auf lange Zeit offen zu halten. Solange wir diese ontologisch-epistemologische Prämisse nicht verstehen, haben wir noch nicht die innerste Sprungfeder der technologischen Dynamik verstanden, auf der die Wirksamkeit aller anderen, hinzukommenden Ursachen auf die Dauer beruht.

Es ist zu erinnern, daß die virtuelle »Unendlichkeit« des Fortschreitens, die hier postuliert ist und erklärt werden soll, im Wesen verschieden ist von der seit je zugestandenen Übertreffbarkeit (perfectibilitas) jeder menschlichen Leistung. Keine Vorzüglichkeit des Produktes hat je ausgeschlossen, daß es sich noch verbessern ließ, und keine Meisterschaft der Kunstfertigkeit, daß sie noch zu übertreffen sei (so wie der heutige Rekordläufer wissen muß, daß seine Zeit eines Tages verbessert wird). Aber dies sind Verbesserungen innerhalb desselben Genus, und sie erfolgen notwendig in abnehmenden Bruchteilen. Offenkundig ist das Phänomen *generischer* Neuerung, die dazu noch eher exponentiell wächst als daß sie im Verhältnis abnimmt, etwas qualitativ anderes. Was ist ihr Geheimnis?

Das Wechselverhältnis von Technik und Wissenschaft

Die Antwort liegt in der Wechselwirkung von *Wissenschaft* und *Technik*, die das Kennzeichen modernen Fortschritts ist, und damit letztlich in der Art *von Natur*, welche die moderne Wissenschaft progressiv erschließt. Denn es ist hier, in der Bewegung des *Wissens*, wo wichtig Neues zuerst und ständig erscheint. Dies ist selbst etwas Neues. In der Newtonschen Physik sah die Natur einfach aus, beinahe grob, und führte ihr Schauspiel mit ganz wenigen Arten von Elementardingen und -kräften auf und gemäß einigen wenigen Universalgesetzen: Deren Anwendung auf immer komplexere Erscheinungen versprach zwar stete Erweiterung des Wissens von unserer Welt, aber keine ernstlichen Überraschungen mehr.

Seit der Mitte des 19. Jahrhunderts hat sich dies minimalistische und gleichsam fertige Bild von der Natur mit atemberaubender Beschleunigung geändert. In dramatischem Wechselspiel mit steigender Subtilität der Forschung zeigt sich die *Natur selbst* als immer *subtiler*. Die feinere Sonde läßt den *Gegenstand* reicher an Funktionsweisen erscheinen, nicht kärglicher, wie die klassische Mechanik erwarten ließ. Und anstatt die Marge des noch Unentdeckten zu verringern, überrascht heute die Wissenschaft sich selbst mit Dimension um Dimension neuer Tiefen. Das Wesen der Materie selbst hat sich von einem letzten, sturunauflöslichen Datum kompakter Raumfüllung zu einer stets wieder offenen Aufforderung zu fernerem Eindringen gewandelt. Niemand kann sagen, ob das auf immer weitergehen wird, aber ein Verdacht von innerer »Unendlichkeit« im Grunde der Dinge drängt sich auf und damit die Erwartung nicht endender Erforschung von der Art, daß die einander folgenden Schritte nicht jedesmal dieselbe alte Geschichte wiederfinden (Descartes' »Materie in Bewegung«), sondern ihr immer neue Wendungen hinzufügen werden. Wenn daher technologische Kunst den Spuren des Naturwissens folgt, dann erwirbt auch sie von dieser Quelle jenes Potential der Endlosigkeit für ihre fortschreitenden Neuerungen.

Es ist nun aber nicht an dem, daß der indefinite wissenschaftliche Fortschritt nur die *Option* eines ebensolchen technischen Fortschrittes anbietet, als ein äußerliches Nebenprodukt sozusagen, und es den Abnehmern überläßt, sie auszuüben oder nicht, so wie es anderen Interessen zusagt. Vielmehr geht der Wissensprozeß selber in Wechselwirkung mit dem technologischen vor sich, und dies im innerlich vitalsten Sinne: Für ihren eigenen *theoretischen* Zweck braucht die Wissenschaft eine zunehmend raffinierte und physisch gewaltige Technologie als ihr Werkzeug, das sie sich selber erzeugt, d. h. der Technik in Auftrag gibt. Was sie mit dieser Hilfe findet, wird der Ausgangspunkt neuer Anfänge im *praktischen* Bereich, und dieser im ganzen, d. h. die Technologie am Werke in der Welt, liefert mit seinen Erfahrungen wiederum der Wissenschaft ein Laboratorium im großen, eine Brutstätte neuer Fragen an sie – und so fort im endlosen Kreislauf. Apparatur ist so das dem theoretischen und praktischen Reich Gemeinsame; oder Technologie durchdringt ebensosehr die Wissenschaft wie Wissenschaft die Technologie. Kurz, ein gegenseitiges Feedback-Verhältnis spielt zwischen beiden und hält beide in Bewegung; jede braucht und treibt die andere; und wie die Dinge heute stehen, können sie nur zusammen leben oder müssen zusammen sterben. Für die Dynamik der Technologie, die uns hier angeht, bedeutet dies, daß ihr – von allen äußeren Antrieben abgesehen – ein Agens der Rastlosigkeit eingepflanzt ist durch ihr funktionell integrierendes Band mit der Wissenschaft. Solange daher der Erkenntnistrieb sein Geschäft weiterbetreibt, ist es gewiß, daß auch die Technik mit ihm vorwärtsgeht. Der Erkenntnistrieb seinerseits aber, an sich kulturell anfällig, in Gefahr zu erschlaffen oder zur Orthodoxie zu erstarren – dieser theoretische Eros selbst lebt nicht mehr vom zarten Appetit für die Wahrheit allein, sondern wird angespornt von seinem robusteren Sprößling, der Technik, die ihm Antriebe von der breitesten Arena bemühten und nachdrücklichen Lebens mitteilt.

Ich bin mir des Vermutlichen mancher dieser Gedanken bewußt. Die Umwälzungen in der Wissenschaft über die Länge dieses Jahrhunderts sind eine Tatsache; ebenso der revolutionäre Stil, den sie der Technik mitgeteilt haben, sowie die Reziprozität zwischen den beiden Strömen. Ob aber jene wissenschaftlichen Umwälzungen – das Primäre in dem Syndrom – typisch sind für den Gang der Wissenschaft von nun an, eine Art Bewegungsgesetz für ihre Zukunft, oder nur eine singuläre Phase in ihrem Verlauf darstellen, ist ungewiß. Insoweit daher unsere Vorhersage unaufhörlicher Neuerung für die Technik auf einer Mutmaßung über die Zukunft der Wissenschaft, ja, sogar über die Natur der Dinge beruhte, ist sie hypothetisch, wie solche Extrapolationen zu sein pflegen. Aber selbst wenn die jüngste Vergangenheit keinen Zustand »permanenter Revolution« in der Wissenschaft eingeläutet hat und wenn das Leben der Theorie in ruhigere Bahnen zurücklenkt, wird doch der Spielraum für technische Neuerung nicht so bald schrumpfen; und was in der Wissenschaft vielleicht keine Revolution mehr ist, mag immer noch in seiner praktischen Umsetzung durch die Technik unser Leben revolutionieren. »Unendlich« ist sowieso ein zu großes Wort. Laßt uns denn sagen, daß die jetzigen Zeichen – von Möglichkeiten und Antrieben

– auf eine unbestimmt lange Fortdauer und Fruchtbarkeit des technologischen Impulses schließen lassen.

Philosophische Aspekte

Wir schließen hier unseren Bericht über das Formale der modernen Technologie. Bevor wir zum Materialen übergehen, zwei kurze Bemerkungen über philosophische Aspekte des gezeichneten Bildes. Eine betrifft den veränderten Status des *Wissens* in der Hierarchie der Seele, die andere die Beförderung der Technik selber zu einer Hauptaufgabe der Menschheit.

Was das *Wissen* betrifft, so ist offenbar, daß die altehrwürdige Scheidung von »Theorie« und »Praxis« für beide Seiten verschwunden ist. Unvermindert wie der Durst nach reinem Erkennen weiterbestehen mag – die Verflechtung von Wissen in den Höhen und Tun im Tiefland des Lebens ist unlöslich geworden, und die aristokratische Selbstgenügsamkeit der Wahrheitssuche um ihrer selbst willen ist dahin. Adel ist für Nutzen eingetauscht worden. Kurz, das technologische Syndrom hat eine gründliche *Sozialisierung* des theoretischen Bereiches bewirkt und ihn in den Dienst des gemeinen Bedürfnisses gestellt. Gleichzeitig hat es, in paradoxem Nebenerfolg, das neuartige Problem der Muße für die Massen geschaffen. Verbannt aus ihrer einstigen Heimat, der Welt der Kontemplation, seit diese sich in den geschäftigen Pfadfinderdienst der Wissenschaft verwandelt hat, erscheint die Muße wieder am entgegengesetzten Ende des Spektrums unter den Früchten ihrer Mühe – ein undeterminiertes, ebenso geschenktes wie aufgezwungenes Gebrauchsgut in Gestalt eines Leerraumes, für den ein Inhalt gefunden werden muß. Die Wissenschaft, selber nicht müßig, nimmt sich auch dessen an – in neuen Formen des Zeitvertreibs, mit denen sie als Teil derselben technologischen Ernte aufwartet, die den Bedarf danach erzeugt. All dies wird heute von der »Theorie« erwartet – einstmals selber die höchste Form transutilitarischer Bestrebungen, heute die Dienstmagd jedes Wunsches von der Außenwelt.

Was die Stellung der *Technologie selber* in der menschlichen Rangordnung betrifft, so spiele ich hier lediglich auf ihr »prometheisches« Prestige an, das ihre Sachwalter in die Versuchung führt, ihr endloses Geschäft in die Würde des höchsten Zweckes zu kleiden – d. h. das zum Ziele zu erheben, was als Mittel begann, und in ihm die wahre Bestimmung der Menschheit zu sehen. Mindestens die Einflüsterung ist da (obwohl neuerdings von Gegenstimmen gestört) und übt ihre Zaubermacht auf den modernen Geist aus. Fortschritt des Menschen wird als Voranschreiten von Macht zu Macht verstanden.

Der sachliche Inhalt der Technologie

Die »formale« Schilderung der technologischen Bewegung als solcher hat uns noch nichts über die Sachen gesagt, mit denen sie es zu tun hat, ihre »Materie« sozusagen. Dieser wenden wir uns jetzt zu, d. h. konkret den neuen Arten von Macht, Dingen und Zwecken, die der moderne Mensch von der Technik empfängt.

Die Abfolge der Technologien spiegelt die der Wissenschaften: Mechanik, Chemie, Elektrodynamik, Kernphysik, Biologie. Generell ist eine Wissenschaft dann reif für die Umsetzung in Technologie, wenn bei ihr (mit Galilei zu reden) die »via resolutiva« – die Analyse – so weit vorgetrieben ist, daß die »via compositiva« – die Synthese – von den derart aufgelösten und quantifizierten Grundelementen her einsetzen kann. Die Biologie ist erst heute so weit: Mit der Molekularbiologie kommt die Konstruierbarkeit biologischer Gebilde.

Mechanik

Hier also einige kurze Blicke auf einige der Phasen der (bis jetzt permanenten) technologischen Revolution. Sie begann im späten 18. Jahrhundert mit dem Maschinenzeitalter der sogenannten industriellen Revolution, bei der es zunächst, der Absicht nach, nicht um neue Produkte, sondern um die Ersetzung menschlicher (oder auch tierischer) Arbeitskraft bei der Herstellung, Beschaffung oder Betreibung der bisherigen Güter ging. So waren denn die Gegenstände der modernen Technik zuerst dieselben, die seit je Gegenstand menschlicher Kunstfertigkeit und Arbeit waren: Nahrung, Kleidung, Behausung, Werkzeuge, Transportmittel – all die materiellen Notwendigkeiten und Annehmlichkeiten des Lebens. Nicht das Produkt, die Produktion änderte sich – in Schnelligkeit, Leichtigkeit und Menge. Die mit Dampfkraft getriebenen mechanischen Webstühle von Lancashire stellten die altvertrauten Stoffe her. Aber ein bedeutsames neues Produkt kam gleich zu der traditionellen Liste hinzu: die *Maschinen* selber, die für *ihre* Herstellung eine ganze neue Industrie mit ihren weiteren Hilfsindustrien ins Leben riefen; und von Anfang an hatten diese neuartigen Entitäten ihren eigenen Einfluß auf die Symbiose von Mensch und Natur dadurch, daß sie selber Verbraucher sind. Zum Beispiel: Dampfgetriebene Wasserpumpen erleichterten den Kohlenabbau, verlangten ihrerseits Extrakohle zur Heizung ihrer Dampfkessel, weitere Kohle für die Hütten und Essen, die jene Kessel herstellten, weitere für den Abbau der benötigten Eisenerze, weitere für deren Transport zu den Hütten, mehr von beidem – Kohle und Eisen – für die nötigen Schienen und Lokomotiven, die in den gleichen Hütten etc. hergestellt wurden, mehr für den Transport des Hüttenprodukts zu den Grubenschächten und umgekehrt, und endlich nochmals mehr für die Verteilung der reichlicheren Kohle an die Verbraucher außerhalb dieses Kreislaufes, die zunehmend wieder aus Maschinen bestanden, die ihr

Dasein eben der erhöhten Verfügbarkeit von Kohle verdankten und den Bedarf nach ihr und den Hüttenprodukten weiter erhöhten – und so fort. Damit man es über dieser langen Kette nicht vergesse: Wir sprachen von James Watts bescheidener Dampfmaschine zum Auspumpen von Wasser aus Bergwerksschächten. Dieser Komplex des Weiterwucherns – keineswegs eine lineare Reihe, sondern ein verwickeltes Netz von Gegenseitigkeiten – ist seitdem der modernen Technik in exponentieller Zunahme zu eigen geblieben. Verallgemeinert läßt sich sagen: Die moderne Technologie steigert in exponentieller Progression den menschlichen Verzehr von Naturvorräten (an Substanzen und Energie), und zwar nicht nur durch die Vervielfachung des Endproduktes, der gewollten Verbrauchsgüter selbst, sondern auch – und vielleicht noch mehr – durch die Herstellung und Betreibung der mechanischen Hilfsmittel dafür, also als Selbstverbraucher. Und mit diesen Mitteln – Maschinen – hat sie eine neue Kategorie von Gütern in die Ausstattung unserer Welt eingeführt. Das besagt, daß unter den Gegenständen der Technologie eine hervorragende Gattung die der technischen Apparatur selber ist.

Bald hörten auch die an den Verbraucher gelangenden Endprodukte auf, dieselben zu sein, selbst wenn sie noch denselben alten Bedürfnissen dienten. Man nehme Reisen: Eisenbahn und Ozeandampfer sind qualitativ verschieden von Postkutsche und Segelschiff, nicht nur in Konstruktion und Leistungstüchtigkeit, sondern auch in der *Erfahrung* des Reisens selber, das sich in ihnen ganz anders »anfühlt« und z. B. statt Strapaze ein Vergnügen werden kann. Flugzeuge lassen dann jede Ähnlichkeit mit früheren Beförderungsmitteln hinter sich, außer dem Zweck, von hier nach dort zu gelangen, aber mit keiner Erfahrung dessen, was dazwischen liegt (die durch Mahlzeiten und Filmvorführungen ersetzt wird). Dazu nehme man, daß die Lebensdauer dieser großen und kostspieligen Apparate vielfach nicht durch reale Abnutzung, sondern durch komparative »Veraltung« bestimmt wird. Ähnliche Vergleiche lassen sich zwischen dem Bürohochhaus aus Stahl, Beton und Glas und den Holz-, Ziegel- und Steinbauten von früher anstellen. Mit all seinen mechanischen Untersystemen für Beleuchtung, Heizung, Lüftung, Aufzügen etc. gleicht das erstere einer vielfältigen, permanent arbeitenden Maschine; und die Naturstoffe, aus denen Gebäude und Ausstattung gemacht sind, sind in der extremen Verwandlung des Kunstprodukts, das den Bewohner umgibt, nicht mehr erkennbar.

Chemie

Der letzte Punkt – Verwandlung von Substanzen – diene uns als Stichwort für die Nennung einer Gattung von Technologie, die etwas jünger ist als die mechanische (maschinenbauende), mit der die industrielle Revolution begann: die chemische, die erste, die gänzlich eine Frucht der Wissenschaft ist. Ihr industrieller Auftakt waren synthetische Farbstoffe, bei denen es sich noch um Ersatz für knappe oder teure Naturstoffe handelte, deren erwünschte Nutzeigenschaften so nahe wie möglich dupliziert werden sollten. Dasselbe gilt noch für die, einer soviel späteren Phase chemischer Technologie angehörigen, synthetischen Textilfasern, die heute überall so weitgehend die Wolle und Baumwolle der vorerwähnten Webstühle von Lancashire ersetzen. Hier kann also noch die ältere Vorstellung herhalten, daß die Kunst die Natur »nachahmt«. Aber mit den petrochemischen Kunststoffen im allgemeinen, deren Gebiet wir mit dem Beispiel der Kunstfasern betreten haben, ist die Kunst tatsächlich von Ersatzstoffen zur Schöpfung wirklich neuer Substanzen fortgeschritten, mit Eigenschaften, die so in keiner natürlichen Substanz (oder ihrer herkömmlichen Verarbeitung) vorkommen und dadurch den Weg zu Verwendungsarten weisen, an die vorher niemand gedacht, deren Möglichkeit nun aber neue Klassen von Objekten zu ihrer Nutzung auf den Plan ruft. In chemischer, d. h. molekularer Konstruktion tut menschliche Ingenieurskunst mehr als in mechanischer, die ihre Gebilde aus Naturkörpern unseres Größenformats zusammensetzt: Ihr Eingreifen ist tiefer, bis in die Infrastrukturen der Materie, welcher neue Substanzen »nach Spezifikation«, d. h. mit geplanten Nutzeigenschaften, durch willkürliche Umordnung ihrer Moleküle abgewonnen werden. Und das, man beachte, geschieht deduktiv-kombinatorisch von der untersten Grundschicht her, den völlig analysierten letzten Elementen, in einer wirklichen *via compositiva* nach beendeter *via resolutiva*, sehr im Unterschied zu den lange geübten, durch Glück und Versuch gefundenen empirischen Praktiken (wie Metall-Legierung von der Bronzezeit an – ja, schon Tonbrennerei, Brotbacken und Weingärung), womit man seit je Naturstoffe für menschliche Nutzung geändert hatte. Künstlichkeit oder schöpferisches Konstruieren nach abstraktem Entwurf (Plan) dringt ins Innerste der Materie vor. Dies deutet, in molekularer Biologie, auf weitere und unheimliche Möglichkeiten vor, über die noch zu sprechen sein wird.

Maschinen als Gebrauchsgüter

Inzwischen hatten *Maschinen* selbst, die als Gattung ursprünglich reine »Kapitalsgüter« waren, ihren Weg in die Verbrauchersphäre gefunden und wurden zu Artikeln persönlicher, häuslicher, wenn auch mittelbar wirtschaftlicher[6] Nutzung. Diese präzedenzlose Neuerung in der Geschichte individueller Lebensführung hat sich zu einer allumfassenden Massenerscheinung in der westlichen Welt ausgewachsen. Hauptbeispiel ist natürlich das Automobil, aber wir müssen dem das ganze Arsenal häuslicher (meist elektrischer) Kraftapparate hinzufügen, die heute im Lebensstil der Gesamtbevölkerung gewöhnlicher sind als vor hundert Jahren Zentralheizung und fließendes Wasser waren. Wir sind mehr und mehr »mechanisiert« in unseren täglichen Verrichtungen und Unterhaltungen, und immer Neues kommt hinzu, solange nicht Energieknappheit Halt gebietet.

Ihrer Gattung nach sind diese Geräte, groß oder klein, vom Kraftwagen bis zum elektrischen Rasierapparat, »Maschinen« in dem genauen Sinn, daß sie Arbeit leisten, indem sie Energie in mechanische Bewegung umsetzen, und ihre bewegenden Teile sind von der vertrauten Größenordnung unserer Sinnenwelt. Doch eine zusätzliche und von Grund auf andere Gattung technischer Gerätschaft erhielt einen Platz in unserem Privatleben und breitet sich darin aus – Geräte, die uns nicht Muskelkräfte sparen und Arbeit abnehmen, die überhaupt keine »Arbeit« im physikalischen Sinn leisten, z. T. nicht einmal einen Nützlichkeitszweck haben, sondern (mit minimalem Energieaufwand) die Sinne und den Geist bedienen: Telefon, Rundfunk, Fernsehen, Tonbandgerät, Rechenmaschine – all die häuslichen Ausläufer der elektronischen Industrie, des jüngsten Ankömmlings auf der technologischen Bühne. Sowohl durch ihr unstoffliches, an das Bewußtsein gerichtete Erzeugnis wie durch die im Unsichtbaren gelegene, nicht eigentlich »mechanische« Physik ihres Arbeitens unterscheiden sich diese Geräte von all der makroskopischen, körperhaft bewegten Maschinerie des klassischen Typs.

Bevor wir diesen folgenreichen Übergang von der Krafttechnik, dem Kennzeichen der ersten industriellen Revolution, zur Nachrichten- und Informationstechnik, die fast einer zweiten technologisch-industriellen Revolution gleichkommt, ins Auge fassen, müssen wir einen Blick auf ihre natürliche Grundlage werfen: die Elektrizität.

Elektrizität

Im Vormarsch der Technik zu immer größerer Künstlichkeit, Abstraktheit und Subtilität bezeichnet die Erschließung der

Elektrizität einen entscheidenden Schritt. Hier ist eine universale Naturkraft, die dennoch nicht von Natur aus dem Menschen »erscheint«. Von selbst, ohne sein Zutun, wird sie kein Datum normaler Erfahrung (außer im Blitz). Ihr bloßes »Erscheinen« als solches mußte auf die Wissenschaft warten, welche die Erfahrung dafür durch kunstreiche Veranstaltung beschaffte. Hier also war eine mögliche Technologie schon für die bloße Darbietung ihres »Gegenstandes«, der Entität selbst, mit der sie arbeiten sollte, auf die Wissenschaft angewiesen – der erste Fall, wo Theorie allein, nicht gewöhnliche Erfahrung, jeder Praxis total *voranging* (später im Falle der Kernenergie wiederholt). Und was für eine Entität! Wärme und Dampf sind vertraute Objekte sinnlicher Erfahrung, ihre Kraft »leibhaft« am Werke zu beobachten in der Welt ringsum; der Stoff der Chemie ist immer noch der konkrete, körperliche Stoff, den die Menschheit seit je kannte. Aber die Elektrizität ist ein abstraktes Objekt, unkörperlich, unstofflich, unsichtbar; in ihrer nutzbaren Form, als »Strom«, ist sie gänzlich ein Artefakt, erzeugt in subtiler Umwandlung aus gröberen Formen der Energie (meist aus Wärme auf dem Weg über Bewegung). Ihre Theorie mußte in der Tat im wesentlichen vollständig sein, ehe ihre praktische Nutzung ernstlich beginnen konnte.

Elektrische Krafttechnik

Die erste Nutzung der Elektrizität kam mit der Telegraphie, die schon nicht mehr in das Reich der auf Arbeit gerichteten Krafttechnik gehört. Aber auch bei ihrer wenig später beginnenden Verwertung zum nun schon konventionellen Zweck des Maschinenantriebs (sowie thermaler Lichterzeugung) war doch die Natur der neuen Kraft als solche revolutionär. Ihre Auszeichnung bestand in ihrer einzigartigen Beweglichkeit, der Leichtigkeit der Übertragung, Umwandlung und Verteilung: eine unstoffliche Realität, ohne Volumen und Gewicht, mit Augenblicksschnelle über jede Distanz geliefert zur Stelle des Verbrauchs. Nichts Ähnliches hatte es je vorher im Umgang der Menschen mit Materie, Raum und Zeit gegeben. Es ermöglichte u. a. die erwähnte Ausbreitung der Mechanisierung in jedes Haus. Zugleich allerdings machte der Anschluß an ein zentralistisches Netz das Privatleben abhängig wie nie zuvor vom laufenden Funktionieren eines öffentlichen Systems (tatsächlich für jeden Augenblick: Elektrizität läßt sich nicht speichern wie Kohle und Petroleum oder wie Zucker und Mehl). Doch etwas viel Unorthodoxeres sollte erst kommen: der Übergang von elektrischer zu »elektronischer« Technik, wovon die Kabeltelegraphie nur ein Vorbote war und deren Ausbildung in unserem Jahrhundert ein neues Niveau der Abstraktheit in Mitteln und Zwecken darstellt. Es ist der Unterschied von Kraft- und Nachrichtentechnik. Gegenstand der letzteren ist das Ungreifbarste von allem: Information.

Elektrische Nachrichten- und Informationstechnik

Theoretisch wie praktisch bedeutet die Elektronik eine generell neue Stufe in der wissenschaftlich-technischen Revolution. Verglichen mit der Subtilität ihrer Theorie und der Feinheit ihrer Apparatur nimmt sich alles Vorherige fast grob und sozusagen »natürlich« aus. Zur Illustrierung betrachte man die künstlichen Satelliten, die jetzt die Erde umkreisen. Einerseits sind sie eine Nachahmung von himmlischer Mechanik: Newtons Gesetze, das am längsten Bekannte, endlich bewiesen durch kosmisches Experiment. Astronomie, für Jahrtausende die am reinsten kontemplative unter den Naturwissenschaften, ward zur praktischen Kunst! Das ist eine große Tat, dennoch mit aller Imposantheit der Kräfte und Finesse der Berechnungen, die sie in sich vereinigt, der am wenigsten interessante Aspekt jener neuen

Himmelskörper. Mit alledem fallen sie noch in den Begriffs- und Leistungsbezirk der klassischen Mechanik. Ihr wirkliches Interesse liegt in den Instrumenten, die sie durch die Räume tragen, und in dem, was diese tun: ihr Messen, Registrieren, Analysieren, Kalkulieren; in ihrem Empfangen, Verarbeiten und Übertragen von abstrakten Daten, ja kompletten Bildern über kosmische Distanzen – und da ist nichts in aller Natur, was auch nur entfernt die Art von Dingen vorgedeutet hätte, die jetzt durch die Sphären kreuzen. Die »praktische Astronomie«, womit der Mensch die Natur nachahmt, liefert lediglich das Vehikel für etwas anderes, womit er sie souverän übersteigt.[7] Die Instrumentierung läßt alle Vorbilder und Bräuche der bekannten Natur ohne Vergleich hinter sich. So erschafft die elektronische Technik in der Tat ein Reich von Objekten, die nichts nachahmen und denen pure Erfindung weitere hinzufügt. Und nicht weniger erfunden sind die Zwecke, denen sie dienen. Krafttechnik und Chemie antworteten größtenteils noch auf die natürlichen Bedürfnisse des Menschen: nach Nahrung, Kleidung, Obdach, Fortbewegung usw. Die Kommunikationstechnik antwortet auf Bedürfnisse der Information und Kontrolle, die einzig durch die Zivilisation selbst geschaffen werden, durch die eine solche Technologie erst möglich wurde und für die sie dann unentbehrlich wird. Die Neuartigkeit der Mittel erzeugt fortgesetzt nicht weniger neuartige Zwecke, und beide werden so notwendig für das Funktionieren der Zivilisation, die sie hervorgebracht hat, wie sie unnütz für jede frühere gewesen wären. Doch mit diesem innewohnenden Paradox: daß ebendiese Zivilisation ihren Schöpfer mit »Überholtsein« bedroht, indem z. B. zunehmende Automatisierung (ein Triumph der Elektronik) ihn aus den Arbeitsplätzen verdrängt, in denen er vormals sein Menschsein bewies. Und mit der weiteren Drohung, daß ihre Überanstrengung irdischer Natur einen Katastrophenpunkt erreichen kann.

Biotechnologie

Dieser Satz wäre ein dramatisch guter Schluß. Doch er ist noch nicht das Ende unserer Übersicht. Eine weitere, vielleicht letzte Stufe der technologischen Revolution könnte gerade auf ihren Auftritt warten. Die vorigen Stufen (hier nur teilweise durchgegangen) basierten auf der Physik und hatten mit dem zu tun, was der Mensch aus dem Vorrat der leblosen Natur seiner Nutzung dienstbar machen kann. Wie ist es mit der Biologie? Und wie mit dem Nutzer selbst? Stehen wir vielleicht auf der Schwelle einer Technologie, die auf biologischem Wissen basiert und uns mit einer Manipulierkunst beschenkt, die den Menschen selbst zum Gegenstand hat? Dies ist mit der Ankunft der Molekularbiologie und ihrem Verständnis genetischer Programmierung eine *theoretische* Möglichkeit geworden – und eine *moralische* durch die metaphysische Neutralisierung des Menschen. Aber diese Neutralisierung, die uns zwar genehmigt zu tun, was wir belieben, versagt uns gleichzeitig die Anleitung zu wissen, was zu belieben. Da dieselbe Evolutionslehre, wovon die Genetik ein Grundstein ist, uns eines gültigen Menschenbildes beraubt hat (denn alles entstand indifferent aus Zufall und Notwendigkeit), so können die tatsächlichen Techniken, wenn sie erst bereit sind, uns seltsam unbereit für ihren verantwortlichen Gebrauch antreffen. Der Antiessentialismus der herrschenden Theorie, die nur De-facto-Ergebnisse evolutionären Zufalls kennt und keine gültigen Wesenheiten, die ihnen Sanktion gäben, überliefert unser Sein einer Freiheit ohne Norm. So ist denn die technologische Einladung der neuen Mikrobiologie die zweifache von physischer Ausführbarkeit und metaphysischer Zulässigkeit. Angenommen, der genetische Mechanismus sei völlig analysiert und seine Schrift endgültig entziffert, so können wir uns daran machen, den Text umzuschreiben. Biologen differieren in ihren Schätzungen, wie nahe wir diesem Können sind; wenige scheinen das Recht zu seiner Ausübung zu bezweifeln. Nach der Rhetorik ihrer Propheten zu urteilen ist die Idee, »unsere Entwicklung selber in die Hand zu nehmen«, sogar für Männer der Wissenschaft berauschend.

Die herausgeforderte Metaphysik

In jedem Fall ist die Idee, die menschliche Konstitution zu überarbeiten, oder »unsere Nachkommen zu entwerfen«, nicht mehr phantastisch; noch ist sie untersagt durch ein unverletzliches Tabu. Sollte es zu *dieser* Revolution kommen, sollte technologische Macht wirklich an den elementaren Tasten zu basteln beginnen, auf denen das Leben für Generationen seine Melodie wird spielen müssen – vielleicht die einzige solche Melodie im All –: Dann wird eine Besinnung auf das menschlich Wünschenswerte und darauf, was die Wahl bestimmen soll – kurz, eine Besinnung auf das »Bild des Menschen« – gebieterischer und dringlicher als jede Besinnung, die je der Vernunft sterblicher Menschen zugemutet wurde. Die Philosophie, gestehen wir es, ist bedauerlich unvorbereitet auf diese – ihre erste kosmische – Aufgabe.

Anmerkungen

1 Aber eine so ernsthafte Aktualität wie der chinesische Pflug »wanderte« langsam und unauffällig nach Westen, mit wenig Spuren entlang seines Weges, bis er an dessen anderm Ende, im spätmittelalterlichen Europa, eine größere und höchst wohltätige Revolution in der Landwirtschaft bewirkte – auch sie übrigens von ihren Zeitgenossen kaum der schriftlichen Erwähnung für wert erachtet. (Vgl. Paul Leser, *Entstehung und Verbreitung des Pfluges*, Münster, Aschendorffsche Verlagsbuchhandlung 1931; Neudruck 1971 durch »The International Secretariate for Research on the History of Agricultural Implements«, National Museum, Brede-Lingby, Dänemark. Das bedeutende Buch ist aus den schlimmbekannten Gründen um seine verdiente Wirkung gekommen; auch der Verfasser hat in der Ungunst des Exils nicht die ihm gebührende akademische Laufbahn gefunden.)

2 Tatsächlich gab es technischen Fortschritt auch noch auf dem Hochplateau klassischer Kulturen. Der römische Bogen und die Kuppelwölbung z. B. waren ein entschiedener Ingenieursfortschritt über das waagerechte Säulengebälk und die flache Decke griechischer (schon ägyptischer) Architektur und gestattete Spannweiten und Konstruktionsziele, die zuvor gar nicht erwogen werden konnten (Brücken, Aquädukte, die großen Bäder und andere öffentliche Hallen des kaiserlichen Roms). Jedoch Materialien, Werkzeuge und Techniken waren immer noch die alten, die Rolle menschlicher Arbeitskraft und Fertigkeit blieb unverändert – Steinmetze und Ziegelbrenner taten ihr Werk wie zuvor. Eine bestehende Technologie erweiterte ihren Leistungsumfang, doch keines ihrer konventionellen Mittel und sogar Ziele wurde darüber antiquiert.

3 *Eine* vertretbare Bedeutung von »klassisch« ist die, daß jene geschichtlichen Hochkulturen sich implizit irgendwie »definiert« hatten und ein Hinausgehen über die hiermit gesetzten Normen und die ihnen angemessenen Kanons der Praxis weder begünstigten noch vielleicht erlaubten. Das – mehr oder weniger – erzielte »Gleichgewicht« war ihr eigentlicher Stolz.

4 Das klingt wie ein Werturteil, ist aber keins, sondern plane Tatsachenfeststellung wie die, daß eine Flintenkugel größere Durchschlagskraft besitzt als ein Pfeil. So kann man auch die Erfindung einer noch destruktiveren Atombombe beklagen und für durchaus wertwidrig halten, aber die Klage ist eben darüber, *daß* sie technisch »*besser*« und in diesem Sinne leider ein *Fortschritt* ist.

5 Nicht auszuschließen ist, daß es innere degenerative Faktoren gibt – wie etwa die Überladung endlicher Kapazitäten der Informationsverarbeitung –, welche die (exponentielle) Bewegung zum Stillstand oder gar das System zum Auseinanderfallen bringen könnten. Wir wissen es noch nicht.

6 Die unmittelbare Rolle in der persönlichen Verbrauchssphäre verdeckt ein wenig die Tatsache, daß auch die scheinbar rein häuslichen mechanisch-automatischen Geräte über die private Bequemlichkeit hinaus wirtschaftliche Funktionen besitzen. Waschmaschinen etc. etc. ersetzen die Hausangestellten von ehedem, die dafür als Arbeitskräfte in der allgemeinen Ökonomie erscheinen; sie erlauben der Ehefrau selber ein Berufsleben, und so weiter.

7 Man beachte auch, daß in der Radiotechnologie das Medium der Aktion nichts Stoffliches ist, wie stromleitende Drähte, sondern das ganz unstoffliche elektromagnetische »Feld«, also der Raum selbst. Das symbolische Bild von »Wellen« ist das allein verbliebene Bindeglied zu den Formen der Wahrnehmungswelt.

2. Warum die moderne Technik ein Gegenstand für die Ethik ist

Daß, ganz allgemein gesprochen, die Ethik in Angelegenheiten der Technik etwas zu sagen hat, oder daß Technik ethischen Erwägungen unterliegt, folgt aus der einfachen Tatsache, daß die Technik eine Ausübung menschlicher *Macht* ist, d. h. eine Form des Handelns, und alles menschliche Handeln moralischer Prüfung ausgesetzt ist. Es ist ebenso eine Binsenwahrheit, daß ein und dieselbe Macht sich zum Guten wie zum Bösen benutzen läßt und man bei ihrer Ausübung ethische Normen beachten oder verletzen kann. Die Technik, als enorm gesteigerte menschliche Macht, fällt eindeutig unter diese generelle Wahrheit. Aber bildet sie einen besonderen Fall, der eine Bemühung des ethischen Denkens erfordert, die verschieden ist von der, die sich für jede menschliche Handlung schickt und für alle ihre Arten in der Vergangenheit ausreichte? Meine These ist, daß die moderne Technik in der Tat einen neuen und besonderen Fall bildet, und von den Gründen dafür möchte ich fünf anführen, die mich besonders beeindrucken.

1. Ambivalenz der Wirkungen

Im allgemeinen ist jede Fähigkeit »als solche« oder »an sich« gut und wird nur durch Mißbrauch schlecht. Zum Beispiel ist es unleugbar gut, die Macht der Rede zu besitzen, aber schlecht, sie dafür zu benutzen, andere zu täuschen oder zu ihrem Verderben zu verführen. Daher ist es völlig sinnvoll zu gebieten: Gebrauche diese Macht, vergrößere sie, aber mißbrauche sie nicht. Vorausgesetzt ist dabei, daß die Ethik klar zwischen den beiden unterscheiden kann, zwischen dem richtigen und dem falschen Gebrauch ein und derselben

Fähigkeit. Aber wie steht es, wenn wir uns in einem Handlungszusammenhang bewegen, in dem jeder Gebrauch der Fähigkeit im großen, sei er in noch so guter Absicht unternommen, einen Richtungssinn mit sich steigernden letztlich schlechten Wirkungen mit sich führt, die untrennbar mit den beabsichtigten und nächstliegenden »guten« Wirkungen verbunden sind und diese am Ende vielleicht weit übertreffen? Wenn das der Fall der modernen Technik sein sollte – wie wir guten Grund haben anzunehmen –, dann ist die Frage des moralischen oder unmoralischen Gebrauchs ihrer Mächte nicht mehr eine Angelegenheit selbstevidenter, qualitativer Unterscheidungen und nicht einmal Sache der Absichten, sondern verliert sich im Irrgarten quantitativer Mutmaßungen über letzte Folgen und muß ihre Antwort von ihrem Ungefähr abhängig machen. Die Schwierigkeit ist die: Nicht nur wenn die Technik böswillig, d. h. für böse Zwecke, mißbraucht wird, sondern selbst, wenn sie gutwillig für ihre eigentlichen und höchst legitimen Zwecke eingesetzt wird, hat sie eine bedrohliche Seite an sich, die langfristig das letzte Wort haben könnte. Und Langfristigkeit ist irgendwie ins technische Tun eingebaut. Durch ihre innere Dynamik, die sie so vorantreibt, wird der Technik der Freiraum ethischer Neutralität versagt, in dem man sich nur um Leistungsfähigkeit zu kümmern braucht. Das Risiko des »Zuviel« ist immer gegenwärtig in dem Umstand, daß der angeborene Keim des »Schlechten«, d. h. Schädlichen, gerade durch das Vorantreiben des »Guten«, d. h. Nützlichen, mitgenährt und zur Reife gebracht wird. Die Gefahr liegt mehr im Erfolg als im Versagen – und doch ist der Erfolg nötig unter dem Druck der menschlichen Bedürfnisse. Eine angemessene Ethik der Technik muß sich auf diese innere Mehrdeutigkeit des technischen Tuns einlassen.

2. Zwangsläufigkeit der Anwendung

Im allgemeinen bedeutet Besitz einer Fähigkeit oder Macht (bei Individuen oder Gruppen) noch nicht ihren Gebrauch. Sie kann beliebig lange ruhen, gebrauchsbereit, um bei Gelegenheit und auf Wunsch und nach Ermessen des Subjekts in Tätigkeit zu treten. Der Sprachbegabte braucht nicht unaufhörlich zu sprechen und kann sogar im ganzen schweigsam sein. Auch jedes Wissen, so scheint es, kann sich seine Anwendung vorbehalten. Dies so einleuchtende Verhältnis von Können und Tun, Wissen und Anwendung, Besitz und Ausübung einer Macht gilt jedoch nicht für den Fundus technischer Vermögen einer Gesellschaft, die wie die unsrige ihre ganze Lebensgestaltung in Arbeit und Muße auf die laufende Aktualisierung ihres technischen Potentials im Zusammenspiel aller seiner Teile gegründet hat. Da gleicht die Sache eher dem Verhältnis des Atmenkönnens und Atmenmüssens als dem des Redenkönnens und Redens. Und was für den gerade vorhandenen Fundus gilt, erstreckt sich auch auf jeden Zuwachs zu ihm: Ist diese oder jene neue Möglichkeit erst einmal (meist durch die Wissenschaft) eröffnet und durch Tun im kleinen entwickelt worden, so hat sie es an sich, ihre Anwendung im großen und immer größeren zu erzwingen und diese Anwendung zu einem dauernden Lebensbedürfnis zu machen. So wird der Technik, die gesteigerte menschliche Macht *in permanenter Tätigkeit* ist, nicht nur (wie oben gezeigt) die Freistatt ethischer Neutralität, sondern auch die wohltätige Trennung zwischen Besitz und Ausübung der Macht versagt. Die Ausbildung neuer Könnensarten, die ständig erfolgt, geht hier stetig über in ihre Ausbreitung im Blutstrom kollektiven Handelns, aus dem sie dann nicht mehr auszuscheiden sind (es sei denn durch überlegenen Ersatz). Daher trägt hier bereits die Aneignung neuer Fähigkeiten, jede Hinzufügung zum Arsenal der Mittel, mit dieser sattsam bekannten Dynamik vor Augen eine ethische Bürde, die sonst nur auf den einzelnen Fällen ihrer Anwendung lasten würde.

3. Globale Ausmaße in Raum und Zeit

Darüber hinaus gibt es einen Aspekt schierer Größe von Handlung und Wirkung, der moralische Bedeutsamkeit gewinnt. Das Ausmaß und der Wirkungsbereich der modernen technischen Praxis als ganzer und in jedem ihrer einzelnen Unternehmungen sind so, daß sie eine ganze zusätzliche und neuartige Dimension in den Rahmen ethischer Rechenwerte einbringen, die allen früheren Handlungsarten unbekannt war. Wir sprachen zuvor von einer Situation, in der »jeder Gebrauch einer Fähigkeit im großen« einen Richtungssinn sich steigernder und schließlich schlechter Wirkungen mit sich führt. Wir müssen jetzt hinzufügen, daß heute *jede* Anwendung einer technischen Fähigkeit durch die Gesellschaft (der einzelne zählt hier nicht mehr) dazu neigt, ins »Große« zu wachsen. Die moderne Technik ist zuinnerst auf Großgebrauch angelegt und wird darin vielleicht zu groß für die Größe der Bühne, auf der sie sich abspielt – die Erde – und für das Wohl der Akteure selbst – die Menschen. Soviel ist gewiß: Sie und ihre Werke breiten sich über den Erdball aus; ihre kumulativen Wirkungen erstrecken sich möglicherweise über zahllose künftige Geschlechter. Mit dem, was wir hier und jetzt tun, und meist mit Blick auf uns selbst, beeinflussen wir massiv das Leben von Millionen andernorts und künftig, die hierbei keine Stimme hatten. Wir legen Hypotheken auf künftiges Leben für gegenwärtige kurzfristige Vorteile und Bedürfnisse – und was das betrifft, für meist selbsterzeugte Bedürfnisse. Vielleicht können wir nicht ganz vermeiden, so oder ähnlich zu handeln. Aber wenn das der Fall ist, dann müssen wir äußerste Achtsamkeit aufwenden, dies in Fairneß zu unserer Nachkommenschaft zu tun – nämlich so, daß deren Chance, mit jener Hypothek fertig zu werden, nicht im voraus kompromittiert worden ist. Der springende Punkt hier ist, daß das Eindringen ferner, zukünftiger und globaler Dimensionen in unsere alltäglichen, weltlich-praktischen Entscheidungen ein ethisches Novum ist, das die Technik uns aufgeladen hat; und die ethische Kategorie, die vorzüglich durch diese neue Tatsache auf den Plan gerufen wird, heißt: *Verantwortung*. Daß diese wie nie zuvor in den Mittelpunkt der ethischen Bühne rückt, eröffnet ein neues Kapitel in der Geschichte der Ethik, das die neuen Größenordnungen der Macht spiegelt, denen die Ethik von nun an Rechnung tragen muß. Die Anforderungen an die Verantwortlichkeit wachsen proportional zu den Taten der *Macht*.

4. Durchbrechung der Anthropozentrik

Indem sie den Horizont raumzeitlicher Nachbarschaft überschreitet, bricht jene erweiterte Reichweite der menschlichen Macht das *anthropozentrische* Monopol der meisten früheren ethischen Systeme, seien diese nun religiös oder säkular. Immer war es das *menschliche* Gut, das gefördert werden sollte, die Interessen und Rechte von Mitmenschen, die zu respektieren waren, ihnen geschehenes Unrecht, das gutzumachen war, ihre Leiden, die gelindert werden sollten. Gegenstand menschlicher Pflicht waren Menschen, äußerstenfalls: die Menschheit, und sonst nichts auf dieser Erde. (Gewöhnlich war der ethische Horizont viel enger gezogen, wie etwa in »Liebe deinen Nächsten«.) Nichts von dem verliert seine bindende Kraft. Aber jetzt beansprucht die gesamte Biosphäre des Planeten mit all ihrer Fülle von Arten, in ihrer neu enthüllten Verletzlichkeit gegenüber den exzessiven Eingriffen des Menschen, ihren Anteil an der Achtung, die allem gebührt, das seinen Zweck in sich selbst trägt – d. h. allem Lebendigen. Das Alleinrecht des Menschen auf menschliche Rücksicht und sittliche Beachtung ist genau mit seinem Gewinn einer fast monopolistischen Macht über alles andere Leben durchbrochen worden. Als eine planetarische Macht ersten Ranges darf er nicht mehr nur an sich selbst denken. Zwar drückt das Gebot, unseren

Nachkommen kein verödetes Erbteil zu hinterlassen, diese Erweiterung des ethischen Blickfeldes immer noch im Sinne einer menschlichen Pflicht gegenüber *Menschen* aus – als Einschärfung einer interhumanen Solidarität des Überlebens und des Nutzens, der Neugier, des Genießens und Erstaunens. Denn verarmtes außermenschliches Leben, verarmte Natur, bedeutet auch ein verarmtes menschliches Leben. Aber recht verstanden reicht die Einbeziehung der Existenz der Fülle als solcher in das menschliche Gute und damit der Einschluß ihrer Erhaltung in des Menschen Pflicht über den nutzenorientierten und jeden anthropozentrischen Blickpunkt hinaus. Die erweiterte Sicht verbündet das menschliche Gute mit der Sache des Lebens im ganzen, anstatt jenes diesem feindlich gegenüberzustellen, und gewährt dem außermenschlichen Leben sein eigenes Recht. Seine Anerkennung bedeutet, daß jede willkürliche und unnötige Auslöschung von Arten an sich schon zum Verbrechen wird, ganz abgesehen von den gleichlautenden Ratschlägen des verständigen Selbstinteresses; und es wird zur transzendenten Pflicht des Menschen, die am wenigsten wiederherstellbare, unersetzbarste aller »Ressourcen« zu schützen – den unglaublich reichen Genpool, der von Äonen der Evolution hinterlegt worden ist. Es ist das Übermaß an Macht, das dem Menschen diese Pflicht auferlegt; und gerade gegen diese Macht – also gegen ihn selbst – ist sein Schutz erforderlich. So kommt es, daß die Technik, dies kühl pragmatische Werk menschlicher List, den Menschen in eine Rolle einsetzt, die nur die Religion ihm manchmal zugesprochen hatte: die eines Verwalters oder Wächters der Schöpfung. Indem die Technik seine Wirkungsgewalt bis zu dem Punkte vergrößert, wo sie fühlbar gefährlich wird für den Gesamthaushalt der Dinge, dehnt sie des Menschen Verantwortung auf die Zukunft des Lebens auf Erden aus, das nunmehr wehrlos dem Mißbrauch dieser Gewalt ausgesetzt ist. Die menschliche Verantwortung wird damit zum erstenmal kosmisch (denn wir wissen nicht, ob das Weltall sonst noch ein

Gleiches hervorgebracht hat). Die beginnende Umweltethik, die wahrhaft präzedenzlos sich unter uns regt, ist der noch zögernde Ausdruck dieser präzedenzlosen Ausdehnung unserer Verantwortung, die ihrerseits der präzedenzlosen Ausdehnung der Reichweite unserer Taten entspricht. Es bedurfte der sichtbar werdenden Bedrohung des Ganzen, der tatsächlichen Anfänge seiner Zerstörung, um uns dazu zu bringen, unsere Solidarität mit ihm zu entdecken (oder wiederzuentdecken): ein beschämender Gedanke.

5. Die Aufwerfung der metaphysischen Frage

Schließlich stellt das apokalyptische Potential der Technik – ihre Fähigkeit, den Fortbestand der Menschengattung zu gefährden oder deren genetische Unversehrtheit zu verderben oder sie willkürlich zu ändern oder gar die Bedingungen höheren Lebens auf der Erde zu zerstören – die metaphysische Frage, mit der die Ethik nie zuvor konfrontiert war, nämlich, ob und warum es eine Menschheit geben soll; warum daher der Mensch so, wie ihn die Evolution hervorgebracht hat, erhalten bleiben, sein genetisches Erbe respektiert werden soll; ja, warum es überhaupt Leben geben soll. Die Frage ist nicht so müßig, wie sie (mangels eines ernsthaften Verneiners all dieser Imperative) erscheint, denn die Antwort darauf ist bedeutsam dafür, wieviel wir erlaubterweise in unseren großen technischen Wetten riskieren dürfen und welche Risiken gänzlich unzulässig sind. Wenn es ein kategorischer Imperativ für die Menschheit ist zu existieren, dann ist jedes selbstmörderische Spielen mit dieser Existenz kategorisch verboten, und technische Wagnisse, bei denen auch nur im entferntesten dies der Einsatz ist, sind von vornherein auszuschließen.

Dies also sind einige Gründe, warum die Technik ein neuer und besonderer Fall für ethische Erwägungen ist, ja dafür, bis in die Grundlagen der Ethik überhaupt hinabzusteigen. Besonders hinzuweisen ist dabei auf das Zusammenspiel der Gründe 1 und 3, der Argumente der »Ambivalenz« und der »Größe«. Auf den ersten Blick erscheint es leicht, zwischen wohltätiger und schädlicher Technik zu unterscheiden, indem man einfach auf die Verwendungszwecke der Werkzeuge blickt. Pflugscharen sind gut, Schwerter sind schlecht. Im messianischen Zeitalter werden Schwerter in Pflugscharen umgeschmiedet werden. In moderne Technologie übersetzt: Atombomben sind schlecht, chemische Dünger, die die Menschheit zu ernähren helfen, sind gut. Aber hier springt das vexierende Dilemma der modernen Technik in die Augen. *Ihre* »Pflugscharen« können auf lange Frist ebenso schädlich sein wie ihre »Schwerter«! (Und die »lange Frist« anwachsender Wirkungen ist, wie erwähnt, zuinnerst mit der Verwendung moderner Technik verbunden.) In dem Falle sind aber *sie*, die segensreichen »Pflugscharen« und ihresgleichen, das eigentliche Problem. Denn wir können das Schwert in seiner Scheide lassen, aber nicht die Pflugschar in ihrer Scheuer. Ein totaler Atomkrieg wäre in der Tat apokalyptisch auf einen Schlag; aber obwohl er jederzeit eintreten kann und der Alptraum dieser Möglichkeit alle unsere künftigen Tage verdunkeln mag, *braucht* er nicht einzutreten, denn hier findet sich noch der rettende Abstand zwischen Potentialität und Aktualität, zwischen dem Besitz des Werkzeuges und seinem Gebrauch – und dies gibt uns Hoffnung, daß der Gebrauch vermieden wird (was hier in der Tat der paradoxe Zweck seines Besitzes ist). Aber es gibt unzählige andere, gänzlich gewaltlose Dinge, die ihre eigene apokalyptische Drohung enthalten und die wir einfach jetzt und fernerhin tun *müssen*, um uns überhaupt über Wasser zu halten. Während der böse Bruder Kain – die Bombe – angebunden in seiner Höhle liegt, fährt der gute Bruder Abel – der friedliche Reaktor – ganz undramatisch fort, sein Gift für künftige Jahrtausende abzulagern. Selbst da *können* wir vielleicht rechtzeitig weniger gefährliche Alternativen finden, um den wachsenden Energiedurst einer globalen Zivilisation zu löschen, die dem Schwinden konventioneller Quellen entgegensieht – wenn Glück mit unserer ernsthaften Bemühung einhergeht. Wir könnten sogar erreichen, das Ausmaß der Gefräßigkeit selbst herabzusetzen und dazu zurückzukehren, mit weniger auszukommen, ehe eine katastrophale Erschöpfung oder Verschmutzung des Planeten uns zu Schlimmerem als Enthaltsamkeit zwingt. Aber es ist (z. B.) ethisch undenkbar, daß die biomedizinische Technik davon abläßt, die Kindersterblichkeit in »unterentwickelten« Ländern mit hohen Geburtsraten herabzusetzen, selbst wenn das Elend in der Folge der Überbevölkerung noch schrecklicher sein könnte. Beliebig viele andere, ursprünglich segensreiche Wagnisse der Großtechnologie könnten angeführt werden, um die Dialektik, die Zweischneidigkeit der meisten dieser Wagnisse zu illustrieren. Der Hauptpunkt ist, daß gerade die Segnungen der Technik, je mehr wir auf sie angewiesen sind, die Drohung enthalten, sich in einen Fluch zu verwandeln. Ihre angestammte Neigung zur Maßlosigkeit macht die Drohung akut. Und es ist klar, daß die Menschheit viel zu zahlreich geworden ist – dank derselben Segnungen der Technik –, um noch frei zu sein, zu einer früheren Phase zurückzukehren. Sie kann nur nach vorwärts gehen und muß aus der Technik selbst, mit einer Dosis mäßigender Moral, die Heilmittel für ihre Krankheit gewinnen. Dies ist der Angelpunkt einer Ethik der Technik.

Diese kurzen Reflexionen sollten zeigen, wie eng die »Ambivalenz« der Technik mit ihrer »Größe« verbunden ist, d. h. mit dem Übermaß ihrer Wirkungen in Raum und Zeit. Was »groß« und was »klein« ist, bestimmt sich durch die Endlichkeit unseres terrestrischen Schauplatzes – ein Gegebenes, das wir nie aus dem Auge verlieren dürfen. Genaue Grenzwerte der Toleranzen sind für keine der vielen Richtungen bekannt, in die des Menschen Expansionismus vorstößt. Aber man weiß genug, um behaupten zu können, daß einige unserer technischen Handlungsketten – darunter lebenswichtige – wenigstens die Größenordnung erreicht haben, in der jene Grenzwerte liegen, und daß andere sich ihnen dort zugesellen werden, wenn man ein weiteres Wachstum im gegenwärtigen Tempo zuläßt. Die Zeichen warnen, daß wir uns in der Gefahrenzone befinden. Ist erst einmal eine »kritische Masse« in der einen oder anderen Richtung erreicht, dann kann die Sache uns davonrennen: Eine positive Rückkoppelung könnte einsetzen und einen exponentiellen Prozeß auslösen, in dem die Kosten den Nutzen in einem steigenden und vielleicht unumkehrbaren Crescendo verschlingen. Eben dies muß die langfristige Verantwortung zu verhindern suchen. Da aber die glänzende Seite der technischen Errungenschaften das Auge blendet und nahe Gewinne das Urteil bestechen und die sehr realen Bedürfnisse der Gegenwart (ganz zu schweigen von ihren Süchten) nach Priorität schreien, werden die Ansprüche der Nachwelt, die jener Verantwortung anvertraut sind, einen schweren Stand haben.

Im eben Gesagten ist neben der Größenordnung und Ambivalenz noch ein weiterer Charakterzug des technologischen Syndroms sichtbar geworden, der von eigener ethischer Bedeutsamkeit ist: Das quasi-*zwanghafte* Element in seinem Voranschreiten, das sozusagen unsere eigenen Weisen der Macht zu einer Art selbsttätiger Kraft hypostasiert, der wir, ihre Ausüber, paradox untertan werden. Die Beeinträchtigung menschlicher Freiheit durch die Verdinglichung ihrer eigenen Taten hat es zwar immer gegeben, in individuellen Lebensläufen wie vor allem in kollektiver Geschichte. Die Menschheit ist von jeher zum Teil durch ihre eigene Vergangenheit bestimmt gewesen, aber dies hatte sich im allgemeinen mehr im Sinne einer bremsenden als einer bewegenden Kraft ausgewirkt: Die Macht der Vergangenheit war eher die der Trägheit (»Tradition«) als die des Vorantreibens. Schöpfungen der Technik jedoch wirken genau im letzteren Sinne und geben damit der vielverschlungenen Geschichte menschlicher Freiheit und Abhängigkeit eine neuartige und folgenträchtige Wendung. Mit jedem neuen

Schritt (= »Fortschritt«) der Großtechnik setzen wir uns schon unter den Zwang zum nächsten und vermachen denselben Zwang der Nachwelt, die schließlich die Rechnung zu zahlen hat. Aber auch ohne diese Fernsicht stellt schon das *tyrannische* Element als solches in der heutigen Technik, das unsere Werke zu unseren Herren macht und uns sogar zwingt, sie weiter zu vervielfachen, eine ethische Herausforderung an sich dar – jenseits der Frage, wie gut oder schlecht jene Werke im einzelnen sind. Um der menschlichen Autonomie willen, der Würde, die verlangt, daß wir uns selbst besitzen und uns nicht von unserer Maschine besitzen lassen, müssen wir den technologischen Galopp unter außertechnologische Kontrolle bringen.

3. Auf der Schwelle der Zukunft: Werte von gestern und Werte für morgen

Wenn wir fragen, welche Werte von gestern brauchbar und wichtig bleiben für die Welt von morgen, so fragen wir zugleich, welche vielleicht veralten oder unwichtig werden – damit aber auch umgekehrt, welche *neuen* etwa vom neuartigen Morgen auf den Plan gerufen werden. Dabei ist denn, wo nicht ein Wissen, so doch irgendeine Vorstellung davon, wie die Welt von morgen aussehen wird, vorausgesetzt; vor allem aber und vorab, daß sie von der jetzigen *verschieden* sein wird. So viel ist ja wohl bei der Herrschaft von Veränderung als solcher um uns herum, also aus dem unverkennbaren Wesen des *Heute*, sicher. Doch für unsere Fragestellung brauchen wir mehr und haben es auch, wenn wir die Linien der Veränderung, die wir im Gange sehen, nach vorne verlängern. Hierüber einige Worte zuerst.

Im Heute sehen wir uns auf der Schwelle zum Morgen und haben mehr als frühere Zeiten Ursache dazu. Schon jetzt, vor unsern Augen, beginnen die weltweiten Kräfte, in denen wir treiben, während wir sie speisen, das Gesicht der Zukunft zu zeichnen. Alles drängt nach vorwärts, ins Morgen und Übermorgen. Dieses selbst natürlich können wir nur aus seinen Ansätzen, den lesbaren Trends des Heute, mit mehr oder weniger Wahrscheinlichkeit erschließen. Aber in manchen Zügen ist die von uns selbst unsern Nachkommen bereitete Zukunft (wenn es überhaupt zu ihr kommt) schon gegenwärtig genug, um gewisse Vorblicke überzeugend zu machen. *Hypothetisch* sind auch die überzeugendsten noch. Denn die »rebus-sic-stantibus«-Klausel, die sich in physikalischer Vorhersage bei der gesicherten Einförmigkeit der Naturgesetze erübrigt, ist in der Geschichte ein bewußt fiktiver, widerruflicher Vorbehalt zur theoretischen Ermöglichung von Projektionen überhaupt. Das Unerwartete ist hier die Regel, Überraschung das zu Erwartende. Dennoch müssen wir die Zukunft so denken, *als ob* die von uns zu ihr führenden Kausalsträhnen einförmig wären. Gerade *unser* Heute, trächtig wie es ist und in vielem berechenbar, verpflichtet uns wie keine frühere Zeit zu derart hypothetischem Voraus- und Durchdenken der in seinem Schoße liegenden *Möglichkeiten*. Der Wert solcher Vorblicke (und da haben wir schon einen *neuen* Wert) ist daran gebunden, daß sie nicht fatalistisch sind, womit sie unser handelndes Eingreifen abschneiden würden. Daß wir in Erwiderung auf die Prognose handeln und sie damit verändern können, macht sie nochmals »hypothetisch« in einem zusätzlichen, mehr als nur erkenntnistheoretischen Sinn – im Sinne nämlich des dabei mitgedachten Bedingungszusatzes: *wenn* man die Sachen so weiterlaufen *läßt*; d. h. wenn *wir* so fortfahren, wie wir jetzt tun. Durch ihre Rückspeisung vom theoretischen ins praktische Subjekt wird die Vorhersage selber ein Faktor in ihrer Erfüllung oder Widerlegung. Es liegt an uns – *mit* an uns –, wie weit sie wahr werden soll oder nicht. Dies unterscheidet Voraussage im menschlich-geschichtlichen Bereich ihrem kardinalen logischen Sinne nach von der in der Naturwissenschaft, z. B. der Astronomie. Diesen Unterschied haben die ihrer Sache sicheren Künder universalgeschichtlicher Notwendigkeit, heißen sie nun Spengler, Marx, Comte oder Hegel, immer verkannt, aber alle geschichtlichen Täter seit je, wenn nicht erkannt, so doch gefühlt. Wirklich erproben im wissenschaftlichen Sinn könnte die Wahrheit einer Geschichtsprophetie nur ein kontemplativer, nicht-handelnder Geist, der seine Vorhersage vor deren Objekten, d. h. den Geschichtssubjekten, geheimhält. Ihre Mitteilung, öffentlich ernstgenommen, mobilisiert den handelnden Willen für sich oder gegen sich, verändert also die Kausalbedingungen ihrer Rechnung, sei es zu ihren Gunsten, sei es zu ihren Ungunsten. Im einen Fall wäre Eintreffen kein Beweis für die ursprüngliche Richtigkeit der Vorhersage als notwendige

Folge ihrer Gründe, im andern Fall Nichteintreffen kein Beweis ihrer Falschheit – während in der Naturwissenschaft Eintreffen oder Nichteintreffen eindeutig theoretische Verifikation oder Falsifikation bedeutet. Den dogmatischen Propheten der Geschichtsnotwendigkeit verbietet menschliche Eitelkeit oder inkonsequentes Nachhelfenwollen die Geheimhaltung, die allein ihr Experiment theoretisch rein erhält, und so wird die Notwendigkeitsthese nie erprobt (vom Fehlen der Wiederholbarkeit, die ebenfalls zur Erprobung gehört, ganz zu schweigen). Den *hypothetischen* Vorhersagern dagegen, die sagen: so *kann* es kommen, und nichtfatalistisch am Ausgang interessiert sind, gebietet ihr Gewissen die Verkündung ihrer Sicht als Anreiz oder Warnung, zur Förderung oder Verhinderung des Gesehenen, und die meisten tun es heute, um auf eben diese Weise nicht recht, sondern unrecht zu behalten. Eben darum, und weil mit der gewachsenen menschlichen Macht die Möglichkeiten so extrem werden, ist die hypothetische, wissenschaftlich fundierte und möglichst globale Zukunftsprojektion auf lange Sicht (die darum nicht weniger wahr ist, weil sie hypothetisch ist) vielleicht der *erste neue*, heute sich einübende Wert für die Welt von morgen, dem nichts in der von gestern an die Seite zu stellen ist.

Nach diesen einleitenden, aber schon vorlaut in medias res geglittenen Bemerkungen wollen wir die verschiedenen Aspekte unserer Frage – nach bleibenden, nach veraltenden und nach neuen Werten – der Reihe nach durchgehen. Ich will weder den Leser noch mich mit dem Versuch plagen, den Begriff »Wert« streng zu definieren, und noch weniger mit der philosophisch heiß umstrittenen Frage, ob Werte einen nur subjektiven oder auch einen objektiven Grund haben, der sie legitimiert und verbindlich macht. Zur Vorverständigung genügt: »Werte« sind Ideen vom Guten, Rechten und Anzustrebenden, die unsern Trieben und Wünschen, mit denen sie sich wohl verbünden können, doch mit einer gewissen Autorität gegenübertreten, nämlich mit dem Anspruch, daß man sie als verbindlich anerkenne und also in sein eigenes Wollen, Trachten oder wenigstens Achten aufnehmen »soll«. Ob das mehr als die psychologische Kraft historisch-kulturell-kommunaler Werthaltungen ausdrückt, die de facto unser Denken und Fühlen geformt haben, ob der Anspruch sich durch einen Rechtsgrund ausweisen kann, lassen wir dahingestellt. Wir unterstellen einfach die tatsächliche Geltungs*kraft*, d. h. Anerkanntheit, gewisser Wertnormen in der individuellen und kollektiven Subjektivität und fragen pragmatisch, welche besonderen davon das Leben in der vorgestellten Zukunft für sich *braucht*. Die eigentliche quaestio juris: ob es überhaupt so etwas wie an sich gültige Norm gibt – darunter auch die hier vorausgesetzte, daß die Zukunft nach uns, eben die Welt von morgen, *uns* ethisch angeht –, führt in die Metaphysik, an die wir nur zum Schluß rühren werden.

Zuerst also etwas über Werte, die gültig bleiben werden in jede erdenkliche, überhaupt noch menschliche Zukunft hinein. Übrigens ist in allem weiteren nur von Werten als Bestimmungsgründen des Handelns die Rede, nicht also z. B. von ästhetischen Werten, die in der Hauptsache für das Betrachten da sind: von ihnen ist summarisch zu hoffen (und kein Grund zu zweifeln), daß Kunst und Sinn für Schönheit auch aus dem Leben unserer Nachkommen nie verschwinden werden. Was die praktischen Werte betrifft, so kommen sie in Sitte, Sittlichkeit und Recht zum Ausdruck, und mit letzterem natürlich auch in der Politik. Das ist ein Spektrum vom ganz Privaten zum eminent Öffentlichen hin, welches letztere aber nirgends ganz unbeteiligt ist, da in der Gesellschaft jederlei Verhalten gesehen und besprochen wird, neuerdings sogar das intimste bei schwindender Scham. Da sind wir also bei der »*Sitte*«, die unter dem, was wir als »Werte« oder Normen zu besprechen haben, das am wenigsten Kodifizierte und Begriffliche ist, aber alles andere unterbaut und durchdringt. Vormoralisch und vorrechtlich regelt sie das Miteinanderleben durch ihren osmotisch sich mitteilenden Kanon dessen, was sich schickt und nicht schickt, was man sagt und nicht sagt, was man zeigt und was verbirgt. Vom ganz Äußerlichen der Umgangsformen (»Manieren«) bis zum innerlich gegründeten Takt (der sich gewiß nicht befehlen, aber doch in etwa anerziehen läßt) ist dies der »Unmittelbarkeit« überlagerte Zeremoniell, die unerörtert geltende Sitte, die Vorbedingung zivilisierten, d. h. eben »gesitteten« Verkehrs. Ihr automatisch durch innere wie äußere Zensur bewachter, oft willkürlicher Formalismus sichert mit seiner Stilisierung des Allgemeinbenehmens den neutralen zwischenmenschlichen Raum, innerhalb dessen dann die wirklichen persönlichen Wahlbeziehungen möglich werden. Und nicht minder wichtig ist die Macht der Sitte, als das zuunterst Humanisierende, auch für den politisch-öffentlichen Raum darüber. Denn obwohl ihre Vorschriften im einzelnen mit eigentlicher Moral, also mit dem Gutsein der Person, meist wenig zu tun haben und auch nur weniges davon (z. B. Ehrenbeleidigung) in den Raum rechtlicher Sanktion reicht, so wirkt doch dieser der rohen »Wahrheit« aufgenötigte *Schein*, sogar die darin ritualisierte Heuchelei, als das unerläßliche Schmieröl, das die inneren Reibungen der Infrastruktur des Sozialmechanismus, die Reibungen in der zwischenpersönlichen Grundschicht, genügend mildert, um ihre Mitglieder für das Hinaustreten in die überpersönliche, öffentliche Sphäre und ihre Kollektivverantwortungen freizumachen. In diesen Suprastrukturen, mit ihren organisierten Teilungen, Solidaritäten und Konflikten, herrschen nicht mehr Brauch und Sitte, sondern politisch-rechtliche Spielregeln ganz anderer, mehr rationaler und bewußt ausgehandelter Art, die aber ohne einigen Frieden in der individualen Grundschicht – eben den Frieden der »Höflichkeit« – gar nicht funktionieren könnten. Also ist der Wert der Sitte überhaupt, wenn auch nicht notwendig gerade der besonderen überlieferten, für die Welt von morgen so wichtig wie für jede von gestern, und wir brauchten darüber keine Worte zu verlieren, wenn nicht zwischen dem Gestern und Morgen das Heute mit seiner Auflösung der Sitte läge. Diese ist verschrien von den Vulgäraposteln eines entlarvenden Wissens als Einengung der persönlichen Freiheit, und ihre demonstrative Nichtachtung genießt das Prestige emanzipatorischer, die Aufklärung vollendender Kühnheit. In diese Abwertung der Konvention gehört das vorhin erwähnte Schwinden der Scham, das mehr oder weniger die ganze westliche Welt ergriffen hat und sich mit dem der Verstellung entgegengehaltenen Namen der Wahrhaftigkeit schmückt. Was ihren frohgemuten Advokaten entgeht, ist die Wahrheit, daß die Abschaffung der Verschwiegenheit die Integrität der öffentlichen Sphäre nicht weniger als die der privaten bedroht, die beide nur in der Getrenntheit gedeihen können und sich in der Vermischung gegenseitig verderben. Daß die Exhibition der Privatissima, der seelischen ebenso wie der leiblichen, die Intimität des Privaten zerstört, ist ohne weiteres klar. Aber ebenso wahr, wenn auch nicht so offenkundig, ist, daß ihr Eindringen in den öffentlichen Raum dessen überpersönlichen Charakter zerstört, der das ihm wesentliche Prärogativ der Sachlichkeit ermöglicht. Die Bedrohung aber ist neuartig, denn noch nie hat es ein solches von beiden Seiten mit Lust bedientes Instrument öffentlicher Indiskretion gegeben (anstelle der privaten des Klatsches), wie das moderne elektronische Kommunikationswesen, welches das Schlafzimmer (und die Analytikercouch) in jedes Wohnzimmer bringt. Hier müssen beide Seiten, die private und die öffentliche, vor sich selbst geschützt werden, jede um ihrer selbst und um der anderen willen. Es wird also, scheinbar paradox, eine *öffentliche* Pflicht, das Private (samt den der Selbstzensur der Scham beraubten Privatissima) gegen das zudringliche Voyeurtum der öffentlichen Mitteilungsmedien abzuschirmen, also die vormaligen Hemmungen dagegen neu zu beleben. Hier lauert eine der subtileren Gefahren – sehr verschieden von den physischen – der technologischen Zivilisation, die so subtil in ihren Mitteln und so vulgär in ihren Wirkungen ist.

In der immer dichteren Zusammenballung atomisierter, amorpher, des Sittenhaltes ihrer ursprünglichen Gruppen verlustiger Massen, deren Zugang zum Allgemeinen durch diese Kanäle vermittelt ist, könnte es geschehen, daß wir technologisch-elektronisch ausgehaltene Wilde werden. Der Rousseausche »Kanadier, der Europens übertünchte Höflichkeit nicht kannte«, in Seumes berühmtem Gedicht aus dem 18. Jahrhundert, war »ein besserer Mensch« (»wir Wilden sind doch bessere Menschen«) *nicht* qua »Wilder«, der er gar nicht war, sondern ganz im Gegenteil deswegen, weil *er* noch fester in der Stammessitte – *seiner* »übertünchten Höflichkeit« – wurzelte, die ihm sagte, wie man einen Fremden und Gast behandelt. Alle »primitiven« Gesellschaften sind hochritualisiert in Sachen des formellen Verhaltens, und hierin war der Hurone dem halbverwilderten Kolonialeuropäer überlegen, der in der Neuen Welt von der alten Tünche schon zu viel verloren hatte. Blickend in die Welt von morgen müssen wir »Europäer« im weitesten Sinne fürchten, daß wir die ersten ganz verwilderten Zivilisationsbarbaren werden. In der Sitte also, dieser verwundbarsten, weil am wenigsten regierbaren Unterschicht der Werte, haben wir einen zwar nicht neuen, aber der Erneuerung bedürftigen Wert für die Welt von morgen, die sie auch noch aus Gründen, auf die ich später zu sprechen komme, besonders nötig haben wird. Ob sich dafür etwas tun läßt, und wie, ist freilich eine andere Frage, die ich ebenfalls für später aufhebe.

Mit dem Auftauchen einer etwa möglichen Aufgabe für die Verantwortung und der darin implizierten breiteren Frage, wieweit wir uns die permissive Gesellschaft von heute auch morgen noch leisten können, sind wir von den mores zu den moralia übergegangen, von der Sitte zur Sittlichkeit und ihren Pflichten, und kommen damit zugleich den mehr konkreten Anforderungen der technologischen Zukunft näher. Auch hier müssen wir zwischen der privaten und der öffentlichen, der individuellen und der kollektiven Sphäre unterscheiden. Auf der Individualebene, im unmittelbaren Verkehr von Mensch zu Mensch, bleiben natürlich die alten Gebote und Tugenden in Kraft. Für Gerechtigkeit, Güte und Treue wird es in den zwischenmenschlichen Situationen nie an Gelegenheit fehlen, und ihr Besitz als stetige Haltung wie ihre urteilsvolle Ausübung von Fall zu Fall wird immer einen Wert darstellen, den keine Gesellschaft missen will und durch bloßen Rechtszwang ersetzen kann. Auch wollen wir ihr sichtbares Beispiel nicht im Menschenbilde missen, an dem wir uns in dunklen Zeiten aufrichten können, wenn der Glaube, daß es sich um den Menschen lohnt, auf harte Proben gestellt wird. Ja, dann brauchen wir noch etwas mehr als die Minimaltugenden, ohne die es auch in den normalsten Zeiten nicht geht und die man von jedem verlangen kann. Die dunkelsten Zeiten aber sind die, wo man selbst dies nicht mehr kann, weil schon die einfache Anständigkeit ungewöhnlichen Opfersinn oder Mut erfordert und ihre Bewährung zur leuchtenden Ausnahme in der Flut der allgemeinen Erbärmlichkeit wird. Vollends schrecklich ist es, wenn der Rechtliche dies nur als Märtyrer sein kann. Daß es an solchen Zeugen nie gänzlich fehlt, wo Einer unzählige entsühnt, haben wir erlebt und verdanken ihnen, daß wir am Menschen nicht irre werden. Da wir aber daran wirken sollen – und dies der beste Sinn von »Fortschritt« ist –, daß der dunklen Zeiten immer weniger werden und es zu den schrecklichen gar nicht kommt, so wollen wir die Heldentugenden lieber nicht zu den Werten für die Welt von morgen zählen.

Damit sind wir bei der überpersönlichen, öffentlichen Sphäre, wo die »Zeiten«, gute wie schlimme, ja zubereitet werden und wo vor allem der eben berufene Fortschritt zu Hause ist. Über diesen wissen wir jetzt – *erst* jetzt –, daß er janusköpfig ist. Dieselben Mittel, mit denen er die Armut der dritten Welt zu beheben und den materiellen Wohlstand der ganzen, dank ihm wachsenden Menschheit zu mehren verspricht – die Mittel der aggressiven Technik –, drohen, gerade mit ihren Erfolgen auf kurze Sicht, zu vielleicht unheilbarer Umweltverwüstung auf lange Sicht zu führen. Es ist die eher zu große als zu geringe Wirksamkeit der Mittel, die wir zu fürchten haben, unsere Macht mehr als unsere Ohnmacht. Und die laufende, jeweils örtlich-temporäre Erfüllung des Fortschrittsversprechens in einer Folge von guten Zeiten könnte der Schicksalsweg zu seiner globalen und finalen Ausmündung in die schrecklichste aller Zeiten werden. Hinzu kommt, daß schon die äußerlich guten mit einer inneren Verwüstung des Menschen erkauft sein könnten, die vielleicht nicht weniger irreparabel wäre als die der Umwelt, sicher aber gleich dieser ein zu hoher Preis für die Segnungen, die der technische Fortschritt in eigener Münze erbringen kann. Noch bevor wir darauf eingehen, wie sich diese Perspektive, mit ihrem apokalyptischen Potential, auf die Bestimmung der Werte für morgen auswirkt, die dagegen aufzubieten sind und vor allem das Kollektivverhalten betreffen, können wir etwas über den Einfluß sagen, den der sich verändernde öffentliche Zustand schon jetzt auf die Rolle althergebrachter Werte der Individualethik hat.

Nehmen wir zwei wohlbekannte Beispiele. Das erste ist die »Wohltätigkeit«, die Linderung fremder Not, die im Judentum als ein Gebot (Mizwah) für jeden galt, im Christentum unter dem Namen der Caritas, der werktätigen Liebe, zu den Kardinaltugenden zählte, ja an ihrer Spitze stand, aber auch ohne religiöse Sanktion überall als Ehrenpflicht der Glücklichen gegen die Unglücklichen angesehen wurde, deren Beachtung, mindestens in der Gewohnheit des Almosengebens, man in vormodernen Gesellschaften, wenn nicht seinem Gewissen, dann seinem guten Namen schuldig war. Schon das Mit*fühlen* mit dem Leiden galt als Zierde der Seele im Menschenbild, deren Fehlen niemand gern eingestand. Den Mühseligen und Beladenen zu helfen, die Hungrigen zu speisen, die Siechen und Bresthaften zu pflegen – das waren zugleich hochpersönliche wie sozial verdienstliche Tugenden, die als Vorbilder des Verhaltens, als »Rollenmodelle«, aus dem Wertsystem früherer Gesellschaften nicht wegzudenken sind. Nun weiß jeder, daß im modernen Staat das meiste davon dem persönlichen Fühlen und Tun abgenommen wurde und auf das öffentliche Wohlfahrtswesen übergegangen ist. Der freiwillige Beitrag ist durch die Steuerpflicht ersetzt, die private Initiative durch die amtliche Institution – und, auf seiten der Empfänger, die Hoffnung auf jeweilige Mildtätigkeit durch das Recht auf permanent bereitstehende, öffentlich garantierte Dienste. Wir haben allen Grund, diese Entwicklung zu begrüßen, und dürfen ihre fernere Zunahme erwarten. Hier ist also ein Fall, wo öffentlicher Fortschritt mit seiner Objektivierung der Funktionen die Rolle individueller Ethik gewissermaßen überholt. Natürlich behalten Barmherzigkeit und Hilfsbereitschaft weiterhin ihren inneren Wert und werden auch nie der einzelpersönlichen Gelegenheiten ermangeln. Aber insofern der Staat sich die vormaligen Werke der Barmherzigkeit zu eigen macht, die damit aufhören, Werke der *Barmherzigkeit* zu sein, wird unter den Werten der Welt von morgen, verglichen mit der von gestern, die Wohltätigkeit einen verminderten Platz einnehmen – ja, sie muß dies selbst erhoffen, da sie doch nie die Gelegenheit zu sich selbst, nämlich fremde Not, wünschen konnte. Und wenn irgend etwas, so erwarten wir doch vom technischen Fortschritt eine bessere Versorgung menschlicher Grundbedürfnisse, also eine Verminderung physischer Bedürftigkeit. Fügen wir hinzu, daß Hilfsbereitschaft in der Welt von morgen nicht mehr nur von Mensch zu Mensch und vom Staat zu seinen Bürgern, sondern auch von Nation zu Nation zu üben sein wird, wofür statt Edelmut (der zwischen Kollektiven kaum zu erwarten ist) das wohlverstandene Eigeninteresse aller Insassen *eines* Bootes zum zureichenden Grund und hoffentlich auch zum wirksamen Motiv wird. Über diese Ausdehnung eines alten Wertes auf einen so erweiterten Gegenstand hören wir später.

Mein zweites Beispiel ist die dem Mitleid und Wohltun geradezu entgegengesetzte Tugend kriegerischer Tapferkeit. Unstreitig ein Wert hohen Ranges in der Vergangenheit, hat sie im Bilde einer Zukunft, die dauern soll, kaum noch Platz. Hier brauchen wir nicht viele Worte zu machen. Die Kriegsvermeidung wird wegen der Entwicklung der Kriegstechnik selbst zur Überlebensfrage der Menschheit; und auch in solchen bewaffneten Konflikten, die vor dem äußersten Mittel haltmachen, hat die persönliche Tapferkeit gegenüber der alles entscheidenden Macht unpersönlicher Technik immer weniger zu bestellen. Hier also wird ein Wert obsolet in dem doppelten Sinne, daß die Menschheit sich die Gelegenheit zu seiner Aktualisierung nicht mehr erlauben darf, und wenn sie es doch tut, die Gelegenheit selbst als ihm entfremdet dasteht. Dennoch gilt auch hier, daß Mut überhaupt und physischer im besonderen in sich wertvoll bleiben und auch weiterhin ihre Gelegenheiten finden, von denen ja der zivile Alltag nicht frei ist. Ein Kind unter Lebensgefahr aus einem brennenden Haus retten steht militärischem Heldentum nicht nach. Aber diese Gelegenheiten passieren und sind nicht wie der Krieg mit Willen veranstaltet.

Hier ist es an der Zeit, die Bemerkung einzuschalten, daß unsere Erwägung der »Veraltung« gewisser Werte in veränderten Zeitläuften nichts mit der vielberedeten These von der Relativität der Werte zu tun hat. Die Werte an sich sind unwandelbar: Barmherzigkeit *ist*, ein für allemal, besser als Hartherzigkeit, Tapferkeit besser als Feigheit. Wir können ihr Schwinden nicht wünschen und ihren Tugendcharakter nicht verneinen. Aber sie haben ihre Zeiten, und wir können wohl wünschen, daß ihre Anlässe schwinden, die Umstände sie unnötig machen. Ja, sie selbst müssen dies wünschen. Denn sie sind (dies die zweite Zwischenbemerkung) *Notstands*tugenden, die also ihre Bedingung, eben den Notstand, dem sie begegnen sollen, gar nicht wünschen können. Ihn aufzuheben, und damit sich selbst, ist ihre eigentliche

Bestimmung. Wie schon Aristoteles bemerkte, führen wir
Krieg, um Frieden zu haben. Auch die Freigebigkeit will ja
nicht die Bedürftigkeit verewigt sehen, um einen Gegenstand für sich zu haben. Selbst die Gerechtigkeit, in ihrer
eindrucksvollsten Form des Kampfes gegen die Ungerechtigkeit und für das verletzte oder versagte Recht, strebt
letztlich einer Ordnung zu, in der sie als besondere Tugend,
jedenfalls als militante, die das Krumme grade machen muß,
überflüssig wird.

Damit kommen wir aber zu der ins Herz unseres Themas
führenden Einsicht, daß hinter den Notstandstugenden und
den Pflichten, die sie von Mal zu Mal erfüllen, die viel
weitere Pflicht sich auftut, für einen Gesamtzustand zu
sorgen, der es zu den Notständen womöglich nicht erst
kommen läßt, vor allem aber jene Gefährdung des Ganzen
verhütet, der keine Tugend mehr begegnen kann. Das führt
nun vollends von der persönlichen in die überpersönliche,
öffentliche Sphäre und zugleich in die Frage, welche Werte –
alte oder neue – denn besondere positive Bedeutung für die
Welt von morgen als Gesamtanliegen gewinnen.

Der erste wurde schon einleitend genannt: der Wert
maximaler Information über späte Folgen unseres Kollektivhandelns. Der Sinn von »maximal« enthält hier Wissenschaftlichkeit der Deduktion gepaart mit Lebhaftigkeit der
Imagination, denn nur bei solcher Sättigung abstrakter
Quantität mit konkreter Qualität kann das von ferne
Gewußte die Kraft gewinnen, unser so mächtig von den
Jetztinteressen beherrschtes Verhalten mitzubestimmen –
worin eben der *Wert* jener Information besteht. Was ist
daran neu? Neu daran ist, das Entfernte überhaupt ins Auge
zu fassen und es dem soviel dringlicher uns angehenden
Nahen, bald Eintreffenden entgegenzustellen. Die Folgen
bedenken gehörte seit je zum planenden Handeln, das die
Wahl zwischen Alternativen hat, aber die Spanne des Vorhersehens war kurz, ganz im Einklang mit der Nähe der
unserer Macht zugänglichen Ziele; und es konnte sich in der

Regel, d.h. in den vorherrschend typischen Fällen, auf vergangene Erfahrung stützen, im übrigen aber mit ungefährem Erraten des Ausgangs, bester Ausführung des Vorliegenden und Hinnahme des ungewissen Glücks zufrieden sein. Das war der bescheidenen Größenordnung menschlicher Unternehmungen angemessen, die in einer gleichbleibenden Gesamtordnung der Dinge es den Künftigen überlassen konnten, in ähnlicher Weise mit den Aufgaben *ihres* Tages fertig zu werden. Eben das hat sich gründlich geändert. Die kausale Größenordnung menschlicher Unternehmungen ist im Zeichen der Technik unermeßlich gewachsen; das Vorgangslose ist zur Regel und die Analogie vergangener Erfahrung unzuständig geworden; die Fernwirkungen sind berechenbarer, aber auch widerspruchsvoller; auf die regenerativen Kräfte des von unserm Tun in Mitleidenschaft gezogenen Ganzen ist nicht mehr zu bauen; die Künftigen sind nicht mehr als in ähnlicher Ausgangssituation befindlich vorzustellen. Mit der Großtechnik haben wir uns dem Spruch verschrieben, daß die Welt von morgen der von gestern *nicht* ähnlich sein wird. Damit die Unähnlichkeit nicht von verhängnisvoller Art werde, muß das Vorwissen der ihm enteilten Reichweite unserer Macht nachzukommen suchen und deren Nahziele der Kritik von den Fernwirkungen her unterwerfen. Also wird die neue Wissenschaft (oder Kunst) der Futurologie, die uns die Fernwirkungen sehen läßt, ein in dieser Form und Funktion *neuer* Wert für die Welt von morgen. Sie dient nicht, wie die Wissenschaft von der Natur, auf die sie sich stützt, unsere Macht zu mehren, sondern sie zu überwachen und vor sich selbst zu schützen – letztlich also, um Macht über jene zuvor der Naturwissenschaft entsprungene Macht zu gewinnen. Sie kann dies nur, wenn das von ihr Gewußte, d. h. als möglich oder wahrscheinlich Gezeigte, in der *Anschauung* erlebt wird, so daß es das ihm angemessene *Gefühl* in uns erzeugt, das zum Handeln bewegt. Durch diese Verbindung mit dem Gefühl, das einem künftigen Menschenzustand antwortet, trägt solche Vorschau zur Vermenschlichung des naturwissenschaftlich-technischen Wissens bei, das sie ja schon beim Extrapolieren in die Zukunft mit einem Wissen vom Menschen verschmelzen muß.

Das angemessene Gefühl nun, von dem wir sprechen, ist in großem Umfange die *Furcht*. Also gewinnt auch diese einen neuen Wert. Früher von geringem Ansehen unter den Emotionen, eine Schwäche der Furchtsamen, muß sie jetzt zu Ehren gebracht werden, und ihre Kultivierung wird geradezu zur ethischen Pflicht. Ja: wir Mächtigen und Machtbewußten von heute müssen uns vorsätzlich und selbsterzieherisch in die Lage dessen bringen, »der auszog, das Fürchten zu lernen«: doch ein Fürchten neuer Art. Denn abgesehen von der einen aktuellen Furcht vor der Atomkriegskatastrophe für uns selbst ist es das später einmal und für noch Ungeborene Furchtbare, das uns in jetziges Erschrecken versetzen soll. Das kann nun selbst die lebhafteste Phantasiefurcht nur, wenn wir uns mit jenen Künftigen identifizieren – und dies ist selbst nicht mehr ein Akt der Phantasie, sondern der Moral und des ihr entstammenden Gefühls der *Verantwortung*. Sie rückt im Zeichen unserer *Macht* an die Spitze aller Werte; ihr Gegenstand wird der größte überhaupt denkbare, ja, als praktischer Gegenstand nie zuvor gedachte, außer in religiöser Eschatologie: die Zukunft der Menschheit. Die erstmals uns treffende diesseitige Verantwortung für sie ist es, die uns die richtige Furcht zur Pflicht macht und zur täglichen Übung. Noch manche andere Umwertung früherer Werte folgt daraus.

Früher galt wohl »Wer nicht wagt, der nicht gewinnt«, und der Wagemutige wurde gepriesen, der Vorsichtige ein wenig verachtet. Für den einzelnen in seiner Sphäre mag das weiter gelten. Für die Allgemeinheit aber, die noch zu Beginn des technologischen Wagnisses ähnlich denken konnte und eine gute Zeit lang sich des Gewinnens dabei rühmen durfte, ist mit dem enormen Ausmaß dessen, was inzwischen auf dem Spiele steht und wofür unsere Nachkommen dereinst zahlen müssen, Vorsicht zur höheren Tugend geworden, wohinter der Wert des Wagens zurücktritt, ja, sich eher in den Unwert der Verantwortungslosigkeit verkehrt.

Wie betätigt sich die von der Verantwortung uns neuerdings auferlegte Vorsicht? Letztlich, jenseits aller einzelnen Risikoprüfung dieser oder jener Unternehmung, in einer neuen *Bescheidenheit* der Zielsetzungen, der Erwartungen und der Lebensführung. Was die einzelnen Risikoprüfungen betrifft, so habe ich im *Prinzip Verantwortung*, beim Versuch einer »Heuristik der Furcht«, eine Faustregel für die Behandlung der *Ungewißheit* vorgeschlagen: in dubio pro malo – wenn im Zweifel, gib der schlimmeren Prognose vor der besseren Gehör, denn die Einsätze sind zu groß geworden für das Spiel. Mit vielem aber sind wir schon in der gar nicht mehr ungewissen Gefahrenzone mitten drin, wo die neue Bescheidenheit nicht mehr nur Sache weitausschauender Vorsicht, sondern schon naher Dringlichkeit ist. Um die in vollem Lauf begriffene Ausplünderung, Artenverarmung und Verschmutzung des Planeten aufzuhalten, der Erschöpfung seiner Vorräte vorzubeugen, sogar einer menschverursachten, unheilvollen Veränderung des Weltklimas, ist eine neue *Frugalität* in unsern Konsumgewohnheiten vonnöten.

»Frugalität«: da wären wir also bei einem recht alten und erst jüngst aus der Mode gekommenen Wert. Enthaltsamkeit (continentia) und Mäßigkeit (temperantia) waren durch lange Vorzeiten des Abendlandes obligate Tugenden der Person, und die »Völlerei« steht groß im kirchlichen Katalog der Laster. Beides waren, wohlgemerkt, sittliche Werte und Unwerte in sich selbst, d. h. zum Guten und Schlechten der Seele, die durch Indulgierung der Begehrlichkeit und des Leiblichen an Adel verliert. Rücksicht auf Kargheit und was man sich leisten kann, ist dabei sekundär. (Das spielt wohl bei der Sparsamkeit eine Rolle, die nicht dasselbe ist.) Auch wo Selbstversagung nicht geradezu Bedingung des Seelenheils war (worüber Nietzsche in seiner Anatomie »asketischer Ideale« manches und nicht durchaus schmeichelhaftes zu sagen hatte), war doch eine gewisse Frugalität weithin das Wahrzeichen eines höheren Daseins. Die jetzt neu geforderte Frugalität hat hiermit, und mit persönlicher Vollkommenheit überhaupt, nichts mehr zu tun, obwohl als Nebenerfolg auch dieser Aspekt zu begrüßen wäre. Gefordert ist sie im Weitblick auf die Erhaltung des terrestrischen Gesamthaushaltes, ist also eine Facette der Ethik der Zukunftsverantwortung. Am wenigsten hat sie mit bestehender Kargheit zu tun. Im Gegenteil, sie ist zu predigen in einer Lage, wo die »Völlerei« im weitesten Sinne der Konsumsüchtigkeit nicht nur durch üppigsten, allzugänglichen Güterreichtum begünstigt wird, sondern auch als fleißiges omnivores Konsumieren des dazu erzeugten Sozialprodukts geradezu ein notwendiges und verdienstliches Mitwirken am Laufen der modernen Industriegesellschaft geworden ist, die ihren Mitgliedern zugleich das Einkommen dazu verschafft. Alles ist auf diesen Erzeugungs- und Verzehrkreislauf eingestellt, unaufhörlich wird in der Reklame jeder zum Verzehren ermahnt, angestachelt, verlockt. »Völlerei« als sozialökonomische Tugend, ja Pflicht – das ist wahrlich ein geschichtlich Neues im jetzigen Augenblick der westlichen Welt. Gegen diese Zwänge und Reize, dieses Klima allgemeiner Indulgenz und ihrer materiellen Ermöglichung, ist also der noch neuere Ruf nach Frugalität, nach erneuter Frugalität zu erheben. Sein Sinn, wie wir sahen, ist an sich nicht die Rückkehr zu einem alten Ideal, sondern die Aufrichtung eines in der Erscheinung ihm gleichenden neuen Ideals. Welche Aussicht hat der Ruf, sich durchzusetzen, bevor die schließlich über uns hereinbrechende Kargheit zu viel Schlimmerem nötigt?

Es gibt den Weg des freiwilligen Konsensus und den des gesetzlichen Zwangs. Der erste, der weit vorzuziehen ist, aber nicht mehr auf die Macht der Religion rechnen kann, ist nur gangbar, wenn das gewünschte Verzichtverhalten durch die Macht der *Sitte* zur gesellschaftlichen Norm erhoben wird, woran der einzelne sich auch ohne Einsicht in ihren Sinn und gewohnheitsmäßig im ganzen hält, schon weil er sich ihrer krasseren Verletzungen vor seinesgleichen schämen müßte. Da sind wir also wieder bei der Sitte und ihrem stärksten Bollwerk, der Scham – und in der Tat hat ja der moderne Konsumtaumel etwas Schamloses an sich. Ich gestehe, ich bin nicht optimistisch hinsichtlich einer solchen Reformierung der Sitte, die gewissermaßen von unten her eine würdige Frugalität zum unwillkürlich wirksamen gesellschaftlichen *Wert* macht, ehe es dafür zu spät ist und nur die unwürdige Alternative des verarmten Verschwenders bleibt. Der andere Weg, dem vorzubeugen, wäre die zeitige Erzwingung der Frugalität von oben her, durchs öffentliche Gesetz und seine Sanktionen. Auch dafür sind die Aussichten im demokratischen Stimmverfahren nicht gut, das ja durchweg von gegenwärtigen Interessen und Umständen beherrscht wird und sich schwerlich, solange kein Mangel *da* ist, vom fernhin prophezeiten bewegen läßt. Also müßte die nötige Gesetzgebung autoritär zustande kommen, als Teil einer veränderten politischen Ordnung, was im Namen der Freiheit zu beklagen wäre. Ohnehin fährt diese nicht gut dabei, wenn öffentlichen Gewalten die Vorschreibung und Beaufsichtigung privaten Verhaltens zufällt; und an das damit so leicht einhergehende Spitzel- und Angebertum, das Begünstigungs- und Umgehungswesen, die Schwarzmarktgesinnung usw. möchte man lieber nicht denken. Über diese Schwierigkeit der Freiheit in der Welt von morgen, und daß sie – wie übrigens jederzeit, dann aber besonders – eigentlich nur möglich ist, wenn sie ihrer Selbstbeschränkung durch die Zensur der Sitte trauen kann, werden wir am Ende noch etwas zu sagen haben.

Vorher ist dem Thema der Mäßigung noch etwas hinzuzufügen. Wir haben sie bis hierher als Mäßigung im Konsum verstanden und konnten dabei an die durchaus traditionelle, vormoderne Tugend der Enthaltsamkeit anknüpfen. Aber ganz neuen Boden betreten wir, wenn wir von der Zügelung der Genußgier zur Zügelung des Könnens und Leistens, zur Bändigung des *Vollbringungs*triebes übergehen. Wer hätte je im Allgemeininteresse »Mäßigung« in der Anstrebung menschlicher Höchstleistungen empfohlen? Es war Tugend, zu tun, was man kann, das Gute mit dem Bessern zu übertreffen, alles Können zu vermehren, immer mehr und Größeres zu vollbringen. Aber sollen – dürfen – wir in Zukunft überall zu weiteren Höchstleistungen fortschreiten? Zur Höchstleistung etwa in der Lebensverlängerung? in genetischer Veränderung? in psychologischer Verhaltenslenkung? in industrieller und agrarischer Produktion? in Ausnutzung der Bodenschätze? im Steigern jeder technischen Effizienz überhaupt? Ohne ins einzelne zu gehen, können wir die allgemeine Vermutung äußern, daß hier vielerorts Zurückhaltung zum Gebot werden kann und selbst Steigerung der Leistungs*fähigkeit* nicht durchweg ein fragloser Wert bleibt, vom Ausmaß ihrer Nutzung zu schweigen. Daß Zügelung des Verbrauchs Zügelung der Erzeugung zur Folge hat, die sich ja der Nachfrage anpaßt, versteht sich von selbst. Aber unsere Frage und Vermutung geht über solche Handgreiflichkeiten hinaus. Grenzen zu setzen und haltzumachen wissen selbst in dem, worauf wir mit Grund am *stolzesten* sind, kann ein ganz neuer Wert in der Welt von morgen sein. Vielleicht müssen wir vom Maßhalten im Gebrauch der Macht, das immer ratsam war, zum Maßhalten im Erwerb der Macht fortschreiten. Denn überall werden Punkte erreicht, wo der Besitz der Macht die fast unwiderstehliche Versuchung ist, sie zu gebrauchen, ihr Gebrauch aber gefährlich, verderblich, mindestens ganz unabsehbar in den Folgen sein kann. Darum wäre es besser, die betreffende Macht gar nicht erst zu besitzen. Zu sagen vermögen: Ja, hier könnten wir noch weitergehen, noch mehr erreichen, verzichten aber darauf, mag sehr wohl eine kritische Tugend im kritischen Glücksspiel der Zukunft werden. Solcher Verzicht ist schmerzlich für den schöpferischen Geist, worüber ihn das Tugendlob nicht hinwegtröstet. Eher kann er sich damit trösten, daß die Wunden, die die Technik schlägt, doch nur durch weitere, noch bessere Technik geheilt werden können, die Anstrengung also zu weiterem Übertreffen, zu immer erneuter Höchstleistung im Erwerb von Können, gerade *wegen* der Doppelwirkungen der Technik nie aufhören darf. Kurz: Fortschritt in der Technik ist schon zur Korrektur ihrer eigenen Wirkungen nötig. Das ist richtig, hebt aber den Rat der Bescheidung nicht auf; es differenziert ihn nur. Denn nicht alle Wunden *sind* heilbar, manche sind grundsätzlich unheilbar, und selbst über sie hinaus gibt es unter den drohenden Schadenswirkungen der Großtechnik solche, die aus sich selbst *weiter*laufen und dann von keiner Technik mehr auch nur aufzuhalten, geschweige denn zu heilen sind. Unerlaubt ist, auf künftige Wunder der Technik zu rechnen, um sich das Gewagte zunächst einmal zu erlauben; und auch auf die Fähigkeit der Menschen, die Übung einer einmal erlernten Macht rechtzeitig zu bremsen, darf man nicht zu sehr bauen. Im übrigen versteht sich, daß die hier angesprochene etwaige Verzichtpolitik schon im Erfinden selektiv gemeint ist. Am besten beginnt sie bei Zielsetzungen, die nicht durchaus nötig sind. Der unverzichtbaren bleiben genug, um das technische Ingenium sowohl im Vervollkommnen wie im Berichtigen und Abwenden weiterhin schöpferisch zu beschäftigen.

Gestehen wir aber, daß die Bescheidung überhaupt – im Unterschied zu dem, worauf sie hier verzichten heißt – kein Wert ist, der begeistert, und ihre Kunst schwer zu lernen ist. Ja, sie zu üben ist fast unmöglich in einer zerteilten Menschheit für die verantwortlichen Autoritäten, die fürchten müssen, daß der andere tun wird, was man selbst unterläßt. Darum ist die Überwindung dieser Zerteilung, die Herstellung einer irgendwie geeinten Menschheit – die schließlich ja das allein passende Handlungssubjekt ist für das, was sie als ganze angeht – ein vordringlichstes Ziel für die Welt von morgen.

Denn all jene Verzichte, von denen wir handelten, sind ja um der *Menschheit* willen gefordert, die eben als ganze – nolens wie volens – ins technologische Wagnis und seine Risiken hineingezogen ist. »Die ganze Menschheit«! Nun, das ist ein übergroßer, in seiner Gesichtslosigkeit fast ungreifbarer Gegenstand, der deshalb auch nicht leicht Begeisterung einflößt. Sich einem Größeren, Umfassenden hinzugeben und dafür Opfer zu bringen, ist dem Menschen nicht fremd. Ein gutes Beispiel dafür aus der Vergangenheit ist der Patriotismus. Dieser fällt dem Gefühl vergleichsweise leicht, denn die eigene Nation, zahlreich und raumweit wie sie sei, ist der Vorstellung konkret, die Bande mit ihr sind von vielfältiger Intimität, sprachlicher, kultureller, geschichtlicher, staatlicher, und der Feind, der ja das Nationalgefühl jeweils wachruft, ist außen und macht die sonst diffus empfundene »Meinigkeit« der eigenen Nation plötzlich scharf und deutlich. Sorge um die Menschheit zu fühlen ist demgegenüber schwer, denn sie ist abstrakt, meistenteils fremd in mehr als einem Sinne, und der Feind, der sie bedroht, ist innen, nämlich die eigenen Gewohnheiten und Begierden, darunter meine. Wie schwer es da das Ganze gegenüber den so viel lebhafteren Partikularitäten hat, zeigt die bisherige Erfahrung der Vereinten Nationen.

Wenn daher, wie wir behaupten, Verantwortung für das Ganze der Spitzenwert für die Welt von morgen ist, dann ist der Komplementärwert dazu ein lebendiger *Sinn* für ihren Gegenstand, eben »das Ganze« – die Menschheit als solche. Also wird die Erweckung, Unterhaltung, ja *Begründung* eines Gefühls für »die Menschheit« eine hochwichtige erzieherische *und* intellektuelle Aufgabe für die Welt von morgen. Ohne Begründung durch die Vernunft kann sich dies ohnehin fernliegende und etwas künstliche Gefühl nicht gegen die spontaneren Regungen naher Solidaritäten und Egoismen behaupten. Ja, um es geradehin zu sagen, es ist zu bezweifeln, daß der einzelne je ohne die näheren Solidaritäten und »Ganzheitsgefühle« auskommen kann, also ohne die Nation. Die übernationale Sache der Menschheit wäre praktisch unhaltbar, wenn sie die Verleugnung des Näheren zur Bedingung machte, und der Versuch, dies zu erzwingen, könnte nur zum Unheil führen – wovon eines schon die Kompromittierung eben der Idee der Menschheitssache selbst wäre. Ihre Stimme muß also unter Achtung des Partikularen zu Gehör kommen, um ihm die Zugeständnisse an *sie als die höchste* Sache abzugewinnen. Dafür muß sie sich auf mehr als das wohlverstandene Selbstinteresse der Staaten berufen können, das zur bloßen Erhaltung des Friedens, d. h. der Vermeidung des Krieges untereinander, allenfalls ausreichen möchte. Die Gefährdung der Zukunft, so sahen wir, hat breiteren Boden, sie geht schon aus dem Alltagsverhalten innerhalb der Staatengebilde der technisierten Welt hervor, das sehr wohl ungehemmt in einem Weltfrieden fortschreiten kann, den die unmittelbare Furcht um die eigene Gegenwart vielleicht innehält. Dieser gewohnheitsmächtigen Alltäglichkeit, die für sich und für jetzt keinem solchen Schreckensdiktat untersteht, kann nur, über alle anscheinend schuldlose Gegenwart hinweg, der zuinnerst erkannte und gefühlte Anspruch gesamtmenschlicher Zukunft auf Erden gegenübertreten, und die, die ihn und seine Bedrohung erkannt haben, müssen seine unermüdlichen Wortführer werden – so unermüdlich, wie es eben jene bedrohliche Alltäglichkeit selber ist.

Warum das genus humanum diesen höchsten, alle Partikularismen übersteigenden Anspruch auf uns hat, das ist eine durchaus berechtigte Frage, auf die Antwort zu geben ist. Ich wollte, man könnte dafür noch auf die biblische Lehre zurückgreifen, daß der Mensch »im Bilde Gottes« geschaffen sei – nicht dieser oder jener, sondern »der« Mensch als solcher, woraus sich alles weitere ergäbe. Womit wir diese an den Glauben gebundene Antwort ersetzen können, daran ist zu arbeiten. Rein biologisch besteht nicht der mindeste Grund, warum nicht ein Teil der Spezies homo sapiens andere Teile umbringen oder umkommen lassen sollte, wenn nur dieser Teil sich dabei erhält. Ja, selbst gegen den Untergang der Spezies wäre biologisch nichts einzuwenden – es wäre nicht der erste und sicher nicht der letzte in der Geschichte des Lebens. Wir fühlen, daß im Falle des Menschen anderes gilt; vor allem, daß er und was er aus sich gemacht hat, nicht verschwinden *darf*. Dies Gefühl muß um seine Richtigkeit wissen, schon um nicht zu leicht den Anfechtungen vermeintlicher Unabwendbarkeit des Schicksals zu erliegen. Wie nach Schopenhauer vor »ruchlosem Optimismus«, müssen wir uns auch vor ruchlosem Pessimismus und Fatalismus hüten, die es entschuldigen, die Hände in den Schoß zu legen. Wir müssen *wissen*, daß der Mensch sein *soll*. Das schon vorgefundene Fühlen dafür zum Wissen zu erheben ist nur durch ein erneutes Wissen um das Wesen des Menschen und seine Stellung im All möglich, das uns auch sagt, was im künftigen Menschenzustand zuzulassen und was unbedingt zu vermeiden ist. Einem solchen Wissen wieder einen Boden über dem Bodenlosen zu verschaffen und damit der Forderung allmenschlicher Solidarität und besonders der Verpflichtung zur ferneren *Zukunft* der Art eine Autorität zu geben, die keine pragmatisch-utilitarische Erwägung allein ihr geben kann – das wäre eine Aufgabe für die philosophisch in Verruf geratene *Metaphysik*, die man denn wohl auch zu den Werten für die Welt von morgen rechnen möchte.

Nach diesem Flug in transzendente Regionen, bei dem manchem Leser wohl nicht ganz geheuer ist, kehren wir zum Schluß noch einmal zur bodennahen Problematik der *Freiheit* in der Welt von morgen zurück. Zu den Verzichten, die sie uns auferlegen wird, gehören unvermeidlich auch Verzichte auf Freiheit, die nötig werden in Proportion zum Anwachsen unserer Macht und ihrer Risiken der Selbstzerstörung. Die Kontrollen, die solche Macht in so wenig verläßlichen Händen wie den unsern erfordert, können nicht umhin, der Willkür auch im Individuellen strengere Grenzen zu setzen; und zusammen mit den nicht mehr statthaften Libertinagen eines ungehemmten Kapitalismus und seiner Konsumexzesse können auch manche uns teure Freiheiten, persönliche und kommunale, der sich verschärfenden condition humaine zum Opfer fallen. Mancher ist versucht zu sagen, daß die Freiheit ihre Zeit hatte. Gewiß wird zur Frage, wieviel wir uns von ihrem Luxus noch leisten können, und mit steigender Krise erscheint das Gespenst der Tyrannei. Als rettende Zuflucht müßten wir selbst sie hinnehmen, denn sie ist immer noch besser als der Untergang. Bedenken wir aber, daß es zur oktroyierten Disziplin die Alternative der Selbstdisziplin gibt. Sie war seit je der Preis der Freiheit, die immer nur vor dem Hintergrund einer starken, bindenden Sitte gedeihen konnte, durch Verzicht auf Zuchtlosigkeit, durch freiwillige Selbstbeschränkung.[1] Es liegt an uns, die Notwendigkeit der Tyrannei zu vermeiden, indem wir uns in die Hand nehmen und wieder strenger mit uns selbst werden. Freiwillige Opfer an Freiheit jetzt können die Hauptsache davon für später retten. Da wir alle Mittäter am System sind, indem wir von ihm und den Früchten seines Raubbaus zehren, können wir alle – jeder von uns – etwas zur Änderung seiner Bedrohlichkeit tun, indem wir in dem und jenem unsern Lebensstil ändern – ja, schon im Beispiel an der Rehabilitierung von Selbstdisziplin an sich mitwirken. Letztlich wird die Sache der Menschheit wohl doch von unten und nicht von oben betrieben. Die großen sichtbaren Entscheidungen zum Guten oder Schlimmen werden auf der politischen Ebene fallen (oder auch versäumt werden). Aber wir alle können unsichtbar den Boden dafür bereiten, indem wir mit uns selbst den Anfang machen. Der Anfang, wie bei allem Guten und Rechten, ist jetzt und hier.

---

[1] Vgl. den weisen Ausspruch von Edmund Burke: »Society cannot exist unless a controlling power upon will and appetite be placed somewhere, and the less of it there is within, the more there must be without. It is ordained in the eternal constitution of things, that men of intemperate minds cannot be free. Their passions forge their fetters.«

4. Wertfreie Wissenschaft und Verantwortung: Selbstzensur der Forschung?

Es wird gefragt: Trägt der Forscher bei seinen Untersuchungen eine Verantwortung? Kann er sich mit seinem Forschen schuldig machen? Ja, kann er Schuld vermeiden? Solche Fragen haben seit einiger Zeit begonnen, das Gewissen, das einstmals so gute, von *Natur*wissenschaftlern zu plagen. Was konnte sich eines besseren Gewissens erfreuen als die Wahrheitssuche? Und was war ein legitimeres Objekt der Wahrheitssuche als eben die Natur? Aber Robert Oppenheimer sagte nach Hiroshima: der Naturwissenschaftler hat Bekanntschaft mit der Sünde gemacht. Das war für die Kernphysik und ihre Mitwirkung bei der Atombombe gemeint. Seitdem hat sich die Störung der Gewissensruhe auch auf andere Forschungszweige in den Naturwissenschaften ausgedehnt. Mindestens die Frage einer mit dem eigenen Tun verbundenen Verantwortlichkeit ist in die geschützten Gefilde der Naturforschung eingedrungen und wird an sie auch von außen, von einer breiteren und beunruhigten Öffentlichkeit gestellt. An den Reflexionen darüber darf sich auch der Philosoph beteiligen. Er ist zwar nicht besser qualifiziert als irgendein anderer, die praktisch brennendste Frage zu beantworten, wie etwa eine hier abstrakt bejahte Verantwortung sich in einer Art »Wissenschaftspolitik« konkretisieren könnte. Aber er kann mit seinem Rüstzeug solche grundsätzlichen Vorfragen angehen wie die, welches denn überhaupt das Verhältnis zwischen der Wissenschaft und der Wertsphäre ist – ob sie getrennt nebeneinander stehen oder sich schon im Erkennen der Dinge gegenseitig durchdringen. Eine derartige Abklärung des Umfeldes dürfte für den Umgang mit unserer bedrängenden Frage nicht ganz unnütz sein. Nur in dieser bescheidenen Hilfestellung sind die folgenden Betrachtungen gemeint.

Zunächst etwas zur Begriffsklärung. »Verantwortung« ist

nicht dasselbe wie »Verpflichtung« überhaupt, sondern ein speziellerer Fall davon. Verpflichtung kann ganz innerhalb eines Verhaltens selber liegen, Verantwortung weist über es hinaus, hat einen externen Bezug. Z. B. besteht bei der Forschung die interne Pflicht zur »Strenge«: daß sie gewissenhaft nach den für sie geltenden Regeln der Wahrheitsfindung und Beweiskraft ausgeführt wird, sich in der Prozedur keine Kurzschlüsse erlaubt, in der Auswertung keine Begünstigung eines gewünschten Ergebnisses, usw. Das bleibt sozusagen »in der Familie«, gehört zum gebietseigenen Ethos der Wissenschaft, und seine getreuliche Beobachtung bedeutet eigentlich nichts anderes, als daß man ein guter und nicht ein schlechter Wissenschaftler ist.

Aber gerade der in diesem Sinne gute, also erfolgreiche und daher *wirkungs*volle Wissenschaftler kann unter Verantwortungen stehen, die über sein internes Geschäft der Wahrheitsfindung hinausreichen und deren Auswirkung in der *Welt* betreffen. Solche Auswirkungen sind ja zumeist in der naturwissenschaftlichen Forschung schon mitgemeint, nämlich als schließliche praktische Nutzung ihrer *Ergebnisse*. Man findet heraus, wie die Natur es »macht«, und kann dann selber etwas mit ihr machen. Sicher ist das z. B. so in aller Chemie, die ja schon in ihrem Vollzug ein »Machen« einschließt, im Unterschied etwa zur Kosmologie und Astrophysik, die ihrem Gegenstand nichts antut, nichts von ihm will, ihn sein läßt, wie er ist, und sich mit der theoretischen Einsicht in die Beschaffenheit des Weltalls, in seine Vergangenheit, seine Gegenwart und seine – gar nicht beeinflußbare – Zukunft zufrieden gibt. Allerdings wäre die Astrophysik ohne die sehr hantierend verfahrende physikalische Chemie gar nicht möglich, und so wird selbst hier das rein kontemplative Interesse vom aktiven Umgang mit der Materie bedient. Fast überall sonst in den Naturwissenschaften vermischen sich heute theoretisches und praktisches Interesse unauflöslich (man denke an Kernphysik oder Kernbiologie); und zumal im Alltag des Forschungsbetriebes – man könnte sagen der Forschungsindustrie, die so oft Industrieforschung ist – dominiert die praktische Abzweckung von vornherein, indem sie dem Forscher schon die Aufgaben stellt. Also wird der, der sie löst, zum Handlanger für die, die seine Lösung benutzen. Wird er damit für die Art dieser Nutzung, die nicht mehr in seiner Hand liegt, mitverantwortlich? Soll dann die Voraussehbarkeit gewisser Nutzungen und ihrer Folgen ein Grund für ihn werden, gewisse Aufgaben nicht anzunehmen, d. h. gewisse Forschungen zu unterlassen? Oder Ergebnisse geheimzuhalten? Das wäre fast sicher vergeblich, denn der einzelne kann ja nicht für alle anderen gutsagen, die überall sonst in der Welt am gleichen Problem arbeiten. Außerdem aber steht dieser negativen Ausübung der Verantwortung, die der Forscher sich hiermit zuspricht, die positive Pflicht der selben Verantwortung gegenüber, wohltätigen, lebensfördernden, vielleicht kritisch notwendigen Zwecken durch die Forschung zu dienen. Und da stellt sich die wohlbekannte und gar nicht umgehbare Sachlage ein, daß ein und dasselbe wissenschaftliche Ergebnis, ein und dasselbe Können, das aus ihm erwächst, sowohl zum Nutzen als auch zum Schaden verwendbar ist, zum Guten wie zum Bösen – daß *jede* Macht eine Macht für beides ist und oft ohne den Willen des Ausübers *beides* vollbringt, sogar im gleichen Zuge des Gebrauchs. Bei solcher Zweigesichtigkeit der Macht und dazu der exzessiven Größe, die sie in der modernen Technik anzunehmen pflegt – sollte man da auf sie und ihre Mehrung, also auf die Gewinnung neuer Macht, überhaupt verzichten? Aber das können wir nicht, denn wir brauchen sie zur Förderung der menschlichen Angelegenheiten. Wir brauchen sogar ihren ständigen Fortschritt, um jedesmal mit den negativen Folgen ihrer selbst, d. h. ihres bisherigen Gebrauchs, fertig zu werden. Wir stehen also unter einem gewissen Zwang, wenn auch nicht unter einem absoluten, der jede Wahlfreiheit ausschlösse. Jedenfalls ist es zu spät, die Frage zu stellen, die schon Prometheus hätte stellen können, ob die Macht der Technik nicht zu groß ist für den Menschen, für das Maß seiner Zuverlässigkeit und Weisheit, zu groß auch vielleicht für die Abmaße unseres Planeten und seiner verletzlichen Biosphäre. Kein Meister kann dem Zauberlehrling den Besen wieder in den Schrank bannen. Doch die sehende Furcht könnte etwas zu seiner Zügelung tun.

Nun ist sicher der einzelne Forscher überfordert in der möglichen Abschätzung der Folgen seines Tuns. Und doch sind es eben die Folgen, die eine Verantwortung überhaupt stipulieren. Aber es ist auch gar nicht der einzelne Forscher mehr, der einsam in seiner Studierstube oder seinem Laboratorium neuen Wahrheiten nachgeht, sondern der einzelne ist Teil eines Forschungskollektivs, im eigenen Fach und im Zusammenhang der Fächer, und man könnte also vielleicht diesem Kollektiv die Fähigkeit zutrauen, z. B. durch erwählte Gremien über das Verhältnis von Segen und Fluch im voraussichtlichen Gefolge bestimmter Forschungsprojekte zu befinden, und danach Entscheidungen über ihre Zulassung oder Unterlassung zu treffen. Da aber die zu bedenkenden Folgen im außerwissenschaftlichen Bereich liegen und die weitere Gesellschaft, manchmal gar die Menschheit und ihre Zukunft angehen, ihre Beurteilung also die spezifische Kompetenz des Wissenschaftlers übersteigt, so müßten jene Gremien auch mit Laien aus allen Lebensgebieten besetzt sein. Denkt man dabei an einen repräsentativen Querschnitt der Gesellschaft, so muß man mitbedenken, wie leicht, ja unvermeidlich ein solches Gremium zu einem Kampfplatz der hier in der Nahsicht rivalisierenden Einzelinteressen entartet, also die hier so nötige integrale und selbstlose Weitsicht frustrieren würde. Also müßte es sich um einen wahren »Rat der Weisen« handeln wie die Philosophenherrscher in Platos »Staat« – eine recht utopische Vorstellung in sich, und sogar dann irreal, wenn es gegen alle Wahrscheinlichkeit irgendwo zu so etwas käme. Denn da die Probleme vielfach global sind, so müßte der betreffende

Staat ein Weltstaat sein: anderenfalls stünden selbst die erleuchteten Weisen in ihrem Binnenterritorium, wo sie Autorität genießen, unter dem Druck dessen, was anderswo gemacht wird. Wer will ins Hintertreffen geraten und wer, auch wenn er es wollte, könnte es bei seinen Mandanten durchsetzen? Die dazu raten, würden bald abgesetzt werden. Ich erinnere an ökonomisch-industrielle, ökologische und militärische Fragen.

Soviel und sehr unvollständig zur praktischen Schwierigkeit des Themas »Forschung und Verantwortung«, die wohl entmutigen möchte. Ich habe keine Antwort darauf; sie müßte ja wesentlich im Politischen gesucht werden, das nicht meine Sache ist und außerdem, wie gesagt, leicht ins Utopische führt. Da wir uns jedoch eine Vertagung ins Utopische nicht leisten können, weil die Dinge uns jetzt schon auf den Nägeln brennen, muß wohl doch ein Anfang gemacht und die Frage einer Selbstzensur der Wissenschaft im Zeichen der Verantwortung aufgeworfen werden.

Vor aller institutionellen Apparatur wäre hierfür eine *Bewußtseins*bildung nötig, welche mit den erwähnten Gewissenssorgen unter Forschern ja in der Tat eingesetzt hat. Ihr könnte eine kritische Aufhellung des Selbstverständnisses der Wissenschaften zugute kommen.

Um in diesem Vorfelde ein paar Schritte zu tun, greife ich aus dem herkömmlichen, quasi offiziellen Selbstverständnis der Wissenschaft zwei Überzeugungen heraus, die vielleicht einer Überprüfung bedürfen. Die eine ist die von der *Wertfreiheit* der Wissenschaft, mit Ausnahme natürlich des Wertes der Wahrheit an sich und der Suche nach ihr; die andere die vom Rechte auf unbedingte *Freiheit* eben dieser Suche, d. h. der Forschung. Beide hatten fast bekenntnishaften Charakter; sie hängen irgendwie zusammen und ihre Diskussion ist nicht irrelevant für den Begriff einer verantwortlichen Wissenschaft. Zuerst also etwas über die sogenannte »Wertfreiheit der Wissenschaft«. Der »Freiheit der Forschung« werden wir danach eine gesonderte Untersuchung widmen.

Die These von der Wertfreiheit der Wissenschaft kann im zweifachen Sinne verstanden werden, und gewöhnlich fließen beide Sinne im Gebrauch des Ausdrucks ineinander. Aber sie sind verschieden und sind selber verschieden zu bewerten. Daher ist es auch nicht unwichtig, sie zu unterscheiden.

Der eine Sinn ist ein an den Wissenschaftler gerichtetes Soll, ein Imperativ: Halte deine eigenen persönlichen Werthaltungen oder Neigungen aus der Untersuchung des Gegenstandes heraus, sieh ihn nicht, wie du ihn gern möchtest, sondern so wie er ist; sei ein unparteiischer, neutraler Beobachter – mit einem Wort: sei *objektiv*.

Der andere Sinn ist eine Aussage über den Erkenntnisgegenstand selbst: er ist von sich her, in seinem eigenen Sinn, neutral gegenüber Werten, er selber ist »wertfrei« oder wertindifferent, und als solchen muß die Wissenschaft ihn ansehen. Über die Mahnung, um der Objektivität willen die wertende Subjektivität auszuschalten, geht hier hinaus ein Urteil über die Natur der Dinge selbst, ja ein Generalurteil über die Natur aller Dinge.

Das eine ist eine methodologische Haltung, welche die Wahrheit des Objekts allein zu Wort kommen lassen soll; das andere ist bereits eine ontologische These über eben jene Wahrheit des Objektes, nämlich daß sie so etwas wie Wertunterschiede gar nicht kennt. Diese ontologische These wiederum schließt eine epistemologisch-begriffliche über den Status von Wert überhaupt ein, nämlich daß er seinen Sitz ausschließlich in wertenden menschlichen Subjekten hat, von ihnen aus auf die Dinge projiziert wird und in keinem Sinne seinen Sitz auch in den Dingen an sich haben *kann*: Er gehört nur zu uns subjektiv, nicht zum Sein der Sachen objektiv. In diesem doppelten Sinne also soll die Wissenschaft wertfrei sein: methodologisch und ontologisch, wobei »ontologisch« außer dem Sein der Dinge auch das Sein von Wert umfaßt, also sowohl eine Naturtheorie wie, im Widerschein dazu, eine Werttheorie beinhaltet.

Beginnen wir mit der Wertindifferenz der Natur. Sie besagt, daß es für sie den Unterschied von »gut« und »schlecht« nicht gibt, sondern nur Tatsachen, die von kausaler Notwendigkeit regiert sind. Der Prozeß dieser Notwendigkeit hat kein Ziel, sondern nur das jeweilige Resultat seines Verlaufs, das nach den gleichen konstanten Gesetzen zum nächsten führt, und so fort. Keines von diesen ist ausgezeichnet als etwas, worin ein Werden sich vollendet, zu einem eigengültigen Sein gelangte: Alle sind nur Durchgangspunkte eines für sie selber blinden, fortwährenden Unterwegs. Der einzige prozeßimmanente Richtungssinn ist hierbei die Entropie, mit deren Maximierung alles in dynamische Indifferenz einmündet, in das Gegenteil jedes bestimmten Etwas, in das Nichts des allgemeinen Ausgleichs.

Dies Bild ergab sich daraus, daß im Anfang der modernen Naturwissenschaft, im 17. Jahrhundert, der Begriff der End- und Zweckursachen, der *causae finales*, aus der Naturbetrachtung ausgeschieden wurde. Die Teleologie wurde mit einem förmlichen Banne belegt. Er besagt: Kein Früheres ist um eines Späteren willen, in dem es zu seinem Ziele käme, sondern das Spätere folgt nur durch den Zufall indifferenter Notwendigkeit aus den gerade so beschaffenen Vorbedingungen. Determinativ ist nur das Woher, die *vis a tergo*, nicht ein Wohin. Die Naturgesetze, als formale Ablaufsgesetze, haben keinen Bezug auf das, was inhaltlich unter ihrem Walten hervorgeht. Als zweckfrei ist dies Walten – und was es hervorbringt – auch frei von Sinn. Den »Sinn« bringen erst wir hinein. Für uns allein auch gibt es den Anreiz der Zukunft, für die Natur nur den Stoß der Vergangenheit. Wenn aber die Natur keine Zwecke *hat*, dann kann sie auch keine *verfehlen*, d. h. es gibt bei ihr nicht den Unterschied von Erfüllung und Vereitelung, von besser und schlechter, von höherem und geringerem Wert: also auch nicht den von mehr oder weniger würdigen Objekten.

Daraus ergeben sich nun zwei wichtige Folgerungen. Die erste ist, daß man sich an einer derart in sich gleichgültigen Natur nicht versündigen kann, man darf ihr alles antun, alles mit ihr anstellen, ohne sich an ihr schuldig zu machen: ein willkommener Freibrief für technologische Macht, die kein Naturgebilde und keinen Naturzustand als durch die Natur sanktioniert zu respektieren braucht. Die zweite Folgerung ist die unüberbrückbare Kluft, die zwischen Sein und Sollen gähnt. Der Natur, dem baren »was ist«, kann der Mensch keine Normen des Verhaltens entnehmen, außer Klugheitsregeln, die ja nicht wirklich verpflichten. Er kann seine Werte nicht in einem objektiven Sein verankern, sondern muß sie aus seiner Subjektivität erzeugen und willkürlich setzen. Er steht auf keinem Grunde, sondern muß sich am eigenen Zopf in die fiktive Sphäre der Werte emporziehen. Und wo stammen diese her? Wie kommt er, der Mensch, zu seinen Zwecken? Nun, nicht anders als die Tiere, aus seinen Instinkten und Trieben, wie eben die natürliche Auslese, selber wieder ein wertneutraler Naturprozeß, der nur nach äußerem Effekt und nicht nach innerem Wert fragt, sie herausgezüchtet hat: Selbsterhaltungstrieb und Todesfurcht, Sexual- und Fortpflanzungstrieb, Lusttrieb, Machttrieb, Schmucktrieb, Gesellschaftstrieb und welche es sonst geben mag – darunter auch: Wissenstrieb. Sanktioniert sind alle diese aber nur durch den evolutionären Überlebenserfolg. Auch sie sind ein Produkt von »Zufall und Notwendigkeit«: auch sie sind nur ein »ist«, kein »soll« an sich, obwohl sie von uns zwecks größerer psychologischer Zugkraft mit diesem Charakter eines Soll ausstaffiert werden mögen – selbst wieder ein eigentümlicher Trick der Selektionsmechanik. Also auch der Mensch, als Erzeugnis der Natur, ist hineingezogen in die wissenschaftliche Reduktion zum wertneutralen Objekt. Um so unbekümmerter kann er auch mit sich selbst umgehen.

Aber regt sich da nicht der Verdacht – um nun vom Bericht zur Kritik überzugehen –, daß das reduktive Bild einer zweckfreien Natur, das die Wissenschaft sich zu wohlerwogenen Erkenntniszwecken herauspräpariert hat, zurechtgemacht für ein bestimmtes Wissensmodell, doch nicht die ganze Wahrheit über die Natur ist, sondern eben nur eine künstlich abgeblendete Ansicht? Der Verdacht ist nicht unbegründet, denn jene interesselose Natur soll doch das Phänomen des Interesses in fühlenden und strebenden Lebewesen aus sich hervorgehen gelassen haben, das Zweckhaben aus ihrer Zwecklosigkeit, ja den ganzen Luxus der Subjektivität, in der Interesse und Zweck zum Vorschein kommen, obwohl doch nach rein physikalischen Gesichtspunkten die äußere Körpernatur sehr wohl ohne die Innendimension ausgekommen wäre: denn selbst die kompliziertesten Organismen, auch die zuhöchst zerebralen, könnten ja subjektlose kybernetische Automaten sein. Denen *geht* es nicht *um* etwas in ihrem Funktionieren, sie funktionieren einfach. Dem Menschen aber, und auch schon den Tieren, geht es in ihrem Sein immer um etwas, und zuerst um dieses Sein selbst (mit Heidegger zu reden). Dies Überschüssige, physikalisch Entbehrliche, ist aus der Natur emporgetaucht: also kann ihr dergleichen doch nicht ganz fremd sein, sie muß darauf angelegt sein. Eine Natur, die schließlich, nach endloser Vorbereitung, der Subjektivität *fähig* war, kann nicht die bloße Natur der Physik sein. Liegt nicht vielmehr die Vermutung nahe, daß in ihr selbst ein Interesse daran am Werke war, *daß* sich Interesse in der Welt melde, zur Geltung bringe, zum Bewußtsein seiner selbst komme? Ja, ist nicht die Existenz des Physikers selbst, und was er in sich selber erfährt, auch ein Beitrag zum Naturbild? Wir haben das Paradox, daß die Naturwissenschaft in ihrem Weltbild sich selbst nicht unterbringen kann, ihre eigene Tatsache aus ihm nicht erklären kann. Zugleich aber hat sie sich durch die Entwicklungslehre die Zuflucht in einen kartesianischen (oder sonstigen) Dualismus versperrt, wonach der Menschengeist einzigartig aller Natur gegenüberstünde. Nach dem bloßen Grundsatz der Kontinuität, die der Gedanke seiner Abstammung statuiert, muß der Mensch sein eigenes Sein samt der darin erschlossenen Innerlichkeit der Natur anrechnen, aus deren Geschichte es stufenweise hervorging und deren Potentialität hierfür doch keine ganz passive gewesen sein kann. Dies Mitwissen um eine tiefere Ursächlichkeit wird zwar die vordergründige Methodik des Naturforschers nicht ändern: sie ist das Handwerkszeug für seinen definierten Zweck. Aber jenes Mitgewußte muß die Methode mit dem Bewußtsein des Partiellen, vom Ganzen Abstrahierten hintergründen und ihren vorgesiebten Ertrag durch sich ergänzen. Obwohl also in aller kausalen Einzelerklärung das reduktive Naturschema sein Recht behält, so ist doch für das Ganze dahinter eine geheime Richtungstendenz zu ahnen, die auf etwas zielte, ein Anliegen, dem es um etwas ging. Wenn aber der Mensch berechtigt ist, in seinem Erkenntnisdrang und seinem Sittlichkeitsbemühen eine Kulmination dieser naturimmanenten Tendenz zu sehen, und zwar nicht aus Eitelkeit, sondern nach Kriterien der erkannten Lebensstufen selbst, die er in der Natur als Wegstationen einer Entwicklung findet, dann sieht er sich damit unter eine Seinsverpflichtung gestellt, als Mandatar sozusagen eines Wollens der Natur. Einst war es in der Tat ein befreiender Ruf: Aber der Kaiser hat ja gar keine Kleider an! Die Nacktheit öffnete den Weg in die resolute Anatomie. Heute ist es Zeit, daß der Zergliederer der Mechanik sein eigenes Mysterium wieder in den Befund der Dinge zurückbringt; und von dem Licht, das seine Selbstwahrnehmung auf die Natur, seine Erzeugerin, zurückwirft, erhält sie, die vorher von ihm Entblößte, das Ehrenkleid zurück, das Ehrfurcht einflößen kann – und Ehrfurcht ist eben das, was zur Verantwortung im Gebrauch der dem Wissen verdankten Macht über die Natur anhalten kann.

Soviel also zum Dogma von der wertneutralen Natur und der davon abgeleiteten Kluft zwischen Sein und Sollen, ein Dogma, dem sich ein Pflichtverhältnis zu einer voller gewürdigten Natur entgegenstellen läßt. Dieses würde die

Verpflichtung zur Integrität des *menschlichen* Seins *in der Zukunft* einschließen, also Verantwortung für dieselbe. Daraus würde sich ergeben, daß sowohl mit der außermenschlichen Lebenswelt als auch mit sich selbst der Mensch nicht unbekümmert umgehen darf: daß es außer der Freiheit des Gebrauchs auch die Pflicht der Bewahrung gibt – sogar unabhängig von der nüchtern-utilitarischen Erwägung, daß mit einer verarmenden Umwelt der Mensch sich den Ast absägt, auf dem er sitzt.

Was aber die als Soll gebotene *methodologische* Wertfreiheit der *Wissenschaft* angeht, als einfache Pflicht zur Objektivität, nämlich die Sache allein und nicht die subjektiven Wertpräferenzen bei ihrer Erkenntnis sprechen zu lassen, so bleibt dieser Imperativ weiterhin, auch nach der Revision der angeblichen ontologischen Wertfreiheit, in Kraft und ist ja eigentlich schon durch das reduktive Verfahren als solches gesichert. Aber die »erweiterte Objektivität«, von der wir sprachen, kann sich doch wieder dem Wertanspruch der *Dinge* öffnen und ihnen mehr Recht widerfahren lassen, als die analytisch-reduktive Methode allein vermag. Allerdings, die Gefahr subjektiver Willkür ist da, sobald der sichere Bereich meßbarer Quantität verlassen wird und die ganz anders »gegebene« Qualität mitzuwürdigen ist, die sich nur der persönlichen Anschauung erschließt. Aber dies unvermeidbare Risiko annulliert nicht die Einsicht, daß es da etwas zu werten *gibt* und man sich um ein richtiges, eben sachgerechtes Werten *bemühen* kann. Ganz ungestraft wird sich niemand aus dem Schutz der Askese in bezug auf Werturteile herauswagen können; doch die Sachen sind es, und nicht Selbstindulgenz des Subjekts, die das Wagnis dennoch fordern. Mehr will ich über dies philosophisch hochkontroverse Thema hier nicht sagen.

Doch darf ich auf einen von der ontologisch-epistemologischen Kontroverse ganz unberührten, *psychologischen* Tatbestand hinweisen, der immerhin Erwähnung verdient, weil in ihm fast unfreiwillig die Subjektivität des Naturforschers wertend zu Wort kommt und über alle Standpunkte hinweg Zeugnis ablegt über den Erkenntnisgegenstand, auch wenn dieser gemäß einem der Standpunkte für sich selbst stumm sein sollte. Es ist die Tatsache, daß selbst die neutralste, nüchtern-sparsamste Kausalerklärung der Dinge sich erfahrungsgemäß sehr wohl mit Bewunderung für die Finesse, die Subtilität, den Formenreichtum und die Formenschönheit der Natur verbinden kann, mit Staunen über das unvermutet Komplexe der morphologischen und funktionalen Organisation, das sich gerade dem analytischen Eindringen in den scheinbar einfachen Einzelfall offenbart. Man mag sagen, daß dies gültig nur etwas über den Menschen und nicht über die Natur aussagt – mit Kant: daß es ein Gebrauch der Urteilskraft ist, der die Vernunft in der Theorie vom Gegenstand nicht bindet. Aber auch undogmatisch kann es doch die Haltung zu ihm beeinflussen, so daß auch von dieser quasi-ästhetischen (gewiß subjektiven) Seite her, abseits der vorhin angesprochenen spekulativen Seite, auf die der Forscher sich ungern einlassen wird, Ehrfurcht vor dem hier am Werk beobachteten Ganzen sich einstellen kann. Und damit Respekt für den Selbstwert des Erkannten. In diesem Sinne braucht auch die strengste, zergliederndste Wissenschaftlichkeit nicht »wertfrei« zu sein.

Mit allem bisher Gesagten hatten wir immer die Naturwissenschaft im Blick, die ja – mindestens seit der Heraufkunft des logischen Positivismus – zum Idealmodell aller Wissenschaftlichkeit geworden ist. Ganz flüchtig wollen wir noch die Frage streifen, wie es um »Wertfreiheit« in den Humanwissenschaften steht. Dabei erinnern wir uns, daß ja aus der Sozialwissenschaft, durch den Mund Max Webers, der Ruf zur Wertfreiheit ausdrücklich erklang, die sich in der Naturwissenschaft sozusagen von selbst verstand, hier aber erst eingeschärft werden mußte. Denn während bei der Natur sich leugnen läßt, daß sie von sich her ein Ort für Werte ist, man sie jedenfalls so ansehen *kann*, *als ob* sie es nicht wäre, ist dies für den Gegenstand der Humanwissenschaft nicht einmal als Fiktion möglich. Sind doch Werte jeder Art geradezu das Lebenselement dieses Gegenstandes und provozieren sie doch die Parteinahme des Forschers, der ihnen in seinem Felde begegnet. Er soll sich aber der Parteinahme enthalten und die Wertsetzungen, Wertschöpfungen, Wertkonflikte, Wertwandlungen usw., die in seinem Material ihr Wesen treiben, seinerseits nichtwertend als Phänomene beschreiben und als Folge aus Bedingungen erklären. Die *ontologische* These eines wertfremden Objekts fällt hier also fort: um so enthaltsamer soll, im Namen der Objektivität, die *methodologische* Wertfreiheit innegehalten werden, die Unterdrückung der eigenen Werte.

Wiewelt aber ist nichtwertender Umgang mit Werten, auch Wertungsakten, möglich, wieweit wünschbar, ja dem Gegenstand wirklich angemessen? Daß man ihm Gerechtigkeit widerfahren lassen soll, auch gegen eigene Sympathien und Vorurteile, versteht sich. Aber gerade die Gerechtigkeit mag mehr als Neutralität verlangen. Soll sich der Forscher nicht vom Wertgehalt seines Gegenstandes positiv und negativ affizieren lassen und dies in seinem Befund weitergeben? Übersehen wir dabei nicht, daß sich doch *auch* eine *ontologische* These in dem methodologischen Gebot versteckt, sobald es ans Erklären geht. Nicht umsonst zog Max Weber die »Entzauberung der Welt«, wie die Naturwissenschaft sie bewirkt hat, in sein Argument hinein. Nach ihrem Vorbild schlägt auch die geschichtlich-kausale Erklärung (nicht zwar bei Max Weber selbst!) gern den reduktionistischen Weg ein; die Wertsphäre erscheint, kollektiv und individuell, als Funktion von Elementarbedingungen, als deren Überbau, Sublimierung und dergleichen, und wird damit zum bloßen, kausal erklärten Faktum eingeebnet, ohne Geltungsanspruch. Hier trifft das Bild vom Kaiser ohne Kleider besonders zu.

Doch in Wahrheit treibt so niemand Geschichtswissenschaft, Sozialwissenschaft, Politikwissenschaft. Keiner macht wertfrei die Unterscheidung zwischen großer Dichtung und Trivialliteratur, sieht die Göttliche Komödie und Rinaldo Rinaldini auf gleicher Ebene. Und wer kann sich eine nichtwertende Analyse des Naziphänomens vorstellen? Weder die Vorbilder noch die Schreckbilder, das, was zu unserm eigenen Wertsinn spricht, sollte die wissenschaftliche Geschichtswahrheit uns rauben wollen. Auch die Nivellierung ist schon ein moralischer Akt und tut dem Objekt wie dem erkennenden Subjekt unrecht. Sie ist auch letztlich fiktiv. Im Ernste *kann* das wertende Subjekt aus diesem Erkenntnisbereich nicht verschwinden. Gewinnt oder verliert hierbei die Objektivität? Die Antwort darauf darf ich dem Humanwissenschaftler überlassen, da unser Fragen sich im Raume der Naturwissenschaften als der Grundlage für die Technik bewegt. Dort ist ja auch die »Wertfreiheit« ursprünglich zu Hause und dort allein erhebt sich auch die Frage der *Freiheit der Forschung*, der wir uns jetzt zuwenden.

Dies Thema ist insofern nicht ganz unverbunden mit dem vorigen, als Wertindifferenz von seiten des Gegenstandes völlige Freiheit im Umgang mit ihm erlaubt und dem manipulativ-zergliedernden Eindringen keine Schranken der Scheu setzt. Solche Scheu wäre erst persönliche Gefühlssache, zu der man sich verschieden stellen mag. Auch läßt sie sich nicht befehlen. Zum *ethischen* Problem wird Freiheit der Forschung erst im Zusammenhang zwischenmenschlichen und öffentlichen Wohles, mit dem sie in Konflikt geraten kann, und zwar sowohl durch die Prozedur moderner Forschung selbst wie durch ihre späteren Ergebnisfolgen. Versuchen wir, auch hierüber einiges zu sagen.

5. Freiheit der Forschung und öffentliches Wohl

»Freiheit der Forschung« ist eines der großen Losungsworte der westlichen Welt und nimmt in ihrer Hochschätzung der Freiheit überhaupt einen besonderen Platz ein. Denn nicht nur hat die Ausübung gerade dieser mehr als jeder anderen Freiheit die westliche Welt zu ihrer Sonderstellung in der Menschheit erhoben, sie ist auch die einzige, deren Recht unbedingt zu sein scheint, d. h. nicht eingeschränkt durch möglichen Konflikt mit anderen Rechten. Doch bei näherem Zusehen steckt in den zwei Hälften dieser Aussage ein geheimer Widerspruch. Denn die dank der Freiheit des Forschens gewonnene Sonderstellung in der Welt ist nicht zum wenigsten eine äußere der Macht und des Besitzes, also durch Umsetzung des erforschten Wissens in Handeln erworben, während doch der Anspruch der Forschungsfreiheit auf Unbedingtheit sich gerade darauf berufen muß, daß die Tätigkeit des Forschens samt ihrem internen Ziel, dem Wissen, reinlich von der Sphäre des Handelns geschieden ist. Denn im Handeln natürlich hat jede Freiheit ihre Schranken in Verantwortung, Gesetz und gesellschaftlichen Rücksichten, ist also niemals unbedingt. Wahrheit aber, ob nützlich oder unnütz, ist ein höchstes Recht an sich, sogar eine Pflicht, und ist (außer bezüglich des Intim-Privaten) von jenen Schranken frei, weil ihre Gegenwart in einem Kopfe niemandem wehtun kann und des einen Anteil an ihr den – wirklichen oder möglichen – Anteil anderer nicht schmälert. Im Gegenteil, dank seiner Mitteilbarkeit erhöht sogar des einen Anteil an der Wahrheit den potentiellen Anteil jedes anderen. Also greift auch der Prozeß ihrer Aneignung – und das ist »Forschen« – in keine Rechte anderer über (ausgenommen wieder Rechte auf persönliches Geheimnis), so daß innerhalb dieser Enklave die Freiheit total sein kann. Kurz, die Voraussetzung für totalen Freiheitsanspruch ist hier, daß Forschen als solches keine sittlichen Probleme aufwirft – was sogar bei bloßer sittlicher Neutralität der Fall sein könnte, wenn nämlich »die Wahrheit« gar kein ethisches Gut, sondern nur eine subjektive Passion wäre. In jedem Falle ist die Unbedingtheit selber durch eine Prämisse bedingt, die das von ihr Gedeckte – so wie alles Fragen, Sinnen, Denken – aus den Tatzusammenhängen ausklammert, worin zwischenmenschliche Moral sonst ihr Spruchrecht ausübt. Sehen wir uns diese entscheidende Prämisse näher an und beziehen sie im besonderen auf die Erforschung der *Natur*, so daß »Wissenschaft« im folgenden, gemäß der anglo-amerikanischen Bedeutung des Wortes »science«, durchweg den Komplex der *physischen* Wissenschaften bezeichnet.

Überschneidet sich die Wissenschaft mit der Moral?

Auf den ersten Blick möchte es scheinen, daß keine Überschneidung der Wissenschaft mit der Ethik vorliegt, wenn man absieht von der internen Moralität der Treue zu den Geboten der Wissenschaft selbst, d. h. eben zur »Wissenschaftlichkeit«. Für die Wissenschaft ist der einzige Wert das Wissen, ihr einziges Geschäft seine Erlangung. Dies führt allerdings seine eigenen Verhaltensnormen mit sich, die man wohl die territoriale Ethik des wissenschaftlichen Bereiches nennen kann: sich an die Regeln der Methode und der Ausweisung halten, nicht mogeln, d. h. weder sich selbst noch andere betrügen, etwa durch lose Schlüsse oder liederliche Experimente, zu schweigen von Fälschung ihrer Ergebnisse – kurz: intellektuelle Redlichkeit und Strenge. Ethisch kommt das auf nicht mehr hinaus als auf das Gebot, ein guter anstatt ein schlechter Wissenschaftler zu sein (»wenn ein Wissenschaftler, sei wissenschaftlich!«), und stiftet kein Pflichtverhältnis der Wissenschaft zur Welt außer ihr. Dasselbe gilt für die persönlichen Tugenden der Hingebung, Ausdauer, Disziplin und der Kraft, den eigenen Vorurteilen zu widerstehen: wiederum einfach Bedingungen des Erfolges im Berufe selbst, wenn auch lobenswerte Eigenschaften darüber hinaus. Die Pflicht des Forschers schließlich, seine Ergebnisse und ihre Begründungen der wissenschaftlichen Gemeinschaft mitzuteilen, scheint zwar der innerwissenschaftlichen Moral so etwas wie eine gesellschaftliche und öffentliche Dimension zu verleihen; aber tatsächlich gehört bei dem zunehmend kollektiven Charakter des wissenschaftlichen Unternehmens die Interkommunikation, selbst für den Einzelforscher, zu den technischen Bedingungen guter Leistung in der Wissenschaft: auch hiermit bleibt die wissenschaftliche Moral noch strikt »territorial« und die wissenschaftliche Brüderschaft nur sich selbst verpflichtet. So betrachtet, bildet die Wissenschaft ein sittliches Eiland für sich.

Man fühlt natürlich sofort, daß dies Selbstbildnis der Wissenschaft nicht die ganze Wahrheit ist. Etwas der Art traf wohl zu, solange die kontemplative von der aktiven Sphäre klar geschieden war, wie es in vormodernen Zeiten der Fall war, und reine Theorie nicht übergriff in die praktischen Angelegenheiten des Tages. Wissen konnte dann als ein privates Gut des Wissenden angesehen werden, das »innerlich besessen« dem Gute anderer keinen Schaden antun konnte. Die Dinge zu verstehen, nicht sie zu ändern, war des Wissens Werk. Es selbst und auch schon sein Erwerb, durch Beobachtung und Denken, waren Zustände des Geistes, als solche zwar mitteilbar und insofern weltlich-objektiven Daseins fähig, aber keine Eingriffe in den Zustand ihrer Gegenstände. Seine Verbreitung zwar wurde manchmal von öffentlichen Gewalten (wie der Kirche, manchmal auch vom Staat) als gefährlich für das Wohl der Vielen angesehen, z. B. wegen Untergrabung ihres Glaubens. Aber ein quasi-automatischer Schutz gegen diese Gefahr lag schon in dem esoterischen Charakter höherer Gelehrsamkeit als solcher, die ihre Rezeption auf wenige beschränkte, und diese Wenigen hatten hauptsächlich das Recht auf ihr eigenes Denken gegen Bevormundungsansprüche auf ihre Seelen zu verteidigen, denn in die Dinge der Außenwelt mischte sich dies Denken ohnehin nicht ein. Und schließlich haben Ideen, selbst wenn sie sich weit herumsprechen, höchstens überredende und nicht nötigende Kraft.

Die Verschmelzung von Theorie und Praxis in der modernen Wissenschaft

Dies ganze Vermächtnis klassisch-kontemplativer Tradition versank in die Vergangenheit mit dem Aufstieg der Naturwissenschaften zu Beginn der Neuzeit (17. Jahrhundert). Mit ihnen änderte sich das Verhältnis von Theorie und Praxis von Grund auf, und zwar zu immer innigerer Verschmelzung hin. Auch dann lebte die Fiktion der »reinen Theorie« und ihrer wesenhaften »Unschuld« noch fort. Unter der allgemeineren Losung der Gedanken- und Redefreiheit, und mit der gleichen Berufung auf den Unterschied von Wort und Tat, dazu natürlich mit der auf den überragenden Wert der Wahrheit, konnte auch die wissenschaftliche Forschung unbeschränkte Freiheit für sich fordern – in seltsamer Polyphonie mit dem neuartigen Versprechen schließlichen handgreiflichen Nutzens (bei Francis Bacon), das der Behauptung theoretischer Insularität widerspricht. Das Versprechen der Nützlichkeit sollte im Großmaßstab erst spät durch die industrielle Revolution des 19. Jahrhunderts eingelöst werden. Bis dahin zehrte der gesellschaftliche Freibrief der Wissenschaft immer noch von der ererbten Würde des »Wissens um seiner selbst willen« und dem Adel des Suchens nach ihm, jetzt verknüpft mit dem Grundsatz der Toleranz für alles Denken und Glauben (einschließlich des Rechtes zum Irrtum). So tief ist dieser doppelte Respekt dem modernen Geist eingepflanzt, daß selbst in der veränderten Lage von heute wenige Dinge in westlichen Ohren so mißtönig klingen wie »Einmischung in die Freiheit der Wissenschaft«.

So aufrichtig diese Huldigung an das »interesselose Erkennen« für die eigene Person oft auch sein mag, so könnte doch nur Unaufrichtigkeit leugnen, daß gesellschaftlich der Hauptakzent im Argument für die Wissenschaft sich mit Macht auf ihre praktischen Wohltaten verlagert hat. Seit etwa der Mitte des vorigen Jahrhunderts und beschleunigt in unserem erleben wir ein zunehmend unwiderstehliches Überfließen von der Theorie, wie »rein« auch immer, ins vulgäre Feld der Praxis in Gestalt *wissenschaftlicher Technik*. Spät und beinahe plötzlich war Francis Bacons (1561-1626) frühreifer Auftrag an die Naturforschung, auf *Macht* über die Natur zu zielen und durch sie den materiellen Zustand der Menschheit zu heben, über alles Erwarten zur wirkenden Wahrheit geworden. Obwohl die »Esoterik« der sich vervielfachenden Zweige des Wissens noch zugenommen hat und immer weiter steigt – bis zur virtuellen Unzugänglichkeit für alle außer den Eingeweihten jeder Spezialität –, so ist doch der Einfluß ihrer entlegensten theoretischen Leistungen enorm: ein Einfluß nicht, wie früher bestenfalls, auf Denken und Meinen, sondern auf die Bedingungen und Formen des Lebens. Und damit beginnt das Thema »Wissenschaft und Ethik« im Ernst. Denn was immer von menschlichem Tun auf die reale Welt einwirkt und damit potentiell die Wohlfahrt anderer berührt, das unterliegt sittlicher Beurteilung und gegebenenfalls rechtlichen Schranken. Sobald Macht und ihr Gebrauch vorliegen, ist die Sittlichkeit im Spiel. Wer die Wissenschaft für ihre Wohltaten preist, setzt sie auch der Frage aus, ob *alle* ihre Werke wohltätig sind. Es ist dann nicht mehr eine Frage guter oder schlechter Wissenschaft, sondern guter oder böser Wirkungen der Wissenschaft (und nur »gute Wissenschaft« ist am Ende wirkungskräftig). Ist sie verantwortlich für ihre Wirkungen? Für beide Sorten oder nur eine von beiden? Sich die

Wohltaten als Verdienst anrechnen heißt offenbar auch die Schuld für die Schäden auf sich nehmen. Besser für die Wissenschaft wäre es, sie könnte beides vermeiden, aber diese Option mag ihr versagt sein. Nun kann das Zumessen von Lob und Tadel oft ein müßiges Spiel sein, aber das ist es nicht, wenn ein gesellschaftliches Privileg – und nichts anderes ist die Freiheit der Forschung – in Frage steht. Es ist also nicht müßig zu fragen: Wenn die Technik – die Tochter – ihre dunklen Seiten hat, ist die Wissenschaft – ihre Erzeugerin – anzuklagen?

Die simplistische Antwort hierauf ist, daß der Forscher, da er keine Gewalt über die *Anwendung* seiner Entdeckungen hat, auch nicht für ihren Mißbrauch verantwortlich ist. *Sein* Produkt ist Wissen und nichts sonst: das Nutzungspotential dieses Produkts, von ihm aus gesehen ein Nebenprodukt, ist herrenloses Gut für andere, die sich seiner bemächtigen oder es liegen lassen können, und im ersteren Falle es für gute oder böse, frivole oder ernsthafte Zwecke verwenden können. Die Wissenschaft an sich und in der Person ihrer Diener ist unschuldig, gewissermaßen jenseits von gut und böse. Plausibel, doch zu einfach. Die Gewissenskämpfe der Atomforscher nach Hiroshima deuten darauf hin. Wir müssen uns die Verschränkung von Theorie und Praxis im tatsächlichen Hergang der Forschung näher ansehen, so wie er heute ist und nicht anders sein kann. Wir werden dann finden, daß nicht nur die Grenzen zwischen Theorie und Praxis unbestimmt geworden, sondern beide jetzt im Innersten der Forschung miteinander verschmolzen sind, so daß das altehrwürdige Alibi »reiner Theorie« nicht mehr besteht und mit ihm die moralische Immunität dahin ist, die es gewährte.

Die erste und sehr offenkundige Beobachtung ist, daß kein Zweig der Naturwissenschaft verbleibt, dessen Funde nicht irgendeiner technischen Nutzung fähig wären. Die einzige Ausnahme, an die ich denken kann, ist die Kosmologie: Das expandierende Universum, sein Woher und Wohin,

Milchstraßenentwicklung, Supernovas und schwarze Löcher – das sind Gegenstände des Denkens allein und keines möglichen Tuns unsererseits. Es ist nachdenkenswert und gewiß kein Zufall, daß die erste aller Wissenschaften, die Astronomie – »Betrachtung« des Himmels – auch die letzte ist, die »reine«, nämlich ganz »kontemplative« Naturwissenschaft bleibt. Jedes sonstige Entziffern der Natur durch die Wissenschaft lädt heute irgendeine Übersetzung seiner Funde in eine oder andere technische Möglichkeit ein, ja, startet oft genug eine ganz neue Technologie, an die niemand vorher gedacht hatte. Wäre dies alles, der Theoretiker könnte immer noch seine Freistatt diesseits des Schrittes in die Aktion reklamieren: »Die Schwelle wird überschritten (so könnte er sagen), nachdem meine Arbeit getan ist, und könnte, was mich betrifft, auch unüberschritten bleiben.« Aber er hätte unrecht, und wir müssen ihn daran erinnern, daß sein erster, »reiner« Teil der Abfolge ihm nur durch massive Arrangements von außen ermöglicht wurde, unter deren Dach seine Rolle zum Glied einer vertraglichen Arbeitsteilung wurde. Was ist das wirkliche Verhältnis?

Erstens lebt heute die Wissenschaft in hohem Maße vom intellektuellen feedback gerade ihrer technischen Anwendung. Zweitens empfängt sie von dort ihre Aufträge: in welcher Richtung zu suchen, welche Probleme zu lösen. Drittens benutzt sie für deren Lösung und allgemein für ihren eigenen weiteren Fortgang selber eine fortgeschrittene Technik: ihre physischen Werkzeuge werden immer anspruchsvoller. In diesem Sinne hat selbst die reinste Wissenschaft eine Gewinnbeteiligung an der Technik, wie die Technik eine an der Wissenschaft hat. Viertens müssen die Kosten dieser physischen Armatur und ihrer Bedienung von außen beigesteuert werden: die pure Ökonomie der Sache verlangt die Mitwirkung der öffentlichen Kasse oder sonstige finanzielle Patenschaft, und solche Fundierung des gutgeheißenen Forschungsprojekts, selbst wenn formell an keine Gegenleistung gebunden, erfolgt natürlich in der

Erwartung irgendeines späteren Gewinns im praktischen Bereich. Hier herrscht gegenseitiges Einverständnis: Ganz unverhohlen wird der erhoffte Nutzwert im Antrag für den Zuschuß als empfehlende Begründung aufgeführt oder geradewegs als Zweck in seiner Anbietung spezifiziert. Kurz, es ist dahin gekommen, daß die Aufgaben der Wissenschaft zunehmend von äußeren Interessen anstatt von der Logik der Wissenschaft selbst oder der freien Neugier des Forschers bestimmt werden. Damit sollen weder jene äußeren Interessen selbst herabgesetzt werden noch die Tatsache, daß die Wissenschaft ihnen dient und damit ein Teil des öffentlich-gesellschaftlichen Unternehmens geworden ist. Doch es soll besagen, daß mit der Annahme dieser Rolle (ohne die es keine Naturwissenschaft des fortgeschrittenen Typus gäbe, aber auch nicht den Typus Gesellschaft, die von ihren Früchten lebt) das Alibi der reinen »interesselosen« Theorie aufgehoben und die Wissenschaft mitten hinein ins Reich sozialer Aktion versetzt wurde, wo jeder Täter für seine Tat einzustehen hat. Dem füge man noch die allgegenwärtige Erfahrung hinzu, daß sich die Nutzungspotentiale wissenschaftlicher Entdeckungen auf dem Marktplatz des Gewinnes und der Macht als unwiderstehlich erweisen – daß, was sie als tubar gezeigt haben, auch getan *wird*, mit oder ohne vorheriges Einverständnis darüber – und es wird überreichlich klar, daß keine Inselhaftigkeit der Theorie mehr den Theoretiker davor schützt, der Urheber enormer und zurechenbarer Konsequenzen zu sein. Während es, technisch gesprochen, immer noch stimmt, daß jemand ein guter Wissenschaftler sein kann, ohne ein guter Mensch zu sein, so stimmt es doch nicht mehr, daß für ihn das »guter Mensch sein« erst außerhalb der wissenschaftlichen Tätigkeit beginnt: die Tätigkeit selber erzeugt sittliche Fragen schon innerhalb des heiligen Bezirks.

Wie sehr »innerhalb«, wird klar, wenn wir auf den dritten Punkt unserer Aufzählung reflektieren, den Gebrauch physischer Werkzeuge in der Forschung – d. h. darauf *wie* der

Forscher sein Wissen *erlangt*. Es wird uns dann offenbar, daß die Verknüpfung wissenschaftlicher Entdeckung mit Handlung tiefer geht als über ihre nachträgliche und eventuelle Anwendung: daß vielmehr Betreibung physischer Wissenschaft bereits physisch relevantes Handeln einschließt, Denken und Tun sich in der Prozedur der Untersuchung selbst durchdringen und damit die Scheidung von »Theorie und Praxis« *innerhalb der Theorie selber* zusammenbricht. Das hat wichtige Folgen für die gefeierte »Freiheit der Forschung«, wo sie sich auf das jetzt Wirkliche und nicht auf Vergangenes bezieht. Es gab eine Zeit, wo die Sucher nach Wahrheit sich die Hände nicht schmutzig zu machen brauchten. Von dieser noblen Gattung überleben im Feld der exakten Wissenschaften (um die es sich bei der Naturforschung handelt) allein die Mathematiker. Die moderne Naturwissenschaft erstand mit dem Entschluß, der Natur ihre Wahrheit durch aktives Eingreifen in sie abzuzwingen, also durch Intervention in den Gegenstand der Erkenntnis. Diese Intervention heißt »Experiment«, welches ein Lebenselement für alle moderne Naturwissenschaft geworden ist. Beobachtung beinhaltet hier Manipulation. Nun erstreckt sich aber die dem Gedanken und dem Wort eingeräumte Freiheit (wovon die der Forschung abgeleitet ist) nicht aufs *Handeln*, selbst wenn dieses im Dienst des Gedankens stehen sollte. Von jeher und auf immer unterliegt alles Handeln rechtlichen und sittlichen Beschränkungen. Zwar sicherten anfangs noch zwei Eigenschaften des Experimentierens die »Unschuld« dieser wissenschafts-internen Aktivität: sie richtete sich auf leblose Materie und sie hielt sich im Kleinmaßstab. Nicht wirkliche Gewitter, sondern Entladungen von Kondensatoren werden erzeugt, um den Blitz zu studieren. Simulierende Modelle vertreten die Natur in der Absonderung des Laboratoriums. Die Versuchsanordnung ist Surrogat für die Natur. In dieser Hinsicht ist also die Insulierung der Erkenntnissphäre von der wirklichen Welt noch in etwa gewahrt.

Beide Garantien der Harmlosigkeit – und damit der Freiheit – im Experimentieren sind jedoch mit gewissen neueren Entwicklungen der Wissenschaftstechnik hinfällig geworden. Heutzutage können Experimente weniger harmlos und in der Tat sogar zweideutig hinsichtlich ihres bloßen Experimentalcharakters sein. Was die Größenordnung angeht, so ist eine Atomexplosion, sei sie auch bloß experimenti causa und der Theorie zuliebe veranstaltet, ein echtes Ereignis, das die ganze Atmosphäre und möglicherweise viele Menschenleben jetzt und künftig affiziert. Die Welt selber ist zum Laboratorium geworden, und man findet heraus, indem man im Ernste tut, was man nach dem Herausfinden vielleicht nicht getan zu haben wünscht. Und was Versuche an beseelten Objekten anlangt, so will kein Surrogat taugen, kein stellvertretendes Modell, sondern das vollwirkliche Original muß herhalten, und ethische Neutralität endet spätestens da, wo es zu menschlichen Subjekten kommt. Was ihnen getan wird, ist eine reale Tat, für deren Sittlichkeit das Erkenntnisinteresse keine Blankodeckung erteilt. In beiden Sorten von Experiment – dem von übermäßiger Größe und dem an Personen (denen andere hinzugefügt werden könnten) – ist die schützende Grenzlinie zwischen stellvertretender und wirklicher Aktion, zwischen Versuch und Ernst, im Vollzug der Forschung selbst verwischt. Damit wird auch die konventionelle Unterscheidung von »reiner« und »angewandter« Wissenschaft irgendwie antiquiert. Nicht nur das »was«, auch das »wie« der Erkenntnis liegt auf beiden Seiten der Scheidelinie: die »Anwendung« findet bereits in der Untersuchung selber und als Teil von ihr statt. Schon daraus folgt, daß die Freiheit der Forschung nicht unbedingt sein kann.

Wir sind mit Recht empfindlich gegen Einmischungen in diese Freiheit, nicht nur weil sie einst mühsam einer früheren Gedankenkontrolle abgewonnen werden mußte und daher ein kostbares und hütungsbedürftiges Gut darstellt, sondern auch weil wir ihre schmachvolle Unterdrückung in totalitären Systeme der Gegenwart vor Augen haben. Oder mehr auf die Sache als die Geschichte hin gesehen: Die Einmischung, wenn sie denn sein muß, sollte auf das Mindestmaß beschränkt bleiben, sowohl um der Wissenschaft willen, die nur in Autonomie gedeiht, als auch um der Menschheit willen, deren Sache in mehr als bloß utilitarischer Hinsicht mit dem Wachstum des Wissens verbunden ist. Dennoch dürfen wir nicht vergessen, daß das hohe Vorrecht der Theorie seine eigene theoretische Grundlage in der Unterscheidung von Denken und Handeln hatte und die Kraft seines Anspruches an diese Bedingung gebunden bleibt. In dem Grade daher, in dem der Vollzug der Wissenschaft mit welthaftem Handeln durchsetzt wird, gerät er unter die gleiche Herrschaft von Recht und Gesetz, gesellschaftlicher Zensur und sittlicher Billigung oder Mißbilligung, der jedes äußere Handeln in einem Gemeinwesen unterliegt. Und natürlich hört seine eigene interne Moral auf, rein territorial zu sein: schon die Mittel und Wege des Wissen*erwerbs* können ethische Fragen aufwerfen, lange bevor die »extraterritoriale« Frage nach der Benutzung des so erworbenen Wissens sich stellt.

Von *beiden* Seiten daher – sowohl der ihrer schließlichen technologischen Früchte als schon der ihrer eigenen Techniken in der Bereitung des theoretischen Bodens für sie – sieht sich die moderne, erfolggekrönte und beifallverwöhnte Naturwissenschaft plötzlich den ungewohnten Winden ethischer Prüfung ausgesetzt. Unser Thema im Augenblick ist mehr der innerwissenschaftliche Aspekt der Sache als die zumeist diskutierte Problematik der technologischen Folgen. Doch beide sind nur zwei Seiten derselben Medaille. Wie wir sahen, wurde in der modernen Naturwissenschaft generell das allmenschliche Trachten nach Wissen gründlich mit weltlicher Absicht und Aktion versetzt. Um es noch einmal zu sagen: nicht nur in dem, worüber sie Erkenntnis sucht, schon in der Art, wie sie sie erreicht, verschwindet oft die Grenze zwischen Gedanken und Tat. Eben damit wird die Freiheit der Forschung zum Problem.

Wir würden unser Argument schwächen, wenn wir es mit notorischen Greueln illustrieren wollten. Es ist leicht, Einhelligkeit über Beispiele wie etwa diese zu erzielen: daß man nicht, um zu ermitteln, wie sich Menschen unter der Folter verhalten (was für eine Theorie des Menschen vielleicht recht interessant ist), die Folter an Versuchspersonen ausprobieren darf; oder nicht töten darf, um die Toleranzgrenze für ein Gift zu bestimmen; und dergleichen mehr. Hier denken wir natürlich an die Untaten von Ärzten (prominenten darunter) in Nazi-Konzentrationslagern. Das war eine »Freiheit« der Forschung, schändlicher als ihre schlimmste Unterdrückung. Aber wir wissen zu gut – oder glauben zu wissen –, daß die Verüber solcher wissenschaftlicher Versuche (jawohl, wissenschaftlich könnten sie gewesen sein!) verächtlich waren und ihre Motive niedrig, und können derart ihren Handlungen alle Beispielsfähigkeit absprechen. Ja, wir können weiter gehen und mit gutem Gewissen verneinen, daß das in diesen Fällen gesuchte Wissen überhaupt ein legitimes wissenschaftliches Ziel ist, und können dann sagen, daß wir es gar nicht mit einem Fall von Wissenschaftspraxis, sondern einem von menschlicher Entartung zu tun haben. Aber unser Problem ist nicht unechte oder pervertierte Wissenschaft, sondern bona fide und regelrechte Wissenschaft. Und da fragen wir, wenn wir uns an unzweifelhaft legitime und sogar lobenswerte Zwecke halten, ob es z. B. erlaubt ist, nicht-krebskranken Subjekten Krebszellen zu injizieren, oder einer »Kontrollgruppe« von Syphilispatienten die Behandlung vorzuenthalten – beides tatsächliche und schließlich an die Öffentlichkeit gelangte Vorkommnisse in Amerika und beide der Absicht und wohl gar der Tatsache nach hilfreich für einen wünschenswerten Zweck. Ich vermeide eine vorschnelle Antwort, denn die Frage ist verwickelt. Ich behaupte aber, daß sich hier im inneren Arbeitsprozeß der Wissenschaft selbst sittliche und rechtliche Fragen auftun, welche die territorialen Barrieren der Wissenschaft durchbrechen und sich vor dem allgemeinen Gerichtshof der Moral und des Gesetzes stellen müssen. Der öffentlichen Autorität dieses Forums muß sich selbst die vielgerühmte Freiheit der Forschung beugen.

Der Rest meiner Überlegungen ist einer bestimmten konkreten Illustration unseres Themas gewidmet. Abweichend vom herrschenden Alptraum ist sie nicht der Kernphysik entnommen, sondern der gar nicht zerstörerischen *Kernbiologie*.

Biomedizinische Forschung ist ein besonders fruchtbares Feld für die Art Probleme, welche die Forschungsfreiheit angehen, und ein ganz neuartig beunruhigendes Beispiel ist hier der letzte Ankömmling auf der Bühne der Grundlagenforschung, die »rekombinierende DNA-Forschung«, bei der sich die bisher beschriebene Fusion von Theorie und Praxis im Wissenschaftsprozeß nochmals qualitativ verschärft. Bei den Versuchsergebnissen der Forschung an trägem Stoff unterliegt immerhin der letzte Schritt in die Gemeinwelt des Gebrauches noch menschlichen Handlungsinstanzen. Hier aber kann das Experiment selber zu definitiven Realitäten führen, die sich aus der Hand ihres Schöpfers zu buchstäblichem Eigenleben emanzipieren. Benutzen wir dies extreme Beispiel in der ganzen Unheimlichkeit seiner ersten Anfänge zur Konkretisierung unseres allgemeinen Themas. Folgende Punkte sind zu beachten:

1. Das *Ziel* der Forschung ist von Anfang an praktisch, nämlich eine *Fertigkeit* zu entwickeln für die *Herstellung* von etwas, was nützlich sein könnte für die Medizin, die Landwirtschaft und anderes, wobei der etwaige Gewinn für die Theorie als eine Nebenwirkung des praktischen Erfolgs erwächst.

2. Die *Methode* der Forschung, d. h. der Weg zum Wissen, ist das tatsächliche Herstellen der Entitäten selber, worüber das Wissen gesucht wird und deren Nützlichkeit ausprobiert werden soll.

3. Die derart innerhalb des Forschungskontextes erzeugten *Entitäten* sind nicht träge und nur durch weitere

menschliche Vermittlung wirksam, sondern lebendig, d. h. von sich her aktiv, so daß sie potentiell ihren Eintritt in die praktische Sphäre, nämlich in die Außenwelt, selber bewirken können und uns die Entscheidung über Gebrauch oder Nichtgebrauch aus den Händen nehmen.

4. In der theoretisch nicht auszuschließenden Eventualität von Gen-Rekombinierungen an *menschlichen* Keimzellen (Gameten oder Zygoten), denen man dann erlaubt, zur Austragung zu kommen, würden die im Phänotyp resultierenden »Chimären« schon im ersten, »geglückten« experimentellen Fall, auch wenn es bei ihm bliebe, letzte Taten darstellen, die alle unverbindliche Theorie hinter sich lassen. Verschieben wir diesen letzten ›Horror‹-Punkt auf später und sehen uns die drei ersten, schon jetzt realistischen, etwas näher an.

1. Das Ziel der rekombinierenden DNA-Forschung, so sagten wir, ist überwiegend praktisch. Damit soll ihr ein echt theoretisches Interesse nicht abgesprochen werden. Mit Recht versprechen sich ehrliche Forscher neue Einsichten in die innerste Mechanik des Lebens von dieser Art manipulativer Untersuchung. Aber in der Debatte über die Risiken werden doch immer wieder die potentiellen Segnungen angeführt – zur Rechtfertigung des Vorangehens auf dieser Bahn und sogar zur sittlichen Verurteilung seiner Verlangsamung durch zu große Vorsicht. Was aber das ebenfalls berufene Interesse der reinen *Theorie* betrifft, so ließe sich wohl fragen, ob ihrem eigentlichen Ziele, nämlich zu verstehen, was das Leben *ist,* nicht auch auf dem konservativen (wenn vielleicht auch weniger schnellen) Wege des Arbeitens mit *gegebenen* Lebensformen nahezukommen wäre anstatt auf dem revolutionären Wege der Schöpfung neuer. Doch die Spezialisten, die ich befragte, versicherten mir, daß im jetzigen Stadium der innovative Weg unentbehrlich für den Fortschritt in basaler Theorie sei, und der Laie kann darüber nicht mit ihnen streiten. In jedem Fall, einerlei

ob unter theoretischer oder praktischer Flagge, ist rekombinierende DNA-Technik bereits in voller Fahrt, und »Rekombination« heißt nichts anderes als menschenbewirkte Neuheit, d. h. die Synthese neuer Organismen. Wenn dies im Namen der Theorie und ihrer interesselosen Neugier geschieht, so muß vermerkt werden, daß hierbei der Begriff von Theorie seltsam erweitert wurde: vom Erkennen, was *ist*, zum Probieren, was sein *könnte* – gewiß ein weniger selbstevidentes und willkürlicheres Ziel menschlichen Erkenntnisstrebens. Doch in Wirklichkeit wird kaum jemand bezweifeln, daß die eigentliche Lockung darin liegt, herauszufinden, was diese neuen Geschöpfe *tun* können, was demnach *wir* mit ihnen tun könnten – kurz, in ihrem vorauskonzipierten praktischen Versprechen. Dies Versprechen, oder ganz einfach der bestimmte *Wunsch*, spezifiziert ja von vornherein ihren Entwurf, z. B. welches Gen von einer Gattung auszuwählen für die Verpflanzung in die genetische Maschinerie der anderen: eine Leistung effektorientierter Ingenieurskunst viel mehr als freier theoretischer Untersuchung – wie denn soeben auch, ganz folgerichtig, ihre Ergebnisse für patentierbar erklärt worden sind. Und es ist eben die blendende Aussicht für die Allgemeinheit – auf die bakterielle Hormonfabrik, auf die stickstoffliefernde Bakterie mit entsprechend adaptierter Wirtspflanze –, die gegen die Risiken ins Feld geführt wird.

2. Das leitet zum zweiten Punkt über. Um zu entdecken, was solche Wesen vermögen, muß man sie erst erschaffen, ja ihre bloße Möglichkeit überhaupt durch die vollendete Tatsache beweisen. Damit verwandelt sich der theoretische Forscher zum praktischen Schöpfer im Akt des Forschens selbst. Keine simulierenden Modelle können hier dienen, nur die wirklichen Wesen selbst in der Fülle ihrer Fähigkeit, die sie in der Ausübung erweisen werden. So fällt hier das »Experiment«, im Unterschied zu seiner nachbildenden Rolle in bisheriger Forschung, mit der ursprünglichen

Erzeugung des Forschungsobjektes zusammen. Der Erkenntnisvorgang wird zum originativen Machen. Dies ist selber ein Novum in der Geschichte des Wissens. Zwar fanden wir, daß alle moderne Naturwissenschaft durch ihre Experimentalmethode längst aus dem rein kontemplativen Bereich herausgetreten ist. Aber der jetzige Fall enthält den weiteren Schritt, daß das innerwissenschaftliche Tun im Ernst die Wirklichkeit erst hervorbringt, die dem normalen Versuch vorgegeben ist.

3. Hierzu nehme man den dritten Punkt, daß – ungleich anderen Artefakten – die so geschaffene Wirklichkeit, dieser neue Einschuß ins Geflecht der Existenz, *lebendig* ist – also selbsttätig, selbstvermehrend und spontan wechselwirkend mit anderem Leben: Und man sieht, daß hier das Aktionselement *in* der Forschung seine eigene Vorstoßdynamik aus der Forschungssituation heraus hat und sein Laborbeginn trächtig ist mit indefiniter Fortsetzung in der Welt. Nicht nur ein neues Ding – ein neues *Agens* wird ins Balancespiel der Dinge eingeflößt: versuchsweise zuerst in der Absonderung des Labors, dann aber, einmal entlassen durch Unfall oder Absicht, in vollem und vielleicht unwiderruflichem Ernst.

Hier war sich die Forschergemeinde einmal des Ungewöhnlichen und Bedrohlichen ihres eben erst beginnenden Tuns bewußt. Und wir erlebten das einmalige Schauspiel eines freiwilligen Moratoriums der Forschung zwecks Prüfung der Risiken und Ausarbeitung von Sicherheitsregeln. Mit anderen Worten, die »Wissenschaft« selber in der Person besorgter amerikanischer Forscher gerade aus der Avantgarde nahm sich des Themas »Freiheit der Forschung und öffentliches Wohl« handelnd an. Soviel ich weiß, wurde das befristete Moratorium auch eingehalten. Seitdem aber ist in der Stimmführung der Forschung die Sorge verflogen – sie sei, so sagt man sich selbst und dem Publikum, übertrieben gewesen – und außerdem ist inzwischen die Technik bereits in kommerzielle und industrielle Hände übergegangen, die für die Skrupel zartbesaiteter Wissenschaftler weniger anfällig sind. Genauer gesagt: weniger zartbesaitete Forscher werden selber Entrepreneurs zum gewinnbringenden Vertrieb ihrer Forschungserzeugnisse. Damit wird Forschung offiziell zum Marktgeschäft, sie begibt sich in aller Form des Freibriefes der Theorie, und staatliche Aufsicht zum Schutze des öffentlichen Wohls, einschließlich strafrechtlicher Sanktionen, wird zur Selbstverständlichkeit. Klar ist dabei auch, daß die Aufsicht um so unzuverlässiger wird, je weiter sie sich vom anfänglichen Forschungsstadium in die großbetriebliche Auswertung erstreckt. Eine glaubhafte Absicherung der mit gefährlichen Virus- und Bakterienzüchtungen beschäftigten Laboratorien erscheint immerhin möglich. Aber im industriellen Masseneinsatz der geglückten Kunstmikroben wird ein planwidriges Entkommen in die Außenwelt durch irgendein Leck im Abdichtungssystem auf die Dauer durch keine Sorgfalt des Gesetzgebers zu verhindern sein. Dazu sieht mancher Gebrauch der erhofften neuen Lebewesen geradezu ihre freie Aussaat in die Umwelt vor (ölverzehrende oder stickstoffbindende Mikroben). Welche eigenwillige Laufbahn diese Neuankömmlinge im Ökosystem einschlagen werden, durch welche Eigenmutationen sie sich etwa der eingeplanten biologischen Kontrolle entziehen könnten, ist gar nicht abzusehen.

Hier breche ich ab. Die eigentliche kritische Diskussion biologischer, speziell genetischer Technologie (einschließlich der soeben vorbesprochenen) in ihren ethischen Aspekten wird später gesondert erfolgen. Für jetzt diente dies Beispiel nur zur besonders scharfen Beleuchtung der von uns aufgestellten allgemeineren These: daß in der modernen Naturforschung die ehemalige Unterscheidung zwischen »reiner« und »angewandter« Wissenschaft, also zwischen Theorie und Praxis, zusehends schwindet, indem beide sich schon in der Forschungsprozedur selbst verschmelzen; und daß das so gepaarte Ganze das vormals dem ersten Gliede allein zugebilligte Recht auf unbedingte interne Freiheit grundsätzlich nicht mehr besitzt, da eben der Begriff »intern« nicht mehr zutrifft. Das von ihm tangierte öffentliche Wohl hat nun bei ihm mitzusprechen – von außen, wenn nötig; von innen, nämlich vom Gewissen der Forschenden selbst, wenn möglich.

Tatsächlich bleibt natürlich auch im freien Westen die Wissenschaft längst nicht mehr auf sich allein gestellt und ohne Einmischung von außen. Dafür sorgt schon das Dotierungswesen, wovon heute fast jede Forschung abhängt und wodurch Projekte gutgeheißen oder verworfen werden können. Dies mag oft im Zeichen nächster und eigennütziger Interessen geschehen, wie dies bei industrieller und selbst staatlicher Förderung ja naheliegt. Aber prinzipiell bieten sich von dorther auch Ansätze zu selbstlos-weitsichtiger Verantwortungspolitik in der Steuerung der Wissenschaft, unter größtmöglicher Achtung ihrer Autonomie, in der allein sie auf die Dauer gedeiht. Ihrerseits muß diese Autonomie sich der Mitsprache des Gemeinwohls und der Menschheitssache öffnen. Verantwortung reicht so ins Herz der Forschung hinein. Die für die technologischen Früchte muß sie der Sache nach mit Instanzen jenseits der Forschung teilen, und wir können nur hoffen, daß sich wirksame gesellschaftliche Organe hierfür entwickeln. Die Verantwortung für wissenschaftsinternes Verfahren aber ruht in erster Linie auf den Schultern der Forscher, und in der Tat sehen wir hier und dort, etwa auf dem Gebiet der Humanexperimente, ganz autonom berufliche Ehrenkodices entstehen, die moralische Kraft gewinnen. Von hier könnte sich die Idee einer freiwilligen Selbstzensur weiter ausbreiten und auf dem oder jenem Gebiet zu einer internen Übereinkunft der Zunft führen, die Forschung auf gewisse, etwa winkende Nutzergebnisse hin nicht weiter zu verfolgen – sowohl der Bedenklichkeit des Zieles wegen, wenn es nur ein Ziel des Übermuts ohne die Entschuldigung der Notwendigkeit ist (wie willkürliche Artveränderung des Menschen), als auch wegen der erforderlichen Experimente, in denen die anfechtbare Tat schon begangen würde. Eine Unterscheidung zwischen legitimen und illegitimen Forschungszielen ist ebenso denkbar wie die zwischen erlaubten und unerlaubten Forschungswegen. Wie gut die Aussichten für einen derartigen Konsens und für seine Wirksamkeit sind, weiß ich nicht.

Im ganzen, so müssen wir zum Schluß gestehen, ist das Problem, wie der gewaltigen Verantwortung entsprochen werden kann, die der schier unwiderstehliche wissenschaftlich-technische Fortschritt sowohl auf seine Träger wie auf die ihn genießende oder erleidende Allgemeinheit legt, noch gänzlich ungelöst, und die Wege zu seiner Lösung liegen im Dunkeln. Nur die Anfänge eines neuen Bewußtseins, das eben erst aus der Euphorie der großen Siege, noch blinzelnd, ins harte Tageslicht ihrer Gefahren erwacht und wieder Furcht und Zittern erlernt, geben Hoffnung, daß wir uns freiwillig Schranken der Verantwortung auferlegen und unserer so groß gewordenen Macht nicht erlauben, zuletzt uns selbst (oder die, die nach uns kommen) zu überwältigen.

6. Im Dienste des medizinischen Fortschritts: Über Versuche an menschlichen Subjekten

I. Die Eigenart von Humanexperimenten

Das Experiment im methodischen Sinn des Wortes wurde ursprünglich sanktioniert durch die Naturwissenschaften. In seiner klassischen Form hat es mit leblosen Objekten zu tun und ist damit sittlich neutral. Aber sobald lebende, fühlende Wesen Versuchsobjekte werden, wie dies in den biologischen Wissenschaften und speziell in medizinischer Forschung geschieht, verliert die Suche nach Erkenntnis diese Unschuld, und Gewissensfragen erheben sich. Wie tief diese das moralische und religiöse Empfinden aufwühlen können, zeigt der Streit um die Vivisektion seit dem 19. Jahrhundert. Experimente am Menschen müssen das Problem verschärfen, da sie an letzte Fragen persönlicher Sakrosanktheit rühren. Ein grundlegender Unterschied zwischen menschlichem und physikalischem Experiment, außer dem Unterschied zwischen beseelter und unbeseelter, fühlender und nichtfühlender Natur, ist dieser: Das physikalische Experiment benutzt künstlich angeordnete Substitute im verkleinerten Maßstab für das, worüber man Wissen gewinnen will, und der Experimentator extrapoliert von diesen Modellen und simulierten Bedingungen auf die Natur im großen. Etwas steht vertretend für die »wirkliche Sache« – z. B. Entladungen von Leydener Flaschen für den wirklichen Blitz. Im biologischen Bereich ist eine solche Substitution meist nicht möglich. Wir müssen mit dem Original selbst, dem Lebewesen im vollen Sinne arbeiten und es vielleicht dabei unwiderruflich affizieren. Kein Abbild kann seinen Platz einnehmen. Besonders im menschlichen Bereich verliert das Experiment gänzlich den Vorteil reinlicher Scheidung zwischen stellvertretendem Modell und wahrem Objekt. Nach allen Tierversuchen muß zuletzt der Mensch selbst die Kenntnis über sich liefern, und der bequeme Unterschied von unverbindlichem Versuch und verbindlicher Tat schwindet. Ein Experiment in Erziehung beeinflußt das Leben seiner Subjekte, vielleicht einer ganzen Generation von Schulkindern. Experimente mit Menschen, für welchen Zweck auch immer, sind jedesmal *auch* ein verantwortlicher, nichtexperimenteller, im Ernste geltender Umgang mit dem Subjekt selbst. Und auch der nobelste Zweck entbindet nicht von der Verantwortung, die hierin liegt.

Dies ist die Wurzel des Problems, dem wir uns gegenüber sehen: Kann *beides*, jener subjektäußere Zweck und diese dem Subjekt schuldige Pflicht, erfüllt werden? Und wenn nicht völlig, was wäre ein gerechter Kompromiß? Welche Seite soll hier der anderen weichen? Der Konflikt läßt sich so formulieren: Grundsätzlich, so fühlen wir, sollte mit Menschen nicht wie mit Versuchskaninchen verfahren werden; andererseits werden uns solche Verfahren mit wachsendem Nachdruck aufgedrängt durch Erwägungen, die ebenfalls an Grundsätze appellieren und ihnen die Kraft zusprechen, den Einwand zu überstimmen. Solch ein Anspruch muß sorgfältig geprüft werden, besonders wenn er von einer mächtigen Strömung getragen wird. Indem wir die Sache so ausdrücken, haben wir bereits stillschweigend eine wichtige Annahme gemacht, die in unserer »westlichen« Kultur wurzelt: Die verbietende Regel ist für diese Denkweise die primäre und axiomatische; die erlaubende Gegenregel, welche die erste einschränkt, ist sekundär und bedarf der Rechtfertigung. Wir müssen die Verletzung einer primären Unantastbarkeit rechtfertigen, die selber keiner Rechtfertigung bedarf; und die Rechtfertigung muß sich auf Werte und Notwendigkeiten stützen, die den zu opfernden an Rang ebenbürtig sind.

Wir wollen den gefühlsmäßigen Widerstand gegen eine bloß utilitaristische Ansicht der Sache etwas verdeutlichen. Er bezieht sich auf einen Wesenszug des Menschenversuchs als solchen, noch vor der Frage einer etwaigen Schädigung des Subjekts. Das grundsätzlich Anstößige bei der Nutzung einer Person als Versuchsobjekt ist nicht so sehr, daß wir sie dabei zeitweilig zu einem Mittel machen (was in gesellschaftlichen Verhältnissen aller Art dauernd geschieht), wie daß wir sie zu einem Ding machen – zu etwas bloß Passivem für die Einwirkung von Akten, die nicht einmal Handlungen im Ernste, sondern Proben für wirkliches Handeln anderwärts und in der Zukunft sind. Das Sein der Versuchsperson ist reduziert zum fingierten »Fall« oder Beispiel. Das ist verschieden von den Situationen sozialen Lebens auch in deren ausnützendsten Formen. Dort ist die Angelegenheit real, nicht fiktiv. Das Subjekt, wie sehr vielleicht mißbraucht, bleibt doch ein Handelnder und wird damit kein bloßes »Objekt«. Lehrreich ist der Fall des Soldaten: Der einseitigsten Befehlsgewalt unterstellt, im Ernstfall gezwungen, Verstümmelung und Tod zu riskieren, einberufen ohne und vielleicht gegen seinen Willen, wurde er doch einberufen mit seiner Fähigkeit zu handeln, in Situationen zu bestehen oder zu versagen, wirklichen Anforderungen zu begegnen, in denen es um Wirkliches geht. Obwohl für das Oberkommando nur eine Ziffer, ist er doch kein bloßes Exempel und kein Ding. (Man stelle sich seine Reaktion vor, wenn sich herausstellen würde, daß der Krieg inszeniert war, um Beobachtungen über seine Ausdauer, Tapferkeit oder Feigheit zu sammeln.)

Diese Kompensationen des Selbstseins sind der Versuchsperson versagt, die Einwirkungen erleidet für einen sie nicht betreffenden Zweck, ohne engagiert zu sein in einer realen Beziehung, in der sie als Gegenspieler zum Andern oder zu den Umständen in Aktion treten kann. Bloße formelle »Zustimmung« zur Versuchsrolle (die meist nicht mehr als Erlaubnis ist) macht diese Verdinglichung noch nicht ethisch richtig. Nur echte, voll motivierte und wissende Freiwilligkeit kann den Zustand der »Dingheit« gutmachen, dem sich das Subjekt unterwirft. Davon später.

2. »Individuum und Gesellschaft« als begrifflicher Rahmen

Zuerst: welches sind die Ansprüche, die hier denen der persönlichen Sakrosanktheit gegenübertreten? Nach allgemeinster Formel sind es die des Gemeinwohls, das im Sinne des Fortschritts verstanden wird. Mit dessen aktiver Förderung sehen wir Heutigen die Gesellschaft betraut, während früher, weniger expansiv, die Aufgabe des »Gesellschaftsvertrages« nur darin gesehen wurde, Sicherheit und Rechte der Individuen durch eine gesetzliche Ordnung zu schützen. Verglichen mit dieser weiterhin obligatorischen Aufgabe der Erhaltung ist die stete Verbesserung des menschlichen Gesamtzustandes ein an sich wahlfreies Ziel, für das »wir« uns aber irgendwie »entschieden« haben. Bevor wir diese neuartige *Erweiterung* des gesellschaftlichen Mandates ins Auge fassen, die für unser Thema so bedeutsam ist, laßt uns das hier angerufene Begriffspaar »Individuum und Gesellschaft« an sich daraufhin befragen, was es allgemein über das gegenseitige Verhältnis und speziell über etwaige Rechte des öffentlichen Interesses auf unser Leibesinnere zu sagen hat.

Als etwas Selbstverständliches gestehen wir dem Gemeinwohl einen gewissen, pragmatisch zu bestimmenden Vorrang vor dem individuellen Wohl zu. Oder, in der Sprache von Rechten: wir lassen manche natürliche Rechte des Individuums überstimmt werden vom anerkannten Recht der Gesellschaft – und das als sittlich richtig und vernünftig im steten Lauf der Dinge und nicht erst als Sache bitterer Notwendigkeit in Ausnahmezuständen (so sehr eine solche Notwendigkeit zur Ausdehnung jenes Rechtes der Allgemeinheit angerufen werden mag). Aber indem wir dies konzedieren, verlangen wir eine sorgfältige Klärung dessen, was die Bedürfnisse, Interessen und Rechte der Gesellschaft sind, denn »die Gesellschaft«, anders als jede Vielheit von Individuen, ist ein Abstraktum und als solches mitbestimmt von unserer Definition, wohingegen das Individuum das primär Konkrete ist, das aller Definition vorangeht, und sein Wohl und Wehe ist mehr oder weniger bekannt. Demnach ist die Unbekannte in unserem Problem das sogenannte Gemeinwohl oder das öffentliche Gut und seine potentiell überlegenen Ansprüche, denen das individuelle Gut manchmal geopfert werden muß, und zwar unter Umständen, die ebenfalls zu den Unbekannten in unserer Gleichung gezählt werden müssen. Beachten wir, daß, wenn die Frage so gestellt wird – d. h. als Frage nach dem *Recht* der Gesellschaft auf individuelle Opfer –, die Zustimmung des Opferbringenden nicht notwendig darin einbegriffen ist.

»Zustimmung« aber ist der andere, am ständigsten berufene Begriff in Diskussionen über die Ethik unseres Themas. Diese Betonung verrät ein Gefühl dafür, daß der »gesellschaftliche« Gesichtspunkt allein nicht genügt. Wenn die Gesellschaft ein Recht hat, ist seine Ausübung nicht an Freiwilligkeit der Gegenseite gebunden. Andererseits, wenn Freiwilligkeit völlig genuin ist, dann braucht kein öffentliches Recht auf den frei angebotenen Akt konstruiert zu werden. Es besteht ein Unterschied zwischen dem sittlichen oder emotionalen Appell einer Sache, der ein freiwilliges Sich-Erbieten hervorruft, und einem Recht, das Willfährigkeit verlangt. Also z. B. mit speziellem Bezug auf die Sozialsphäre, ein Unterschied zwischen dem *moralischen Anspruch* eines Gemeinschaftsgutes und dem *Rechte* der Gesellschaft auf dieses Gut und auf die Mittel seiner Verwirklichung. Ein moralischer Anspruch wirbt um unsere Zustimmung, und ihm kann ohne diese nicht eigentlich entsprochen werden. Ein Recht kann ohne sie auskommen und seine Erfüllung mit Hilfe des Gesetzes erzwingen: Die Einwilligung ist dann Sache des Gehorsams und braucht nicht spontane Willigkeit zu sein. Ist die Zustimmung ohnehin da, kann die Unterscheidung gegenstandslos werden. Aber das Bewußtsein der mannigfachen Zweideutigkeiten, die der »Zustimmung« anhaften, wie sie de facto in medizinischer Forschung solizitiert und benutzt wird, veranlaßt den Rückgriff auf die Idee eines öffentlichen Rechtes, das unabhängig von Zustimmung und als ihr vorangehend konzipiert ist; und umgekehrt läßt die problematische Natur eines solchen Rechtes selbst seine Befürworter immer noch auf der Idee der Zustimmung mit all ihren Zweideutigkeiten bestehen: eine theoretisch unbequeme Lage nach beiden Seiten.

Es hilft auch nicht viel, die Rede von »Rechten« mit der von »Interessen« zu vertauschen und dann das schiere kumulative Gewicht der Interessen der Vielen gegenüber dem der Wenigen oder des einzelnen zu verfechten. »Interessen« reichen von den nebensächlichsten und beliebigsten zu den lebenswichtigsten und gebieterischsten, und nur solchen von besonderem Rang wird man in einem solchen Kalkül mitzuzählen erlauben – womit wir einfach wieder zu der Frage von Recht und sittlichem Anspruch zurückgebracht sind. Außerdem ist die Berufung auf Zahlen gefährlich. Ist die Zahl derer, die mit einer bestimmten Krankheit geschlagen sind, groß genug, um die Verletzung der Interessen der Nichtbetroffenen zu rechtfertigen? Da die Zahl der letzteren gewöhnlich soviel größer ist, kann das Argument sich tatsächlich zu der Behauptung umkehren, daß das kumulative Interessengewicht auf *ihrer* Seite ist. Es könnte schließlich auch sein, daß das Interesse des Individuums an seiner eigenen Unverletzlichkeit selber ein öffentliches Interesse ist, derart, daß seine öffentlich geduldete Verletzung, unabhängig von Zahlen, das Interesse aller verletzt. Dann würde sein Schutz in *jedem* Einzelfall ein ausschlaggebendes Interesse sein, und der Vergleich von Zahlen wäre fehl am Platz.

Dieses sind einige der Schwierigkeiten, die in dem Begriffsschema versteckt liegen, das durch die Ausdrücke »Gesellschaft–Individuum«, »Interesse« und »Rechte« gekennzeichnet ist. Wir sprachen aber auch von einer sittlichen Forderung, und das weist in eine andere Dimension, die zwar von der sozial-rechtlichen nicht getrennt ist, sie aber transzendiert. Und dann gibt es noch etwas sogar jenseits davon: wahre Aufopferung aus höchster Hingabe, für die es kein Gesetz und keine Regel gibt, außer daß sie absolut frei sein muß. »Niemand«, so wurde in einem amerikanischen Symposium geäußert, »hat das Recht, Märtyrer für die Wissenschaft auszuwählen.« Aber kein Forscher kann daran gehindert werden, sich selbst zum Märtyrer für seine Wissenschaft zu machen. Zu allen Zeiten haben Forscher, Denker und Künstler sich im Namen ihres Berufes »geopfert«; das schöpferische Genie zahlt häufig mit Glück, Gesundheit und Leben für seine eigene Vollendung. Aber niemand, auch nicht die Gesellschaft, hat die Spur eines Rechtes, derartiges im normalen Lauf der Dinge zu erwarten und zu verlangen. Seine Frucht kommt zu uns Vielen als eine gratia gratis data.

3. Das Opferthema

Dennoch müssen wir der dunklen Wahrheit ins Auge sehen, daß die ultima ratio des Gemeinschaftslebens von jeher die zwangsmäßige, stellvertretende Opferung individuellen Lebens war und ist. Die urtümliche Opfersituation ist die von Menschenopfern in frühen Gemeinschaften. Sie waren nicht Akte aus Blutdurst oder zügelloser Wildheit, sondern die feierliche Vollziehung einer höchsten sakralen Notwendigkeit. Einer aus der Genossenschaft der Menschen mußte sterben, damit alle leben können, die Erde fruchtbar sei, der Kreislauf der Natur sich erneuere. Das Opfer war oft nicht ein gefangener Feind, sondern ein erwähltes Mitglied der Gruppe: manchmal der jährliche König. Soweit Grausamkeit im Spiele war, war es nicht die der Menschen, sondern die der Götter oder vielmehr der strengen Ordnung der Dinge, von der man glaubte, daß sie diesen Preis für die Wohltat des Lebens forderte. Um sie für die Gemeinschaft zu sichern und sie immer wieder zu sichern, mußte das furchtbare »quid pro quo« wieder und wieder bezahlt werden.

Ferne sollte es von uns sein, von der Höhe unseres aufgeklärten Wissens das Große am Grunde dieses Schrecklichen zu verkennen. Die bestimmten Kausalvorstellungen, die hier am Werke waren, sind längst ins Reich des Aberglaubens verwiesen. Aber in Augenblicken nationaler Gefahr senden wir auch heute unsere jungen Männer aus, ihr Leben für das fortdauernde Leben der Gemeinschaft einzusetzen, und wenn es ein gerechter Krieg ist, sehen wir sie ausziehen wie Geweihte und seltsam geadelt durch eine Opferrolle. Und wir machen ihr Ausrücken nicht abhängig von ihrem Willen und ihrer Zustimmung, sosehr wir diese wünschen und züchten mögen. Wir rekrutieren sie dem Gesetze gemäß. Wir rekrutieren die Besten und fühlen uns moralisch beunruhigt, wenn entweder nach Absicht oder im Ergebnis das Aushebungssystem so funktioniert, daß hauptsächlich die Benachteiligten, sozial weniger Nützlichen, leichter Entbehrlichen es sind, deren Leben unseres erkaufen soll. Keine rationale Überzeugung von der pragmatischen Notwendigkeit, die hier waltet, kann das aus Dankbarkeit und Schuld gemischte Gefühl beseitigen, daß die Sphäre des Heiligen berührt ist mit der stellvertretenden Darbietung von Leben für Leben. Aber auch abgesehen von diesen dramatischen Anlässen akuter Existenzkrise scheint ein ständiges Begleitmotiv menschlichen Opfers zum bloßen Dasein und Gedeihen menschlichen Gemeinwesens zu gehören – eines Opfers an Leben und Glück, auferlegt oder freiwillig, Weniger für die Vielen. Was Goethe in bezug auf den Aufstieg des Christentums sagte, mag sehr wohl für das Wesen der Kultur im allgemeinen gelten: »Opfer fallen hier / Weder Lamm noch Stier / Aber Menschenopfer unerhört« (Die Braut von Korinth). Wir können nie in dem bequemen Glauben ruhen, daß der Boden, aus dem unsere Befriedigungen wachsen, nicht mit dem Blut von Märtyrern getränkt ist. Aber ein unruhiges Gewissen läßt uns, die unverdienten Nutznießer, fragen: Wer soll Märtyrer sein? Im Dienste welcher Sache? Und nach wessen Wahl?

Nicht für einen Augenblick will ich medizinische Versuche an menschlichen Subjekten, gesunden oder kranken, in Vergleichsnähe mit urzeitlichen Menschenopfern rücken. Aber etwas von Opfer ist enthalten in der selektiven Aufhebung persönlicher Unverletzlichkeit und der ritualisierten Preisgabe einzelner an unnötige Risiken von Gesundheit und Leben um eines größeren sozialen Gutes willen. Meine Beispiele aus der Sphäre des massiven Opfers hatten den Zweck, den Blick für diesen geheimen Aspekt unseres Themas zu schärfen und ihn klar abzuheben von den normalen Verpflichtungen und Zwängen, die das soziale Ganze dem einzelnen im Austausch für die Vorteile der Gesellschaft auferlegt.

4. *Das Thema »Gesellschaftsvertrag«*

Als erstes in einer solchen Abhebung ist zu sagen, daß der Begriff des sogen. »Gesellschaftsvertrages« das einseitige Opfer nicht einschließt. Diese Fiktion der politischen Theorie, die vom Primat des Individuums ausgeht, begründet solche *Einschränkungen* der persönlichen Freiheit, die nötig sind für die Existenz des Gemeinwesens, das seinerseits zum Nutzen der Individuen existiert. Das Prinzip dieser Einschränkungen ist, daß ihre *allgemeine* Beobachtung *allen* zugute kommt: daß also der einzelne, indem er sein Teil zur allgemeinen Innehaltung der Regel beiträgt, selber davon profitiert. Ich beachte Eigentumsrechte, weil ihre allgemeine Beachtung meine eigenen schützt; ich beachte Verkehrsregeln, weil ihre allgemeine Beachtung meine eigene Sicherheit gewährleistet; und so weiter. Die Verpflichtungen sind hier gegenseitig und allgemein; niemand wird ausgelesen für ein besonderes Opfer. Ferner, als Einschränkungen meiner Freiheit bestimmen die derart vom fiktiven Gesellschaftsvertrag ableitbaren Gesetze in weit höherem Maße, was man *nicht* tun *darf*, als was man tun *soll* (wie es die Gesetze der

Feudalgesellschaft taten). Auch wo positive Akte vorgeschrieben sind (etwa beim Steuerzahlen), ist die zugrundeliegende Begründung, daß ich selber ein Nutznießer der so finanzierten öffentlichen Dienste bin. Selbst die vom Wohlfahrtsstaat erhobenen Beiträge, die direkt nur bestimmten Teilen der Bevölkerung zugute kommen sollen (und in der liberalen Version des Gesellschaftsvertrages nicht vorgesehen waren), lassen sich als persönliche Versicherungspolicen dieser oder jener Art interpretieren – sei es gegen die Eventualität meiner eigenen Bedürftigkeit, sei es gegen die Gefahren der Anomie bei weitverbreiteter ungelinderter Not, sei es gegen die wirtschaftlichen Nachteile eines verminderten Konsummarktes. Jedenfalls können solche Beiträge immer noch unter das Prinzip des aufgeklärten Eigennutzes subsumiert werden. Aber keine völlige Aufhebung des Eigeninteresses irgendwann liegt im Begriffsrahmen des Gesellschaftsvertrages, und daher fällt das reine Opfer außerhalb desselben. Unter den hypothetischen Bedingungen des Vertrags allein kann nicht von mir verlangt werden, für das Allgemeinwohl zu sterben. (Thomas Hobbes machte das eindringlich klar.) Auch von diesem Äußersten abgesehen, wünschen wir zu denken, daß niemand gänzlich und einseitig der Leidtragende ist in irgendwelchen der Verzichte, die unter normalen Umständen die Gesellschaft »im Allgemeininteresse« – d. h. zugunsten der anderen – erzwingt. »Unter normalen Umständen« ist, wie wir sehen werden, eine notwendige Klausel. Ferner legitimiert der »Vertrag« nur Ansprüche auf unsere sichtbaren, öffentlichen Handlungen und nicht solche auf unser unsichtbares, privates Sein, wovon noch zu sprechen sein wird. In einer Hinsicht allerdings erstrecken sich öffentliches Interesse und öffentliche Kontrolle mit allgemeiner Zustimmung in die private Sphäre: im Schulzwang unserer Kinder. Aber auch da wird angenommen, daß das Lernen und das Gelernte, abgesehen von allem zukünftigen Nutzen der Gesellschaft, dem Individuum auch zum Wohle in seinem eigenen Sein gereicht. Wir würden es nicht dulden (und gewiß möchten wir vermeiden), daß die Schulerziehung zur Abrichtung nützlicher Roboter für die gesellschaftliche Maschine entartet.

Es ist daran zu erinnern, daß beide Limitierungen des öffentlichen Anspruches im Namen des Gemeinwohls – die betreffs einseitigen Opfers und die betreffs der Privatsphäre – nur gelten bei Voraussetzung des Primats des Individuums, auf welcher die ganze Idee des »Gesellschaftsvertrages« ruht. Dieser Primat ist selber ein unserer westlichen Überlieferung eigenes Axiom, sozusagen ihre metaphysische Wahl, und ein – sorglos oder nachgiebig zugelassener – Verfall seiner Kraft würde die Grundlagen dieser Überlieferung gefährden. Bemerken wir beiläufig, daß Systeme, die den alternativen Primat der Gesellschaft zu ihrem Axiom machen, natürlich weniger an die von uns postulierten Grenzen gebunden sind. Während wir die Idee sozial »entbehrlicher« Elemente ablehnen und solche, die dem Sozialzweck nicht dienlich oder gar widerspenstig sind, als eine von der Gesellschaft zu tragende Bürde ansehen (da ihr immanenter Anspruch auf Dasein so unbedingt ist wie derjenige der Allernützlichsten), mag ein wahrhaft totalitäres Regime es für recht halten, daß das Kollektiv sich dieser Lästigen entledigt oder die einigermaßen Tauglichen unter ihnen zum Dienst an einem Sozialzweck konskribiert (und es gibt wirksame Kombinationen beider Wege). Wir geben normalerweise – d. h. wenn kein Notstand vorliegt – dem Staate nicht das Recht, Arbeit zu konskribieren, während wir ihm wohl das Recht geben, Geld einzuziehen, denn Geld ist von der Person abtrennbar, wie die Arbeit es nicht ist. Noch weniger als Zwangsarbeit dulden wir behördlich aufgezwungene Gefahr, Körper- und Würdeverletzung.

Jedoch in Kriegszeiten suspendiert unsere eigene Gesellschaft die feine Balance des Gesellschaftsvertrages und setzt an ihre Stelle eine beinahe unbedingte Vorherrschaft öffentlicher Notwendigkeit vor individuellen Rechten. In Notständen dieser Art wird die Sakrosanktheit des Individuums weitgehend aufgehoben und ein praktisch beinahe totalitärer, quasi-kommunistischer Zustand zeitweilig in Kraft gesetzt. Es wird der Gemeinschaft das Recht zugebilligt, Anforderungen an seine Mitglieder zu stellen, die nach Art und Ausmaß gänzlich über die normalerweise erlaubten hinausgehen. Dann gilt es für Recht, daß ein Teil der Bevölkerung unverhältnismäßige Risiken trägt und der größere Rest dies Opfer annimmt und später seine Früchte genießt – so schwierig wir es finden, dies nach normalen ethischen Maßstäben zu rechtfertigen. Wir rechtfertigen es sozusagen transethisch mit dem äußersten kollektiven Notstand, dessen legaler Ausdruck z. B. die Erklärung eines Kriegszustandes ist.

Medizinische Versuche an menschlichen Subjekten fallen irgendwo zwischen diesen Extremfall und die normalen Transaktionen des Gesellschaftsvertrages. Einerseits steht im allgemeinen kein vergleichbar extremes Entweder-Oder kollektiven Überlebens auf dem Spiel. Und kein vergleichbar extremes Opfer oder Risiko wird verlangt. Andererseits geht das, was verlangt wird, entschieden über das hinaus, was man sonst nach Recht und Billigkeit das Individuum von seiner Person dem »Gemeinwohl« zur Verfügung stellen läßt. In der Tat, unsere Empfindlichkeit gegen die Art von Invasion und Nutzung des intimsten, eigenleiblichen Bereichs, um die es sich hier handelt, ist derart, daß nur ein Zweck von überragendem Wert oder gebieterischer Dringlichkeit sie uns annehmbar machen kann.

5. *Gesundheit als ein öffentliches Gut*

Der in Frage stehende Zweck ist Gesundheit und in seinem kritischen Aspekt das Leben selber – evident hohe Güter, denen der Arzt direkt durch Heilen dient und der Forscher indirekt durch das Wissen, das aus seinen Experimenten erwächst. Weder über das superlative Gut, das gefördert, noch über das Übel, das bekämpft wird – Krankheit und vorzeitiger Tod –, besteht ein Zweifel. Aber ein Gut für wen und ein Übel für wen? In dem Bestreben, medizinischer Experimentation die rechte Würde zu geben (in dem Glauben, daß ein Wert größer wird, wenn er kollektiv statt nur individuell ist), werden Gesundheit und Krankheit vom sozialen Ganzen ausgesagt, als ob es die Gesellschaft wäre, die in der Person ihrer Mitglieder sich der einen erfreut und die andere erleidet. Für die Zwecke unseres Problems läßt sich dann öffentliches Interesse gegen Privatinteresse ausspielen, das Gemeinwohl gegen das individuelle Wohl. Tatsächlich habe ich Gesundheit ein nationales Gut nennen hören – was sie gewiß auch ist, aber doch nicht in erster Linie.

Um das Undeutliche dieser Begrifflichkeit etwas aufzuhellen, habe ich über eine Formulierung nachgedacht, die wiederholt in einer amerikanischen Konferenz über diesen Gegenstand gebraucht wurde, zuerst in Form einer rhetorischen Frage: »Kann die Gesellschaft es sich leisten, die Gewebe und Organe eines irreversibel bewußtlosen Patienten ›wegzuwerfen‹, wenn sie dazu benutzt werden könnten, ein sonst hoffnungslos krankes, aber noch rettbares Individuum wiederherzustellen?« Die Frage wird verneint, wobei als Ziel der Gewebe- und Organverwertung außer der Rettung anderer Patienten auch noch Forschung und Versuche genannt werden. Auf einige dieser Begriffe wollen wir näher eingehen.

6. Was sich die Gesellschaft leisten kann

»Kann die Gesellschaft es sich leisten . . .?« Was? Menschen intakt sterben zu lassen und dadurch anderen etwas vorzuenthalten, was diese verzweifelt nötig haben und ohne welches sie ebenfalls sterben müßten? Diese unglücklichen anderen können es sich in der Tat nicht leisten, ohne die

Niere, das Herz oder sonstige Organe des nebenan sterbenden Patienten auszukommen, von dem ihr Weiterleben abhängt. Aber gibt ihnen das ein Recht darauf? Und verpflichtet es die Gesellschaft, ihnen das Benötigte zu verschaffen? Ja, steht der Komatöse unter einer Pflicht, es ihnen zu überlassen? Gehört der Leib etwa, wenn er für die eigene Person nicht mehr zu retten ist, der Gesellschaft? Lassen wir beiseite, was die Gesellschaft darf oder soll: »leisten« kann sie es sich gewiß, Mitglieder durch natürlichen Tod zu verlieren, ja, sie ist geradezu aufgebaut auf dem naturgegebenen Ausgleich von Tod und Geburt. Dies ist natürlich zu allgemein für unsere Frage, aber vielleicht der Erinnerung wert, denn es zeigt, daß in die Frage marginaler Lebensverlängerung durch so außerordentliche Mittel wie Organverpflanzung das Wohl der Gesellschaft gar nicht hineingezogen werden sollte: es ist zu robust dafür. Wenn Krebs, Herzkrankheiten und andere organische (nichtansteckende) Leiden, besonders solche, die mehr die Alten als die Jungen treffen, bei gleichbleibender Frequenz fortfahren, ihren tödlichen Tribut zu erheben (auch den an privater Angst und Qual), so könnte die Gesellschaft doch in jeder Weise gedeihen.

Und nun einige Beispiele dessen, was in Tat und nüchterner Wahrheit die Gesellschaft sich nicht leisten kann. Sie kann es sich nicht leisten, eine Seuche ungehemmt wüten zu lassen; keinen konstanten Überschuß der Todes- über die Geburtenrate; aber ebensowenig – so müssen wir hinzufügen – einen zu großen Überschuß der Geburten- über die Todesrate; keine zu niedrige durchschnittliche Lebensdauer, selbst wenn demographisch ausgeglichen durch hohe Fruchtbarkeit; noch andererseits eine zu große allgemeine Langlebigkeit mit der notwendig entsprechenden Verknappung von Jugend im Sozialkörper; kein debilitierendes Niveau des allgemeinen Gesundheitszustandes; und anderes dieser Art. Dieses sind klare Fälle, wo der Gesamtzustand der Gesellschaft kritisch in Mitleidenschaft gezogen wird, und das öffentliche Interesse kann seine gebieterischen Ansprüche erheben. Der Schwarze Tod im 14. Jahrhundert war eine *öffentliche* Kalamität akuter Art; die entkräftenden Verheerungen endemischer Malaria in manchen Ländern sind eine öffentliche Kalamität chronischer Art. Solche Situationen kann eine Gesellschaft als ganze »sich nicht leisten«, und sie mögen wohl außerordentliche Abhilfen nötig machen, einschließlich der Invasion privater Sakrosanktheiten.

Dies ist nicht gänzlich eine Sache von Zahlen und Mengenverhältnissen. In einem subtileren Sinne kann sich die Gesellschaft nicht einen einzigen Justizmord leisten, keine Rechtsbeugung, noch eine Verletzung der Menschenrechte selbst der winzigsten Minderheit, denn solches untergräbt die sittliche Basis, auf der die Existenz der Gesellschaft ruht. Aus ähnlichem Grunde kann sie sich aber auch nicht die Abwesenheit von Mitleid in ihrer Mitte leisten, den Schwund des Bemühens, Leiden zu lindern, seien sie nun weitverbreitet oder selten – wovon eine Form die Bemühung ist, Krankheiten jeder Art zu besiegen, einerlei ob sie durch Zahl gesellschaftlich ins Gewicht fallen oder nicht. Kurz, die Gesellschaft kann sich nicht das Fehlen von *Tugend* in ihrer Mitte leisten, mit ihrer Bereitschaft zum Opfer jenseits definierter Pflicht. Da ihre Anwesenheit, also die von persönlichem Idealismus, bei aller Erziehung doch zuletzt ein unberechenbares Geheimnis ist, so haben wir das Paradoxon, daß die Gesellschaft für ihren Bestand von Unwägbarkeiten »religiöser« Ordnung abhängt, die sie fördern, auf die sie hoffen, die sie aber nicht erzwingen kann. Um so mehr muß sie dies höchst kostbare Kapital vor Mißbrauch bewahren.

Für welche Zwecke aus der bio-medizinischen Sphäre sollte dies Kapital angegriffen werden – z. B. indem man die Dienste menschlicher Versuchssubjekte solizitiert und benutzt? Wir postulieren, daß dies nicht nur allgemein bejahenswerte Ziele sein müssen, wie es zweifellos die

Förderung von jedermanns Gesundheit ist, sondern Ziele mit überlegenem Anspruch auf soziale Sanktion. Hier denkt man zuerst an jene vorhin illustrierten Fälle, wo der ganze gegenwärtige und zukünftige Zustand der Gemeinschaft kritisch affiziert ist. Ein öffentlicher Notstand vergleichbar einem Kriegszustand kann erklärt werden, in dem gewisse sonst unverletzliche Verbote und Tabus zeitweilig aufgehoben sind. Bemerken wir hier, daß Abwendung eines Unheils immer ein größeres Gewicht hat als Beförderung eines Gutes. Außerordentliche Gefahr entschuldigt außerordentliche Mittel. Dies gilt auch für physische Versuche an Menschen, die man doch eher unter die außerordentlichen als die ordentlichen Formen öffentlich geforderten Dienstes am Gemeinwohl rechnen möchte. Natürlich, da Voraussicht und Zukunftsverantwortung zum Wesen institutioneller Gesellschaft gehören, erstreckt sich Katastrophenabwehr auch auf langfristige Vorbeugung, obwohl die geringere Dringlichkeit weniger radikale Zumutungen erlaubt.

7. *Gesellschaft und die Sache des Fortschritts*

Viel schwächer wird das Argument, wenn es sich nicht um die Rettung, sondern um die immer weitere Verbesserung der Gesellschaft handelt. Vieles von medizinischer Forschung fällt in diese Kategorie. Wie schon gesagt, Gefährdung der Gesellschaft ist zu unterscheiden von persönlicher Tragik. Solange gewisse statistische Werte eingehalten werden, ist das Vorkommen von Krankheit und dadurch bedingtem Tod kein im strikten Sinne »soziales« Unglück. Ich beeile mich hinzuzufügen, daß es darum nicht weniger ein menschliches Unglück ist, und der Ruf nach Abhilfe, der mit stummer Beredsamkeit von jedem Opfer und allen potentiellen Opfern aufsteigt, ist von keiner geringeren Dignität. Aber es ist irreführend, die fundamental menschliche Antwort darauf mit dem gleichzusetzen, was der

Gesellschaft geschuldet wird: sie ist von Mensch zu Mensch geschuldet – und deshalb ist sie von der Gesellschaft dem Individuum gegengeschuldet, sobald die angemessene Versorgung dieser Bedürfnisse über den Wirkungskreis privater Spontaneität hinauswächst (wie es zunehmend der Fall ist) und zum öffentlichen Mandat gemacht wird. Erst auf diese Weise übernimmt die Gesellschaft die Verantwortung für ärztliche Versorgung, Forschung, Alterspflege und zahllose andere Dinge, die nicht ursprünglich in der öffentlichen Domäne gelegen haben, und jetzt werden sie wirklich zu Pflichten gegenüber der Gesellschaft anstatt direkt gegenüber dem Mitmenschen, eben dadurch, daß sie jetzt gesellschaftlich verwaltet werden.

In der Tat, wir erwarten von der Gesellschaft nicht mehr nur Recht und Ordnung und Schutz unserer Sicherheit, sondern aktive und ständige *Verbesserung* auf allen Lebensgebieten: die weitere Bändigung der Natur ebenso wie die Mehrung und Steigerung menschlicher Befriedigungsmöglichkeiten – kurz, die Förderung des *Fortschritts*. Dies ist ein expansives Ziel, das die negative Katastrophennorm unserer vorigen Reflexionen weit hinter sich läßt. Es fehlt ihm die Dringlichkeit der letzteren, aber es hat den Adel freien Vorwärtsdrängens. Sicher ist es eines Preises an Opfern wert. Die Frage ist dann gar nicht mehr, was der Gesellschaft nottut, sondern wozu sie durch unser Mandat über alle Notwendigkeit hinaus verpflichtet worden ist. Die Treuhänderschaft für diese ansteigenden Ziele ist ein offizielles, fortwährendes, institutionalisiertes Mandat des politischen Organismus geworden. Als eifrige Nutznießer seiner Gewinne schulden wir der »Gesellschaft«, als dem Hauptgeschäftsführer, unsere individuellen Beiträge zum gewünschten »Immer weiter« der Bewegung. Ich betone das »Immer weiter«. Ein bestehendes und im ganzen schon akzeptables Niveau zu halten erfordert nicht mehr als die orthodoxen Mittel der Besteuerung und der Überwachung professioneller Standards. Das wahlfreiere Ziel des Fortschritts verlangt mehr. Wir haben also dieses Syndrom: Fortschritt ist nach unserem Willen ein anerkanntes Interesse der Gesellschaft, an dem wir einzelnen in verschiedenen Graden gewinnbeteiligt sind: Forschung ist ein notwendiges Instrument des Fortschritts; in der Medizin ist die Experimentation an menschlichen Subjekten ein notwendiges Instrument der Forschung: ergo ist menschliche Experimentation ein Gesellschaftsinteresse geworden.

Aber kann die Gesellschaft wirklich, für irgendein öffentliches Interesse, den Beitrag meines innerleiblichen Seins verlangen? Der sogenannte »Sozialvertrag« legitimiert nur Ansprüche an unsere sichtbaren, öffentlichen Handlungen, nicht solche an unser unsichtbares, geheimes, sogar uns selbst verborgenes Sein. Unsere Fähigkeiten, nicht ihr Ursprung in der Person, liegen im Geltungsbereich öffentlicher Rechte. An unser welthaftes Verhalten und unseren weltlichen Besitz dürfen Forderungen des Allgemeinwohls gestellt werden, bis zur Requirierung von Leistungen und Eigentum: beide sind abtrennbar von der Person, ihre äußeren Erstreckungen sozusagen, offen dem Zugriff öffentlicher Rechte, die das Äußere, in die Welt aller Reichende durch Gesetz und Sitte regeln. Aber an der Grenze zwischen der gemeinsamen, mit anderen geteilten Außenwelt und dem ureigenen Leibesinneren, an unserer Haut, macht *jedes* öffentliche Recht halt. So wie niemand, weder der Staat noch der notleidende Nächste, ein Anrecht auf eine Niere von mir hat; und sowenig, wie die Organe des im irreversiblen Koma Liegenden gesetzlich zur Rettung anderer requirierbar sind, so wenig hat das öffentliche Interesse oder Gemeinwohl ein Recht an meinem Stoffwechsel, meiner Zirkulation, inneren Sekretion, Neuroaktivität oder irgend etwas von meinem innerleiblichen Geschehen. Dies ist das Privatissimum des Privaten, die nichtkommunale, unentfremdbare Eigensphäre schlechthin. Nimmt man hinzu, daß beim medizinischen Fortschritt kein öffentlicher Notstand vorliegt, keine allgemeine Katastrophe abzuwenden ist (wo auch letzte Privatrechte dahinfallen können), daß vielmehr, nüchtern-statistisch gesagt, die Gesellschaft wohl bestehen kann, wenn Krebs und Herzleiden noch etwas länger unbezwungen bleiben – dann sieht man, daß mit dem contrat social in unserer Frage wenig auszurichten ist und Freiwilligkeit unzertrennlich zu ihr gehört. Es besteht, wie schon bemerkt, ein Unterschied zwischen dem *moralischen Anspruch* eines Gemeinschaftsgutes (welches jeder Sieg über jede Krankheit zweifellos ist) und einem *Rechte* der Gesellschaft auf dieses Gut und die Mittel seiner Verwirklichung.

Die Bestimmung der Forschung ist wesentlich melioristisch. Sie dient nicht der Erhaltung eines bestehenden Gutes, von dem ich selbst schon profitiere und dem ich Gegenleistung schulde. Außer wenn der gegenwärtige Zustand unerträglich ist, ist das melioristische Ziel kein notwendiges: es ist fakultativ; und das nicht nur vom Standpunkt der Gegenwart her. Unsere Nachkommen haben ein Recht darauf, daß wir ihnen einen ungeplünderten Planeten hinterlassen; sie haben kein Recht auf neue Wunderkuren. Wir haben gegen sie gesündigt, wenn wir ihr Erbteil zerstört haben – was wir aus Kräften dabei sind zu tun; wir haben nicht gegen sie gesündigt, wenn zur Zeit ihrer Ankunft die Arteriosklerose noch nicht ausgerottet ist (außer durch sträfliche Nachlässigkeit). Ganz allgemein, so wie die Menschheit keinen Anspruch auf das Erscheinen eines Newton oder Michelangelo oder Franz von Assisi hatte, und kein Recht auf die Segnungen ihrer nichtprogrammierten Taten, so kann auch der Fortschritt, mit all unserer methodischen Arbeit für ihn, nicht vorausbudgetiert und seine Früchte wie ein fälliger Zins eingefordert werden. Daß er überhaupt stattfindet und zum Guten ausfällt (wessen wir nie sicher sein können), muß eher als so etwas wie »Gnade« angesehen werden.

8. Meliorismus, medizinische Forschung und individuelle Pflicht

Nirgends ist das melioristische Ziel dem Wesen der Sache inhärenter als in der Medizin. Für den Arzt ist es alles andere als fakultativ. Heilen, d. h. Besserung des Patienten, ist sein Beruf, und damit ist auch die Verbesserung der Fähigkeit zu heilen ein Teil *seiner* Pflicht. Wie weit verpflichtet das *andere*, an sich nicht Beteiligte? Als *gesellschaftliches* Ziel, so sagten wir, ist das stete Verbessern wahlfrei. Es muß sich auf seinen inneren Adel berufen. Beides, Wahlfreiheit und Adel, muß daher auch die Art bestimmen, wie im medizinischen Felde der Opfersinn Außenstehender im Dienste des Fortschritts aufgerufen und angenommen wird. Freiheit ist sicher die erste Bedingung, die hier beobachtet werden muß. Die Überlassung des eigenen Leibes für medizinische Versuche steht gänzlich außerhalb des erzwingbaren »Gesellschaftsvertrags«.

Oder kann sie doch als dahineinfallend konstruiert werden – nämlich als Rückzahlung für die mir selbst zuteilgewordenen Wohltaten aus früherer Experimentation? Doch für diese bin ich nicht der Gesellschaft verschuldet, sondern den ehemaligen Opferwilligen, denen die Gesellschaft selbst verschuldet ist, und die letztere hat kein Recht, meine persönliche Schuld einzufordern und dadurch ihre eigene zu vermehren. Außerdem ist Dankbarkeit nicht sozial erzwingbar; und ohnehin gebietet sie nicht, ihre Ursache mit gleicher Tat nachzuahmen. Vor allem aber, wenn es damals unrecht war, das Opfer zu erzwingen, wird es nicht recht, es wieder zu erzwingen mit Berufung auf den Nutzen, den es mir gebracht hat. War es aber damals nicht erzwungen, sondern gänzlich frei, wie es sein sollte, dann soll es auch so bleiben, und der Präzedenzfall darf nicht als sozialer Druck auf Spätere benutzt werden, das Gleiche im Zeichen der Pflicht zu tun.

In der Tat, wir müssen außerhalb der Sphäre des Gesellschaftsvertrags, außerhalb des ganzen Bereiches öffentlicher Rechte und Pflichten Ausschau halten nach den Motiven und Normen, von denen wir erwarten können, daß daraus immer wieder ein Wille entsteht, etwas zu geben, worauf niemand ein *Recht* hat – weder Gesellschaft noch Mitmensch noch Nachwelt. Solche trans-sozialen Quellen des Verhaltens gibt es im Menschen, und ich habe schon auf das Paradoxon oder Mysterium hingewiesen, daß ohne sie die Gesellschaft nicht gedeihen kann, daß sie von ihnen zehren muß, sie aber nicht kommandieren kann.

Wie steht es mit dem *Sittengesetz* als einer solchen transzendenten Motivierung des Verhaltens? Es geht beträchtlich über das öffentliche Gesetz des Gesellschaftsvertrages hinaus. Der letztere, wie wir sahen, ist gegründet auf die Regel des aufgeklärten Eigennutzes: *Do ut des* – ich gebe, damit mir gegeben wird. Das Gesetz des persönlichen Gewissens verlangt mehr. Unter der »Goldenen Regel« z.B. soll ich tun, wie ich wünsche, daß unter gleichen Umständen mir getan wird, aber nicht, *damit* mir so getan wird, und in Erwartung eines Lohnes. Gegenseitigkeit, wesentlich für das soziale Gesetz, ist keine Bedingung des moralischen Gesetzes. Zwar mag eine subtilere Erwartung des »Eigennutzes«, aber selber schon der moralischen Ordnung angehörig, immer noch mitspielen: Ich ziehe vor, in einer sittlichen Gesellschaft zu leben, und darf hoffen, daß mein Beispiel zur allgemeinen Sittlichkeit beiträgt. Aber selbst, wenn ich darin immer das Nachsehen habe, bleibt die »Goldene Regel« bestehen. (Wenn das Sozialgesetz mir die Treue bricht, bin ich von seinem Anspruch entbunden.)

9. Moralgesetz und transmoralische Hingabe

Kann ich also im Namen des Moralgesetzes zu medizinischen Versuchen an mir selbst aufgerufen werden? Zunächst scheint die »Goldene Regel« hier zu passen. Ich würde wünschen, wenn ich an einer tödlichen Krankheit leide, daß genügend Freiwillige in der Vergangenheit genug Wissen durch die Hergabe ihrer Körper ermöglicht hätten, so daß ich jetzt gerettet werden könnte. Ich würde wünschen, wenn ich unbedingt ein Transplantat benötige, daß der Patient nebenan einer Definition des Todes zugestimmt hätte, nach der seine Organe im frischesten Zustand für mich verfügbar würden. Ich würde gewiß auch wünschen, wenn ich ertrinke, daß jemand sein Leben für mich riskiert, ja opfert.

Doch das letzte Beispiel erinnert uns daran, daß nur die negative Form der Goldenen Regel (»Tue anderen *nicht*, was du dir selbst nicht getan haben willst«) volle Vorschriftskraft hat. Die positive Form (»Tue anderen, wie du wünschst, daß sie dir tun«), worein unsere Frage fällt, weist in einen unendlichen offenen Horizont, wo Vorschriftskraft bald aufhört. Wir können wohl von A sagen, er hätte dem B beistehen, in seiner Not mit ihm teilen sollen etc., aber wir können nicht sagen, A hätte sein Leben für B hingeben sollen. Es getan zu haben wäre preiswürdig; es nicht getan zu haben, ist nicht tadelnswert. Es kann nicht von ihm verlangt werden. Wenn er es nicht tut, verletzt er keine Pflicht. Aber *er* kann von sich selbst sagen, und *nur* er, daß er sein Leben hätte hingeben sollen. *Dieses* »Sollen« ist strikt zwischen ihm und sich selbst, oder zwischen ihm und Gott. Keine außenstehende Partei – Mitmensch oder Gesellschaft – kann sich seine Stimme anmaßen.

Wir müssen, mit anderen Worten, unterscheiden zwischen moralischer Verpflichtung und der viel weiteren Sphäre moralischen Wertes. (Dies, nebenbei, zeigt den Irrtum in der verbreiteten Ansicht der Werttheorie, daß, je höher der Wert, er desto bindender sei und desto größer die Pflicht, ihn zu verwirklichen. Die höchsten Werte sind in einer Region jenseits von Pflicht und Anspruch.) Die ethische Dimension geht weit über die des Sitten*gesetzes* hinaus und reicht in die erhabene Einsamkeit von Hingabe und letzter Selbstwahl, fern von aller Rechnung und Regel – kurz, in die Sphäre des

Heiligen. Von dort allein kann das Angebot der Selbstaufopferung entspringen, und diese seine Quelle muß aufs sorgsamste gehütet werden. Wie?

Die erste Pflicht, die hier der Forschergemeinde erwächst, ist die Sicherung wahrer Authentizität und Spontaneität seitens der Subjekte.

10. Das Problem der »Zustimmung«

Aber hier müssen wir uns darüber klar sein, daß die bloße Ausgabe des Appells, der Ruf nach Freiwilligen, mit dem moralischen und gesellschaftlichen Druck, den er unvermeidlich erzeugt, selbst unter peinlich beobachteten Regeln der Zustimmung nicht umhin kann, auf eine Art von Konskribierung hinauszulaufen. Und eine gewisse Überredung ist notwendigerweise mit im Spiele. Darum bedeutet Zustimmung – sicher die unveräußerliche Minimalbedingung – noch nicht die volle Lösung des Problems. Zugestanden also, daß Aufforderung und Zureden und damit so etwas wie Rekrutierung zur Situation gehören, erhebt sich die Frage: Wer darf rekrutieren, und wer darf rekrutiert werden? Oder milder ausgedrückt: Wer soll den Appell und an wen ausgeben?

Der natürlich qualifizierte Ausgeber des Appells ist der Forscher selbst, kollektiv der hauptsächliche Träger des Impulses und der einzige mit der technischen Kompetenz des Urteils. Da er aber in hohem Grade auch interessierte Partei ist (und interessiert nicht nur am öffentlichen Wohl, sondern auch am wissenschaftlichen Unternehmen als solchem, an »seinem« Projekt, ja, an seiner Karriere), so ist er kein ganz unverdächtiger Zeuge. Die Dialektik dieser Situation – ein delikates Kompatibilitätsproblem – macht besondere Kontrollen seitens der Forschungsgemeinde und öffentlicher Behörden nötig, die wir hier nicht zu erörtern brauchen. Die Kontrollen können das Problem mildern, aber nicht beseitigen. Wir müssen mit der Zweideutigkeit alles Menschlichen leben.

11. *Selbstrekrutierung der wissenschaftlichen Gemeinschaft*

An wen soll sich der Appell richten? Der natürliche Aussender des Rufes ist auch sein natürlicher erster Adressat: der ärztliche Forscher selber und die wissenschaftliche Zunft im ganzen. Bei einem solchen Zusammenfall – in der Tat die noble Tradition, womit das ganze Kapitel der Menschenversuche begann – verschwinden fast alle der sonst auftauchenden rechtlichen, ethischen und metaphysischen Probleme. Wenn es volle, autonome Identifizierung des Subjekts mit dem Forschungszweck ist, die seine Versuchsrolle legitimieren muß – hier ist sie; wenn volles Verständnis (nicht nur des Zweckes, sondern auch des Versuchsverfahrens und seiner Chancen) – hier ist es; wenn stärkste Motivation – hier ist sie; wenn freieste Entscheidung – hier ist sie; wenn größte Integration mit dem gesamten Trachten und Tun der Person – hier ist sie. Die Selbstrekrutierung hat per se das Zustimmungsproblem mit all seiner unauflöslichen Vieldeutigkeit umgangen. Nicht einmal die für die Fremdrekrutierung geltende Bedingung, daß der Zweck wahrhaft wichtig und das Projekt einigermaßen aussichtsreich sei, braucht hier erfüllt zu sein. Für sich selbst ist der Forscher frei, seiner Besessenheit zu gehorchen, seine Ahnung zu erproben, sein Glück zu versuchen, der Lockung des Ehrgeizes zu folgen. Soweit er sich selbst und Miteingeweihte der Forschungsgemeinschaft dem Wagnis des Versuchs aussetzt, ist das Problemgelände noch nicht betreten.

Aber natürlich ist es selbst bei idealer Bereitschaft dieses inneren Kreises damit nicht getan. Weder an Zahl noch qualitativer Streuung des Materials genügt dies Potential für den vielarmigen, systematischen, ständigen Angriff auf

Krankheit jeder Art, zu dem die einsamen Taten früher Forscher sich ausgewachsen haben. Statistische Bedürfnisse allein stellen ihre gefräßigen Forderungen. Wäre nicht das ganze Fortschrittsunternehmen fakultativ, verglichen mit dem obligatorischen Respekt vor einer unverletzlichen Privatsphäre, so wäre die einfachste Lösung, die ganze Bevölkerung in »Stammrollen« einzuschreiben und z. B. durchs Los entscheiden zu lassen, wer aus jeder Kategorie jeweils zum »Dienst« einberufen wird. Man kann sich unschwer Gesellschaften vorstellen, mit deren Grundanschauungen dies übereinstimmen würde. Wir sind uns einig darüber, daß die unsrige keine derartige ist und es nicht werden soll. Das Gespenst dieser Möglichkeit gehört zu den bedrohlichen Utopien an unserm eigenen Horizont, und wir müssen achthaben, es nicht durch unmerkliche Schritte dazu kommen zu lassen. Wie können wir dann jenem obligatorischen Respekt treu bleiben, wenn wir gleichzeitig einem anderen Werte von nicht geringem Rang das Seine geben wollen? Wir wiederholen einfach die frühere Frage: An wen soll der Ruf sich richten?

12. »Identifizierung« als Ausleseprinzip im allgemeinen

Wenn wir die Eigenschaften, welche die Mitglieder der Forschungsgemeinschaft vornehmlich für die fragliche Rolle qualifizieren, zu allgemeinen Auslesekriterien erweitern, dann sollte man sich nach weiteren Subjekten umsehen, bei denen ein Maximum an Identifizierung, Verständnis und Spontaneität zu erwarten ist – d.h. unter den gebildetsten und ihrer ökonomischen Lage nach am wenigsten manipulierbaren Teilen der Bevölkerung. Von dieser naturgemäß knappen Reserve führt eine absteigende Skala idealer Zulässigkeit zu ansteigender realer Reichlichkeit des Angebots, dessen Nutzung um so zurückhaltender sein sollte, je mehr die exkulpierenden Kriterien gelockert werden. Das läuft auf eine Umkehrung normalen, rationellen »Marktverhaltens« hinaus, wo das billigere Angebot zuerst genutzt wird und das teurere allenfalls am Ende.

Das Leitprinzip dieser Erwägung ist, daß das »Unrecht« der Verdinglichung nur »Recht« werden kann durch eine so authentische Identifikation mit dem Forschungszweck, daß dieser ebenso ein Zweck des Versuchssubjekts wie des Forschers ist. Dann wird die Versuchsrolle vom Subjekt nicht einfach erlaubt, sondern positiv *gewollt*. Dieser sein souveräner Wille, der sich den Zweck zu eigen macht, bewahrt seine Personhaftigkeit in der sonst entpersonalisierenden Situation. Um gültig zu sein, muß der Wille autonom und informiert sein. Die letztere Bedingung ist außerhalb der Forschungsgemeinschaft nur gradweise erfüllbar. Aber je höher der Grad des Verständnisses hinsichtlich des Zwecks und der Technik, desto gültiger wird die Zustimmung des Willens. Eine Marge des bloßen Vertrauens bleibt unvermeidlich. Letztlich sollte der Ruf nach Freiwilligen diese freie und gebefreudige Zustimmung suchen, die Appropriierung des Forschungszweckes in das eigene Zweckschema der Person. Der Appell ist demnach in Wahrheit gerichtet an die eine, geheimnisvolle und heilige Quelle jeder solchen Freigebigkeit des Willens – »Aufopferung«, die sich in verschiedenen Individuen an verschiedenen Motiven und Gegenständen entzünden kann. Folgende Motivationen z. B. können für den hier erörterten »Ruf« empfänglich sein: Mitleid mit menschlichem Leiden, Eifer für die Menschheit, Verehrung der Goldenen Regel, Begeisterung für Fortschritt, Ergebenheit an die Sache des Wissens, sogar sachfrei das Verlangen an sich nach Rechtfertigung durch Opfer. All diese Motivationen, behaupte ich, darf der Forscher sich nutzbar machen, wenn das Forschungsobjekt würdig genug ist; und es ist eine vorrangige Pflicht der Forschergemeinschaft (besonders im Hinblick auf das, was ich die »Marge des Vertrauens« nannte), darauf zu achten, daß diese kostbare Quelle niemals für unernste Zwecke mißbraucht wird. Für ein weniger als vollwertiges Ziel sollte selbst das freieste, spontanste Angebot nicht angenommen werden.

13. Die Regel der »absteigenden Reihe« und ihr kontra-utilitarischer Sinn

Wir haben eine Regel aufgestellt, die der zahlenhungrigen Forschungsindustrie nicht sehr genehm sein kann. Da ich zu dem transzendenten Potential im Menschen Vertrauen habe, fürchte ich nicht, daß die »Quelle« jemals einer Gesellschaft mangeln wird, die sie nicht selbst zerstört – und nur eine solche ist der Wohltaten des Fortschritts wert. »Elitistisch« allerdings ist diese Regel (wie das recht verstandene Unternehmen des Fortschritts selbst), und Eliten sind von Natur aus klein. Das vereinte Attribut von Motivation und Information, plus Freiheit von äußerem Druck, pflegt gesellschaftlich so eng umschrieben zu sein, daß strikte Einhaltung der Regel den Forschungsprozeß numerisch aushungern könnte. Deshalb sprechen wir von einer absteigenden *Reihe* der Zulässigkeit, die eben eine Lockerung der Regel zuläßt, bei der aber das Bewußtsein, daß die *Legitimierung* in ihr abnimmt, nicht ohne praktische Folgen ist. Von der puristischen Norm abgehend verschiebt sich die Treffzone des Anrufs notwendig vom Idealismus zur Willfährigkeit hin, von Hochherzigkeit zur Konformität, von Urteil zum Vertrauen. »Zustimmung« und »Freiwilligkeit« im formalen Sinne ist über das ganze Spektrum ausgebreitet, aber wir gelangen in Zwielichtzonen, wo ihr Gehalt fragwürdig, vielleicht illusorisch wird. Z.B. bei Bedürftigen, wenn geldliche Entlohnung mitspricht; oder bei Abhängigen, die mit einem Nein die Gunst der Oberen zu verscherzen fürchten bzw. mit einem Ja zu gewinnen hoffen. Hier denkt man an die Psychologie von Wohlfahrtspatienten, aber auch an Studenten im Verhältnis zu dem Professor, der Versuchssubjekte für sein Forschungsprojekt anwirbt. (Andererseits erfüllen gerade sie das Desiderat des Verstehens sehr gut.) Eine besonders handliche Population für Versuchszwecke sind Gefängnisinsassen: sie mögen ihre Einwilligung, ohne die auch da nichts geschehen darf, gegen die Zusage von Vergünstigungen, bei größerem Risiko sogar gegen Straferlaß, geben. All das sind Zwielichtzonen, die wohl nicht zu vermeiden, aber nur mit großer ethischer Umsicht zu betreten sind. Die untere Grenze ist Verständnisvermögen und Zustimmungs- (also auch Verweigerungs-) fähigkeit als solche. Das schließt Schwachsinnige ebenso aus wie militärische Gehorsamsverhältnisse. Auf eine Kasuistik kann ich hier nicht eingehen. Ich zeige nur das Prinzip der Präferenzordnung an, jetzt von der negativen Seite: je ärmer an Wissen, Motivation und Entscheidungsfreiheit die Subjektgruppe (und das bedeutet leider auch die immer breitere und verfügbarere), desto behutsamer, ja widerstrebender sollte das Reservoir benutzt werden, und desto zwingender muß deshalb die aufwiegende Rechtfertigung durch den Zweck sein.

Bemerken wir, daß dies das Gegenteil eines sozialen Utilitätsstandards ist, die Umkehrung der Ordnung nach »Verfügbarkeit und Aufwendbarkeit«: Die wertvollsten und knappsten, am schwersten ersetzbaren Elemente des sozialen Organismus sollen die ersten Kandidaten für Risiko und Opfer sein. Es ist der Standard des noblesse oblige; und trotz seiner Tendenz gegen die Nützlichkeit und seiner anscheinenden Verschwendung fühlen wir, daß es damit seine Richtigkeit hat und sogar eine höhere »Nützlichkeit«, denn die Seele der Gemeinschaft lebt von diesem Geist. Es ist auch das Gegenteil dessen, wonach der tagtägliche Bedarf der Forschung verlangt, und seine Beachtung verlangt von der wissenschaftlichen Gemeinschaft, daß sie die starke Versuchung bekämpft, sich routinemäßig an die leichtest nutzbare Lieferquelle zu halten – die Suggestiblen, die

Unwissenden, die Abhängigen, die »Gefangenen« in mehrfachem Sinne. Ich glaube nicht, daß erhöhter Widerstand gegen diese Versuchung die Forschung lähmen muß, was nicht erlaubt werden darf; er mag sie allerdings hie und da verlangsamen durch die kleineren Zahlen, die infolgedessen in die Experimentation eingespeist werden. Dieser Preis – ein vielleicht langsameres Tempo des Fortschritts – könnte zu zahlen sein für die Erhaltung des kostbarsten Kapitals höheren Gemeinschaftslebens.

14. Versuche an Patienten

Bis hierher gingen wir von der stillschweigenden Annahme aus, daß die Versuchssubjekte aus den Reihen der Gesunden genommen werden. Auf die Frage »Wer ist rekrutierbar?« dürfte die spontane Antwort sein: am wenigsten und letzten von allen die Kranken – von allen doch gerade die Verfügbarsten, da sie sowieso in Behandlung und unter Beobachtung sind. Daß den schon Geplagten nicht zusätzliche Lasten und Risiken zugemutet werden sollten, daß sie in besonderer Hut der Gesellschaft und in der ganz besonderen des Arztes stehen – das sagt uns unser elementares sittliches Gefühl. Doch gerade das Ziel medizinischer Forschung, die Besiegung der Krankheit, erfordert im entscheidenden Stadium des Weges den verifizierenden Versuch an Patienten eben dieser Krankheit selbst, und ihre Auslassung würde den Zweck vereiteln. Mit der Anerkennung dieser unausweichlichen Notwendigkeit betreten wir die sensitivste Zone des ganzen Komplexes, denn das Geschehen hier rührt an den Kern des Arzt-Patienten-Verhältnisses und stellt seine feierlichsten Verpflichtungen auf die Probe. Über die Ethik dieses Verhältnisses habe ich nichts Neues zu sagen, aber zum Zwecke seiner Konfrontierung mit der Frage des Experiments müssen einige der ältesten Wahrheiten in Erinnerung gebracht werden.

15. Das fundamentale Privileg des Kranken

Im Verlauf der Behandlung ist der Arzt dem Patienten verpflichtet und niemandem sonst. Er ist nicht der Sachwalter der Gesellschaft oder der medizinischen Wissenschaft oder der Familie des Patienten oder seiner Leidensgefährten oder der künftig an derselben Krankheit Leidenden. Der Patient allein zählt, wenn er in der Fürsorge des Arztes steht. Schon nach dem einfachen Gesetz des bilateralen Vertrages (analog z. B. dem Verhältnis des Anwalts zum Mandanten mit seinem berufsethischen Begriff des »Interessenkonflikts«) ist der Arzt gebunden, keinen anderen Interessen zu erlauben, mit dem Interesse des Patienten an seiner Heilung in Wettbewerb zu treten. Aber offenbar sind noch sublimere Normen als rein vertragliche im Spiel. Wir können von einem heiligen Treueverhältnis sprechen. Strikt in seinem Sinne ist der Arzt sozusagen allein mit seinem Patienten und mit Gott.

Eine normale Ausnahme gibt es von der Regel, daß der Doktor nicht der Sachwalter der Gesellschaft gegenüber dem Patienten ist, sondern einzig der Treuhänder seiner Interessen: die Isolierung des ansteckend Kranken. Dies geschieht offenkundig nicht im Interesse des Patienten, sondern in dem anderer, die von ihm bedroht sind. (In obligatorischer Impfung haben wir eine Kombination beider Interessen: Schutz des Individuums und der anderen.) Aber den Patienten an der Schädigung anderer zu hindern ist nicht dasselbe, wie ihn zum Vorteil anderer auszunutzen. Dann gibt es natürlich noch die Ausnahme der kollektiven Katastrophe, die Analogie eines Kriegszustandes. Der Arzt, der in verzweifeltem Kampf gegen das Wüten einer Epidemie steht, befindet sich unter einer einzigartigen Dispensation, die in unspezifizierbarer Weise manche Gebote normaler Praxis außer Kraft setzt, darunter vielleicht auch solche gegen experimentelle Freiheiten mit seinen Patienten. Für die Aufhebung von Regeln in Extremsituationen läßt sich keine Regel aufstellen. Und wie bei dem berühmten Schiffbruchbeispiel ethischer Theorie: je weniger darüber gesagt wird, desto besser. Aber was hier vorübergehend zulässig wird und später mit verzeihendem Schweigen zugedeckt wird, darf nicht als Präzedenzfall gelten. In unserer Untersuchung haben wir es mit nicht-extremen, Nichtnotstands-Bedingungen zu tun, wo Prinzipien sich zu Gehör bringen und Ansprüche frei von Zwang gegeneinander gewogen werden können. Wir haben zugestanden, daß es solche Ansprüche von jenseits der Therapie gibt und daß, wenn überhaupt medizinischer Fortschritt sein soll, nicht einmal das superlative Vorrecht des Leidenden völlig intakt gehalten werden kann gegen die Intrusion solcher Ansprüche. Über diesen prekärsten, beunruhigendsten Teil unseres Gegenstandes habe ich nur tastende, nicht ganz schlüssige Bemerkungen zu bieten.

16. Das Prinzip der »Identifikation«, angewandt auf den Patienten

Im ganzen scheinen hier dieselben Prinzipien zu gelten, die wir für normale Versuchsobjekte festgestellt haben: Identifikation, Motivation, Verständnis von seiten des Subjekts. Aber es ist klar, daß diese Bedingungen eigentümlich schwierig zu erfüllen sind im Falle eines Patienten. Sein körperlicher Zustand, seine seelische Hilflosigkeit, das abhängige Verhältnis zum Arzt, die aus der Behandlung sich ergebende Haltung der Fügsamkeit und Entmündigung – alles was mit seiner Verfassung und Situation zusammenhängt, macht den Kranken zu einer weniger souveränen Person, als der Gesunde es ist. Auch der quasi-Autismus der Krankheitsfixation und des Genesungsinteresses ist zu bedenken. Spontaneität des Selbstangebots ist fast auszuschließen, und Zustimmung ist beeinträchtigt durch verminderte Freiheit. In der Tat, all die Faktoren, die den Patienten als

Klasse so ausnehmend zugänglich und willkommen für Versuche machen, kompromittieren zugleich die Qualität der antwortenden Bejahung, die nötig ist, um ihre Nutzung sittlich zu rechtfertigen. Dies, zusammengenommen mit dem Primat der ärztlichen Aufgabe, macht es dem in einer Person vereinigten Arzt und Forscher zur erhöhten Pflicht, seine ungebührliche Macht nur für die würdigsten Forschungsziele zu gebrauchen und natürlich ein Minimum an Überredung anzuwenden.

Dennoch lassen all diese Einschränkungen Raum dafür, auch unter Patienten die »absteigende Skala der Zulässigkeit« zu beachten, die wir allgemein postuliert haben. Ihr gemäß kommen jene Patienten zuerst, die sich am meisten mit der Sache der Forschung identifizieren können und sie am besten verstehen – Mitglieder des medizinischen Berufs und seines naturwissenschaftlichen Umkreises, die ja auch manchmal Patienten sind; gleich danach, unter den Laienpatienten, die hochgradig Motivierten und durch Bildung Verständnisfähigen, zugleich auch am wenigsten Abhängigen; und so fort die Leiter abwärts. Eine zusätzliche Erwägung ist hier die Schwere des Zustandes, die wiederum im umgekehrten Verhältnis wirkt. Da muß die Profession dem verführerischen Sophismus widerstehen, daß der hoffnungslose Fall am ehesten »verausgabbar« ist (da im voraus bereits abgeschrieben) und daher vorzüglich verfügbar; und allgemein der Einstellung, daß, je schlechter die Chancen des Patienten, desto berechtigter seine Rekrutierung für Experimente sei, die nicht direkt zu seinem eigenen Wohl gedacht sind. Das Gegenteil ist wahr.

17. Geheimhaltung als Grenzfall

Dann gibt es den Fall, wo Nichtwissen, ja Täuschung des Subjekts zum Wesen des Experiments gehört (statistisch z. B. bei Kontrollgruppen- und Placebo-Anordnungen). Wir müssen der Versicherung glauben, daß dies für gewisse Verifizierungszwecke unerläßlich ist. Bei gesunden Subjekten, die der Geheimhaltung im voraus zugestimmt haben, läßt sich die Ethik der Sache vertreten. Gegenüber dem Kranken aber, der im Glauben ist, er werde behandelt (wozu auch der Versuch eines neuen Mittels noch gehören würde), und statt dessen ein Placebo erhält, liegt ein planer ärztlicher Treuebruch vor. Schon das Nachsuchen um die Einwilligung des Kranken in eine solche Lotterie, also um die Erlaubnis, ihn gegebenenfalls zu täuschen, geht nach vorher Gesagtem zu weit. Vor allem aber enthält die bloße (sich herumsprechende) Praxis solcher gelegentlichen Täuschung im Dienste eines allgemeinen Projekts die Gefahr, den Glauben an die bona fides der Behandlung, an die unbedingt wohltätige Absicht des Arztes in jedem Einzelfall, zu erschüttern und damit die Basis des ganzen Arzt-Patienten-Verhältnisses zu untergraben. In jeder Hinsicht folgt, daß versteckte Versuche am Patienten unter der Maske *seiner* Behandlung moralisch unstatthaft sind. Bestenfalls sollten sie die seltenste Ausnahme sein, wenn sie sich im höheren Interesse nicht ganz vermeiden lassen. D. h. sie sollten ein typischer Grenzfall sein, in dem Unrecht und Recht sich auf heikelste Weise mischen.

Kein Grenzfallproblem hingegen ist die andere Variante notwendigen Nichtwissens des Patienten – die des bewußtlosen, komatösen Subjekts. Ihn für nichttherapeutische Experimente zu benutzen, ist schlicht und ohne Einschränkung unerlaubt. Fortschritt oder nicht – der bewußtlose Patient darf niemals »benutzt« werden, nach dem unbeugsamen Grundsatz, daß äußerste Hilflosigkeit äußersten Schutz verlangt.

Das Ganze der Versuche an Patienten aber ist eine Schattenzone, in der es ohne Kompromisse nicht abgeht. Die Schattierungen sind endlos, und nur der Arzt und Forscher in einer Person kann sie richtig unterscheiden im jeweiligen Vorkommen der Fälle. In seinen Schoß ist die

Entscheidung geworfen. Die philosophische Regel, wenn sie erst einmal die Idee einer gleitenden Skala in sich aufgenommen hat, kann ihre eigene Anwendung nicht wirklich spezifizieren. Was sie dem Praktiker mitteilen kann, ist nur eine allgemeine Maxime oder Haltung für die Ausübung seines Urteils und Gewissens in den konkreten Gelegenheiten seiner Arbeit. In unserem Fall heißt das, so fürchte ich, ihm das Leben zu erschweren.

18. Versuche an Patienten müssen sich auf eigenes Leiden beziehen

Obwohl meine Überlegungen im ganzen eher Gesichtspunkte als definitive Vorschriften geliefert haben und eher Prämissen als Konklusionen, bin ich doch in einigem zu einem unzweideutigen Ja oder Nein gekommen. Eines davon sei hier zum Schluß vorgetragen, nämlich die emphatische Regel, daß Patienten, wenn überhaupt, dann *nur* solchen Versuchen unterworfen werden dürfen, die Bezug auf ihre eigene Krankheit haben. Niemals sollte die von ihnen aus bestehende Unnötigkeit des Experimentes an ihnen vermehrt werden durch die Unnötigkeit des Dienstes an einer fremden Sache. Das folgt einfach aus dem, was wir als einzige Entschuldigung für die Verletzung der speziellen Schonrechte des Kranken überhaupt gelten ließen, nämlich daß der wissenschaftliche Krieg gegen Krankheit seine Aufgabe nicht erfüllen kann, ohne die an der betreffenden Krankheit Leidenden in die Forschungsprozedur hineinzuziehen. Wenn sie unter dieser Entschuldigung Versuchssubjekte werden, dann eben *wegen* – und *nur* wegen – *ihrer* Krankheit.

Dies ist die fundamentale und vollgenügende Überlegung. Es ist außerdem richtig, daß der Patient von dem mit seiner Krankheit nichtverbundenen Experiment keinen therapeutischen Nutzen haben *kann*, während dies bei einem damit verbundenen Experiment möglich wäre. Aber das führt schon über die Sphäre des bloßen Experiments hinaus in die der Therapie. Wir diskutieren hier nur nicht-therapeutische Versuche, wovon der Patient selbst ex hypothesi nicht profitiert. Experiment als Teil der Behandlung, d. h. mit der Aussicht, dem Subjekte selbst zu helfen, steht auf einem anderen Blatt und ist hier nicht unsere Sache. Der Arzt, der nach dem Versagen herkömmlicher Therapien dem Patienten vorschlägt, es mit einer neuen zu versuchen, die erst ausprobiert wird, handelt als sein Arzt, zu seinem erhofften Besten. Auch wenn der Versuch fehlschlägt, war es doch ein Versuch *für* den Patienten und nicht bloß *an* ihm.

Ganz allgemein, und fast müßig zu sagen, hat ja selbst die regelrechteste, statistisch erprobteste Behandlung, wenn es zum Einzelfall kommt, immer etwas vom Experiment an sich, beginnend schon mit der Diagnose; und das wäre kein guter Arzt, der nicht von jedem Fall für künftige Fälle zu lernen bereit wäre und etwaige neue Einsichten an die Gesamtprofession weitergäbe. Es kann also sehr wohl, zugleich mit dem Interesse des Patienten, auch dem Interesse der medizinischen Wissenschaft gedient werden, wenn aus seiner Behandlung etwas gelernt wird, was anderen Opfern desselben Leidens zugute kommt. Aber der Gewinn für Wissenschaft und künftige Therapie ist dann ein Nebenertrag der bona fide-Behandlung des gegenwärtigen Patienten. Dieser hat das Recht zu erwarten, daß sein Arzt nichts *im Namen der Behandlung* an ihm vornimmt zu dem bloßen Zweck, etwas daraus für andere zu lernen.

In diesem Falle würde der Arzt etwa so sprechen müssen: »Ich kann nichts mehr für dich tun. Aber du kannst etwas für mich tun, d.h. für die medizinische Wissenschaft. Wir könnten viel für künftige Fälle deiner Art lernen, wenn du uns den und den Versuch an dir erlauben würdest. Zwar nicht du, aber andere nach dir würden von dem etwa dabei gewonnenen Wissen profitieren.« Nehmen wir die Bedingung hoher Wichtigkeit des Zwecks und persönlicher Qualifikation des Subjekts als gegeben an, um eine solche Frage überhaupt stellen zu dürfen. Dann würde ein Ja dazu führen, daß der Arzt nicht mehr versucht, den Patienten zu heilen, sondern herauszufinden, wie er andere in Zukunft heilen kann.

Doch selbst in diesem Fall – dem des Experiments *am* und nicht *für* den Patienten – wird doch immerhin *seine eigene* Krankheit in den Dienst künftiger Bekämpfung eben dieser Krankheit gestellt. Wiederum etwas anderes ist es, unter gleichen Bedingungen dem unheilbar Kranken anzusinnen, sich für irgendeine Forschung von *anderweitiger* medizinischer Wichtigkeit herzugeben. Der Forscher-Arzt mag keinen großen Unterschied zwischen diesem und dem vorigen Fall sehen. Ich hoffe, meine medizinischen Leser finden es keine zu feine Distinktion, wenn ich sage, daß vom Standpunkt des Subjekts und seiner Würde ein kardinaler Unterschied besteht, der das Erlaubte vom Unerlaubten scheidet – und zwar gemäß demselben Prinzip der »Identifikation«, das wir fortwährend angerufen haben. Wie immer es um Recht oder Unrecht jeglicher nichttherapeutischen Experimentation an jeglichen Patienten steht: im vorigen Falle wird dem Patienten wenigstens dies Residuum von Identifizierung gelassen, daß es sein eigenes Leiden ist, mit dem er zur Behebung dieses Leidens bei anderen beitragen kann, und so ist es im gewissen Sinne seine eigene Sache. Es ist gänzlich unvertretbar, den Unglücklichen dieser Intimität mit dem Zweck zu berauben und sein Unglück zum bequemen Mittel für die Beförderung ihm fremder Zwecke zu machen. Die Ehrung dieser Regel ist, so glaube ich, wesentlich, um das Unrecht wenigstens zu mildern, das nichttherapeutisches Experimentieren an Patienten in jedem Fall begeht.

19. Schlußbemerkung

Eine Bemerkung zum Schluß. Wenn der Eindruck entstanden ist, daß manche meiner Überlegungen, ins Praktische übersetzt, auf eine Verlangsamung des medizinischen Fortschritts hinauslaufen, so sollte das Unbehagen darüber nicht zu groß sein. Vergessen wir nicht, daß Fortschritt ein fakultatives, kein unbedingt obligatorisches Ziel ist, und daß insbesondere sein Tempo, so zwanghaft es historisch-faktisch geworden ist, nichts Heiliges an sich hat. Bedenken wir ferner, daß ein langsamerer Fortschritt in der Krankheitsbezwingung die Gesellschaft nicht bedroht, so schmerzlich er für diejenigen ist, die beklagen müssen, daß gerade ihre Krankheit zu ihrer Zeit noch nicht bezwungen ist: daß aber die Gesellschaft in der Tat gefährdet würde durch die Erosion jener sittlichen Werte, deren möglicher Verlust durch eine zu rücksichtslose Betreibung wissenschaftlichen Fortschritts dessen blendendste Erfolge des Besitzes unwert machen würde. Bedenken wir zuletzt, daß es nicht das Ziel des Fortschritts sein kann, das Los der Sterblichkeit abzuschaffen. An dieser oder jener Krankheit wird jeder von uns sterben. Unsere sterbliche Verfassung liegt auf uns mit ihrer Härte, aber auch Weisheit, denn ohne sie gäbe es nicht die ewig neue Verheißung der Frische, der Ursprünglichkeit und des Eifers der Jugend; noch gäbe es für jeden von uns den Antrieb, unsere Tage zu zählen und sie zählen zu machen. Bei all unserm Bestreben, der Sterblichkeit abzuringen, was wir können, sollen wir ihr Gewicht mit Geduld und Würde zu tragen wissen.

7. Ärztliche Kunst
und menschliche Verantwortung

Die Medizin ist eine Wissenschaft; der ärztliche Beruf ist die Ausübung einer hierauf gegründeten Kunst. Jede Kunst hat einen Zweck, sie will etwas zustande bringen; die Wissenschaft will etwas herausfinden, ganz allgemein die Wahrheit über etwas: das ist ihr immanenter Zweck, bei dem es bleiben könnte. Der Zweck einer Kunstfertigkeit dagegen, einer *téchne*, liegt außer ihr, in der Welt der Objekte, die sie verändert und um neue, eben künstliche, vermehrt. Auch diese wieder sind meist nicht ihr eigener Zweck, sondern weiteren Zwecken dienstbar. Die Baukunst hat ihren direkten Zweck im Bauwerk, die Webkunst im Gewebe; das Bauwerk seinerseits dient der Behausung, das Gewebe der Bekleidung und so fort. Hier nimmt die ärztliche Kunst sichtlich eine Sonderstellung ein, die der Name »Heilkunst« sofort anzeigt, denn Heilung ist ja nicht die Herstellung einer Sache, sondern die Wiederherstellung eines Zustandes, und der Zustand selbst, obwohl Kunst für ihn aufgewandt wird, ist kein künstlicher, sondern eben der natürliche oder ihm so nah wie möglich. In der Tat ist das ganze Verhältnis der ärztlichen Kunst zu ihrem Gegenstand einzigartig unter den Künsten. Arbeiten wir die Unterschiede etwas heraus.

Zuerst ist zu bemerken, daß für den Arzt die Materie, an der er seine Kunst ausübt, die er »bearbeitet«, selber der ultimative Zweck ist: der lebendige menschliche Organismus als Zweck seiner selbst. Der Patient, ebendieser Organismus, ist das A und O in der Zielstruktur der Behandlung. Fast überall sonst, wo Kunst ihr Werk tut, herrscht die Fremdheit zwischen dem indifferenten Stoff und dem Zweck, für den er bearbeitet wird, und gewöhnlich auch eine mehr oder weniger weitläufige Mittelbarkeit zwischen dem direkten Werkerzeugnis und dem Endzweck, dem es dient. Dem Rohstoff erst und dann allen aus ihm hergestellten Gliedern der Mittel-Zweck-Kette wird der Zweck von außen auferlegt. Homo faber geht mit ihnen um nach seinem Gutdünken unter Beachtung der Naturgesetze. Der Hersteller der Dinge war auch der Erzeuger der Zwecke. Sein Material seinerseits ist zweckfrei.

Dem Arzt hingegen ist der Zweck durch den Selbstzweck seines Objektes vorgegeben; der »Rohstoff« ist hier schon das Letzte und Ganze, nämlich der Patient, und der Arzt muß sich mit dessen Eigenziel identifizieren. Dieses ist jeweils die »Gesundheit«, und die ist von der Natur definiert. Da gibt es für ihn nichts zu erfinden, außer in den Methoden der Erreichung dieses Zieles. Zum Ziel aber wird die Gesundheit erst durch die Krankheit. Die Gesundheit selbst ist unauffällig, nicht weiter bemerkt, wenn man sie hat (»sich ihrer erfreut«, was aber unbewußt geschieht); erst ihre Störung fällt auf und erzwingt ihre Beachtung, zuerst durch das Subjekt selbst, das sie an sich erfährt, als Leiden, Einbuße, Behinderung, und dann vor den Arzt zur Abhilfe bringt. Es ist denn auch die Krankheit und nicht die Gesundheit, die ursprünglich die Erforschung des menschlichen Körpers in Gang gebracht hat und sie auch weiter anspornt, eben als Erforschung der Krankheitsursachen zum Zwecke ihrer Behebung oder auch ihrer Vorbeugung. Dazu gehört naturgemäß als Voraussetzung das Wissen vom gesunden Körper und den Bedingungen der Gesundheit. Auf die medizinische Wissenschaft, als allgemeine Wissenschaft des gesunden wie des kranken Leibes, trifft daher nicht zu – der Name sagt es schon –, was sonst von der Wissenschaft gilt, daß sie ihr Ziel in der Erkenntnis habe: von Anfang an will sie mit dieser Erkenntnis dem Arzt zu seinem heilenden Können verhelfen. Sie ist also weder zweckfrei noch wertfrei. Und wiederum ist es das Auszeichnende der medizinischen Kunst unter den alten Künsten der Menschheit, daß sie von altersher – seit Hippokrates – in innigstem Zusammenhang mit einer forschenden Wissenschaft als ihrer Grundlage steht.

Dennoch ist die praktische Kunst hier nicht einfach die Anwendung dieser theoretischen Grundlage, d. h. eindeutige Anwendung eindeutigen Wissens am eindeutigen Material zu eindeutigem Zweck, so wie etwa der Maschinenbauer die Wissenschaft von der Mechanik gleichsam mechanisch auf seine gesetzte Aufgabe anwenden kann. Denn der Arzt hat es ja mit dem jeweils gegebenen Einzelfall zu tun, dem Individuellen in seiner ganzen Einzigkeit und Komplexität, die keine analytische Bestandsaufnahme erschöpfen kann; und da ist schon beim ersten Schritt, schon bei der Diagnose als der Subsumierung des Besonderen unter das Allgemeine, eine ganz andere Art von Wissen nötig als das theoretische. Kant nannte diese Erkenntnisart die »Urteilskraft«, die nicht schon mit dem Allgemeinwissen erlernt wird, sondern dieses mit der Anschauung des Einmaligen und der es enthaltenden Ganzheit verbindet und so erst die Anwendung des Abstrakten auf das Konkrete ermöglicht. Dieses Urteilen, das zu Entscheidungen führt, übt sich durch Erfahrung, wird aber immer zuletzt die Gabe persönlicher Intuition ins Spiel bringen, die ein ursprünglicher und individuell unterschiedlicher Besitz ist. Es ist diese nicht weiter definierbare Zutat, die die erlernbare Kunstfertigkeit des Arztes zur eigentlichen »Kunst« macht und über bloße Technik hinaushebt. Schon im rein Kognitiven steht hier Individuum dem Individuum gegenüber. Später werden wir sehen, daß über den Singular des Patienten hinaus doch auch der Plural der Allgemeinheit, das öffentliche Wohl, in eigentümlicher Weise in dieses zunächst geschlossene Verhältnis hineinspielt und für seine Ansprüche öffnet.

Ein wesentliches Merkmal der ärztlichen Kunst ist also, daß in ihr der Arzt es jedesmal mit seinesgleichen zu tun hat, und dies typisch im Singular. Der Patient erwartet und muß vertrauen können, daß die Behandlung ihn allein im Auge hat. Spezifischer aber, wenn wir von der Psychiatrie absehen, gilt die ärztliche Kunst dem Körper des anderen, mit dem der Mensch zum Reich der tierischen Organismen gehört, ein Naturding unter Naturdingen ist und insofern unter die Naturwissenschaft kommt. Aber es ist der Körper einer Person, und darin gipfelt der vorher betonte Selbstzweck-Charakter des Objektes ärztlicher Kunst. Um der Person ihr Leben zu ermöglichen, soll dem Körper geholfen werden. Der Körper ist das Objektive, aber es geht um das Subjekt. Der Körper jedoch, anders als die unteilbare Person, besteht aus nebeneinanderliegenden Teilen, die – jeweils mehr oder weniger – vom Ganzen isolierbar sind, einzeln erkranken und einzeln behandelt werden können. Besonders in der Chirurgie mit ihrem direkten, örtlich umgrenzten Operieren an einzelnen Organen und der Abblendung alles übrigen ist dies deutlich. Und diese Aufteilung, die eben der Körper als solcher zuläßt, führt eine gewisse Verdinglichung mit sich, wo die ärztliche Kunst am meisten doch zur Technik wird, ja zum Handwerk bis zur Rolle manueller Geschicklichkeit, wie schon im Namen »Chirurgie« ausgedrückt. Auch der Patient will es nicht anders: er will seinen Blinddarm oder Knochenbruch behandelt wissen, nicht seine Person und auch von seinem Leibe nur ebendiesen Teil.

Das führt zu einer anderen, wichtigen Konsequenz der Tatsache, daß der Arzt es vornehmlich mit dem Körper zu tun hat. Der Wert der Person darf kein differenzierender Maßstab für seine Bemühung um den Körper werden. Dessen funktionelle Integrität allein ist sein Gegenstand. So wie die Verantwortung des Schiffskapitäns für seine Passagiere sich nur auf die sichere Überfahrt erstreckt, mit der Abfahrt beginnt und der Ankunft endet und er nicht fragen darf, ob sie die Reise zu gutem oder bösem Zweck, zum Heil oder Unheil ihrer selbst oder anderer unternehmen, so darf auch der Arzt nicht danach fragen, was die Person, deren Leib er behandelt, »wert« ist, wie sie die verbesserten oder wiederhergestellten Funktionschancen nutzen wird – kurz, ob es sich moralisch oder sonstwie (z. B. nach sozialer Nützlichkeit) um den Patienten »lohnt«. Diese Beschränkung des ärztlichen Mandats auf den spezifischen ausgesonderten Heilungszweck, die mit dem direkten Bezug auf die teilbare Leiblichkeit gegeben ist, muß betont werden, um das Bild der ärztlichen Kunst, trotz ihrer letzthinnigen Dienstbarkeit am Selbstzweck der unteilbaren Person, nicht metaphysisch zu überlasten – und damit auch die Verantwortung des Arztes zu überfordern.

Bevor wir uns dem Thema der Verantwortung zuwenden, ist noch eine von der bisherigen Schilderung abweichende Seite ärztlicher Kunst zu nennen, die erst neuerlich, als Folge gesellschaftlicher und technischer Entwicklungen, zu dem traditionellen Bilde hinzugetreten ist und den Arzt von der Rolle des Heilers in die des zweckoffenen Leibeskünstlers hinüberlenkt. Wenn wir sagten, die Norm für die Zielsetzung ärztlicher Kunst sei die Natur, so ist dem jetzt hinzuzufügen, daß heute auch Ziele, die über jene Norm hinausgehen, sogar solche, die ihr zuwiderlaufen, die ärztliche Kunst für sich reklamieren und Ärzte ihnen de facto zu Diensten stehen. Hinausgehend über die Naturnorm, mindestens von ihr absehend, ist z. B. kosmetische Chirurgie zwecks Verschönerung oder Verbergung von Altersspuren. Andere Glücksbedürfnisse als die Gesundheit werden hier bedient. Neger in Amerika lassen sich, unter dem Druck rassischer Diskriminierung, ihre durchaus naturgemäßen Wulstlippen korrigieren zwecks Annäherung an die weiße Norm. Dergleichen liegt an der Peripherie der Medizin und ihres Ernstes. Aber Überschreitung der Naturnorm reicht auch in zentrale Regionen. Selbst die ernsteste aller ärztlichen Aufgaben, die Abwendung vorzeitigen Todes, kann die Kunst statt der Natur zum Maßstab dafür machen, was »vorzeitig« ist, und in heroischen Techniken der Lebensverlängerung oder Sterbensverzögerung sich über das natürliche Maß menschlicher Endlichkeit hinwegsetzen. Das wird eines unserer Themen unter dem Titel ethischer Verantwortung werden. Insgesamt haben solche Einsätze der Kunst mit dem ursprünglichen Heilungszweck und der Rolle des Arztes als Helfers der Natur – medicus curat, natura sanat – wenig mehr zu tun. Noch weniger natürlich solche, die der Naturnorm vorsätzlich entgegengerichtet sind. Hierzu gehört fast alles, was mit Geburtenkontrolle außerhalb medizinischer Indikation zu tun hat, von der Empfängnisverhütung, also Inhibierung statt Förderung normal-natürlicher Funktionen, über Schwangerschaftsabbruch bis zur Sterilisierung, also direkter und eigentlich antimedizinischer Organverstümmelung. Diese wesentlich negative Anwendung des Könnens, wie immer man darüber denken mag, gehört heute – offiziell oder inoffiziell – in weiten Teilen der Welt zum tatsächlichen Bild der ärztlichen Kunst mit ganz außerärztlichen Wertbegründungen und drängt ihr, der früher so eindeutig zweckdefinierten, ganz neue Horizonte der Verantwortung auf. Dies wird unser anderes Hauptbeispiel in der Diskussion ärztlich-menschlicher Verantwortung sein.

Hiermit kommen wir also von den unterscheidenden Merkmalen ärztlicher Kunst, die hier gewiß recht unvollständig aufgeführt wurden, zum Thema der mit ihr verbundenen Verantwortung. Im Titel heißt es: »Ärztliche Kunst und menschliche Verantwortung.« Damit ist angedeutet, daß im Falle des Arztes die Verantwortung weiter als die technisch-innerberufliche ist. Diese selbst ist ungemein klar. Der Arzt, so sagten wir, hat es primär mit dem Patienten im Singular zu tun. Das Verhältnis kann als privates, ja exklusives Vertragsverhältnis angesehen werden, so als ob nur Arzt und Patient auf der Welt wären. Der Arzt ist Beauftragter des Patienten, der geheilt sein will. Daraus ergibt sich als eindeutige, problemlose Berufsverantwortung, ihn nach bestem Vermögen, gemäß den Regeln der Kunst, zu seinem Besten zu behandeln. Das »Beste« des Patienten, so sagten wir, ist für den Arzt von der Natur definiert: Integrität aller Organfunktionen. Dies Optimum ist die Norm, von der

Teilopfer nur aus Nötigung zwecks Erhaltung des Ganzen gebracht werden. Mit diesem Kriterium des »Besten« können aber Wünsche des Patienten, ja sogar der Allgemeinheit, in Konflikt kommen. Wir nannten schon das ganze, zwielichtige Gebiet der Geburtenkontrolle. Fruchtbarkeit, Schwangerschaft, Fortpflanzung sind wahrlich keine Krankheiten; dennoch können sie sowohl privat als auch öffentlich zum Unglück werden; und für Unglück, das man abwenden könnte, wird man irgendwie mitverantwortlich. Ich rühre damit an ein Thema, von dem mir wohl bewußt ist, daß es bei vielen innerhalb und außerhalb der Profession von bindenden Überzeugungen eingehegt ist. Aber diese entbinden niemanden (nicht einmal im Zeichen des Glaubensgehorsams) von der Pflicht, für das ganze Spektrum womöglich widerstreitender Verantwortungen offen zu sein.

Nehmen wir zum Zweck des Argumentes an, das öffentliche Gesetz ließe die Sache dem Ermessen des Arztes frei. Dann muß sein Gewissen entscheiden, ob überhaupt und wann und wo er solchen privaten oder öffentlichen Wünschen entsprechen soll, und es ist offenbar, daß dabei ganz außerärztliche Gesichtspunkte, allgemeinere Verantwortungen humaner, sozialer und religiöser Art ins Spiel kommen. Des Heilungszweckes entbehren alle hier einschlägigen Maßnahmen, außer bei strikt medizinischer Indikation. Operative Sterilisierung gar, als Dauerverstümmelung, schlägt so sehr dem elementaren *nil nocere* des hippokratischen Eides ins Gesicht, daß sie höchstens im Grenzfall akuten Populationsnotstandes, keinesfalls Privatbedürfnissen zuliebe, willige Ärzte finden sollte.

Hiervon abgesehen aber erheben in dieser Sphäre so ernsthafte und berechtigte Lebensinteressen ihre oft verzweifelte Stimme, daß der Arzt sich über das rein ärztliche Ethos hinausgetrieben fühlt und ein Nein nicht weniger als ein Ja vor seiner menschlichen Gesamtverantwortung rechtfertigen muß. Ich nehme seine persönlich-prinzipielle Antwort nicht vorweg, bestehe aber darauf, daß sie sich der

Frage in all ihrem Für und Wider gestellt haben muß. Was es hier alles menschlich, schon auf der individuellen Ebene, zu bedenken gibt, ist zu wohlbekannt, als daß es ausführlich behandelt werden müßte. Ich nenne nur das Elend des Kinderreichtums in der Armut, die Tragik kindlicher Schwangerschaft, das künftige Unglück erbkranker Föten und auch, rein medizinisch gesehen, das größere Übel unprofessioneller Eingriffe, zu denen die Verzweiflung ja doch ihre Zuflucht nimmt, wenn die Hilfe lege artis – sei sie auch selbst ein Übel – verweigert wird. (Mindestens das kann man ja mittelbar auch eine ärztliche Verantwortung nennen.)

Was steht hier der Stimme des Mitleids, des Helfenwollens, der humanen Toleranz ethisch entgegen? (Das etwa rechtlich Entgegenstehende bleibe ausgeschaltet.) Es kann, wie wir wissen, religiöse Überzeugung sein, gestützt noch durch ein emphatisches Veto der Kirche, das für den gläubigen Arzt verbindlich ist, und diese Vorentscheidung läßt nicht mit sich rechten. Sie entbindet den Arzt nicht von der gekennzeichneten gemeinmenschlichen Verantwortung, aber er trägt sie eben vor Gott nach überweltlichen Kriterien menschlichen Wohles. Die innerweltliche Humanethik wird hier von vornherein zu größerer Nachgiebigkeit in komplexer Lage neigen, also mindestens dazu, den individuellen Umständen Rechnung zu tragen und sie in den Inhalt der ärztlich-menschlichen Verantwortung einzubeziehen. Auch die so erweiterte Bejahung darf es sich keineswegs einseitig leichtmachen, auch für sie gibt es gegen die prinzipiell zugelassene permissive Option sittliche Einsprüche, die auf der Waage der Entscheidung mitgewogen werden müssen. Foeticid zum Beispiel ist eben an sich sittlich bedenklich; schon für das keimende Menschenleben besteht eine Verantwortung, und um sie gegebenenfalls zu überstimmen, muß die entgegenstehende anderweitige Verantwortung bedeutendes sittliches Gewicht haben. Mit anderen Worten: Der Humanethiker erkennt hier einen Widerstreit an, bei dem jede Entscheidung ein Opfer der einen oder anderen Seite bedeutet. Ja selbst gegen die »Pille«, von der man sagen kann, daß der Arzt nur über ihre medizinische Unschädlichkeit zu wachen habe, ihr Gebrauch aber im übrigen Privatsache sei – selbst gegen sie kann seine menschliche Verantwortung einwenden, daß ihre unterschiedslose Verabreichung in einer ohnehin hedonistischen Gesellschaft der geschlechtlichen Libertinage Vorschub leistet, der Entfremdung der Sexualität von der Fortpflanzung und der Liebe. Aber da sind wir beim Interesse der Gesellschaft, nicht mehr des einzelnen, und damit bei einer bisher unterschlagenen, ganz anderen Dimension der Verantwortung.

Denn natürlich war unser anfängliches Bild vom Singularverhältnis zwischen Arzt und Patient, so als ob sie allein auf der Welt wären, eine Fiktion, die nur die therapeutisch primäre, aber nicht die ganze Pflichtbeziehung des Arztes ausdrückt. Immer ist der Plural mit dabei. Denn immer ist der Arzt auch Beauftragter der Gesellschaft und Diener der öffentlichen Gesundheit. Das tritt schon dem einzelnen Patienten gegenüber zutage, etwa in der Isolierung, die bei ansteckender Krankheit über ihn verhängt wird zum Schutze der Allgemeinheit. Vorzüglich die präventive Medizin, die es zu Patienten womöglich gar nicht erst kommen lassen will, ist weitgehend kollektiv ausgerichtet: in Seuchenverhütung, allgemeiner Schutzimpfung, öffentlicher Hygiene usw.; und da Vorbeugung besser ist als Heilung, kann man in diesem Sozialaspekt sogar die höhere Verantwortung ärztlicher Kunst und Wissenschaft erblicken. Die Sorgen dieser Verantwortung können nun über das Gesundheitliche hinaus in ganz andere Dimensionen des Heils und Unheils und über die Lebenden hinaus in kommende Generationen reichen, ja das Schicksal des Menschengeschlechts auf Erden betreffen. Kehren wir unter diesem Gesichtspunkt noch einmal zur Reproduktionssphäre zurück, die ja ihrem Wesen nach nie bloße Privatsache der gerade Beteiligten ist: durch sie setzt die Gemeinschaft ihr Leben fort, sie braucht ein Genug davon und wird bedroht von einem Zuviel. Das letztere im Weltmaßstab, d. h. die Übervölkerung des Planeten über seine Tragfähigkeit hinaus, ist heute neben dem Atomkrieg – und alternativ zu ihm – die Hauptgefahr der Menschheit geworden. Der jähen Katastrophe steht die kumulativ anschwellende gegenüber. Während die eine immerhin der Willkür anheimgestellt ist und vorsätzlicher Handlungen bestimmter Akteure bedarf, die begangen oder unterlassen werden können, schreitet die andere, getragen vom unvorsätzlich-natürlichen Verhalten aller, aus eigener Dynamik bewußtlos auf ihrer Katastrophenkurve fort. Auch ihre Abwendung kann daher nur durch lange anhaltende Gegenmaßnahmen erfolgen, die rechtzeitig einsetzen müssen, nämlich jetzt.

Hier haben die medizinische Wissenschaft und Kunst eine besondere und für sie neuartige Verantwortung, denn nur sie können die humanen, ethisch noch vertretbaren Methoden der Geburtenbeschränkung ersinnen und anwenden, die dem erbarmungslosen Kinder- und Völkermorden einer Katastrophensituation zuvorkommen, wo nur noch das »Rette sich, wer kann« herrscht. Sie, die ärztliche Kunst, ist sogar für das Heraufkommen der Gefahr mitverantwortlich. Denn ohne ihre Triumphe in der Seuchenbekämpfung und Senkung der Säuglingssterblichkeit etc. wäre es ja zu der Bevölkerungsexplosion so rasanten Ausmaßes, gerade in den Armutsgebieten der Erde, die ihr am wenigsten gewachsen sind, gar nicht gekommen. Diese neueste Menschheitserkrankung – das paradoxe Leiden am an sich Gesundesten des biologischen Seins, der Fortpflanzungsfähigkeit – ist also gewissermaßen iatrogen. Um so mehr ist die Medizin verpflichtet, dem drohenden Fluch ihres eigenen Segens, einem Sonderfall der allgemeinen Erfolgsambivalenz technischen Fortschritts, mit ihren eigenen Mitteln vorzubeugen. Da sie dies moralisch nicht durch Einstellung ihrer eigenen Ursächlichkeit am Problem tun kann, d.h. durch Entzug ihrer lebensfördernden Dienste, muß sie es mit deren

Fortgang zusammen durch bremsende Gegendienste tun, als Korrektiv ihres positiven Erfolgs. Die Intervention des Populationsinteresses also hebt die ganze Frage aus der Individualethik und der spezifisch ärztlichen in eine andere Dimension der Verantwortung, die anderes gebieten mag als jene.

Der hier in Konflikt mit seinen sonstigen Überzeugungen, religiösen oder sittlichen, geratende Arzt mag sich vor Augen halten, daß die im Vorbeugungsstadium ihm zugemuteten Gewissensopfer ein Kinderspiel sind gegen das, was zum Zwang werden wird in dem akuten Krisenstadium, dem er nicht vorgebeugt hat. Dann wird er sich etwa, statt mit privat gewünschter, mit staatlich befohlener Sterilisierung konfrontiert sehen (man denke an Indien), und aus dem beratend-mitentscheidenden wird der summarisch gehorchende Arzt, aus dem Diener am Subjekt das unpersönliche Werkzeug kollektiver Notpolitik. Auch das wäre noch ein Zustand des Gesetzes und der Ordnung, der Schlimmeres verhüten will. Ist es auch dafür zu spät, dann käme das Schlimmste: der Eintritt des aus der ethischen Kasuistik bekannten Extremfalles, der sogenannten »Rettungsbootsituation«, in der das ganze Wertgebäude menschlicher Solidarität zusammenbricht, in der ein vorsittlicher Urzustand des »Ich oder du« Platz greift und das brutale Überlebensdiktat fast alle Normen der mühsam erworbenen Humanethik außer Kraft setzt. Daß der ganze Planet, unser begrenztes Raumschiff Erde, ein solches verzweifeltes, enthumanisiertes Rettungsboot werde – das zu verhüten, dem vorzubeugen, ist überhaupt die vordringliche Fernverantwortung, die dem gesamten technologischen Syndrom aus seinen vielfältigen tendenziellen Katastrophenpotentialen des »Zuviel« aus seinem innewohnenden Drift zu exzessiver Wirkung erwächst. Hier greifen die allerverschiedensten Bedrohungen ineinander und verschärfen sich gegenseitig. Die fortschreitende Umweltzerstörung zum Beispiel, ihrerseits schon ein Ergebnis vieler bei uns liegender Ursachen, kommt von der Kapazitätsseite her der Bevölkerungsbelastung sozusagen auf halbem Wege mit einer Senkung der Krisenschwelle entgegen, verkürzt also die Zeit, in der jene sowieso an die Toleranzgrenzen auch einer heilen Natur stoßen würde. Seinerseits wieder treibt der Verbraucherzuwachs die Degradierung der Biosphäre voran, potenziert sie nicht nur und beschleunigt ihr Tempo, sondern macht sie auch immer mehr zum Zwang. Eine statische Bevölkerung könnte an einem bestimmten Punkt sagen: »Genug!«, aber eine wachsende muß sagen: »Mehr!« Die Bevölkerungsexplosion, als planetarisches Stoffwechselproblem gesehen, nimmt dem Wohlfahrtsstreben das Heft aus der Hand und wird eine verarmende Menschheit um des nackten Überlebens willen zu dem zwingen, was sie um des Glückes willen tun oder lassen konnte: zur immer rücksichtsloseren Plünderung des Planeten, bis dieser sein Machtwort spricht und sich der Überforderung versagt.

Um zum Arzt zurückzukehren: auch ohne die eben beschworene Apokalyptik genügt schon die Aussicht auf das Massenelend einer hungernden Menschheit – gewiß doch auch ein Gesundheitsproblem! –, um diese Fernverantwortung (die so fern vielleicht gar nicht mehr ist) auf sich zu nehmen. Jedenfalls gehören zum technologischen Syndrom nolens volens auch die medizinische Kunst und Wissenschaft durch ihren Beitrag zum globalen Zustand und tragen daher mit an der planetarischen Verantwortung. Dies treibt sie über das rein ärztliche Ethos hinaus, sogar in gewissen Widerspruch mit dessen ursprünglichen Kriterien, ist aber dennoch, als eine Erweiterung präventiver Medizin, dem Grundsinn des ärztlichen Berufs nicht fremd. Eine Notstandsethik, die immer verschieden ist von der normalen, kann auch für den Arzt aktuell werden.

Von der Reproduktionssphäre, die eo ipso über das Individuum hinausgeht und immer auch Sache des Allgemeininteresses und Gemeinwohls ist, also vom Lebensanfang, wende ich mich jetzt dem Lebensende zu, dem

Allerprivatesten, wo der einzelne am meisten allein ist und der Arzt ihm allein mit seiner ganzen Kunst verpflichtet scheint. Selbst hier ist es nicht immer der Fall, daß das Maximum möglicher Lebensverlängerung und möglichen Todesaufschubs, wie es die Kunst an sich als Ziel setzt, die ganze, auch menschliche Verantwortung des Arztes umschreibt. Der Wille des Patienten selbst kann dem entgegenstehen. Ich will hier nicht eingehen auf die später diskutierte Frage des »Rechtes zum Sterben«, das dem Patienten zuzubilligen ist gegen das lange Hinausziehen eines hoffnungslosen Zustands durch übergroße Aufwendung ärztlicher Kunst. Auch der Grenzfall des irreversibel Komatösen, wo kein Patientenwille in der einen oder anderen Richtung mehr mitspricht, fällt unter diese Frage. So kann sich die Rolle des Arztes von der des Lebenserhalters wohl auch zu der des humanen Todeshelfers wandeln.

Aber selbst in dieses anscheinend so geschlossene Singularverhältnis von Arzt und Patient ragt das Gemeinwohl hinein, dem der Arzt mitverantwortlich ist. Die medizinischen Ressourcen der Gesellschaft an Personal, Einrichtungen, Hospitalraum usw. sind nicht unbegrenzt, und der Arzt muß sich fragen, ob der unverhältnismäßige Aufwand gewisser »heroischer« Maßnahmen wie etwa Herztransplantation (dazu mit problematischem Lebensgewinn auch im geglückten Fall) nicht zu sehr auf Kosten der medizinischen Allgemeinversorgung geht: ein ganz neuartiger Verantwortungshorizont, der sich gerade aus dem Fortschritt medizinischer Technik und ihrer steigend anspruchsvollen Apparatur auftut. Was einem an höchstem Aufgebot der Mittel zu kurzer Gnadenfrist gewährt wird, kann vielen an bescheideneren, doch aussichtsreicheren Diensten entzogen werden. Der Gesichtspunkt distributiver Gerechtigkeit – bis zum Extrem der Triage – schaltet sich hier in die Nutzung, ja schon die Verfolgung des technologischen Fortschritts ein. Er überhöht die ärztliche Einzelverantwortung gegen den Patienten mit einer breiteren, recht unpersönlichen, die wohl nur im Konsens der Berufsgemeinschaft oder von einer übergeordneten Schiedsbehörde getragen werden kann. Beim Stichwort »Triage« darf ich auch an die menschlich quälenden Prioritätsentscheidungen erinnern, die etwa bei Knappheit von Nierendialysemaschinen darauf hinauslaufen, wer leben und wer sterben soll.

Da hier die Rede auf den »Fortschritt« gekommen ist, bei dem auch das im Blick steht, was noch nicht ist, aber sein könnte, wenn man darauf hinarbeitet, so sei mir zum Schluß gestattet, zu allem übrigen der medizinischen Wissenschaft unter dem Thema »Lebensende« noch eine Verantwortung mehr aufzubürden – mit der das *bonum humanum* im ganzen berührenden Frage nämlich, ob die Forschung auf die Kunst allgemeiner Lebensverlängerung über das natürliche Maß hinaus hinarbeiten soll. Hier darf ich einiges in *Das Prinzip Verantwortung* (S. 48 ff.) Gesagte wiederholen. Gesetzt, wir kämen durch gewisse Fortschritte in Zellbiologie und Gewebeverpflanzung in die Lage, den voll verstandenen biochemischen Alterungsprozessen entgegenwirken zu können – sie zu verlangsamen oder auch durch Organersetzung (etwa aus früher »klonierten«, eingefrorenen Eigenbeständen des Empfängers) jeweils auszugleichen – mit dem Ergebnis, daß die Lebensspanne sich weit über die Naturnorm ausdehnen ließe und mit steigendem biotechnischem Können immer weiter: Wie sollen wir diese Möglichkeit (wenn es eine solche ist) ansehen? Als Segen und daher nach Kräften anzustrebendes Ziel? Eine ewige Sehnsucht der Menschheit legt dies nahe, der alte Wunschtraum vom Jungbrunnen. Aber zuerst wäre doch, frei von jener Sehnsucht und der Todesfurcht, die Wünschbarkeit des Zieles selbst zu prüfen, für das Einzelleben wie für die Gesamtheit, wozu bisher bei der Unerreichbarkeit dieses »Ziels« kein Anlaß bestand; und das heißt den ganzen Sinn unserer Sterblichkeit bedenken, die vielleicht gar nicht der Fluch ist, als der sie meist empfunden wird. Darüber kann (u. a.), auch ohne subtile Philosophie von der existenziellen Bedeutung des *memento mori* im Einzeldasein, schon die allgemeine Bedeutung der Balance von Tod und Fortpflanzung in der Bevölkerung Aufschluß geben. Denn es ist klar, im bevölkerungsweiten Maßstab ist der Preis für ausgedehntes Alter eine proportionale Verlangsamung des Ersatzes, das heißt ein verminderter Zugang neuen Lebens. Das Resultat wäre eine abnehmende Proportion von Jugend in einer zunehmend älteren Bevölkerung. Wie gut oder schlecht wäre dies für den allgemeinen Zustand des Menschen? Würde die Gattung dabei gewinnen oder verlieren? Und wie recht oder unrecht wäre es, den Platz der Jugend durch Vorbesitz zu sperren? Sterbenmüssen ist verknüpft mit Geborensein: Sterblichkeit ist nur die Kehrseite des immerwährenden Quells der »Gebürtigkeit«. Fortpflanzung ist des Lebens Antwort auf den Tod – und die stete Überraschung einer Welt schon bekannter Individuen mit solchen, die nie zuvor waren. Vielleicht ist eben dies die Weisheit in der harschen Fügung unserer Sterblichkeit: daß sie uns das ewig erneute Versprechen bietet, das in der Anfänglichkeit, der Unmittelbarkeit und dem Eifer der Jugend liegt, zusammen mit der stetigen Zufuhr von Andersheit als solcher. Es gibt keinen Ersatz dafür in der größeren Ansammlung verlängerter Erfahrung: Niemals kann sie das einzigartige Vorrecht zurückgewinnen, die Welt zum ersten Male und mit neuen Augen zu sehen, nie das Staunen wiedererleben, das nach Platon der Anfang der Philosophie ist, nie die Neugierde des Kindes, die selten genug in Wissensdrang des Erwachsenen übergeht, bis sie auch dort erlahmt. Dieses Immer-wieder-Anfangen, das nur um den Preis des Immer-wieder-Endens zu haben ist, kann sehr wohl die Hoffnung der Menschheit sein; ihr Schutz davor, in Langeweile und Routine zu versinken; ihre Chance, die Spontaneität des Lebens zu bewahren.

So könnte es denn sein, daß, was der Absicht nach ein philanthropisches Geschenk der Wissenschaft an den Menschen wäre, die approximative Wahrmachung eines von

Urzeiten gehegten Wunsches – dem Fluch der Sterblichkeit, wenn nicht zu entrinnen, so doch immer längere Fristen abzutrotzen – zum Nachteil des Menschen ausschlägt. Sollte dies aber nach wohlbegründeter Voraussicht der Fall sein, dann wäre es richtig, schon der Strategie der Forschung von dieser Zielrichtung abzuraten.

Es ist nicht Spezialsache des Arztes, sondern unser aller gemeinsame Sache, im Nachdenken über das menschliche Beste (worin sich obige Reflexion ein wenig versuchte) die Frage zu beantworten, die das vorerst nur in Aussicht gestellte Geschenk künftigen Fortschritts aufwirft: wie weit die ärztliche Kunst über die ihr seit je obliegende Abwendung vorzeitigen Todes hinausstreben soll. Es ist dies ein Teil der von der modernen Technik überhaupt gestellten Frage, wie weit, zum Wohle des Menschen, wir darin gehen sollen, die Natur zu verändern, auch wo wir können, und wo ihre alterprobte Ordnung als die auch uns gemäße hinzunehmen ist.

So schließt sich uns denn – in der Betrachtung des Sterbens – der Ring mit der vorangegangenen Betrachtung der Geburt und des Gebärens, und es war nicht willkürlich, daß wir diese beiden herausgriffen, Beginn und Ende des Lebens, um von ihnen her die menschliche Verantwortung ärztlicher Kunst zu beleuchten. Was zwischen ihnen liegt, läßt die Aufgaben dieser Verantwortung relativ leicht bestimmen. Sie aber, die beiden Grundgegebenheiten der biologischen Ordnung, beschweren sie mit der ganzen Last des allgemeinen Menschenloses und der Unsicherheit unseres Wissens um den Sinn des Menschendaseins und rufen so unsere letzten Glaubensquellen an.

8. Laßt uns einen Menschen klonieren: Von der Eugenik zur Gentechnologie

Seit einiger Zeit, mit dem Aufkommen der molekularen Biologie, treten die biologischen Wissenschaften in das Stadium ein, wo das technologische oder Ingenieurspotential aller modernen Naturwissenschaft auch für sie aktuell zu werden beginnt. Ein neues Können klopft an das Tor des Lebensreiches mit Einschluß der physischen Konstitution des Menschen. Die praktischen Möglichkeiten, die ein solches Können bietet, mögen sich als so unwiderstehlich erweisen, wie die in den älteren Zweigen der Technik es waren, aber wir täten gut daran, diesmal die Ausblicke in den Anfängen zu bedenken und uns nicht, wie stets bisher, von unserer eigenen Macht überraschen zu lassen. Die biologische Kontrolle des Menschen, besonders die genetische, wirft ethische Fragen völlig neuer Art auf, für die uns weder frühere Praxis noch früheres Denken vorbereitet hat. Da nicht weniger als die Natur des Menschen in den Machtbereich menschlicher Eingriffe gerät, wird Vorsicht zum ersten sittlichen Gebot und hypothetisches Durchdenken unsere erste Aufgabe. Die Folgen vor dem Handeln zu bedenken, ist nicht mehr als gewöhnliche Klugheit. In diesem Sonderfall gebietet uns Weisheit, weiter zu gehen und den etwaigen Gebrauch von Fähigkeiten zu prüfen, noch ehe diese ganz fertig zum Gebrauch sind. Ein vorstellbares Ergebnis solcher Prüfung könnte der Rat sein, gewisse Arten des Könnens gar nicht erst ganz fertig werden zu lassen, d. h. Forschungsrichtungen auf sie hin nicht weiter zu verfolgen – mit Rücksicht auf die extreme Verführbarkeit des Menschen durch jegliches Können, das er einmal besitzt. Und mehr als bloßer Rat könnte angezeigt sein, wenn der Natur der Sache nach die Zubereitung des Könnens im Verlauf der Forschung schon dieselben Handlungen erfordert (nämlich in Gestalt von »Versuchen«), von denen die Prüfung ergibt, daß sie im schließlichen Gebrauch des Könnens nicht zuzulassen sind: wenn, mit anderen Worten, das Können nur in realer Ausübung am echten »Material« selbst zu erwerben ist. Hinzu kommt, daß diese Ausübung notwendigerweise in Form von »Probe und Irrtum« vor sich gehen muß: d. h., nur durch fehlerhafte Manipulationen und ihre Lehren könnten wir die Theorie ausbauen, die zu überwiegend fehlerfreier biologischer Manipulation führt – was allein schon genügen könnte, den Erwerb der Kunst zu untersagen, selbst wenn die zu erwartenden Früchte der erworbenen bejaht wären.

Einmischung in die Freiheit der Forschung hat ihre eigene ethische Bedenklichkeit. Doch ist diese wie nichts gegen die Schwere der ethischen Fragen, vor die uns der vorgestellte Erfolg *dieser* Forschung stellt. Daß überhaupt die Möglichkeit eines freiwilligen Haltes hier gleich zu Anfang im Fragebereich des Themas erscheint, kann als Maß für die Einzigartigkeit der Gefahren dienen, die eine voll ausgereifte und sozial ermächtigte biologische Ingenieurskunst auf unser Haupt bringen kann. Laßt uns wenigstens auf der Hut sein. Die äußersten Hilfsquellen unserer sittlichen Vernunft sind vonnöten, um mit diesem heikelsten aller Gegenstände umzugehen – zum Unglück zu einer Zeit, da ethische Theorie ihrer selbst unsicherer ist als je zuvor. In dieser Lage, dazu bei der Präzedenzlosigkeit der Sache und ihrem noch weithin hypothetischen Status, kann die folgende Betrachtung ihrer ethischen Aspekte nur tastend und vorläufig sein.

1. Die Neuartigkeit biologischer Technik

Fragen wir zuerst: In welchem Sinne läßt sich von biologischer Technik sprechen in Analogie und Differenz zu sonstiger Technik oder »Ingenieurskunst«? Der vorbildliche

Vergleichsfall ist der mechanische Ingenieur, der vielteilige instrumentale Artefakte für wohldefinierte menschliche Gebrauchszwecke konstruiert. Das hier einschlägige, zusammensetzende Errichten eines bleibenden systemhaften Ganzen ist gut durch »bauen« ausgedrückt: Maschinenbau, Brückenbau, Schiffsbau. Die Rolle des Entwerfens hierbei schließt die Abänderung bestehender Entwurfsmodelle ein, also Weiterentwicklung oder spezifische Zweckanpassung des Planes vorheriger Werke der Kunst – so daß man z. B. übertragen von aufeinanderfolgenden »Generationen« von Computern, Verkehrsflugzeugen oder Atomwaffen sprechen kann (mit dem Sinn der Verbesserung oder sonstigen Fortschritts in der Abfolge). Der Endzweck ist immer irgendein Nutzen eines Benutzers, also ein vermeintes menschliches Gut, sei dies selbst das Töten von Menschen durch andere Menschen.

Bisher hatte es die Technik mit leblosen Stoffen zu tun (typisch Metallen), aus denen sie nichtmenschliche Hilfsmittel zu menschlichem Gebrauch schuf. Die Teilung war klar: Der Mensch war Subjekt, die »Natur« das Objekt technischer Meisterung (was nicht ausschloß, daß der Mensch mittelbar zum Objekt ihrer Anwendung wurde). Die Ankunft biologischer Technik, die sich umplanend auf die »Pläne« von Lebensarten erstreckt, darunter im Prinzip auch auf den Plan der Menschenart, bezeichnet eine radikale Abweichung von dieser klaren Scheidung, ja, einen Bruch von potentiell metaphysischer Bedeutung: der Mensch kann direktes Objekt seiner eigenen Baukunst sein, und zwar in seiner erblich physischen Konstitution. Aber auch ohne Anwendung gerade auf den Menschen und die dadurch aufgeworfenen metatechnischen Fragen ist organische Technologie an sich in bedeutsamen *formalen* Hinsichten verschieden von mechanischer.

1. Als erste Verschiedenheit vermerken wir das *Ausmaß* des »Herstellens«, das beiderseits im Spiele ist. Bei mechanischer Konstruktion mit toter Materie durchmißt das Her-

stellen den ganzen Weg vom Rohstoff zum Endprodukt und setzt dieses vollständig aus unabhängigen Teilen zusammen. Die Struktur des Ganzen wie jedes seiner Teile ist beliebig vom Plane her erzeugt; vorgegeben ist nur die formlose Materie. Planung und Herstellung sind hier also total. Biologische Technik hingegen sucht bestehende Strukturen abzuwandeln. Deren eigenständige Realität und immer schon vollständige Morphologie – die betreffenden Organismen – sind das vorausliegende Datum; ihr »Plan« (= Form, Organisation) muß gefunden, nicht erfunden werden, um dann in irgendwelchen seiner individuellen Verkörperungen zum Objekt erfinderischer »Verbesserung« zu werden.[1] Diese ist an den Spielraum eines schon hochdeterminierten Systems innerer Wechselfunktionen unter der Bedingung weiterer Lebensfähigkeit gebunden. So haben wir hier partielle (und sehr marginale) statt totaler »Herstellung«, Planveränderung statt De-novo-Planung, und das Ergebnis ist nur zu einem kleinen Bruchteil seiner Zusammensetzung ein Artefakt, in der Hauptsache immer noch die ursprüngliche Schöpfung der Natur.

2. Hieraus ergibt sich ein wichtiger qualitativer Unterschied im Verhältnis des »Machens« zu seinem Substrat. Bei totem Stoff ist der Hersteller der allein Handelnde gegenüber dem passiven Material. Bei Organismen trifft Tätigkeit auf Tätigkeit: biologische Technik ist kollaborativ mit der Selbsttätigkeit eines aktiven »Materials«, dem von Natur funktionierenden biologischen System, dem eine neue Determinante einverleibt werden soll. Diese wird ihm aufgenötigt, aber auch ausgeliefert. Ihre Integrierung mit dem Ganzen der ursprünglichen Determinanten ist bereits Sache des Systems selbst, das die Zutat annehmen oder ablehnen kann und selbst das erstere eben auf seine Art tun wird. Seine Autonomie wird als aktiver Partner für die Erzielung der gewünschten Modifikation in Anspruch genommen. Der technische Akt hat die Form der Intervention, nicht des Bauens.

3. Dies hat Einfluß auf die wichtige Frage der *Vorhersagbarkeit*. In normaler Konstruktion aus stabilen und homogenen Stoffen ist die Zahl der Unbekannten praktisch Null und der Ingenieur kann die Eigenschaften seines Produktes exakt vorhersagen (oder wir würden uns seiner Brücke nicht anvertrauen). Nur deshalb ist es möglich, umgekehrt von den gewünschten Eigenschaften her die Wahl der Konstruktion rechnerisch zu bestimmen. Für den biologischen »Ingenieur«, der die überwältigende Komplexität vorhandener und z. T. verborgener Determinanten mit ihrer selbsttätigen Dynamik gleichsam »unbesehen« übernehmen muß, ist die Zahl der Unbekannten im Gesamtplan riesig. Größtenteils ist der »Plan« also gar nicht seiner und unbestimmt vieles davon ihm nicht bekannt. Diesem X muß er seinen anteiligen Beitrag zur Totalität der wirkenden Ursachen anvertrauen. Vorhersage seines Schicksals in diesem Ganzen ist daher auf Erraten beschränkt und Planung größtenteils auf Wetten. Die beabsichtigte Umplanung oder Abwandlung oder Verbesserung eines Organismus ist tatsächlich nicht mehr als ein Experiment, und eines mit so langer Laufzeit – wenigstens im genetischen Felde – daß sein Endergebnis (wenn überhaupt eindeutig identifizierbar) normalerweise jenseits der Feststellung durch den Experimentator selbst liegt.

4. Dies wiederum ändert vollständig das konventionelle Verhältnis zwischen bloßem *Versuch* und wirklicher Aktion. In normaler Technologie sind Versuche unverbindlich, ausgeführt mit stellvertretenden Modellen, die nach Belieben geändert oder verschrottet, getestet und wiedergetestet werden können, bevor ein schließlich gutgeheißenes Modell in den Erzeugungsprozeß gelangt: erst dann wird die Sache verbindlich. Keine solche Substitution des Als-ob für das Wirkliche ist gewährt in biologischer Manipulation, besonders am Menschen. Damit der Versuch gültig ist, muß er am Original selbst stattfinden, dem im vollsten Sinne wirklichen und authentischen Gegenstand. Und was hier zwischen

Beginn und schlüssigem Ende des Versuches liegt, ist das tatsächliche Leben von Individuen und vielleicht ganzen Bevölkerungen. Dies macht die ganze Unterscheidung von bloßem Versuch und definitiver Tat zunichte. Die tröstliche Trennung der beiden ist dahin und damit die Unschuld des gesonderten Experiments. Das Experiment ist die wirkliche Tat – und die wirkliche Tat ein Experiment.

5. Dem füge man das Attribut der *Unumkehrbarkeit* hinzu, das organische Prozesse von mechanischen unterscheidet. Alles in mechanischer Konstruktion ist reversibel. Strukturelle Änderungen im Organischen sind irreversibel. Praktisch ergibt sich daraus, daß konventionelle Ingenieurskunst jederzeit ihre Fehler korrigieren kann, sowohl im Planungs- und Teststadium als auch danach; selbst die fertigen und vermarkteten Erzeugnisse, z.B. Automobile, können zur Behebung von Mängeln in die Fabrik zurückbeordert werden. Nicht so in biologischer Technik. Ihre Taten sind unwiderruflich in jedem ihrer Schritte. Wenn ihre Ergebnisse sichtbar werden, ist es für Berichtigungen zu spät. Was getan ist, ist getan. Man kann nicht Personen zurück ins Werk liefern oder Bevölkerungen verschrotten. In der Tat, was man mit den unvermeidlichen Fehlleistungen genetischer Intervention tun soll, mit den Schnitzern, den Mißgeburten – ob man den Begriff des »Ausschusses« in die menschliche Gleichung einführen soll, wozu uns gewisse der erwogenen Formen genetischer Intervention nötigen würden – das sind ethische Fragen, die gesehen und beantwortet werden müssen, bevor auch nur der erste Schritt in dieser Richtung getan werden darf.

6. Der Umstand, daß biologisches Manipulieren sich vorwiegend auf der *genetischen* Ebene bewegen wird, bedingt einen weiteren Unterschied von normaler Technologie. Nichts der Fortpflanzung und Vererbung Vergleichbares gibt es bei Maschinen. Vom Standpunkt des »Herstellers« bedeutet dies den Unterschied zwischen unmittelbarer und mittelbarer Kausalbeziehung zum Endergebnis. In biogene-

tischer Technik ist der Weg zum Ziele mittelbar, über die Injizierung des neuen Kausalfaktors in die Erbreihe, die seine Wirkung erst in der Geschlechterfolge zum Vorschein bringen wird. »Herstellen« heißt hier Entlassen in die Strömung des Werdens, worin auch der Hersteller treibt.

7. Damit stellt sich die Frage der *Macht*, die so innig mit der Technik verbunden ist. Wissenschaft und Technik, so sagte die Baconische Formel, steigern die Macht des Menschen über die Natur. Natürlich steigern sie auch – nicht vorgesehen in der Formel – die Macht von Menschen über Menschen, somit die Unterwerfung mancher Menschen unter die Macht anderer, zu schweigen von ihrer gemeinsamen Unterwerfung unter die von der Technik selbst geschaffenen Bedürfnisse und Abhängigkeiten. Aber im ganzen ist doch der Satz richtig, daß kollektiv die Macht der Menschheit dank der Technik stetig gewachsen ist, am zweifelosesten im Verhältnis zur außermenschlichen Natur.[2] Die bevorstehende Kontrolle des Menschen über seine eigene Artnatur erscheint als der krönende Triumph dieser Macht. Als technisch beherrschte schließt die Natur jetzt plötzlich den Menschen wieder ein, der sich in der Technik als Herr ihr gegenübergestellt hatte. Aber wessen Macht ist das und über wen und was? Offenbar die Macht Jetziger über Kommende, welche die wehrlosen Objekte vorausliegender Entscheidungen der Planer von heute sind. Die Kehrseite heutiger Macht ist die spätere Knechtschaft Lebender gegenüber Toten. Die hier tätige Macht ist total einseitig, ohne die Antwort gegenwirkender Kraft in den ihr ausgesetzten Subjekten, denn diese sind (präsumptiv) ihre Geschöpfe, und was immer sie tun (ja, schon wünschen) werden, führt nur das Gesetz aus, das die über ihre Entstehung waltende Macht ihnen auferlegt hat.[3] So wenigstens würde es die Meisterthese genetischer Schöpferkunst wollen. In Wirklichkeit, wie vorher bemerkt, entgleitet die Macht, einmal ausgeübt, der Meisterhand und geht ihre eigenen, unberechenbaren Wege im Labyrinth der überschießenden Kom-

plexität des Lebendigen, welche vollständiger Analyse und Vorhersage trotzt. Insofern ist die Macht, zielgerichtet und schicksalhaft wie sie sei, wesentlich blind. Aber ob blind oder sehend, fähig oder pfuscherhaft, sie stellt die Frage (von der die Technik an totem Stoff frei ist), welches *Recht* irgendwer hat, künftige Menschen derart vorherzubestimmen; und wäre selbst im Prinzip ein solches Recht unterstellt, welche *Weisheit* ihn dazu befähigt, es auch auszuüben. Es stehen also zweierlei Rechte in Rede, wovon das zweite – das zur Ausübung eines abstrakt vielleicht geltenden Rechtes – an den Besitz von Weisheit als seine notwendige Bedingung gebunden ist. Eben dieser Besitz allerdings möchte wohl dazu führen, die Unterstellung des ersten Rechts samt den unter ihm verfolgten Zielen zu verwerfen. Doch schon die Arrogierung einer solchen Weisheit ist ein fast sicherer Beweis ihrer Abwesenheit.

8. Das bringt uns zum letzten Punkt dieses Vergleichs zwischen konventioneller und biologischer Technik – zur Frage der *Zwecke*, um die es dabei geht. Zu *ihrer* Wertung und Wahl ist Weisheit vor allem nötig. In konventioneller Technik ist der Zweck – auch der sonstwie fragwürdigste – stets durch irgendeinen Nutzen definiert. Keine technische Konstruktion ist ihr eigener Zweck. Das bleibt so auch in biologischer Technik, solange sie sich auf Pflanzen und Tiere bezieht: auch sie, ihrer Lebenseigenschaft ungeachtet, sind in dieser Sicht Dinge, deren Sein ihrem Nutzen untergeordnet wird, deren Nutzwert gesteigert werden kann – und darf, auch auf Kosten ihres Seins. Aber »Nützlichkeit« heißt »zum Nutzen des *Menschen*«, und außer wenn Menschen selbst als zu menschlicher Nutzung existierend aufgefaßt werden, versagt die utilitarische Sinnbestimmung aller bisherigen Technik bei einem technologischen Anschlag auf die menschlich-biologische Substanz, z.B. ihrer genetischen Rekonstruktion. Was wären dann ihre Ziele? In der Tat gibt es seit alters eine auf das Physische am Menschen gerichtete Kunstfertigkeit, die es uns sagen könnte: die Medizin, der

Musterfall einer Technik, die es auf das Sein und nicht den Nutzen ihres Gegenstandes abgesehen hat. Aber sie ist erhaltend und wiederherstellend, nicht ändernd und neuernd. Ihr Zweck ist die gegebene Norm der Natur. Was denn kann der Zweck einer von dieser Norm sich freimachenden, erfindenden Baukunst am menschlichen Substrat sein? Gewiß nicht, den Menschen zu erschaffen – der ist schon da. Vielleicht einen (im Organischen) besseren Menschen zu erschaffen? Aber was wäre der Maßstab für besser? Etwa besser angepaßt? Aber besser angepaßt an was? Wir stolpern in weit offene und gänzlich metatechnische Fragen, sobald wir uns erkühnen, »schöpferische« Hand an die physische Konstitution des Menschen selbst zu legen. Sie alle kulminieren in der einen Frage: nach welchem Leitbild?

2. Von den Arten genetischer Steuerung

Wir müssen jetzt vom Allgemeinen zum Besonderen und vom Formalen zum Inhaltlichen herabsteigen und die verschiedenen Arten anthropobiologischer Technologie nach ihren Zwecken und Verfahrensweisen unterscheiden. Hierbei beschränken wir uns auf Bestrebungen im genetischen Felde, d. h. methodische Manipulierungen der menschlichen Erbsubstanz zur Erzielung gewünschter oder Eliminierung unerwünschter Erbeigenschaften am Nachwuchs. Es mag sehr wohl vorkommen, daß die Ziele erst durch den neu eröffneten Weg dazu, d. h. die sich einstellende Verfügbarkeit der Mittel, eingegeben werden, so daß die Methode früher ist als ihr mögliches Wozu. (Nicht selten, sowohl in der Technik wie in sonstiger Praxis, tauchen Ziele erst mit ihrer Erreichbarkeit auf.) Aber auch dann können die möglichen Ziele zur Klassifizierung der Methoden dienen.

Der Verfahrensweise nach lassen sich genetische Techniken in herkömmliche und neuartige einteilen – man kann auch sagen: in schon länger praktizierte und in der Hauptsache noch futuristische, was ziemlich genau zusammenfällt mit Makro- und Molekularbiologie. Makrobiologie hat es mit ganzen Organismen zu tun, z.B. bei Partnerauslese in Kreuzungen oder Fötusauslese in utero, Molekularbiologie mit Chromosomen im Zellkern und ihren elementaren Bausteinen, den DNA-Molekülen. Ihr spezifisches Objekt ist das »Gen«, das einzelne, aus DNA-Molekülen gebildete Glied in der Chromosomkette, das je eine Erbeigenschaft des Organismus bestimmt oder mitbestimmt. Seine Änderung, Entfernung oder Ersetzung im Keime eines künftigen Organismus resultiert also in einer genetischen, d.h. erblichen Veränderung desselben. Die Natur bewirkt dies zuweilen zufällig und planlos in den spontanen Mutationen, die der natürlichen Auslese unterworfen werden; der Mensch beginnt jetzt, es planmäßig herbeiführen oder auch Gegebenes fixieren zu können. Da jene kritischen Erbfaktoren ihren Sitz im Zellkern haben, kann man also neuerdings von »Kernbiologie« sprechen, wobei sich die Bemerkung aufdrängt, daß so, wie die Kern*physik* eine ganze, neue Dimension der Physik samt einer sie nutzenden Technik aufgeschlossen hat, dasselbe auch von der jüngeren Kern*biologie* gilt. Beiderlei Neuland hat neben den theoretisch aufregenden seine praktisch unheimlichen Aspekte. Das scheint der Vorstoß in den Kern der Dinge so an sich zu haben.

Mit der Einteilung der Biotechnologien nach Verfahrensweisen überschneidet sich die nach Zielen. Ihnen gemäß ist zwischen *erhaltender, verbessernder* und *schöpferischer* genetischer Kunst zu unterscheiden – eine Stufung nach Kühnheit der Ziele und wohl auch der Methoden. Nur das dritte, »schöpferische« Ziel ist der futuristischen Gen-Technik allein vorbehalten. Wir werden also von schwächeren zu stärkeren Formen der Manipulation, entsprechend bescheideneren oder ehrgeizigeren Absichten, fortschreiten.

3. Negative oder vorbeugende Eugenik

Zuerst denn etwas über schützende oder vorbeugende biologische Steuerung, deren bestbekannte Form negative Eugenik ist: d.h. eine Paarungskontrolle, welche die Weitergabe pathogener oder sonstwie schädlicher Gene durch Fernhaltung ihrer Träger von der Fortpflanzung zu verhindern versucht. Der kongenitale Diabetiker z.B. ist davon abzuhalten, Nachkommen zu erzeugen. Es ist hier nicht unsere Sache, die Mittel der Abhaltung zu prüfen, die das ganze Spektrum von Verhaltensregeln bis zu Sterilisierung und von Überredung zu Zwang durchlaufen können und ihre eigenen ethischen und rechtlichen, ja politischen Probleme aufwerfen. Beschränken wir uns auf die motivierende Zweckidee, die zweifach ist: humanitär und evolutionär, je für sich allein oder verbündet. Die humanitäre Begründung hat die individuelle Wohlfahrt des möglichen Nachkommen im Auge und gebietet, »seinetwegen« künftigem Leiden vorzubeugen, indem man es erst gar nicht zu dem davon belasteten Dasein kommen läßt. Es ist ein Sonderfall der Mitleidsethik: Antizipierendes Mitleid mit einem abstrakt vorgestellten Subjekt entscheidet, ihm die Existenz zu ersparen, um ihm das damit konkret vorgestellte Leiden zu ersparen. Der Entscheid ist in diesem Falle frei von der Auflage der Befragung und Zustimmung des Subjekts und insofern ethisch einwandfrei (aber nicht darum auch ethisch geboten). Keine Rechte solcher potentiellen Nachkommen werden durch Unterlassung ihrer Hervorbringung verletzt, denn es gibt kein Recht zum Dasein seitens hypothetischer Individuen, die noch nicht konzipiert sind. Eher ließe sich schon argumentieren, daß ihr Recht mit ihrer Hervorbringung verletzt würde, wenn diese voraussehbar (d.h. mit schätzbarer Wahrscheinlichkeit) zu einem unglücklichen Dasein führt. Dies lassen wir in seiner, allenfalls nur post factum aufhellbaren, Undurchsichtigkeit dahingestellt. Aber obwohl kein Recht der nur vorgestellten Nachkommen auf

Dasein, so ist doch das Recht der verhinderten Erzeuger auf Nachkommenschaft in Frage. Ihnen wird der Verzicht auf dieses Recht zugemutet und sie können dem Appell an ihre humanitäre Verantwortung, d.h. an ihr Mitleid, entgegenhalten, daß *sie* – selber Opfer des betreffenden Leidens – am besten urteilen können, ob ein solches Leben dennoch lebenswert ist: daß sie bei Bejahung daher legitim bereit sein dürfen, das Risiko der Vererbung (mehr als ein Risiko ist es gewöhnlich nicht) für den Nachkömmling einzugehen. Das Argument hat seine Meriten mindestens in manchen Klassen von Fällen – gewiß da, wo nur ein Elternteil Träger des Erbdefektes ist, und diskutierbar sogar da, wo beide es sind und das Risiko der Gewißheit nahekommt. Aber unabhängig vom individuellen Risiko wird der humanitäre Appell von dem sehr verschiedenen evolutionären verstärkt, der da geltend macht, daß nicht so sehr das Individuum wie die *Gattung* (oder Bevölkerung) geschützt werden muß, nämlich vor der Gefahr progressiv anteiliger Zunahme schädlicher Faktoren in ihrem Genvorrat, die ihm von dem – individuell wohltätigen – Schutze droht, den die Zivilisation (u.a. die Medizin) solchen sonst durch die natürliche Auslese in Schach gehaltenen Erbfaktoren angedeihen läßt. Dem Diabetiker kann gesagt werden, daß er seine Kandidatur zur Fortpflanzung überhaupt einer gesellschaftlichen Einrichtung, der ärztlichen Kunst verdankt, die allein ihn (durch die Gabe des Insulins) das Zeugungsalter hat erreichen lassen: als *quid pro quo* darf von ihm im Interesse der Gesellschaft und ihrer künftigen biologischen Integrität das Opfer dieses einen Rechtes verlangt werden. Das ist sittlich in Ordnung auf der individuellen Ebene: der Empfänger einer großen Wohltat zahlt ihrer Quelle einen schuldigen Preis. – Auf der Bevölkerungsebene ist negative Eugenik, beim Wort genommen, konservativ, auf Erhaltung und nicht Verbesserung des biologischen Erbes abgestellt, und auch das scheint in Ordnung, *wenn* die Befürchtung einer sonst durch den Kultureffekt debilitierten Rasse realistisch ist (was ich nicht beurteilen kann). Negative Eugenik sieht demnach mehr nach einer Ausdehnung präventiver Medizin als nach dem Beginn projektiver biologischer Manipulation aus.

Gewisse notwendige Caveats trüben dies allzu eindeutige Bild. Es kann z. B. leicht geschehen, daß der vorbeugende Eifer, beim Entscheiden darüber, welche Gene oder Genpakete die Ausscheidung verdienen, den Begriff »pathogen« auf »unerwünscht« in weiterem, etwa sozialem Sinn ausdehnt und dann die Rechtfertigung bloßen Ausgleichs für die Hemmung natürlicher Auslese verliert. Jedes Einschleichen anderer als strikt medizinischer Wertbegriffe, und selbst *deren* Zulassung über die ernsteste, lebensmindernde Klasse hinaus, ist biologisch wie ethisch bedenklich. Ähnliches gilt für die Versuchung, die Kontrolle von der manifesten, d. h. dominanten Anwesenheit des anstößigen Gens, die nur die Spitze des Eisbergs ist, auf die weit größere Anzahl rezessiver Träger auszudehnen, wenn sie sich feststellen lassen. Ein genetisches Todesurteil über diese – durch Ausschluß von der Fortpflanzung – kann nicht mehr behaupten, im Einklang mit der Selbstregulierung natürlicher Auslesemechanik zu stehen, die doch rezessive Gene weiter tradiert und nur die dominanten ihrem Gericht unterwirft. Sie hier übertreffen zu wollen, läuft schon auf manipulative Veränderung des kollektiven Genbestandes hinaus, die im Gattungseffekt biologisch fragwürdig und in der Verzichtzumutung an den einzelnen ethisch unzulässig ist.[4] Ein Aussieben und Umstrukturieren des Genvorrates in der Bevölkerung ist verschieden von seinem Schutz vor Verschlechterung, und wir haben kein selbstevidentes Mandat zu ersterem. Tatsächlich haben wir mit dieser Variante vorbeugender Eugenik, trotz ihrer immer noch negativen Mechanik der Ausscheidung, schon die Grenze zu dem viel heikleren Gebiet positiver oder melioristischer Eugenik überschritten, welche die Art verbessern will.

4. Pränatale Auslese

Ein ähnlich unmerklicher Übergang von defensiver zu melioristischer Erbstrategie ist auch bei der aufkommenden pränatalen Diagnostik (durch Amniozentese und andere Methoden) möglich. Mit ihrem erklärten Nahziel, der Aussiebung schadhafter Embryos, fällt sie in das Gebiet der präventiven Eugenik des Mitleids. In ihrem Geiste ist Abtreibung grundsätzlich bejaht und für gewisse Befunde überhaupt der vorgesehene praktische Zweck des diagnostischen Verfahrens. Mit dem umstrittenen Thema der Abtreibung an sich sind wir hier nicht befaßt. Sicher ist ein schwerer und inkorrigibler Schadensbefund, wie Mongolismus, die beste aller Entschuldigungen für den Akt (wobei der Gegner natürlich immer noch den Schritt von medizinischer Indikation zur Tötung verwerfen kann); und was unser Thema betrifft, so bleibt eine pränatale Aussiebung, die sich auf solche Fälle ernstester Art beschränkt, eindeutig im Felde »negativer Eugenik«, die dann zwar nicht mehr unblutig ist. Doch der elterliche Wunsch nach »vollkommenem« Nachwuchs kann darüber hinausgehen und ehrgeizigere Kriterien für die Zulassung zum Leben setzen (übrigens auch Geschlechtswahl). So benutzt, könnte die Pränataldiagnose nicht nur dazu beitragen, daß die Scheu vor Fötustötung weiter schwindet und diese sich als ideell ermutigte Gewohnheit in der Gesellschaft ausbreitet (mit emotioneller Erleichterung des Übergangs zum Infantizid): es hätte sich auch dem Ziele nach die furchtsame Verhütung größten Übels in die übermütige Anstrebung größten Gutes verkehrt – und wir fänden uns mitten in der sittlich wie biologisch gleich bedenklichen Zone positiver Eugenik, die überdies auch der Grenzen unseres Wissens spottet.

5. Positive Eugenik

Über positive Eugenik als planmäßige menschliche Zuchtwahl mit dem Ziele der Art*verbesserung* können wir uns nach der abschreckenden Probe aus jüngster deutscher Vergangenheit kurz fassen. Ihre sittliche und politische Anrüchigkeit bedarf hierzulande keiner Ausführung. Aber einige Worte seien doch über die wesentliche Blindheit des Versuches auch bei gutartigster, nicht durch Eitelkeit, Bosheit und Wertwillkür befleckter Auswahlpolitik gesagt. Die Wahl der Zuchtexemplare beiderlei Geschlechts müßte sich auf deren vollständige genetische »Kartographie« stützen, kann sich aber in Wirklichkeit nur an die manifesten Eigenschaften der individuellen Phänotypen halten: Was unsichtbar an genetischem Vorrat dahinter steht und höchstens durch undurchführbare, weit zurückgehende Ahnenforschung – auch dann nur stückweise – dem generationsgebundenen Augenblicksbefund hinzugefügt werden könnte, muß in Bausch und Bogen unbesehen übernommen werden. Man weiß also gar nicht, was in weiteren Generationen ans Licht treten wird und dann jeweils erneuter Auswahl an den Phänotypen unterworfen werden muß – der unvermeidlich inzwischen eintretenden Geschmacksänderungen gar nicht zu gedenken. Da kein individueller Gen-»Querschnitt« in der Geschlechterreihe wirklich kartographierbar ist, muß das Verfahren subjektiv illusionär und objektiv blind sein. Aber angenommen, wir wüßten mehr, sogar genug, um immerhin Wahrscheinlichkeiten für längere Frist zu erzielen; und wir hätten genügend beträchtliche Teile der Bevölkerung in genetischen Kartotheken von einiger Zuverlässigkeit zur Hand; und wir hätten – durch amtliche Zuchtfarmen oder Samen- und Ovabanken – die nötige Kontrolle über die Auswahl und Kombinierung der eugenisch bescheinigten Keimspender (amateurhafte Liebeswahl scheidet aus): Wer soll über die Vorzüglichkeit der Exemplare richten und nach welchen Maßstäben? Laßt uns erinnern, daß es viel leichter ist, das Unerwünschte zu bestimmen als das Erwünschte, das *malum* als das *bonum*. Daß Diabetes, Epilepsie, Schizophrenie, Hämophilie unerwünscht sind – den Leidenden wie den Mitmenschen –, ist unbestritten. Aber was ist besser: ein kühler Kopf oder ein warmes Herz, hohe Sensibilität oder Robustheit, ein gefügiges oder rebellisches Temperament? Und in dieser oder vielmehr jener Proporzverteilung unter der Bevölkerung? Wer soll das entscheiden und aufgrund welchen Wissens? Die Behauptung eines solchen Wissens sollte Grund genug sein, den Behaupter zu disqualifizieren. Und auf welche Standards der Auslese man sich mit was für Gründen auch immer einigen möge – ist Standardisierung als solche erwünscht? Sehen wir von humanistischen Werten einmal ab, die immer strittig sind und jenseits der Domäne des Naturwissenschaftlers liegen, so sind sich die Biologen einig über den planen *biologischen* Vorteil der überschüssigen Mannigfaltigkeit im kollektiven Genfonds, die mit ihrer breiten Reserve derzeit »unnützer« Eigenschaften die künftige Anpassung an neuartige Selektionsbedingungen offenhält. Jede Standardisierung würde diese Schattenzone der Unbestimmtheit durch die hastigen Bestimmungen ephemerer Vorlieben verengen. Zu diesem technischen, an sich »wertfreien« Überlebensaspekt nehme man die menschliche Armut einer Züchtung auf Typen hin, die ihr positives Ziel, wie jede Auslese, mittels des Ausschlusses der Alternativen erreicht, d. h. der indefinit Vielen zugunsten der definierten Wenigen. Es war die biologische *und* metaphysische Stärke menschlicher Evolution, daß sie irgendwie die kurzfristigen Vorteile der Spezialisierung vermied, die sonst die Artenentwicklung beherrscht. Daß der Mensch unspezialisiert ist – das »nicht festgestellte Tier«, wie Nietzsche sagte –, bildet eine wesentliche Tugend seines Seins. Selbst da also, wo die positive Zuchtwahl nicht blind ist, ist sie doch notwendig kurzsichtig. Kurzsichtigkeit ist das untilgbare Merkmal jeder bewußten Intervention in die unbewußten Verläufe der Natur und muß normalerweise als Risikenpreis hingenommen werden, denn intervenieren *müssen* wir in zahllosen Hinsichten immerfort. In den unberechenbar langen Verläufen menschlicher Genetik würde die Kurzsichtigkeit zur n-ten Potenz erhoben *ohne* die Entschuldigung dieses Muß. Denn der Übermensch ist ein Wunsch des Übermutes, nicht der Not, wie die negative Eugenik sie geltend machen kann. Und die gewollte Verbesserung der Menschenart verkennt, daß diese, wie sie ist, bereits die Dimension in sich enthält, in der sowohl das Besser wie das Schlechter, Erhebung wie Fall ihre Stätte haben und keiner erkennbaren Schranke – keiner drückenden nach oben und keiner schützenden nach unten – unterworfen sind. Kein zoologisches Traumbild, kein Züchtungstrick kann an die Stelle dieses wesensinneren Entweder-Oder und seines ungeheuerlichen Spielraums treten. Der Versuch dazu ist vermessen, töricht und verantwortungslos zugleich und muß bestenfalls zu Blamagen, schlimmerenfalls zu Unheil führen. Das letztere ist schon gegeben, politisch, menschlich und ethisch (und unabhängig vom Glück des Ausgangs), in den Methoden der intendierten Herbeiführung selbst – mit ihrer Entpersonalisierung des geschlechtlich-reproduktiven Verhältnisses, der Trennung der Liebe von Fortpflanzung, der Ehe von freigewollter Elternschaft, den entheiligenden Eingriffen öffentlicher Macht in die geheime Zukunftsdimension der intimsten Partnerschaft, die der menschlichen Konstitution von der Natur gewährt wurde. Außer bei den unzweideutigsten Gegenständen *negativer* Eugenik, wo der hohe Humanpreis solcher Einmischung gerade noch zu rechtfertigen ist, und sicherlich im Traumland positiver genetischer Perfektibilität, erkaufen wir *keine* größere Sicherheit mit dem Eintausch des Ungeplanten gegen das Geplante.[5] Dilettantisch sind beide – das eine im Einklang, das andere im Widerspruch mit sich selbst. Den Dilettantismus des seligen Unwissens persönlicher Liebeswahl hinzugeben für den des Wahnwissens anmaßlicher Kunst ist ein dummdreister Frevel, für den Mitwelt und Nachwelt büßen müssen.

Futuristische Methoden I
6. *Klonieren*

Genetische Kontrolle durch Gattenauslese, ob nach negativen oder positiven Gesichtspunkten – also »Eugenik« überhaupt –, hat vom Standpunkt des Planers den Schönheitsfehler zweigeschlechtlicher Fortpflanzung als solcher: mit dem Unberechenbaren ihrer Chromosomüberkreuzungen und -rekombinierungen bleibt sie immer eine Lotterie, bei der sich nie vorhersagen läßt, was dabei im Einzelfall herauskommt. Es ist derselbe Umstand, dem wir verdanken, daß keine zwei Individuen genetisch gleich sind. Diese störende Einmischung von Natur und Zufall ließe sich durch den Kunstgriff des *Klonierens* umgehen – in der Methode die eigenmächtigste und im Ziel zugleich sklavischste Form genetischer Manipulation: Nicht willkürliche Veränderung der Erbsubstanz ist ihr Ziel, sondern gerade ihre ebenso willkürliche *Fixierung* im Widerspruch zur herrschenden Strategie der Natur. Wir wählen dies Beispiel für detaillierte Erörterung, weil es sich durch seine scharfe Definition des beabsichtigten Resultates, das eine Reise nicht ins Unbekannte, sondern gerade ins völlig Bekannte darstellen soll, besonders gut zu einem Exerzitium in vorgreifender Phantasie und darauf bezogener ethischer Reflexion eignet. Daraus läßt sich dann vielleicht auch etwas für die Durchdenkung von mehr schöpferischen Träumen genetischer Manipulation lernen.

a. Was ist Klonieren?

Klonierung ist eine Form ungeschlechtlicher Vermehrung, die bei vielen Pflanzen neben der geschlechtlichen vorkommt und ungleich dieser genetisch exakte Kopien der Stammpflanze hervorbringt. Sie beruht auf der Keimfähigkeit normaler, diploider Körperzellen, die unter geeigneten Bedingungen zu knospen beginnen. (Bekannte Beispiele sind

Kartoffeln und Erdbeeren.) Tieren ist diese alternative Fortpflanzung im allgemeinen versagt. Mit Ausnahme einiger niedriger Ordnungen sind sie auf geschlechtliche Vermehrung durch spezielle, haploide Keimzellen (Gameten) beschränkt, deren halbierter Chromosomkern sich mit einer entsprechenden Hälfte des anderen Geschlechts zu einem Ganzen (Zygote) vereinigen muß, um den Spaltungsprozeß auf ein neues Individuum hin einzuleiten. Indessen, unter Ausnutzung der Tatsache, daß alle übrigen Zellen des Organismus je einen vollständigen Doppelsatz von Chromosomen besitzen, der die genetische Identität des Individuums definiert, ist ein Laboratoriumsverfahren entwickelt worden, durch das eine passend ausgewählte *Körper*zelle[6] dazu gebracht werden kann, »aus Eigenem« denselben Prozeß zu beginnen, den sonst die befruchtete Keimzelle beginnt – das heißt, da sie ja die ganze genetische »Information« besitzt, die schon das Wachstum des ursprünglichen Individuums regiert hatte: eine exakte Kopie (einen »Ableger«) des Mutter- oder Vaterorganismus hervorzubringen. Das Verfahren, das zuerst bei einigen Amphibien gelungen ist, erfordert die Einführung des Kernes der betreffenden Körperzelle in eine zuvor entkernte Eizelle der gleichen Art, die sich dann so verhält, als ob sie befruchtet wäre. Tatsächlich ausgewachsene Frösche (auch etliche Monstrositäten) sind derart erzeugt worden. Dieser verheißungsvolle Anfang war erleichtert durch ein Geschlechtssystem, das ohnehin Befruchtung und Entwicklung des Laiches außerhalb des Mutterleibes vorsieht. Mit interner Befruchtung und intrauteriner Fötalentwicklung bei Säugetieren wird die Sache schwieriger, aber sie ist neuerdings erstmalig auch bei einer Maus geglückt. Jedenfalls, da *Befruchtung* in vitro und Rückverpflanzung in eine Gebärmutter selbst beim menschlichen Ovum schon klinische Tatsache ist, scheint auch die Einpflanzung eines Ovums mit diploidem Fremdkern in einen Wirts- oder Ammenuterus, wo es sich nicht anders als ein befruchtetes (d. h. wie eine Zygote) verhalten würde, nur ein weiterer Schritt, und der Weg zu geschlechtsloser Reproduktion in plazentalen Säugetieren einschließlich des Menschen wäre frei. Der einzige funktionelle Überrest der Zweigeschlechtlichkeit bestünde in der doppelten Tatsache, daß der Gastkern (männlich oder weiblich) für seinen unmittelbaren »Wirt« ein artgleiches weibliches Ovum minus Eigenkern benötigt, und dieses wiederum für seinen Wirt während der Embryonalentwicklung eine funktionierende artgleiche Gebärmutter – m. a. W.: die tatsächliche Austragung durch ein erwachsenes weibliches Individuum der betreffenden Art. Ob und wie weit auch diese Beschränkungen überwindbar sind, steht noch dahin. Da unbefruchtete Ova soviel leichter und zahlreicher zu haben sind als Schwangerschaftsammen, werden sich weitere Bemühungen der Forschung wohl auf extrauterine Embryokulturen konzentrieren. Diploide Zellkerne beiderlei Geschlechts können (wenn Enthemmung der Spezialisierung erst einmal gemeistert ist) mühelos und in beliebiger Zahl von den zu duplizierenden Individuen erlangt werden, entweder direkt oder durch abgeleitete Gewebekulturen. Man beachte aber die veränderte Rolle der Geschlechter. Selbst in der »konservativen« Version einer vollen Wirtsschwangerschaft ist die »Mutter« ein bloßer Brutapparat und trägt genetisch nichts von sich zu der Frucht bei – außer wenn sie Wirtin für einen dem eigenen Körper entnommenen klonierenden Zellkern spielt, in welchem Fall sie genetisch alles beiträgt und sich selbst verdoppelt; das entkernte Wirtsovum kann, aber muß nicht, von ihr stammen; und das Enderzeugnis kann ein ihr bekanntes oder unbekanntes Individuum wiederholen. Immerhin ist die weibliche Rolle instrumental noch notwendig, solange nicht künstliche Plazentasubstitute in vitro zur Verfügung stehen. (Dann bliebe nur noch der Eierstock als Lieferant für zu entkernende Ova übrig.) Die männliche Rolle dagegen würde sich biologisch zu nichts verflüchtigen: da der einzige biologische Zwang für die Existenz von Männern, nämlich Befruchtung, umgangen ist, wäre männliche Repräsentanz in einer klonierend sich fortpflanzenden Bevölkerung entbehrlich geworden – obwohl für andere, nicht biologische Zwecke und Lustgewinne vielleicht immer noch für wünschenswert gehalten. Science-fiction und Feminismus haben hier ein weites Feld für amüsante Spekulationen.

b. Fragen zur Klonierung

Die Fragen, die wir stellen wollen, haben nichts mit den mutmaßlichen Ausmaßen einer Praktik zu tun, die – wenn es überhaupt zu ihr kommt – wohl niemals Zahlenwerte erreichen würde, die bevölkerungsgenetisch ins Gewicht fallen. Die wesentlichen Fragen ihrer möglichen Anwendung auf den Menschen betreffen den singulären nicht weniger als den Mengenfall und müssen beantwortet sein, ehe auch nur der erste Fall erlaubt werden darf. Sie müssen also zu allererst gefragt werden.

Wir stellen drei Fragen: *Was* wird durch Klonieren erreicht? *Warum* soll es erreicht werden, d.h. welche Gründe gibt es für den Wunsch danach? *Soll* es erreicht werden, d.h. ist das Ziel annehmbar oder verwerflich?

i. *Das physische Ergebnis der Klonierung.* Was bringt die Klonierung hervor? Antwort: Einen genetischen Doppelgänger des Zellspenders, mit dem gleichen Grad der Ähnlichkeit in der Erscheinung (im Phänotyp), wie er von identischen Zwillingen bekannt ist. Klon und Spender sind in der Tat identische Zwillinge mit einer Zeitdifferenz: ihre *Nicht*gleichzeitigkeit wird ein wichtiger Gesichtspunkt in unserer späteren Beurteilung werden. Bei identischen Zwillingen kann man von gegenseitigen Spiegelbildern sprechen; der Klon ist einseitig die Kopie eines vorbestehenden Originals. Der Zeitabstand ist beliebig: Da Gewebekulturen unbestimmt lange lebendig und regenerativ erhalten werden können, kann der Klonsproß von einem längst verstorbenen Spender abgeleitet sein (ein neuer Sinn von individueller Unsterblichkeit?). Ebenso können viele Klongeschwister, gleichzeitig oder nacheinander, von derselben sich wieder auffüllenden Quelle abgeleitet werden; diese beliebig datierten Reproduktionen stünden zueinander in einem mittelbaren Identischen-Zwillingsverhältnis, der Sache nach nicht verschieden von dem zum gemeinsamen Vater/Mutter-Individuum, nur daß es in ihrem Fall jede Streuung des Zeitverhältnisses zuläßt – von totaler Disjunktion über jedwede partielle bis zu totaler zeitlicher Deckung. Ein solcher Zwilling kann seinem eigenen Greisenalter auf der Straße begegnen, vielleicht begleitet von seiner Kindheit. Jedenfalls, da ex hypothesi die vervielfältigten Genotypen alle das gleiche Erbpotential besitzen, ist mindestens *eine* Verwirklichung desselben, und eventuell auch mehrere, schon in der Laufbahn eines Phänotyps ganz oder teilweise zutage getreten, bevor irgendein Klonsprößling die seine beginnt.

ii. *Gründe für Klonierung*. Der letzte Satz liefert die Hauptantwort auf die Frage, *warum* denn kloniert werden soll: Eine sichtbar vorliegende Lebensleistung ist hervorragend genug in der oder jener Qualität, um den Wunsch nach mehr davon zu erregen, und selten genug in ihrer (mutmaßlichen) genetischen Basis, um die gewünschte Häufigkeit ihres Vorkommens in der Bevölkerung nicht von den Chancen gewöhnlicher und selbst selektiver Fortpflanzung erwarten zu können. In der Tat, es ist das irgendwie »Einzigartige«, das durch Klonierung aus seiner Einzigkeit erlöst und zur Wiederholung sichergestellt werden soll. Das hat offensichtliche Vorteile für die Viehzucht. Die preisgekrönte Milchkuh ist weit sicherer ungeschlechtlich replizierbar als selbst durch sorgfältigst ausgesuchte Paarung, außerdem in unvergleichlich größerer Anzahl, weil nicht an eigene Mutterschaft gebunden (jede andere Kuh kann als Inkubator einer weiteren Preiskuh dienen). Ähnlich mit dem erlesenen

Rennpferd, und so weiter. So wäre denn die Perpetuierung und Vervielfältigung von *Vortrefflichkeit* (= Spitzenleistung) ein Hauptgrund für Klonierung. Die vervielfachten, identisch ausgestatteten Exemplare würden dann auch die numerisch verbreitete Basis für erneutes Kreuzen liefern, mit der Aussicht, sogar die vorige Spitze zu überbieten, die nun zum Ausgangsplateau geworden ist, und so fort mit angemessenem Wechsel der beiden Methoden in einer ansteigenden Kurve genetischer Vervollkommnung. Auf diese Weise würde Klonierung, an sich eine *Fixierung* evolutionärer Ergebnisse, Teil eines evolutionären Fortschreitens werden. Ein anderes Ziel könnte auch der Vorteil bloßer Uniformität für gewisse Zwecke sein, wieder ein anderes gerade die wohlausgewogene Mitte im Gegensatz zum anfälligeren einseitigen Extrem. All dies liegt im nutzbestimmten Bereich der Tierzucht, wo das Eigeninteresse der Spezies selbst nicht befragt wird und »Vortrefflichkeit« eben durch den Nutzen bestimmt wird.

Ganz andere Erwägungen stellen sich im menschlichen Bereich ein, und selbst die Erkenntnislage ist hier anders. Der Tierzüchter *weiß* jeweils, was er vom Tiere will. Aber wissen wir auch, was wir vom Menschen wollen? Und wer ist »wir« im Falle eines solchen »Wissens«, d.h. bewußten und sich zu Worte meldenden Mögens? Und wer so ein Mögen gerade für sich und seine Partei besitzt – und sicher ein anderes als andere und sogar als er selbst gestern oder morgen – wer da also weiß, was er will und was maßgeblich um ihn herum gewollt wird, weiß der auch, was man vom Menschen wollen darf und soll? Und wenn er *das* zu wissen *glaubt*, wie weiß er dann, daß er wirklich weiß?

Was man hier alles mögen kann und tatsächlich schon in die Debatte geworfen hat, zeigt recht witzig eine Aufzählung, die mein Freund, Prof. Leon Kass in Chicago, zusammengestellt hat. Er nennt sie eine »Wäscheliste möglicher Anwendungen, die ständig wächst in Erwartung der voll ausgebildeten Technik«, und sie lautet:

1 Replikation von Individuen großen Genies oder großer Schönheit, um die Spezies zu verbessern oder das Leben erfreulicher zu machen.
2 Replikation der Gesunden, um das Risiko von Erbkrankheiten zu vermeiden, das in der Lotterie geschlechtlicher Rekombination enthalten ist.
3 Lieferung großer Serien erbgleicher Subjekte für wissenschaftliche Studien über die relative Bedeutung von angeborener Natur und Umwelt für diverse Aspekte menschlicher Leistung.
4 Einem unfruchtbaren Ehepaar ein Kind zu verschaffen.
5 Jemandem ein Kind mit einem Genotyp eigener Wahl zu verschaffen – von einer bewunderten Berühmtheit, von einem teuren Verschiedenen, vom Ehepartner, oder von sich selbst.
6 Geschlechtskontrolle künftiger Kinder: das Geschlecht eines Klons ist dasselbe wie das der Person, von der der verpflanzte Zellkern stammte.
7 Erzeugung von Teams identischer Subjekte für spezielle Beschäftigungen in Krieg und Frieden (Spionage nicht ausgenommen).
8 Erzeugung embryonischer Kopien von jeder Person, einzufrieren, bis sie als Organreserve für Transplantation in ihren erbgleichen Zwilling benötigt werden.
9 Die Russen und Chinesen zu schlagen, keine Klonierungslücke aufkommen zu lassen.[7]

Unter der letzten Rubrik erwähne ich von mir aus Olympiaden und ähnliche internationale Wettbewerbe. Und der ganzen Liste füge ich als Nr. 10 hinzu: Neugier – laßt uns sehen, wie so etwas ausläuft.

Die Liste ist weniger spaßhaft als sie klingt. Kein Wunsch ist so pervers (wie der nach Selbstreplizierung) oder so zynisch-utilitarisch (wie der nach homogenen Arbeitsteams) oder so wissenschaftsfanatisch (wie der nach erbgleichen Forschungssubjekten), als daß er nicht beim Angebot seiner Erfüllbarkeit Bieter und Fürsprecher unter den Kindern

Adams und Evas fände. Im ganzen dürfen wir aber wohl annehmen, daß das Argument einer *Vortrefflichkeit*, die der Perpetuierung und Vervielfachung wert sei (also Nr. 1 der Liste), im menschlichen Zusammenhang vorherrschen und die Praktizierung der Methode, wenn es je zu ihr kommt, auf das Außerordentliche beschränken wird. Gewiß ist es das relativ nobelste der vorgeschlagenen Ziele und daher nicht nur bestechender als alle anderen, sondern auch geeigneter, die philosophische Prüfung zu ihrer radikalsten Erklärung zu nötigen. Hierauf konzentrieren wir demgemäß unsere Kritik.

iii. *Replizierung der Vortrefflichkeit.* Das Argument der Vortrefflichkeit, obwohl naiv, ist nicht frivol, insofern es an unsere Verehrung für das Große appelliert und diesem den Tribut des Wunsches zollt, es möchten mehr Mozarts, Einsteins und Schweitzers die menschliche Rasse zieren. Nebenbei, niemand nennt Nietzsche in diesem Zusammenhang oder Kafka, wenige auch nur Beethoven oder Michelangelo – ein Zeugnis für den geheimen Eudämonismus des ganzen Traumes: man möchte sein Genie glücklich oder wenigstens heiter haben; vor allem aber: erhebend in seinen »Beiträgen« zum Kulturgut. Doch der Wunsch ist überhaupt naiv mit der Annahme, daß mehr als einer von jedem wirklich zum besten der Menschheit wäre, geschweige denn zum besten der Mozarts und Einsteins dieser Welt – allgemein mit der Annahme, daß, wenn etwas gut ist, mehr davon besser wäre. Es ist auch ein unverblümtes Konsumentenargument, das nicht fragt, ob das Genie – zugestanden, daß es ein Segen für uns ist – nicht für sich selbst ein Fluch ist, oftmals der unglücklichste der Menschen, und ob wir das Recht haben, irgend jemanden vorsätzlich zu diesem schrecklichen Preis für unsere Bereicherung zu verurteilen. Andererseits, wenn wir den Modellkandidaten selbst entscheiden lassen, ob in seinem Fall ein da capo lohnend wäre, könnten wir eine Auswahl der Eitlen bekommen.[8] Ferner, was wirklich aus diesen Erwartungsgenies des zweiten und dritten Auftritts wird, nachdem die Sternenstunde des ersten, die einmalige Konstellation von Subjekt und Gelegenheit, vorbei ist – das kann natürlich niemand auch nur im entferntesten ahnen. Ebensowenig läßt sich voraussehen, wie die Zeitgenossen, einschließlich der de novo unter ihnen aufkommenden Genies, auf die Anwesenheit dieser Vorausbeglaubigten in ihrer Mitte reagieren werden. Es könnte sein, daß sogar der einst verehrte Archetyp am Ende verhaßt wird wegen seines gierigen Sicheindrängens durch Doppelgänger in das unbekannt-offene, noch unentschiedene Geschäft der Gegenwart.

Doch all dies ist spekulativ und größtenteils äußerlich zu der einen *ethischen* Frage, die wir stellen wollen, der Frage nämlich, was ein Klon zu *sein* für das betreffende Subjekt selbst bedeutet. Und da dient der Fall des *berühmten* Zellspenders lediglich zur schärferen Beleuchtung dessen, was für alle Fälle gelten würde, also für den Klonierungsvorschlag an sich. Hier verwickeln wir uns auch nicht in mutmaßliche Fragen über Quantität, Dosierung, relative Meriten der Auswahl, über Gewinne und Kosten für uns alle – Fragen, die nur die Erfahrung beantworten kann –, sondern können auf jene transempirische Gewißheit der Einsicht hoffen, die eine Wesensbetrachtung manchmal gewährt. Der einzelne, unspezifizierte Fall X wird so gültig sein, wie jede Anzahl von Fällen jeder Spezifikation es nur sein könnte.

c. Existentielle Kritik

i. *Die Gleichzeitigkeit identischer Zwillinge.* Die zentrale Wesensfrage ist die nach nicht-präjudizierter Selbstheit, und wir können sie beleuchten durch die vorgestellte *Situation von Zwillingen*, die »identisch«, aber *nicht gleichzeitig* sind. Stellen wir ihr die von bisherigen eineiigen Zwillingen,

Drillingen (etc.) gegenüber. Diese hat ihre eigenen Probleme, für die in der Regel kein menschliches Tun verantwortlich gemacht werden kann. Das Alibi der Naturlaune fällt allerdings dahin, wenn die Zwillingsbildung induziert wurde, wie das als Nebenwirkung gewisser Fruchtbarkeitsdrogen der Fall zu sein scheint. Aber auch das mitverschuldete Ergebnis teilt mit dem des reinen Naturzufalls den Hauptzug, der es vom Klonierungsergebnis unterscheidet: die natürlichen Zwillinge (Drillinge usw.), die eines im anderen die Wiederholung ihres eigenen Genotyps vor Augen haben müssen, sind *strikt gleichzeitig*, keines ist dem anderen voraus, keines hat ein vorgelebtes Leben nachzuleben, keinem ist das Finden seines Ich und seiner Möglichkeiten vorweggenommen. Es ist hierbei gleichgültig, wieweit wirklich der Genotyp die persönliche Geschichte bestimmt, ob also biologische »Identität« objektiv, unabhängig vom Wissen der Subjekte, zum gleichen biographischen Ergebnis führt, was unbewiesen ist. Worauf es ankommt, ist, daß der geschlechtlich erzeugte Genotyp ein *Novum* an sich ist, allen unbekannt im Anfang, und sich dem Träger nicht weniger als den Mitmenschen erst im Vollzuge der Existenz noch offenbaren muß. *Unwissenheit* allerseits ist hier eine Vorbedingung der Freiheit: Der neue Wurf des Würfels, einmal gefallen, muß sich selbst entdecken in der führerlosen Bemühung, sein Leben zum ersten und einzigen Mal zu leben, d. h. ein Selbst zu *werden* in der Begegnung mit einer Welt, die so unvorbereitet auf den Neuankömmling ist wie dieser auf sich selber. Keiner der Zwillinge, obwohl dauernd konfrontiert mit seiner Ähnlichkeit im anderen, leidet unter dem Vortritt eines Früheren, der das Potential seines Seins schon zum Vorschein gebracht und damit dessen Eigentlichkeit, die des Geheimnisses bedarf, dem Späteren verkümmert hätte.

Mit Bedacht haben wir von der *Situation* identischer Zwillinge gesprochen, nicht von der objektiven Gewalt identischer Genotypen, die wir in Wahrheit gar nicht kennen. So beabsichtigen wir auch, von der Situation des menschlichen Klonsprößlings zu sprechen – einer immanenten Sache seiner Erfahrung und derer um ihn: dies führt zu einer existentiellen, weder physischen noch metaphysischen Erörterung, zu einer also, welche die heikle Frage nach dem Ausmaß biologischer Prädetermination gänzlich beiseite lassen kann.

ii. *Nichtgleichzeitigkeit und das Recht zum Nichtwissen.* Im Gegensatz zur Gleichzeitigkeit von echten Zwillingen schafft die Kopierung eines vorgegebenen Genotyps wesentlich *ungleiche* Bedingungen für die betreffenden Phänotypen – eine Ungleichheit gänzlich zum Nachteil des Klons. Hierzu sei erst eine Zwischenbemerkung eingeschaltet. Man könnte, wenn man will, an diesem Punkt in das Naturrecht den Begriff vom transzendenten Recht eines jeden Individuums auf einen ihm allein eigenen, mit niemand geteilten, einmaligen Genotyp einführen und daraus folgern, daß ein kloniertes Individuum a priori eben in diesem Grundrecht verletzt wurde. Dazu bemerke ich nur dies: Die universelle Tatsache individuell-physischer Einzigkeit bezeugt jedes polizeiliche Fingerabdrucksystem. Daß sie ein *Wert* ist, kommt sehr schön in folgendem Midrasch aus dem Talmud zum Ausdruck: »Ein Mensch prägt viele Münzen von einer Form und sie sind alle einander gleich; aber der König, welcher König über alle Könige ist, hat jeden Menschen in der Form des ersten Menschen geprägt und doch ist keiner seinem Nächsten gleich.«[9] Ob dies Schöpfungsgeschenk, zweifellos ein Gut für das Ganze, auch ein *Recht* für den je einzelnen Geschaffenen ist, lassen wir lieber dahingestellt, um so mehr, als gar nicht bekannt ist, wie viel oder wenig das *Genetische* zur Einzigkeit des Individuums beiträgt. Nicht also auf ein solches verborgenes, höchstens vermutetes, präexistentielles Recht zu physischer Unterschiedenheit gründe ich mein Argument, sondern auf ein höchst offenbares, innerexistentielles *Recht zum Nichtwissen*, das dem versagt wird, der sich als Abdruck eines anderen wissen muß. Es ist ein Recht der subjektiven, nicht der objektiven Sphäre.

Die Anrufung eines Rechtes auf Unwissenheit als auf ein Gut ist, soviel ich sehe, neu in ethischer Theorie, die seit je den Mangel an Wissen als einen Defekt im menschlichen Zustand beklagt hat und als Hindernis auf dem Pfade der Tugend, jedenfalls als etwas, das wir nach besten Kräften überwinden sollen. *Selbst*erkenntnis vor allem wurde seit delphischen Tagen gerühmt als Merkmal eines höheren Lebens, wovon man nur zu wenig und nie zuviel, ja auch nur genug haben kann. Und da reden wir einem Nichtwissen um sich selbst das Wort? Allerdings wurde Kenntnis der Zukunft, besonders der eigenen, immer stillschweigend ausgenommen, und der Versuch, sie sich durch irgendwelche Mittel zu verschaffen (z. B. Astrologie), wurde verpönt – als eitler Aberglaube von den Aufgeklärten, als Sünde von den Theologen, im letzteren Fall mit Gründen, die auch philosophischen Rang haben (und interessanterweise unabhängig sind von der Frage des Determinismus an sich). Aber von dieser *Bestreitung* eines Rechtes oder einer Erlaubnis, zu wissen, ist immer noch ein Schritt zu der *Behauptung* eines Rechtes, *nicht* zu wissen: und diesen Schritt müssen wir jetzt tun angesichts einer völlig neuen, noch hypothetischen Sachlage, die in der Tat die erste Gelegenheit für die Aktivierung eines Rechtes darstellt, das bisher mangels Anwendbarkeit latent geschlummert hatte.

iii. *Verderbliches Wissen.* Die schlichte und vorgangslose Tatsache ist die, daß der – hypothetische – Klonsproß *allzuviel* von sich weiß (oder zu wissen glaubt) und andere allzuviel von ihm wissen (oder zu wissen glauben). Beide Tatsachen, das eigene vermeintliche Schon-Wissen und das der anderen, ist lähmend für die Spontaneität seines »Erselbst«-*Werdens* – die zweite auch für die Echtheit des Umganges anderer mit ihm. Der schon bekannte Archetyp des Zellspenders, besonders eines von öffentlicher Prominenz, wird alle Erwartungen, Vorhersagen, Hoffnungen und Befürchtungen, Zielsetzungen, Vergleiche, Maßstäbe von Erfolg und Versagen, von Erfüllung und Enttäuschung im voraus für alle Eingeweihten diktieren – für Klon und Zuschauer gleichermaßen. All dies wird nicht der allmählich sich aufbauenden Kenntnis der werdenden Person, sondern der fertigen des gewesenen Vorbildes entlehnt. Und diese vermeintliche Kenntnis muß in dem sozusagen vorweg kartographierten Subjekt jede Unmittelbarkeit des tastenden Versuchens und fortschreitenden Findens »seiner selbst« ersticken, womit sonst ein bemühtes Leben sich selbst zum Guten oder Bösen überrascht. Es ist dies alles mehr eine Sache vermeinten als wirklichen Wissens, des Fürwahrhaltens als der Wahrheit. Man beachte, daß es nicht ein Jota ausmacht, ob wirklich der Genotyp durch seine eigene Macht das Schicksal der Person ist: er wird dazu *gemacht* durch die Vorstellungen, die bei der Klonierung Pate standen, und durch ihren Einfluß auf alle Beteiligten eine Macht für sich werden. Es macht also auch nichts aus, ob Replizierung des Genotyps wirklich Wiederholung des Lebensschemas bedeutet: Der Spender wurde mit einer derartigen Idee gewählt, und diese Idee wirkt tyrannisch auf das Subjekt. Es kommt auch nicht darauf an, was das wirkliche Verhältnis zwischen angeborener Natur und Aufzucht bei der Bildung einer Person und ihrer Möglichkeiten ist: Ihr Wechselspiel wurde vorweg dadurch verfälscht, daß Subjekt und Umgebung ihre »Stichworte« für die Aufführung empfangen haben.[10] So ist das Wagnis des Lebens um seine lockende und auch ängstigende *Offenheit* betrogen. Der Vergangenheit wurde erlaubt, der Zukunft vorzugreifen durch ein unechtes Wissen um sie, und das in der intimsten aller Sphären: in der Sphäre der Frage »Wer bin ich?« Diese Frage muß aus dem Geheimnis kommen und kann ihre Antwort nur finden, wenn die Suche danach vom Geheimnis begleitet bleibt. Ja, das Geheimnis, die Bedingung schon des Fragens und Suchens, ist für den Antwortsucher sogar die Bedingung der

Möglichkeit, eben *das* vielleicht zu *werden*, was *dann* die Antwort sein wird. Das unechte Offenbarsein am Anfang, die subjektive Abwesenheit des Geheimnisses, zerstört die Bedingung authentischen Wachstums. Gleichgültig, ob das vermeintliche Wissen wahr oder falsch ist (und es gibt gute Gründe für die Annahme, daß es per se im Wesen falsch ist), es ist verderblich für die Gewinnung der eigenen Identität. Denn existentiell bedeutsam ist, was die klonierte Person *denkt* – denken muß –, daß sie sei, nicht was sie objektiv »ist« im Substanzsinn des Seins. Kurz, das Klonierungsprodukt ist im voraus der *Freiheit* beraubt, die nur unter dem Schutz des Nichtwissens gedeihen kann. Ein kommendes Menschenwesen dieser Freiheit vorsätzlich berauben ist aber ein unsühnbares Verbrechen, das auch nicht ein einziges Mal begangen werden darf.

Man könnte nun einwenden, daß der Klon ja seine Herkunft nicht zu kennen braucht. Aber eine Verschwörung des Schweigens ist fast sicher zum Scheitern verurteilt und würde die Sache nur noch schlimmer machen, denn dies Geheimnis will ans Licht. So lange es der Hauptperson verheimlicht wird, bedeutet es die Mitwisserschaft von Eingeweihten, die über ihn im Bilde sind – eine moralisch unerträgliche Situation an sich und eine unsichere dazu, wenn man die Rolle von Indiskretion und Geschwätz bedenkt; zu schweigen von der Existenz von Archiven, Datenbänken, Geheimakten mit ihrer notorischen Anfälligkeit für »Lecks«. Aber abgesehen davon, derart Gegenstand eines unerlaubten, ihm versagten Wissens anderer zu sein, das gleich degradierend im Erfolg wie im Mißerfolg seiner Geheimhaltung ist, ist es fast unvermeidlich, daß der Klon die Wahrheit schließlich für sich selbst herausfindet. Denn der ganze Sinn des Klonierens war doch die Prominenz des Zellspenders, ausgewiesen in ungewöhnlicher Leistung und bescheinigt durch öffentlichen Ruhm. Es muß also der Tag kommen, wo die (laut Prämisse nicht blöde) Kopie die Verbindung zwischen sich und dem hochsichtbaren Original herstellt. Frühzeitige Mitteilung oder späte Eigenentdeckung sind beides gleich widerwärtige Alternativen. Gegen die zweite gäbe es nur die Sicherheit, von anonymen und obskuren Spendern zu klonieren – aber wozu dann überhaupt?

iv. *Wissen, Unwissen und Freiheit*. Wir sind so ausführlich auf die noch ganz hypothetische Eventualität des Klonierens eingegangen, weil seine sich nähernde Möglichkeit Biologen zu faszinieren begonnen hat, was an sich alarmierend ist; weil das Können eines Tages da sein kann und wir ausnahmsweise einmal vorgewarnt sein sollten, damit nicht hier wie stets bisher das Können automatisch in Tun übergeht; und weil seine Erörterung, profitierend von der Reinheit eines Extremfalles ohne Analogie in der Erfahrung der Menschheit, ethisches Neuland erschließt, das über dies Beispiel hinaus dem ganzen neuartigen Problemkreis genetischer Manipulation des Menschen zugute kommen kann. Auch wer nicht mit der besonderen Ethik unseres Argumentes übereinstimmt, mit ihrem Akzent auf dem *Wissens*aspekt, muß doch dem einfacheren und unstrittigen Grundsatz zustimmen, daß man mit Ungeborenen nicht experimentieren, d. h. sie zu Mitteln eigener Erkenntnisgewinnung machen darf. Dieser Grundsatz allein verbietet schon den ersten wirklich *ausführenden* Versuch zu menschlicher Erbalchemie, ja, selbst die wegbahnenden Vorversuche dazu *mit menschlichem Material* (solche mit tierischem lasse ich dahingestellt). Diejenigen, die da geblendet sind von der Vision des glorreichen Exemplars, das der Retorte entsteigen wird, sollten auch die unvermeidlichen Fehlprodukte einer sich noch entwickelnden Technik bedenken – mißgebildete Embryos, die zu liquidieren wären, oder bleibende Mißgeburten, deren Dasein zu verantworten wäre – selbst wenn ihnen die Phantasie mangelt, sich das glorreiche Erzeugnis selbst (dies vielleicht allen voran) als ihren künftigen Ankläger wegen Mißbrauchs ihrer Macht vorzustellen.

Aber den Hauptgewinn unseres Beispiels für die ethische Theorie sehe ich doch in der Sichtbarmachung eines *Rechtes auf Unwissen*, das auch da verletzt ist, wo kein physisches Mißgeschick Grund zu Beschwerden mehr äußerer Art gibt, also im technisch völlig geglückten Falle. Daß des Wissens zu wenig sein kann und meistens ist, war von je bewußt. Daß seiner zuviel sein kann, steht plötzlich vor uns im grellen Licht. Offenbar sind es zwei sehr verschiedene Arten von Wissen und Unwissen, die hier in Rede stehen. Wenn wir sonst die Verantwortungen technologischer Macht erörtern, plädieren wir wohl für die Bescheidenheit eines einzugestehenden Nichtwissens um die Folgen unseres Tuns. Jetzt plädieren wir für die Achtung des Rechtes auf ein benötigtes Nichtwissen auf seiten möglicher Opfer unseres Tuns. Im einen Fall kann es sein, daß wir zu *wenig* wissen, um etwas zu tun, was nur ein volles Wissen rechtfertigen könnte; im anderen Fall könnten die Erzeugnisse unseres Tuns zu *viel* wissen, um irgend etwas mit der erratenden Spontaneität echter Tat zu tun. Das sittliche Gebot, das hier die erweiterte Bühne moderner Macht betritt, lautet also: Niemals darf einem ganzen Dasein das Recht zu jener Ignoranz versagt werden, die eine Bedingung der Möglichkeit authentischer Tat, d.h. der Freiheit überhaupt ist; oder: *Achte das Recht jedes Menschenlebens, seinen eigenen Weg zu finden und eine Überraschung für sich selbst zu sein*. Die Frage aber, wie diese Verfechtung eines Nichtwissens um sich selbst sich mit dem alten Gebot »Erkenne dich selbst« vereinbar ist, ist gar nicht schwer zu beantworten. Man muß nur verstehen, daß die Selbst-*Entdeckung*, die jenes Gebot uns aufgibt, selber ein Weg des Werdens eben dieses Selbst ist: aus dem unbekannt Gegebenen bringt es sich hervor in eins mit seinem Sich-*Bekannt*-werden, das in den Proben des Lebens vor sich geht – und von dem hier bekämpften Vorwissen versperrt würde.

Futuristische Methoden II
DNA-Baukunst
7. Keine strikte Analogie bisher zwischen
Biologe und Ingenieur

Bis hierher waren die Ähnlichkeiten biologischer Technik mit klassischer Ingenieurskunst schwach. Strikte formale Analogie würde die vollständige Konstruktion biologischer Entitäten, d. h. lebender Organismen, vom Rohstoff her nach eigenem Entwurf einschließen, oder auch den planmäßigen Umbau schon bestehender Typen zum Zweck ihrer Verbesserung. Die erstere, radikale Modalität – wirklicher Neuentwurf und Synthese fortgeschrittener Organismen durch Chromosomaufbau von den molekularen Elementen her – scheidet praktisch aus, da die enorme Komplexität der Systeme wahrscheinlich die Kapazität jedes irdischen Computers übersteigt; außerdem wäre sie, auch wenn möglich, schiere Verschwendung angesichts des überreichen Naturangebots fertigen genetischen Materials für praktisch unendliche Veränderung durch Eingriffe der Kunst. Also ist nicht Neubau, sondern Umbau durch Intervention der realistisch offenstehende Weg ingenieursähnlicher Fertigkeit im biologischen, speziell genetischen Felde. Doch das kann recht weit gehen und zu engeren Analogien mit wirklichem »Machen« im Stile mechanischer Konstruktion führen.

Alle bisher besprochenen Methoden – Klonieren nicht weniger als Eugenik – sind konservativ in dem Sinne, daß sie vorgegebene Genotypen *auswählen*, wie sie in der Bevölkerung von selbst vorkommen, also die Natur zwar lenken, aber nicht neugeschaffene Typen in sie einführen. Statistisch kann so die Makrostruktur der Art verändert werden, doch die Mikrostruktur der Individuen entstammt immer noch dem biologischen Geschehen und seinen »Launen«. In all diesen Fällen übernimmt daher die Kunst nur den einen Kausalfaktor natürlicher Evolution, die Selektion aus dem unterschiedlich Dargebotenen, nicht aber die Hervorbringung der Unterschiede selbst – die durch Mutation im Angebot erscheinenden Keimveränderungen und -bereicherungen. Läßt sich auch *das* dem Zufall der Natur aus der Hand nehmen und nach Plan »machen«? Erst das würde den praktischen Biologen dem Ingenieur nahebringen.

8. *Das Ingenieurspotential der Molekularbiologie*

a. *Der Begriff der Genchirurgie.* Die Heraufkunft der Molekularbiologie, insbesondere die Entschlüsselung des genetischen Code in seiner DNA-Schrift, hat eben diese Aussicht eröffnet und damit neue und ehrgeizigere Ziele setzbar gemacht: direkte Eingriffe in Genotypen durch »Genchirurgie«, die nach der Selektion nun auch den anderen, mutativen Kausalfaktor natürlicher Evolution der Kunst unterwirft. Wir übergehen für jetzt die schon im Gang befindliche und später gesondert zu besprechende Anwendung dieses neuen Kunstprinzips auf Mikroben. »Futuristisch« ist vorläufig noch die Anwendung auf den Menschen. Diese ist zunächst medizinisch gedacht und wird sicher zuerst (wahrscheinlich bald) an die Reihe kommen: *Ersetzung* einzelner, krankhafter Gene durch gesunde im Chromosomkern von Keimzellen (Gameten oder Zygoten), eine Heilung also am Anfangspunkt des künftigen Individuums und seiner Nachkommenschaft. In dem Fall ist die Absicht korrektiv, noch nicht kreativ. Aber von da geht es (potentiell) weiter zur *Änderung* gegebener DNA-Muster durch Hinzufügung, Ausscheidung und Umordnung von Elementen – eine Neuschreibung sozusagen des genetischen Textes, wie sie seine vollständige Lesung (ja, schon eine unvollständige) im Verein mit entsprechenden Mikrotechniken im Prinzip ermöglicht: letztlich eine Art von DNA-Baukunst. Sie führt zu neuen *Typen* von Lebewesen, vorsätzlich geschaffenen »Abirrungen« und ganzen Erbreihen von solchen. Bei Mikroben, wie gesagt, wird dergleichen schon erfolgreich praktiziert. Sollte es auch mit einer menschlichen Ausgangsbasis versucht werden, so würde dies Abenteuer in seinen diversen »Erfolgen« (lebensfähigen Phänotypen, gleichviel, was diese oder jene an sich wert seien) das Bild »des« Menschen seiner Einzigkeit als Gegenstand letzten Respekts entsetzen und seiner Integrität die Treue kündigen. Es wäre ein metaphysischer Bruch mit dem normativen »Wesen« des Menschen und zugleich, bei der gänzlichen Unvorhersehbarkeit der Folgen, das leichtsinnigste Hasardspiel – das Pfuschen eines blinden und anmaßenden Demiurgen am empfindlichen Herzen der Schöpfung.

Hier endlich kommt der Aspekt konventioneller Ingenieurskunst, der bislang der biologischen Technik noch mangelte, auch in ihr zum Zuge. Obwohl weiterhin an vorgegebene Strukturen als Ausgangsbasis gebunden, kann sie doch in deren Manipulierung jetzt freie Erfindung an die Stelle bloßen Siebens setzen und gewinnt damit die Willkür des Planens im Dienste willkürlicher Ziele. Welches können diese sein? Bei Pflanzen und Tieren natürlich denkt man an Nutzgewinn für den Menschen durch neue oder gesteigerte Eigenschaften. Beim Menschen selbst aber? Sehen wir vom L'art-pour-l'art-Spiel mit Möglichkeiten als solchen ab (das der brennenden Neugier und Versuchsleidenschaft von Forschern zuzutrauen ist), so muß auch hier das Ziel letztlich utilitarisch sein, d.h. eine projektierte Nützlichkeit der biologischen Veränderung für diese oder jene neuartige Aufgabe der Gesellschaft. Es kann nicht das Beste der veränderten Individuen selbst sein, denn für neue Arten von Wesen können wir uns keine Vorstellung von ihrem Besten oder Glück machen (höchstens eine vom Unglück ihres Andersseins). Wohl aber können wir uns ausrechnen, daß die Atrophie bestimmter Eigenschaften, die Hypertrophie anderer, die Hinzufügung dritter eine erhöhte Tauglichkeit für bestimmte Spezialaufgaben einer technologischen Welt ergeben würden (Raumfahrt z.B.), wofür die bisherige Evolution den Menschen nicht adaptiert hat. Ich erspare mir eine Nennung der bizarren Träume, denen hier schon Stimme gegeben worden ist – nicht nur der Hoffnung übrigens, wie sie Pionieren jedes Fortschritts fast natürlich ist, sondern manchmal auch der Furcht. Es genügt, einige Grundsatzbemerkungen zu machen.

b. *Elemente einer Kritik.* Zunächst, der versöhnende Aspekt des Klonierens: die Ehre, die es der bestehenden Art erweist mit dem rührenden, wenn auch kindischen Wunsch, die Glücksfälle ihrer Bestleistungen über das flüchtige Einmal hinaus der menschlichen Lebenslandschaft zu erhalten, ist den Zielen versagt, die wir jetzt erwägen. Für sie ist umgekehrt das Gattungswesen Mensch, wie er gerade ist, ein bloßes Faktum der stofflichen Natur, mit keiner höheren Sanktion versehen als andere Ergebnisse evolutionären Zufalls sie besitzen, daher wie alle ein Niemandsland für die Züchtung beliebig wählbarer Alternativen. Keine Vorstellung von einer transzendenten Würde »des« Menschen und folglich keine Idee einer daraus fließenden sittlichen Verpflichtung kann diese Absage an die Unantastbarkeit seines generischen »Bildes« überleben. Abgesehen von dieser innerlichen Entwertung würde auch die Einheit der Gattung als solcher auseinanderbrechen (die es schon jetzt nicht immer leicht hat, sich Achtung zu verschaffen), und schon der Name »Mensch« würde vieldeutig. Was sind die »abweichenden« Geschöpfe, was ihre Rechte, was ihr Status in der Menschengemeinschaft? (Die Frage könnte sich umkehren, wenn *sie* jemals die Bedingungen diktieren könnten.)

Näherliegend und ganz unspekulativ ist die Erwägung, daß die hier benutzte Technik außer den erwünschten Abweichungen unvermeidlich auch unerwünschte, d.h. Mißbildungen hervorbringen wird, deren man sich routinemäßig entledigen wird. Selbst zuerst erwünschte Neubildungen, also Erfolge der Methode, können sich später als unerwünscht herausstellen – und warum sollte man sich *ihrer* nicht entledigen? Was mit einem Zweck geschaffen wurde, kann wieder abgeschafft werden, wenn es den Zweck verfehlt; oder auch, wenn es den Zweck nicht mehr gibt (vielleicht dank seiner vollständigen Erfüllung). Hat man erst einmal die Gewohnheit des utilitarischen Abschaffens – das Gegenbild der utilitarischen Anschaffung – begonnen, dann ist nicht zu sagen, wo und aufgrund welches nichtutilitarischen Prinzips sie haltmachen soll. Welches überlegene Recht kann das Naturerzeugnis über das Kunsterzeugnis reklamieren? Gewiß nicht das der blinden Zufälligkeit *seiner* Entstehung im ziellosen Evolutionsprozeß. Definitionsgemäß wird keines der Erzeugnisse erfinderischer biologischer Technik um seiner selbst willen erzeugt worden sein: Nützlichkeit war die einzige Regel seiner Erdenkung. Unwiderstehlich wird sich von da die Ansicht ausbreiten, daß Menschen überhaupt für den Nutzen von Menschen da sind, und niemand bleibt ein Zweck an sich selbst. Wenn aber kein Mitglied der Gattung, warum dann die Gattung? Das Dasein der Menschheit um ihrer selbst willen verliert seinen ontologischen Grund.

Ich übersehe nicht, daß außer der unverblümten Nutzenserwägung auch das Phantom des Übermenschen, als ein Zweck an sich, einigen der Träumer in dieser Zwielichtzone der Wissenschaft vorschweben kann. Aber im Unterschied zum hartgesottenen Pragmatismus der ersten Kategorie ist das eher als ein infantiler Unsinn zu begreifen. Denn die Bildmacher wären nach ihrer Beglaubigung zu befragen: und wenn sie ein *Wissen* um das, was über dem Menschen liegt, nachweisen können (die einzig gültige Beglaubigung), dann ist der Übermensch, wie wir ihn uns überhaupt nur wünschen können, in ihrer Person schon da und die Gattung, die ihn in Gestalt dieses Wissens hervorbrachte, wäre dadurch als biologisch adäquat ausgewiesen. Wenn es aber nur die Prätention eines Wissens ist (wie es nicht anders sein kann), dann wären die sich und uns so Täuschenden die letzten, denen das Schicksal des Menschen anzuvertrauen wäre.

9. Schlußbemerkung: Schöpfertum und Moral

Wir haben uns in diesem »futuristischen« Teil unserer Betrachtungen auf lange Strecken hart an der Grenze des Menschlichen und des möglichen Gesprächs darüber bewegt. Das Gefühl des Unwirklichen, ja Gespenstischen bei solchen Erwägungen noch ganz mutmaßlicher Möglichkeiten, denen sich andere, noch bizarrere anfügen ließen, darf nicht dazu verführen, sie für müßig zu halten. Die Gefahr besteht, daß wir unversehens in verhängnisvolle Anfänge gleiten, unschuldig sozusagen unter dem Banner reiner Wissenschaft und freier Forschung. Ich unterdrücke den metaphysischen Schauder, der mich bei dem Gedanken an den Greuel mensch-tierischer Zwitterbildung überkommt, die ganz folgerichtig schon, im Zeichen rekombinierender DNA-Forschung, unter den praktischen Aussichten molekularer Biologie aufgetaucht sind. Denkbar wird, daß das Genmuster der imago dei einer verwegenen Molekülbaukunst zum Objekt schöpferischen Spieles wird. Der Gegenstand macht es nicht leicht, die Kategorie des Heiligen seiner Erörterung fernzuhalten. Aber die Wissenschaftlichkeit duldet sie nicht und ich füge mich. So will ich zum Schluß, und mit Bezug auf das ganze Gebiet biologischer Manipulation, nur auf das nüchternste moralische Argument zurückgreifen: Taten an anderen, für die man diesen nicht Rechenschaft zu stehen braucht, sind unrecht. Das sittliche Dilemma jeder menschlich-biologischen Manipulation, die über das rein Negative der Verhütung von Erbmängeln hinausgeht, ist eben dies: daß die mögliche Anklage des Nachkommen gegen seine Hervorbringer keinen mehr findet, der Antwort und Buße leisten könnte, und kein Instrument der Wiedergutmachung. Hier ist ein Feld für Verbrechen mit völliger Straflosigkeit, deren die Gegenwärtigen – dann Vergangenen – vor ihren künftigen Opfern sicher sind. Dies allein verpflichtet sie (uns) zu äußerster, ängstlicher Behutsamkeit im etwaigen Anwenden der wachsenden Macht biologischer

Kunst auf den Menschen. Verhütung von Unglück allein ist hier erlaubt, kein Probieren neuartigen Glücks. Mensch, nicht Übermensch sei das Ziel. Obwohl mehr und Metaphysisches auf dem Spiel steht, genügt doch schon die schlichte Anstandsethik der Sache, um Kunstfreiheiten mit menschlichen Genotypen schon in den ersten Anfängen zu verbieten – ja, mißtönig wie dies in modernen Ohren klingt: schon in der Freistatt experimenteller Forschung.

Anmerkungen

1 De-novo-Herstellung von Organismen (erfundenen oder kopierten) aus den chemischen Bausteinen ist in der Theorie nicht ausgeschlossen, aber in der Praxis schwerlich zu erwarten. Ein gerade noch vorstellbarer erster Schritt wäre ein synthetischer Virus (noch kein Lebewesen). Doch schon die »einfachste« prokariotische Zelle ist viel zu komplex, als daß sie sich konstruieren ließe. Von »künstlichen« Lebewesen kann also, wie im Text näher ausgeführt, auch bei kühnsten Neukombinationen nicht die Rede sein. Das sollte bei der Rechtsfrage der Patentierbarkeit mitsprechen.
2 Es ist zuzugeben, daß »der Mensch« eine zweifelhafte Abstraktion ist und es offenbleiben muß, ob als einzelne die Menschen heute eine größere Kontrolle über *ihre* Umwelt haben (die größtenteils die von Menschen gemachte Welt der technischen Zivilisation ist), als frühere Menschen über die ihrige, der Natur noch nähere hatten. Noch ungewisser ist es, ob die Kontrolle des Subjekts über sich selbst zugenommen oder abgenommen hat; und vollends ungewiß, ob und wieweit wir Heutigen – individuell oder kollektiv – Herren sind über die Antriebe, die Logik und die innere Dynamik des technischen Kolosses. Dennoch bleibt die obige Aussage für die Spezies im ganzen richtig, solange die kollektiven Kräfte nicht mit uns durchgehen und ihre Besitzer ins Verderben reißen.
3 Die nähere Ausführung des hier nur skizzierten Gedankenganges findet sich in C. S. Lewis' glänzendem Büchlein *The Abolition of Man* (Macmillan, New York 1947), SS. 69-72.
4 Man kann und soll natürlich der Paarung identifizierter rezessiver Träger miteinander widerraten (eine legitime Aufgabe der Eheberatung), aber das ist etwas anderes als ihre Ausschaltung aus dem Fortpflanzungsprozeß überhaupt.

5 Der Ort für Planung im Hinblick auf Perfektibilität, und damit für die allem Planen anhängende Kurzsichtigkeit, ist die *Erziehung*. Dort in der Tat zwingen wir unser unvermeidlich myopisches Bild dem werdenden Individuum auf und begehen unsere Sünden zusammen mit unserm Guten gemäß der geltenden »Wahrheit« der Stunde. Aber dort, indem wir konditionieren, teils richtig, teils falsch, übermitteln wir doch den Subjekten in eins damit die Möglichkeit späterer Revision durch sie selbst, zumindest versperren wir sie ihnen nicht, da wir die ererbte Natur, den ursprünglichen Sitz solcher Möglichkeit, unangetastet gelassen haben.

6 Es muß eine unspezialisierte Zelle sein, d. h. eine, wo keine der in der nuklearen DNA verschlüsselten Erbinstruktionen blockiert ist. Solche permanenten Teilblockierungen erfolgen bei der ontogenetischen Gewebedifferenzierung in der Foetalentwicklung. Davon nicht betroffene und daher für die Klonierung geeignete Körperzellen können bisher bei höheren Tierarten nur von Embryogeweben erlangt werden. Das ist natürlich nicht gut genug für die Klonierungsambitionen, die wir besprechen wollen, denn diese verlangen gerade erwachsene Zellspender. Da es unwahrscheinlich ist, daß undifferenzierte Körperzellen (mit »totipotenten« Kernen wie die Keimzellen) im erwachsenen Menschen vorhanden sind, muß zuerst eine Methode der »Despezialisierung«, d. h. Enthemmung, spezialisierter Zellen gefunden werden. Theoretisch ist das möglich, da man sich die Blockierung so denkt, daß sie das betreffende Gen nicht verändert, sondern nur seine Aktion durch ein spezifisches Agens dauernd inhibiert. Ein geeignetes Gegenagens könnte im Prinzip diese Wirkung neutralisieren. Es handelt sich also nur um die Befreiung des an sich immer intakten Chromosomkerns von sekundären Hemmungen: der richtige chemische Prinz muß kommen, der die in Dornröschenschlaf versetzten Teile wachküßt. Im folgenden ist angenommen (nach dem Vorgang der Biologen, die schon jetzt das Für und Wider künftigen Klonierens erörtern), daß dies der Biochemie schließlich gelingen wird. War die Erwartung falsch, dann hätten zwar die Biologen ihren Atem verschwendet, doch dem Philosophen könnten aus der Durchdenkung des Hypothetischen und am Ende Irrealen dennoch durchaus reale und sogar kategorische Einsichten erwachsen sein.

7 Leon R. Kass, »New Beginnings in Life« in *The New Genetics and the Future of Man*, ed. Michael P. Hamilton (Grand Rapids, Mich. 1972), SS. 14-63. Die »Wäscheliste« findet sich auf S. 44f. [Alles hier und weiterhin aus Schriften von L. Kass Beigezogene ist jetzt zu finden in seinem glänzenden Buch *Toward a More Natural Science: Biology and Human Affairs*, The Free Press, New York 1985.]

8 »In der Tat«, fragt der schon zitierte Leon Kass, »sollten wir es nicht als

Grundsatz niederlegen, daß jeder sogenannte ›große Mann‹, der seinem Kloniertwerden zustimmt, eben deshalb disqualifiziert werden sollte als einer, der eine zu hohe Meinung von sich und seinen Genen hat? Können wir uns eine Zunahme an Arroganz leisten?« – Bekanntlich gibt es in Amerika (natürlich: Kalifornien) bereits eine Spermabank von Nobelpreisträgern. Mehrere solcher, so hört man, haben sich nicht gescheut, dazu beizusteuern – ein Streiflicht auf den Fehlschluß von wissenschaftlichem Verstand auf menschliche Vernunft (von Scham ganz zu schweigen). Nach obigem, von Kass aufgestellten Kriterium hätten sie sich schon disqualifiziert. Die Verteiler des Gefriervorrats, heißt es weiter, sehen darauf, daß das kostbare Saatgut nicht auf unwürdigen Boden fällt: Die antragstellenden Samenempfängerinnen (auch die gibt es) werden sorgfältig auf ihre biologische und kulturelle Qualität samt genetischer Vorgeschichte geprüft. (Das Dorfmädchen, das Leonardos uneheliche Mutter wurde, hätte da wenig Aussichten gehabt; auch schon der Vater, von dem wir sonst kaum wüßten, scheint ja nicht durch Nobelpreiseigenschaften aufgefallen zu sein.) Das gehört noch in die vorher besprochene, sozusagen traditionelle Kategorie »positiver Eugenik« und teilt deren zweigeschlechtigen Lotteriecharakter. Aber in puncto Eitelkeit, menschlicher Torheit und Vererbungsaberglaube gemahnt es schon an das hier besprochene, wissenschaftlich-zufallsfreie Programm ungeschlechtlicher Genieduplikation.

9 Siehe Leon R. Kass, a.a.O., S. 46f.
10 »Zum Beispiel [um wieder Leon Kass zu zitieren], wenn ein Ehepaar entschied, einen Rubinstein zu klonieren, kann dann ein Zweifel daran bestehen, daß Klein-Arthur früh im Leben vors Klavier gesetzt und zum Spielen ›ermutigt‹ wird?«

9. Mikroben, Gameten und Zygoten: Weiteres zur neuen Schöpferrolle des Menschen

Die heute am Anfang ihrer Entwicklung stehende biogenetische Technik, diese neueste Erweiterung menschlicher Macht vom Wissen her, wird hier noch einmal zum Thema gemacht. Nicht nur der Neuheit wegen erregt sie wie kaum eine andere die Gemüter, und wie keine frühere fordert sie auch die philosophische Besinnung heraus – durch die Art ihres Tuns mehr noch als durch die etwaige Größe ihrer Wirkungen, die wir noch nicht absehen können. In der vorangegangenen Abhandlung hatten wir den »futuristischen« Aspekt untersucht und uns dabei auf den Menschen selbst konzentriert, sowohl als Objekt älterer Erbstrategien (Eugenik) wie als mögliches künftiger (Genchirurgie). Im folgenden soll nun auch das einbezogen werden, was auf dem Gebiet der ›neuen Kunst‹ schon aktuell im Gange ist: die Arbeit an Mikroben, wo mit dem Vorliegen erster Erfolge von bloßer Zukunftsmusik schon nicht mehr die Rede sein kann. Doch können wir nicht umhin, von da nochmals zur nächstsichtbaren Gabe der Pandora, dem Humangebrauch derselben Kunst fortzuschreiten, in dessen schon glaubhaftem (und wagewilligem) Anerbieten ja ihre eigentlichste Herausforderung an Philosophie und Ethik liegt. Da aber jeder Beitrag dieses Buches für sich allein stehen soll, wird der Leser der vorstehenden Ausführungen einiges zu diesem Thema dort Gesagte der Sache nach hier wiederfinden.

Knüpfen wir an das an, was wir (S. 51f.) über die Tendenz technischer Schöpfungen sagten, eigene Kraft zu gewinnen und sich sozusagen ihrem Schöpfer gegenüber selbständig zu machen. Das war noch bildlich und etwas hyperbolisch gesprochen. Streng genommen bezog es sich nicht auf die Schöpfungen selber, die geschaffenen konkreten Sachen, sondern auf den Prozeß ihrer Schaffung und Nutzung, ein

Abstraktes also, das mittels des Menschen wirkt. Denn solange die Schöpfungen der Technik – Werkzeuge im weitesten Sinn – leblose Dinge sind, wie es bislang durchweg der Fall war, ist es ja immer noch »der Mensch«, der sie in Betrieb setzen muß, sie nach Belieben ein- und abschalten kann, der auch ihre weitere Entwicklung, also den technischen Fortschritt, durch neue Erfindungen willentlich herbeiführt – wenn auch dies Belieben und dies willentlich durch die besagten Zwänge des schon laufenden Gebrauchs *de facto* weitgehend seiner Alternativen beraubt und in die eine Richtung des Fortfahrens gedrängt wird. Zwar bezeichnet hier »der Mensch« so abstrakte Subjekte wie »die Gesellschaft«, »die Wirtschaft«, »die Politik«, »der Nationalstaat« usw. Dennoch liegt die *archē kinēseos*, die erste Ursache der Bewegung, immer noch im »Menschen« und zuletzt in konkreten Individuen. Sosehr es also zutrifft, daß der kollektive technologische Zauberlehrling die Geister, die er rief, nicht mehr los wird, so könnte doch, theoretisch, jederzeit der alte Meister kommen und rufen »In die Ecke,/ Besen! Besen!/Seids gewesen«, und da würden sie dann reglos stehen.

Aber selbst der alte Hexenmeister kann dies nicht mehr rufen, wenn die Schöpfungen der Technik nicht mehr Besen, sondern neue Lebewesen sind. Die haben, wie schon Aristoteles sagte, den Anfang und das Prinzip ihrer Bewegung in sich selbst, und diese Bewegung schließt nicht nur ihr laufendes Funktionieren – ihr lebendes Verhalten – ein, sondern auch ihre Vermehrung und, durch die Kette der Fortpflanzung hindurch, sogar ihre etwaige Weiterentwicklung zu neuen Formen. In solchen Schöpfungen, nun wirklichen Geschöpfen, mit denen er sein bisheriges Schöpfertum am Leblosen qualitativ überboten hat, begibt sich *homo faber* seiner Alleinursächlichkeit. Nicht mehr nur bildlich, buchstäblich gewinnt das Werk seiner Hände eigenes Leben und selbsttätige Kraft. Auf dieser Schwelle der neuen Kunst, dem möglichen Quellpunkt weitläufigen

Werdens, ziemt es ihm wohl, einen Moment zu grundsätzlicher Besinnung innezuhalten.

Wovon wir reden, ist die planmäßige Schaffung neuartiger Lebewesen durch direkten Eingriff in den molekular chiffrierten erblichen Bauplan gegebener Arten. Das ist wohl zu unterscheiden von der seit Beginn des Ackerbaus geübten Züchtung tierischer und pflanzlicher Nutzarten. Die nimmt ihren Weg über die Phänotypen und verläßt sich auf die eigenen Launen der Keimsubstanz. Die natürliche Variabilität der Reproduktion wird dazu benutzt, durch Auslese der Phänotypen über die Generationen dem ursprünglichen Genotyp die gewünschten Eigenschaften abzugewinnen, d. h. diese durch Summierung der kleinen, jeweils »spontanen« Abweichungen in die betreffende Richtung zu steigern. Das ist künstlich gelenkte und beschleunigte Evolution, bei der bewußte Zuchtwahl an die Stelle der statistisch-langsam arbeitenden Selektionsmechanik der Natur tritt und dabei ganz anderen Formen zum Dasein verhilft, als diese je zulassen würde, weil sie nur unter Kultur gedeihen (wie der amerikanische Mais, der in der freien Natur bald zugrunde gehen würde). Dennoch bleibt es die Natur, die das Auslesematerial liefert: Was da unter des Menschen Hand evolviert, ist die Abart selbst durch ihre eigenen Mutanten, die der Züchter auswählt, und der genetische Zusammenhang mit der Wildform, die Rückkreuzbarkeit mit dieser, reißt in der Regel nicht ab. Der Mensch manövriert also mit dem, was das vorhandene Artspektrum mit der Streuungsbreite seines Mutantenvorrats und weiteren Mutationen ihm vorgibt.

Ganz anders bei der genannten rekombinanten DNA-Technik, die – kaum ein Jahrzehnt alt – schon mit ihren ersten paar Treffern den Übertritt von der Forschung in die Marktproduktion vollzogen hat und dasselbe für die immer neuen, mit Sicherheit zu erwartenden Treffer verspricht. Sogar patentierbar sind in Amerika diese Treffer schon, deren jeder eine neue, sich fortpflanzende Lebensform darstellt, und zwar keine »gezüchtete«, sondern eine »hergestellte«. Da wird auf einen Schlag, mit einem einzigen Schritt, durch »Einspleißung« *artfremden* genetischen Materials in das Chromosombündel einer reproduktiven Zelle eine ganze Nachkommenschaft veränderter, um eine neue Eigenschaft bereicherter Organismen in die Lebenslandschaft eingeführt. Man kann das Verfahren Genchirurgie nennen oder Genmanipulation oder auch Kernumbau, was alles das Element mechanischer Kunst, das äußere Hantieren mit dem Innersten, das stückweise mit dem Ganzen zum Ausdruck bringt. Jedenfalls geht die Sache geradewegs, unter Umgehung des Soma, ganz buchstäblich auf den »Kern«, nämlich den Zellkern, der in seiner molekularen Alphabetschrift die kausal wirksame »Information« für die Lebensleistungen der Zelle und die Konstitution ihres Nachwuchses enthält. Die Änderung eines Buchstabens, die Auswechslung eines Wortes (= Gen), die Hinzufügung eines neuen verändert den Text und startet eine neuartige Erbreihe. Eben diese DNA-Umordnung am Schlüsselpunkt des Lebens kann man jetzt mit mikroskopischer Technik bewerkstelligen, wobei ein neu eingefügtes »Wort« dem Erbtext eines ganz verschiedenen Organismus entnommen sein kann. Wir haben es also mit angewandter Kernbiologie zu tun. Wie die angewandte Kernphysik führt auch sie in unabsehbares Neuland. Nie erträumte Schätze winken dort und zugleich Gefahren, die auf ihre Art kaum geringer sein könnten als bei jener.

Sehen wir uns an, was es da schon gibt, aber mehr noch, was es geben kann – in welche *Möglichkeiten* die noch relativ unschuldigen Anfänge vorausweisen. Da schon bei diesen das Tempo des Fortschritts bisher die Erwartungen übertroffen hat und das wagemutigste junge Biologentalent sich in diese junge Forschung drängt, ist es nicht zu früh für das Vorausbedenken des nie zuvor Bedachten.

Im Augenblick real (wenn wir die Arbeit an Viren übergehen) ist die genetische Umschaffung von Bakterien:

Tierische oder menschliche Gene für die Herstellung bestimmter Hormone werden in sie verpflanzt und verleihen dem Wirtsorganismus dieselbe Fähigkeit als erblichen Besitz. Da Bakterien sich schnell vermehren, hat man bald große und sich selbst regenerierende Kulturen, von denen man die medizinisch wertvolle Substanz laufend ernten kann. Das vielbenötigte Insulin, das menschliche Wachstumshormon, das Agens für Blutgerinnung, das seltene Interferon für Immunität werden auf diesem Wege reichlicher, stetiger und billiger verfügbar, als es aus ihren natürlichen Organquellen oder durch Synthese möglich wäre. Die anfangs vieldiskutierte Gefahr des Entkommens solcher neuartiger Mikroben in die Außenwelt, mit nicht vorhersehbarer ökologischer Laufbahn, scheint hier nicht zu bestehen, da die betreffenden Organismen im Freien bald zugrunde gehen würden.

Dieselbe Beruhigung haben wir nicht bei solchen – erst noch zu kreierenden – Neomikroben, die ihre biochemische Arbeit gerade in der offenen Natur verrichten sollen, also zum Überleben in ihr eingerichtet sein müssen. Unter den lockenden Zielen der Forschung gibt es da den Bazillus, der für Getreidesorten dasselbe tut, was schon die Natur für Leguminosen durch eine mit deren Wurzel symbiotische Bakterienart tut: ihnen den Stickstoff (aus der Luft) anliefern, für den sie sonst des Kunstdüngers bedürfen. Oder, noch freier in die Umwelt ausgestreut: Petroleum abbauende Bakterien, mit denen man der riesigen ozeanischen Ölteiche aus Tankerunfällen Herr werden könnte. Es ist nicht vorherzusehen, ob sich solche erträumten Diener des Menschen nicht von der engen Umschreibung ihrer Aufgabe emanzipieren können, ihre eigene Umwelt- und Mutationslaufbahn einschlagen und das auf sie unvorbereitete ökologische Gleichgewicht empfindlich stören könnten. Darf man ein solches Hasardspiel mit der Umwelt eingehen? Der erste versuchsfertige, bescheidenere Fall dieser Klasse *freizulassender* Neomikroben ist der auf eine niedrigere Temperaturschwelle umgestellte Bazillus, der die Bildung von Frostkristallen auf der Kartoffelpflanze veranlaßt, diese also in der genetischen Abänderung verzögert – mit offenbarem landwirtschaftlichen Vorteil. Soeben hat ein amerikanischer Richter, auf Einspruch von Umweltschützern, eine einstweilige Verfügung gegen die erste Ausprobierung im Felde erlassen, was natürlich nur einen Aufschub bedeutet. Jedenfalls ist hier ein Terrain betreten, auf dem wir uns nur mit großer Vorsicht bewegen dürfen; und nicht erst auf den Benutzern, schon auf den biologischen Neuschöpfern liegt hier eine ganz neuartige Verantwortung.

Um noch einmal zu den ökologisch unbedenklichen gefangenbleibenden Hormonbakterien zurückzukehren, wo nur ihr chemisches Produkt in die Außenwelt gelangt, so ist ihr medizinischer Nutzen zum Ausgleich angeborener oder erworbener Defizienz unbestreitbar. Nicht alles hier Machbare ist vom gleichen Grade der Wichtigkeit wie das Insulin, das für den Diabetiker schlechthin lebenserhaltend ist; und gerade von dem weniger Nötigen hat manches auch seine Kehrseiten in dem Spiel nicht immer weiser menschlicher Wünsche. Das Wachstumshormon kann Zwergwuchs bei Kindern mit entsprechendem Gendefekt verhüten, was zwar nicht lebensrettend, doch sicher hocherwünscht ist. Aber es läßt sich auch Unfug damit treiben, wo gar keine Defizienz vorliegt, sondern z. B. einfach familiäre bzw. ethnische Kleinwüchsigkeit im Vergleich zur herrschenden Mehrheit, oder primitive elterliche Eitelkeit – »Groß ist schön!« – und alle möglichen Rassen-, Klassen- und Standesvorurteile. (Wir erinnern an die »langen Kerls« des Soldatenkönigs.) Dergleichen Torheiten ließen sich, wenn es zur bloßen Geldfrage wird, kaum verhindern, und die etwaigen organischen Schäden stellten sich erst später heraus. Was sich vollends, bei bakterieller Massenerzeugung, erst alles mit *Geschlechts*hormonen beider Art anstellen ließe, wie etwa Ausdehnung der Sexual- und Fortpflanzungstüchtigkeit in höhere Lebensalter, wofür wohl besonders die männliche

Nachfrage lebhaft wäre, das mag sich jeder selbst ausmalen – und sich dabei fragen, ob es gut und weise ist, im Hinblick auf das Einzel- oder Gruppenwohl, der Weisheit der Natur, die hier in langer Evolution ihre Zeiten gesetzt hat, ephemerhedonistisch ins Handwerk zu pfuschen. Vor solche prinzipiell neuartige Fragen (auf die ich jetzt gar keine Antwort versuche) stellt uns erst ein prinzipiell neuartiges Können.

Nun läßt sich zu alledem sagen, daß ja jede Droge, auch die segensreichste Arznei, rezeptpflichtig oder nicht, sich mißbrauchen läßt und die Verantwortung nicht auf den Entdeckern und Herstellern, sondern auf den Verbrauchern liegt und den Mittelsleuten dazwischen, den Ärzten. Die Verteilung der Verantwortung bleibe hier dahingestellt – wahrscheinlich erstreckt sie sich mit Unterschieden auf alle Mitspieler an diesem sozialen Syndrom; worauf es mir ankam, war zu zeigen, daß mit der aufkommenden biogenetischen Kunst ein ethisches Neuland betreten wurde, für dessen nie zuvor gestellte Fragen wir noch gänzlich unvorbereitet sind.

Eine solche Frage jedoch blieb den bisher erwähnten und vorläufig auch allein praktizierten Formen jener Kunst, die sich da an den Wurzeln des Lebens zu schaffen macht, noch erspart – die ethische Haupt- und Grundfrage: Ob ihren direkten *Objekten* recht oder unrecht geschieht mit ihrer willkürlichen Umschaffung; denn Mikroben gegenüber fühlen wir uns von solchen Fragen frei. Doch was mit Einzellern ist auch mit Vielzellern möglich, und grundsätzlich sogar mittels derselben Kunst, denn jeder Vielzeller beginnt als Einzeller, und die alles vorentscheidende Keimzelle mit ihrem Chromosomkern ist für die rekombinante DNA-Technik nicht verschieden von einer Mikrobe. So steht theoretisch die Tür bereits offen zu den höheren Tieren bis zum Menschen hin. Diese Tür wollen wir jetzt der Praxis voraus – mit vielleicht nur kleinem Vorsprung – in der Idee durchschreiten, um zum Schluß unserer Reise einen ethischen Vorblick auf das zu werfen, was da auf uns Zauberlehrlinge zukommt, aber noch unserer Entscheidung anheimgestellt ist.

Ich muß dabei sogleich zum Menschen eilen, obwohl schon bei Tieren unserer Größenordnung und evolutionären Nachbarschaft der bloße Gedanke an »Chimären« aus artverschieden zusammengesetztem Erbmaterial uns unwillkürlich schaudern macht. Hierüber kann es noch Streit geben, da Ehrfurcht vor der Naturordnung dem westlichen Geiste weitgehend fremd geworden ist. Beim Menschen aber meldet sich das Absolute zu Wort und bringt jenseits aller Nutzen- und Schadensrechnungen letzte sittliche, existentielle, ja metaphysische Aspekte ins Spiel – und mit der Kategorie des Heiligen alle Reste der Religion, die für den Westen einmal mit dem Satz des sechsten Schöpfungstages begonnen hatte: »Und Gott schuf den Menschen nach seinem Bilde, nach dem Bilde Gottes schuf er ihn, als Mann und Weib erschuf er sie.« Doch hören wir Goethe darüber, wie menschliche Kunst auch hier das Werk des Schöpfers verbessern, die Weise seines Werdens übertreffen kann:

Faust II, 2. Akt, Szene »Laboratorium«, Vers 6834 ff.
MEPHISTO: *Was gibt es denn?*
WAGNER: *Es wird ein Mensch gemacht.*
MEPHISTO: *Ein Mensch? Und welch verliebtes Paar*
Habt ihr ins Rauchloch eingeschlossen?
WAGNER: *Behüte Gott! wie sonst das Zeugen Mode war,*
Erklären wir für eitel Possen.
Der zarte Punkt, aus dem das Leben sprang,
Die holde Kraft, die aus dem Innern drang
Und nahm und gab, bestimmt sich selbst zu zeichnen,
Erst Nächstes, dann sich Fremdes anzueignen,
Die ist von ihrer Würde nun entsetzt;
Wenn sich das Tier noch weiter dran ergetzt,
So muß der Mensch mit seinen großen Gaben

> *Doch künftig reinern, höhern Ursprung haben.*
> *(...)*
>
> *Was man an der Natur Geheimnisvolles pries,*
> *Das wagen wir verständig zu probieren,*
> *Und was sie sonst organisieren ließ,*
> *Das lassen wir kristallisieren. (...)*
>
> *Ein großer Vorsatz scheint im Anfang toll;*
> *Doch wollen wir des Zufalls künftig lachen,*
> *Und so ein Hirn, das trefflich denken soll,*
> *Wird künftig auch ein Denker machen. (...)*
>
> HOMUNCULUS: *Nun, Väterchen! Wie stehts? es war kein Scherz.*
> *Komm, drücke mich recht zärtlich an dein Herz!*
> *Doch nicht zu fest, damit das Glas nicht springe.*
> *Das ist die Eigenschaft der Dinge:*
> *Natürlichem genügt das Weltall kaum,*
> *Was künstlich ist, verlangt geschlossnen Raum.*

Aus diesem wundersamen Text, der so vieles sagt, greife ich die Zeile heraus, die für mein abschließendes Thema fast alles sagt: »Doch wollen wir des Zufalls künftig lachen.« Der Zufall: das ist der produktive Quell der Artenentwicklung. Der Zufall: das ist in jeder geschlechtlichen Zeugung die Garantie, daß jedes geborene Individuum einmalig ist und keines dem andern ganz gleicht. Der Zufall sorgt für die Überraschung des immer Neuen, Niegewesenen. Doch es gibt angenehme und unangenehme Überraschungen, und wenn wir Kunst an die Stelle des Zufalls setzen, dann könnten wir uns wohl mit den Überraschungen überhaupt die unangenehmen ersparen und das Geschenk der angenehmen nach Wunsch verschaffen. Ja, wir könnten Herren unserer eigenen Artentwicklung werden.

Der Ausschaltung des Zufalls beim Machen des Homunculus stehen zwei entgegengesetzte Wege offen: Rekombinante DNA-Technik an menschlichen *Keim*zellen; und Vervielfältigung von Musterindividuen durch »Klonierung« von *Körper*zellen. Beide Methoden gestalten das künftige Wesen von der Chromosombasis her. Die eine *verändert* das Zufallsgegebene durch verbessernde, vielleicht gar erfinderische Genmanipulation. Die andere *fixiert* (mit Goethe zu reden, »kristallisiert«) erwiesene genetische Glücksfälle, oder was dafür gehalten wird und was sonst in der Lotterie geschlechtlicher Fortpflanzung vom Strome des Zufalls wieder verschlungen würde, zu beliebig häufiger getreuer Wiederholung auf ungeschlechtlichem Wege.

Nehmen wir das letztere Verfahren zuerst, das im Experiment schon an einigen – uns noch fern stehenden – Tieren gelungen ist, im Prinzip aber auf die höheren Säugetierarten und den Menschen ausdehnbar ist. Es beruht darauf, daß unter geeigneten Bedingungen auch der doppelte (diploide) Chromosomsatz einer Körperzelle dazu gebracht werden kann, sich so zu verhalten, wie der aus zwei Hälften verschiedengeschlechtiger Herkunft zusammengesetzte der befruchteten Eizelle, nämlich zu »sprossen« und den vollständigen Körper hervorzubringen, für den er die vollständige genetische »Instruktion« enthält. Da dies ausschließlich und total die des Spenderkörpers ist, so entsteht, mit Umgehung des Abenteuers der Vereinigung zweier haploider Keimzellen bei der geschlechtlichen Zeugung, ein genetisches Duplikat des alleinigen Elternorganismus, sozusagen ein eineiiger Zwilling desselben. Die benötigte Urzelle läßt sich einem geeigneten Gewebe des Spenders leicht entnehmen, in Nährkultur oder Gefriertruhe auch über seinen Tod hinaus erhalten, und das weitere findet *in vitro* und schließlich in einem Wirtsuterus statt.

Wozu das? Nun, man mag die Seltenheit von Genies in der Gesamtbevölkerung beklagen, die im Tode verlöschende Einmaligkeit jedes von ihnen, und sich bzw. der Menschheit mehr von dieser oder jener Sorte wünschen – Dichter,

Denker, Forscher, Führer, Spitzensportler, Schönheitssieger, Heilige und Helden. Und der Wunsch läßt sich erfüllen, wenn man, je nach Wertwahl, Serien oder Einzelduplikate von Mozarts und Einsteins kloniert, von Lenins und Hitlers, von Mutter Teresas und Albert Schweitzers. Auch an Kandidaturen der Eitelkeit oder Ersatzunsterblichkeit wird es nicht fehlen, gepaart mit der nötigen Finanzkraft; noch an musikliebenden unfruchtbaren Ehepaaren, die einen unverwässerten Rubinsteinsprossen einem genetisch anonymen Adoptivkind vorziehen. Wo die Wissenschaft heute steht, ist das alles kein Witz mehr, sondern nur noch eine Frage technischen Fortschritts.

Ich habe in der vorigen Abhandlung die Torheit dieses Traums diskutiert, das Kindische der Vorstellung, daß hier das »je mehr, je besser« gilt, daß mehr als der einzige Mozart auch nur zu wünschen wäre, zu schweigen von der Frage (mit der Nazierfahrung hinter uns), wer denn hier die Auswahl des Wünschbaren überhaupt treffen soll. Der Zufall des Geschlechtsgeschehens ist der unersetzbare Segen wie die unvermeidbare Last unseres Loses, und seine Unberechenbarkeit ist immer noch vertrauenswürdiger als unsere erwogenen Eintagsoptionen. Vor allem jedoch habe ich das Verbrechen zu zeigen versucht, das an den Früchten der Kunst, den Klonsprößlingen selber begangen wird. Ich resümiere in äußerster Kürze.

Sich als Abklatsch eines Seins zu wissen, das sich schon in einem Leben offenbart hat, muß die Authentizität des Selbstseins ersticken, die Freiheit des sich erst Entdeckens, sich selbst und die anderen Überraschens mit dem, was in einem steckt; und dasselbe unerlaubte Wissen erstickt die Unbefangenheit der Umwelt gegenüber dem neuen und eben doch nicht neuen Ankömmling. Ein Grundrecht auf Nichtwissen, das zur existentiellen Freiheit unerläßlich gehört, ist hier vorgreifend verletzt. Das Ganze ist frivol in den Motiven und sittlich verwerflich in den Folgen, und das nicht erst im Hinblick auf Mengen, auf populationsweite

Auswirkungen, wie sonst wohl bei biologischen Wagestücken: Schon eine einzige Probe wäre frevelhaft.

Da nun bei diesem ganzen Unterfangen kein Notstand drängt, kein Übel nach Abhilfe schreit, da es sich vielmehr um ein Werk des Übermuts, der Neugier und der Willkür handelt; andererseits aber jedes einmal erworbene Können sich immer noch als unwiderstehlich erwiesen hat und es dann zu spät ist für das sittliche Nein – so darf man hier für einmal wohl der Wissenschaft raten, in dieser Richtung gar nicht weiter vorzugehen. Weder dem Wahren noch dem Guten ist damit gedient.

Ernsthafter und philosophisch entsprechend schwieriger ist der entgegengesetzte, »schöpferische« Weg: *Veränderung der Erbsubstanz durch Genspleißung*. Hier lassen sich Notstände anführen, denen damit abgeholfen werden kann; daher legitime, jedenfalls unfrivole Gründe für die Entwicklung der Kunst. Um so größer ist hier die Gefahr der Fehlleistung, des Mißbrauchs, ja der Tollkühnheit, denn hier macht sich der Mensch zum Meister über die Erbmuster selbst, nicht nur über die Weise ihrer Weitergabe. Sehen wir uns auch diese näherrückende Möglichkeit kurz an.

Sie beginnt, wie so manches in der Technik, mit sehr bejahenswerten Zielen. Wenn man den Diabetiker, den die vorerwähnten Bakterien mit Insulin versorgen, fragt, ob es nicht noch besser gewesen wäre, man hätte den Gentransfer statt an den Bakterien an ihm selbst vorgenommen, zu Anfang seiner Existenz sein schadhaftes Gen durch ein gesundes ersetzt, so würde er gewiß mit Ja antworten. In der Tat scheint dies die ideale Lösung. Um den ganzen künftigen Organismus samt den Keimdrüsen und damit auch die Nachkommenschaft zu erfassen, müßte sie gleich nach der Befruchtung vorgenommen werden, wozu die elterliche Vorgeschichte Anlaß geben könnte. Vielleicht wären auch später beim Embryo noch somatische und mehr lokale Genkorrekturen möglich, die dem Individuum allein zugute kämen. Doch bleiben wir bei der Radikal- und Optimallösung der erblichen Veränderung buchstäblich »ab ovo«. Da es sich bei dem hypothetischen Beispiel um Schadensbehebung handelt, ist noch nicht eigentlich von Schöpfertum, sondern eher von Reparatur die Rede; und gewiß ist der Gedanke genetischer statt somatischer Heilung, Ursachenbeseitigung statt Symptombehandlung, erblich einmaliger statt stets wiederholter Abhilfe überaus bestechend und scheinbar unverfänglich. Doch schwere Bedenken lasten auf der Gegenschale in der Waage der Entscheidung.

1. Experimente an Ungeborenen sind als solche unethisch. Der Natur der Sache nach ist aber jeder Eingriff in den delikaten Steuermechanismus eines werdenden Lebens ein Experiment, und eines mit hohem Risiko, daß etwas schief geht und eine Mißbildung herauskommt.

2. Fehlschläge mechanischer Konstruktion verschrotten wir. Sollen wir dasselbe mit den Fehlschlägen biologischer Rekonstruktion tun? Unser ganzes Verhältnis zu menschlichem Unglück und den davon Geschlagenen würde sich im antihumanen Sinn verändern.

3. Mechanische Kunstfehler sind reversibel. Biogenetische Kunstfehler sind irreversibel.

4. Mechanische Kunstfehler haften am direkten Objekt. Biogenetische Kunstfehler breiten sich von ihm aus, wie dies ja auch von den Wohltaten erhofft wird.

5. Das transplantierte Organ in somatischer Chirurgie steht in bekannter Wechselwirkung mit dem übrigen Organismus. Wie das transplantierte Gen in genetischer Chirurgie mit andern Gliedern des Chromosomganzen interagieren wird, ist unbekannt, unvorhersehbar und mag sich erst in Generationen herausstellen.

6. Mit der Kunst als solcher, auf den Menschen angewandt, würden wir die Pandorabüchse melioristischer, stochastischer, erfinderischer oder einfach pervers-neugieriger Abenteuer öffnen, die den konservativen Geist genetischer Reparatur hinter sich ließen und den Pfad schöpferischer Arroganz beschreiten. Hierzu sind wir nicht berechtigt und

nicht ausgerüstet – nicht mit der Weisheit, nicht mit dem Wertwissen, nicht mit der Selbstzucht – und keine alten Ehrfürchte schützen uns Weltentzauberer noch vor dem Zauber leichtfertigen Frevels. Darum bleibe die Büchse besser ungeöffnet.

Woran hier alles gedacht werden kann und in spielenden Biologenphantasien schon gedacht wird, braucht nicht verzeichnet zu werden. Auch will ich niemand auf schlechte Gedanken bringen. Nicht einmal vor dem Gedanken des Austauschs von genetischem Material zwischen Tier und Mensch, mensch-tierischer Zwitterbildungen also, wird da zurückgescheut – ein Gedanke, bei dem so uralte vergessene Begriffe wie »Frevel« und »Greuel« sich regen. Wie beim Klonieren, kommt es auch hier auf Zahlen nicht an. Schon der erste Probefall von Chimärenbildung mit menschlichem Einschlag, und kaum weniger von rein innermenschlicher Modellveränderung, würde den Greuel begehen. Daher bewegt sich bereits die Forschung, die ja, um herauszufinden, was möglich ist, es erst einmal tun muß, hier auf verbotenem Gelände.

Besteht Aussicht, die Pandorabüchse geschlossen zu halten? Das heißt, den Übergang von bakterieller zu menschlicher Genchirurgie zu vermeiden – die Schwelle, wo das »principiis obsta« noch Fuß fassen könnte? Ich glaube nicht. Die Medizin, die helfen will, wird sich die auf kurze Sicht so legitimen »Reparatur«-Möglichkeiten nicht nehmen lassen, und mit ihnen ist der Spalt geöffnet. Klüger wäre es wohl, hier einmal sogar der karitativen Versuchung zu widerstehen, aber das ist unter dem Druck menschlichen Leidens nicht zu erwarten. Jenseits dieser schon gewagten Zwielichtzone zwischen dem noch Erlaubten und dem Verbotenen winken die weiteren Gaben der Pandora, zu denen keine Not, nur der prometheische Trieb drängt. Gegen seine Versuchungen, darunter die wagnersche des Homunculus, sind wir Heutigen, Emanzipierten ungewappneter als alle

Früheren und hätten doch das stolz Überwundene gegen die Dämonen unseres eigenen Könnens nötiger als alle Früheren. Unsere so völlig enttabuisierte Welt muß angesichts ihrer neuen Machtarten freiwillig neue Tabus aufrichten. Wir müssen wissen, daß wir uns weit vorgewagt haben, und wieder wissen lernen, daß es ein Zuweit gibt. Das Zuweit beginnt bei der Integrität des Menschenbildes, das für uns unantastbar sein sollte. Nur als Stümper könnten wir uns daran versuchen, und selbst Meister dürften wir dort nicht sein. Wir müssen wieder Furcht und Zittern lernen und, selbst ohne Gott, die Scheu vor dem Heiligen. Diesseits der Grenze, die es setzt, bleiben Aufgaben genug.

Der menschliche Zustand ruft dauernd nach Verbesserung. Versuchen wir zu helfen. Versuchen wir zu verhüten, zu lindern und zu heilen. Aber versuchen wir nicht, an der Wurzel unseres Daseins, am Ursitz seines Geheimnisses, Schöpfer zu sein.

10. Gehirntod und menschliche Organbank: Zur pragmatischen Umdefinierung des Todes

Das Folgende ist eine Streitschrift, und allem (seit ihrem ersten Erscheinen sich immer verstärkenden) Anschein nach eine in verlorener Sache. Die Voraussicht, daß dies wohl ihr Schicksal sein würde, drückte sich schon im ursprünglichen Titel »Gegen den Strom« aus. Da hier die Umstände der Entstehung und Veröffentlichung zur Sache gehören, sei mir ausnahmsweise gestattet, den Bericht davon in die jetzige Verdeutschung des älteren Originals hineinzunehmen. Als ein kleines Beispiel für die große Frage der Unwiderstehlichkeit oder Widerstehbarkeit des technischen Fortschritts trägt dies Episodische, das sonst nur den Verfasser angeht, auch etwas zum Gesamtthema des vorliegenden Buches bei.

Im August 1968 veröffentlichte eine hierzu eingesetzte Kommission der Harvard Medical School ihren Bericht über die Definition des Gehirntodes.[1] Schon im Monat danach benutzte ich die Gelegenheit einer Konferenz über »Ethische Aspekte von Humanversuchen«[2], meinem Beitrag zu diesem Thema eine erste und scharfe Kritik des – mehr als nur fachmedizinischen – Vorschlags der Harvardkommission einzufügen, obwohl dessen Gegenstand nicht eigentlich zum Thema der *Versuche* an menschlichen Subjekten gehörte: aber ich sah in ihm die Gefahr eines Mißbrauchs an ebensolchen Subjekten (Patienten) für medizinische Zwecke, nicht unähnlich dem in Versuchssituationen zu vermeidenden.

Mein Aufsatz einschließlich dieser Digression wurde mit den anderen Konferenzbeiträgen veröffentlicht[3] und später häufig nachgedruckt. Seine deutsche Fassung erscheint oben (S. 109) als sechste der in diesem Band vereinigten Abhandlungen, jedoch ohne den Sonderteil »On the Redefinition of Death«, der im Original auf den jetzigen Abschnitt 18 (o. S.

142) folgte. Er sei hier wiedergegeben, da er bald schon den Einspruch von Medizinern und dann die direkte Diskussion mit ihnen hervorrief, die ihren Niederschlag in »Against the Stream« fand – dem Hauptstück der vorliegenden Abhandlung.

Zur Erklärung des Weiteren genügt soviel über den Inhalt des Harvard-Gutachtens (»Report«): 1. Es definierte irreversibles Koma als »Gehirntod«, wenn folgende diagnostischen Merkmale vorliegen: Abwesenheit jeder feststellbaren Gehirntätigkeit (flaches Elektrokephalogramm) und jeder gehirnabhängigen Körpertätigkeit wie spontane Atmung und Reflexe; 2. es setzt den so definierten Gehirntod gleich mit dem Tode des ganzen Leibes, also des Patienten, was außer der amtlichen Todeserklärung den Abbruch aller künstlichen Funktionshilfen durch Atmungsgerät und sonstige Erhaltungsmaßnahmen erlaubt – sowie unabhängig davon (also mit oder ohne solchen Abbruch) die Entnahme von Organen für Transplantationszwecke: Der dies freistellende Leichnamstatus des Leibes beginnt mit der Feststellung des Gehirntodes als solchen. – Ich lasse an dieser Stelle meinen ersten Kommentar hierzu von September 1968 folgen:

Die Empfehlung der Harvard-Kommission, »irreversibles Koma als neue Definition des Todes« anzuerkennen, fordert zum Widerspruch heraus. Man mißverstehe mich nicht. Solange es sich nur darum handelt, wann es erlaubt sein soll, die künstliche Verlängerung gewisser Funktionen (wie Herzschlag), welche traditionell als Lebenszeichen gelten, einzustellen – und das ist das *eine* der beiden erklärten Anliegen, denen die Kommission dienen wollte –, sehe ich nichts Ominöses im Begriff des »Gehirntodes«. In der Tat, es bedarf keiner neuen Definition des Todes, um in diesem Punkt dasselbe *praktische* Ergebnis wie diese zu legitimieren – wenn man sich z. B. den Standpunkt der katholischen Kirche zu eigen macht, der hier einmal überaus vernünftig ist: »Wenn tiefe Bewußtlosigkeit für permanent befunden wird, dann sind außerordentliche Mittel zur Weitererhaltung des Lebens nicht obligatorisch. Man darf sie einstellen und dem Patienten erlauben, zu sterben.«[4] Das heißt: Beim Vorliegen eines klar definierten negativen Gehirnzustands darf der Arzt dem Patienten erlauben, seinen eigenen Tod gemäß jeder Definition zu sterben, der von selbst das Spektrum aller nur möglichen Definitionen durchlaufen wird. Aber ein beunruhigend entgegengesetzter Zweck verbindet sich mit diesem in der Suche nach einer neuen Definition des Todes – d. h. in dem Ziel, den Zeitpunkt der Toterklärung *vor*zuverlegen: die Erlaubnis nicht nur, die Lungenmaschine abzustellen, sondern nach Wahl auch umgekehrt sie (und andere »Lebenshilfen«) weiter anzuwenden und so den Körper in einem Zustand zu erhalten, der nach älterer Definition »Leben« gewesen wäre (nach der neuen aber nur dessen Vortäuschung ist) – *damit* man an seine Organe und Gewebe unter den Idealbedingungen herankann, die früher den Tatbestand der »Vivisektion« gebildet hätten.[5]

Dies nun, ob für Forschungs- oder Transplantzwecke getan, scheint mir über das hinauszugehen, was eine Definition (die unser Werk ist) rechtfertigen kann. Sicher ist es doch zweierlei – wann vom Todesaufschub abzulassen und wann anzufangen, dem Körper Gewalt anzutun; wann aufzuhören, den Prozeß des Sterbens hinauszuziehen, und wann diesen Prozeß als in sich beendet und somit den Körper als Leichnam anzusehen, mit dem man tun kann, was für jeden lebenden Leib Tortur und Tod wäre. Für ersteres brauchen wir nicht zu wissen, wo die genaue Grenzlinie zwischen Leben und Tod liegt – wir überlassen es der Natur, sie zu überschreiten, wo immer sie sei, oder das ganze Spektrum zu durchqueren, wenn es mehr als eine Linie gibt. Wir brauchen nur als Tatsache zu wissen, daß das Koma irreversibel ist, um ethisch zu entscheiden, dem Sterben nicht länger Widerstand zu leisten. Für das zweite müssen wir die Grenzlinie mit absoluter Sicherheit kennen; und eine weniger als maximale Todesdefinition zu benutzen, um an einem *möglicherweise* vorletzten Zustand zu begehen, was nur der letzte erlauben würde, heißt sich ein Wissen anmaßen, das wir (meine ich) nicht haben können. *Da wir die genaue Grenzlinie zwischen Leben und Tod nicht kennen*, genügt nichts Geringeres als die maximale »Definition« (besser: Merkmalsbestimmung) des Todes – Hirntod plus Herztod plus jeder sonstigen Indikation, die von Belang sein mag –, bevor endgültige Gewalt stattgreifen darf.

Es folgt daraus (für mein Laienurteil wenigstens), daß der *Gebrauch* der Harvard-Definition seinerseits definiert werden muß, und zwar in einem restriktiven Sinne. Wenn nur permanentes Koma durch die künstliche Aufrechterhaltung der Atmung usw. gewonnen werden kann, dann stelle man (geschützt durch die Definition, wenn die Rechtsprechung es so will) die Lungenmaschine und alles andere ab und lasse den Patienten sterben: aber man lasse ihn sterben in aller Vollständigkeit, bis zum Stillstand jeder organischen Funktion. Nicht aber bringe man statt dessen (unter dem Schutz derselben Definition), durch Fortsetzung der Kunsthilfen zu neuem Zweck, den Prozeß zu einem vorläufigen Halt, an dem der Körper als Organbank dienen kann, während er dank eben dieser Hilfen vielleicht noch diesseits der in Wahrheit letzten Grenze weilt. Wer kann wissen, wenn jetzt das Seziermesser zu schneiden beginnt, ob nicht ein Schock, ein letztes Trauma einem nichtzerebralen, diffus ausgebreiteten Empfinden zugefügt wird, das noch leidensfähig ist und von uns selbst, mit der organischen Funktion, am Leben erhalten wird? Kein Dekret der Definition kann diese Frage entscheiden.[6] Ich betone aber, daß die Frage möglichen Leidens (die von einem genügend imposanten Fachkonsensus leicht beiseite geschoben werden kann) nur ein Nebengedanke und keineswegs der Kern unseres Argumentes ist. Dieser – sagen wir es noch einmal – ist die Unbestimmtheit der Grenze zwischen Leben und Tod, nicht zwischen Empfindung und Empfindungslosigkeit, und er heißt uns, in einer Zone wesentlicher Ungewißheit mehr zu einer maximalen als zu einer minimalen Bestimmung des Todes hinzuneigen.

Dazu ist auch dies zu bedenken: Der Patient muß unbedingt sicher sein, daß sein Arzt nicht sein Henker wird und keine Definition ihn ermächtigt, es je zu werden. Sein Recht zu dieser Sicherheit ist unbedingt; und ebenso unbedingt ist sein Recht auf seinen eigenen Leib mit allen seinen Organen. Unbedingte Achtung dieses Rechtes verletzt keines anderen Recht. Denn niemand hat ein Recht auf eines anderen Leib. – Um noch in einem anderen, religiösen Geist zu sprechen: Das Verscheiden eines Menschen sollte von Pietät umhegt und vor Ausbeutung geschützt sein.

Es sollte daher, so sagen mir Verstand und Gefühl, von Anfang an klargemacht werden, daß die vorgeschlagene Definition, wenn sie je rechtskräftig wird, *nur* die eine und *nicht* auch die andere der zwei gegensätzlichen Folgerungen autorisiert: nur, eine erhaltende Intervention abzubrechen und den Dingen ihren Lauf zu lassen; nicht, die erhaltende Intervention fortzusetzen zum Zweck einer anderen, endgültigen Intervention zerstörendster Art.

Das war meine unmittelbare Reaktion auf das Harvard-Gutachten gleich nach seinem Erscheinen i. J. 1968. Bei dem überragenden Prestige seiner Urheber im Bunde mit dem mächtig ansteigenden Transplant-Interesse in Amerika konnte mir nicht zweifelhaft sein, daß seine Empfehlung, die diesem Interesse so entgegenkam, auf weite ärztliche und schließlich auch gesetzgeberische Zustimmung stoßen würde, und daß mein Widerspruch geringe Aussicht hatte, gehört zu werden. Immerhin nahm eine Gruppe akademischer Mediziner, darunter Transplantchirurgen, ihn ernst genug, um in einen direkten Dialog mit mir zu treten, in dem ich manches lernte und veranlaßt wurde, mein Argument sowohl theoretisch präziser als auch durch Ausmalung der befürchteten Folgen anschaulicher zu machen. Das Ergebnis auf meiner Seite war die hier folgende Niederschrift aus dem Jahre 1970.

Gegen den Strom[7]

Der inzwischen berühmt gewordene »Report of the Ad Hoc Committee of the Harvard Medical School to Examine the Definition of Brain Death« befürwortet die Anerkennung des »irreversiblen Komas als neue Definition des Todes«. Der Bericht läßt keinen Zweifel über die praktischen (d. h. zweckhaften) Gründe dafür, »warum eine [neue] Definition benötigt wird«, und nennt diese zwei: Patienten, Angehörige und medizinische Ressourcen von den Lasten eines indefinit hinausgezogenen Komas zu befreien; und Kontroversen über die Erlangung von Organen für Transplante zu vermeiden. Im Zweckdienst beider Gründe soll die neue Definition dem Arzt das Recht geben, die Behandlung eines Zustandes zu beenden, der durch sie nur verlängert, nicht gebessert werden kann, dessen Verlängerung aber für den Patienten selbst keinerlei Sinn hat. Der letztere Umstand ist natürlich die letztlich allein gültige Begründung für die Beendigung (und für die Beendigung allein!) und muß alle anderen mitstützen. Sie tut dies auch hinsichtlich der ersten Kategorie, denn die Entbürdung des Patienten ist automatisch auch die der Familie, Ärzte, Krankenpfleger, Geräte, Hospitalbetten usw. Aber der andere Grund – Freiheit für Organbenutzung – hat mögliche Implikationen, die nicht gleicherweise durch den Primärgrund gedeckt sind, welcher der Patient selbst ist. Denn mit diesem Primärgrund – der Sinnlosigkeit bloß vegetativer Fortexistenz – hat der Bericht strenggenommen nicht den Tod, den ultimativen Zustand selbst, definiert, sondern ein Kriterium dafür, ihn ungehindert stattfinden zu lassen, z. B. durch Abstellen des Atemgeräts. Der Bericht aber beansprucht, mit diesem Kriterium den Tod selbst definiert zu haben, und erklärt ihn kraft dessen Zeugnisses als schon gegeben, nicht erst als ungehindert zuzulassen. Wenn aber »der Patient aufgrund dieser Kriterien [des Gehirntods] für tot erklärt wird«, d. h. wenn der Komatöse gar kein Patient, sondern ein Leichnam ist, dann ist der Weg für andere Verwendungen der Definition, wie der zweite Grund sie vertritt, im Prinzip geöffnet und wird in praxi beschritten werden, wenn man ihn nicht rechtzeitig versperrt. Die folgenden Ausführungen sollen meinen damaligen »schwachen Versuch« hierzu (s. Anm. 5) in theoretischer Hinsicht verstärken.

Meine ursprüngliche Einwendung gegen den Harvard-Bericht hat Widerspruch von medizinischer Seite gefunden, und zwar genau in Verbindung mit dem »zweiten Grund«, dem Transplantinteresse, das meine wohlwollenden Kritiker durch die Bedenken und Wissenslücken eines Laien bedroht sahen. Darf ich das als Bekräftigung meines anfänglichen Verdachtes ansehen, daß eben dieses *Interesse*, trotz seiner recht gedämpften Stimme im Kommissionsbericht, eine Haupt-Triebfeder bei der definitorischen Bemühung war und ist? Grund zu diesem Verdacht gab schon Dr. Henry K. Beecher, wenn er anderwärts versicherte, die Gesellschaft könne es sich schlecht leisten, die Gewebe und Organe unheilbar bewußtloser Patienten »wegzuwerfen« (discard), da diese dringend für Studium und Versuche benötigt würden, um andere, sonst hoffnungslos Kranke damit retten zu können.[8] Jedenfalls ließ die Richtung und Leidenschaft der nun sich entspinnenden Debatte seitens meiner kundigen Herausforderer (die bald meine persönlichen Freunde wurden) keinen Zweifel daran, *wo* das Interesse des Chirurgen an der Definition liegt. Ich behaupte nun: So rein dies Interesse, nämlich anderes Leben zu retten, *an sich* ist, so beeinträchtigt doch sein Mitsprechenlassen den *theoretischen* Versuch einer Definition des Todes; und die Harvard-Kommission hätte sich nie erlauben dürfen, die Reinheit ihres wissenschaftlichen Befundes durch den Köder dieses externen – wiewohl höchst ehrenwerten – Gewinnes zu kontaminieren. Doch nicht Reinheit der Theorie ist hier mein Anliegen. Was mich beschäftigt, sind gewisse Folgerungen, die auf Drängen dieses externen Interesses aus der Definition gezogen werden können und deren volle Sanktion genießen, wenn sie erst einmal offiziell anerkannt ist. Ärzte wären nicht menschlich, wenn gewisse, ihrem Herzen nahe Vorteile solcher möglichen Folgerungen nicht ihr Urteil über die Richtigkeit einer Definition beeinflussen würden, die sie hergibt – ebenso wie ich freimütig gestehe, daß mein Schauder vor manchen dieser Folgerungen meine theoretische Skepsis zu höchster Wachsamkeit anhält.

Der Gedankenaustausch mit der informellen Gruppe, die mich nach einer schriftlichen Darlegung ihrer Einwände zu einem einwöchigen Besuch als Gast des Medical Center der University of California in San Francisco einlud, nötigte mich zu ausführlicherer und begrifflich schärferer Herausarbeitung meiner Position, die ich als Arbeitspapier (schon betitelt »Against the Stream«) unter ihren Mitgliedern[9] zirkulieren ließ. Hierauf basiert das Weitere.

Ich hatte drei Vorwürfe im Hinblick auf meine erste Polemik zu beantworten: daß mein Argument in Sachen »Kadaverspender« ernsthafte ärztliche Bemühungen um Lebensrettung behindere; daß ich präzisen wissenschaftlichen Tatsachen mit vagen philosophischen Erwägungen begegne; und daß ich den Unterschied zwischen Tod des »Organismus als ganzen« und Tod des »ganzen Organismus« verkenne, zugleich mit dem Unterschied zwischen spontaner und von außen induzierter Atmung und sonstiger Körperbewegung.

Ich bekenne mich natürlich »schuldig« im Sinne der ersten Anklage – dort nämlich, wo der Kadaverstatus des Spenders in Frage steht, worum es eben in meinem Argument ging. Der vorentscheidende Ausdruck »Kadaverspender« ist hier einfach eine petitio principii und umgeht die Frage, der nur der dritte Einwurf sich stellt (s.w.u.).

Was den Vorwurf der »Vagheit« betrifft, so könnte es sein, daß er selbst auf vage Weise den Umstand spiegelt, daß mein Argument eines ist – und ich glaube: ein präzises –, in dem es *um* Vagheit geht, nämlich die Vagheit eines Zustandes Aristoteles bemerkt einmal, es sei das Zeichen eines gebildeten Geistes, keine größere Genauigkeit (*akribeia*) des Wissens zu verlangen, als der Gegenstand zuläßt, z. B. dieselbe in der Politik wie in der Mathematik. Gewisse Formen des Wirklichen – wovon das Leben-Tod-Spektrum vielleicht eine ist – mögen in sich selbst »ungenau« sein, oder das darüber erlangbare Wissen mag es sein. Einen solchen Stand der Dinge aber anzuerkennen, wird ihm gerechter als eine präzise Definition, die ihm Gewalt antut. Was ich angriff, war eben die unpassende Genauigkeit einer Definition und ihrer praktischen Anwendung in einem an sich ungenauen Gebiet.

Von wirklicher theoretischer Bedeutung ist der dritte, von Dr. Otto Guttentag erhobene Einwand, und ihn will ich Schritt für Schritt durchgehen.

a. »Organismus als ganzer«, so beginnt der Einwand, sei nicht notwendig dasselbe wie »ganzer Organismus«, d. h. wie der Organismus in allen seinen Teilen. Zugegeben; und sollten meine bisherigen Ausführungen in diesem Punkt undeutlich sein, so nehme ich die Gelegenheit wahr, um zu erklären, daß ich stets den »Tod des Organismus als ganzen« und nicht »des ganzen Organismus« meinte. Örtliche Subsysteme – einzelne Zellen oder Gewebe – mögen wohl eine Zeitlang örtlich weiterfunktionieren (z. B. Wachstum von Haar und Nägeln), ohne daß dies die Feststellung des Todes gemäß den umfassenderen Kriterien tangiert. Aber Atmung und Blutkreislauf fallen nicht in diese Klasse, denn die Wirkung ihrer Tätigkeit, obwohl von Subsystemen ausgeführt, erstreckt sich durch das ganze System und sichert sowohl die funktionelle wie die substantielle Erhaltung seiner übrigen Teile. Warum sonst hält man sie bei vorgesehenen »Kadaverspendern« künstlich in Gang, außer um alle übrigen Teile, darunter die gewünschten Organe, in »gutem Zustand« – nämlich lebend – zu erhalten für schließliche Transplantation? Das so in Form gehaltene Gesamtsystem kann sogar, mit künstlicher Ernährung, seinen durchgängigen Metabolismus fortsetzen und dann wohl auch andere

(z. B. Drüsen-)Funktionen – in der Tat, so nehme ich an, so ziemlich alles, was nicht von zentraler Nervenkontrolle abhängt, also die meisten biochemischen, »vegetativen« Prozesse. Das eben ist ja der Zustand, in dem komatöse Patienten Monate und Jahre lang mit jenen Hilfsmitteln fort»vegetieren« können, und den beendigen zu dürfen *ein* Zweck des Harvard-Gutachtens war. Die Metapher vom »menschlichen Pflanzenwesen« (human vegetable) erscheint häufig in der Diskussion – seltsamerweise oft zugunsten einer Neudefinition des Todes (als ob »pflanzlich« nicht auch ein Fall von Leben wäre). Kurz, was hier durch verschiedene Kunstgriffe in Gang gehalten wird, muß – mit der in dieser Zwielichtzone gebotenen Vorsicht – mit dem »Organismus als ganzem« traditioneller Todesbestimmung gleichgesetzt werden, mehr jedenfalls als mit irgendeinem isolierbaren Teil desselben.

b. Auch spezifiziert die ältere Auffassung meines Wissens keineswegs, daß die Organtätigkeit, deren irreversibles Aufhören den Tod darstellt, *spontan* sein muß und nicht als Leben zu rechnen ist, wenn sie künstlich induziert und aufrechterhalten wird (die Folgerungen für Therapie wären verheerend). Um hier genau zu sein: das »Irreversible« des Aufhörens kann zweifachen Bezug haben: auf die Funktion selbst oder nur auf ihre Spontaneität. Ein Aufhören kann irreversibel hinsichtlich der Spontaneität sein, aber noch reversibel hinsichtlich der Tätigkeit selbst – in welchem Fall ein äußerer Aktivator laufend an die Stelle des inneren, d. h. der verlorenen Spontaneität treten muß. Das ist der Fall bei Atmungsbewegungen und Herzkontraktionen des komatösen Patienten (und auch, neuerdings, des Kunstherzens!). Die Unterscheidung ist nicht unwichtig. Denn wenn wir für das Hirn, das ausgesetzt hat, – sagen wir, nur für das Kleinhirn – tun könnten, was wir jetzt für Herz und Lunge tun können, nämlich es arbeiten *machen* durch laufende Aktivierung von außen (elektrisch, chemisch oder was sonst), so würden wir es gewiß tun und nicht darüber rechten, daß die resultierende Tätigkeit der Spontaneität mangelt: auf die Tätigkeit als solche käme es an. Dann könnten Lungenmaschine und sonstige Stimulatoren abgestellt werden, weil das Nervenzentrum, das Herzkontraktion usw. »regiert«, wieder sein Amt besorgt und den Subsystemen *ihre* »Spontaneität« wiederverschafft hat – geradeso wie die von der Zirkulation abhängigen Untersysteme spontan tätig sein konnten, als die Zirkulation selbst nur nicht-spontan tätig war. Dies ist eine rein hypothetische und wohl auf immer unrealistische Spekulation; aber ich bezweifle, daß ein Arzt sich berechtigt fühlen würde, einen Patienten für tot zu erklären wegen Nichtspontaneität an der zerebralen Quelle, wenn diese durch ein künstliches Hilfsmittel zum Tätigsein gebracht werden kann.

Der Zweck des Gedankenexperiments war, die scheinbare Einfachheit des Spontaneitätskriteriums etwas in Zweifel zu ziehen. Bei der Schichtung und Verschachtelung der Funktionen im Organismus, so scheint es meinem Laienverstand, *verteilt* sich organische Spontaneität über viele Ebenen und Orte, wo jede übergeordnete Ebene den ihr untergeordneten ermöglicht, natürlich-spontan zu sein, sei ihr eigenes Tätigsein natürlich oder künstlich.

c. Beim irreversiblen Koma, wie die Harvard-Gruppe es definierte, ist der springende Punkt natürlich genau der, daß es ein Zustand ist, der die Reaktivierung irgendeines Gehirnteils in *jedem* Sinne ausschließt. Das Gehirn, so müssen wir dann sagen, ist tot. Wir haben dann einen »Organismus als ganzen« minus Gehirn, der in einem Zustand partiellen Lebens erhalten wird, solange die Lungenmaschine und andere Hilfsmittel am Werke sind. Und hier ist meinem Dafürhalten nach die richtige Frage nicht: Ist der Patient gestorben?, sondern: Was soll mit ihm – immer noch ein Patient – geschehen? *Diese* Frage nun kann gewiß nicht durch eine Definition des Todes, sondern muß mit einer »Definition« des Menschen und dessen, was ein menschliches Leben ist, beantwortet werden. Mit anderen Worten, die Frage kann nicht einfach umgangen werden, indem man dekretiert, der Tod sei bereits eingetreten und der Körper daher im Bereich bloßer Dinge; sondern die Antwort, die sie heischt, kann etwa die sein, daß es menschlich nicht recht – geschweige denn, geboten – ist, das Leben eines hirnlosen Leibes künstlich zu verlängern. Das würde meine Antwort sein. Ist sie richtig, dann ist sie auch zum Besten des Patienten, das ja des Arztes erste Pflicht ist. Mit diesem philosophischen Grund, der kaum bestritten werden wird – der Sinnwidrigkeit bewußtlosen Fortvegetierens für ein Menschenwesen –, darf, ja soll der Arzt das Atemgerät abstellen und es dem Tod überlassen, sich selbst zu definieren durch das, was dann unweigerlich geschieht. (Die spätere Nutzung des Leichnams ist eine Sache für sich, auf die ich hier nicht eingehe, obwohl auch sie einer nur utilitarischen Einstellung widersteht.) Ich wiederhole: Die zu treffende Entscheidung ist axiologisch und nicht schon durch das klinische Faktum des Gehirntods gegeben. Sie beginnt, wenn die Diagnose des Zustands gesprochen hat: Sie ist nicht selber diagnostisch. Demnach ist, wie früher ausgeführt, eine Neudefinition des Todes nicht benötigt – nur vielleicht eine Revision der vermeintlichen Pflicht des Arztes, unter allen Umständen das Leben zu verlängern.

d. Aber, so kann man hier fragen, ist nicht eine im Gesetz verankerte Todesdefinition der einfachere und klarere Weg zum selben praktischen Ziel, ohne die Anfechtbarkeit von Werturteilen und den etwa daraus sich ergebenden Rechtsproblemen? Sie wäre es, wenn sie wirklich nur dieselbe Folgerung sanktionierte wie das schlichte ethische Prinzip *und nicht mehr*. Aber die Todesdefinition sanktioniert unbestimmt mehr und anderes: Sie öffnet das Tor zu einem ganzen Bündel weiterer Folgerungen, deren Ausmaß noch nicht abzusehen ist, wovon einige aber schon beunruhigend nahe sind. Der entscheidende Punkt ist dieser: Wenn der komatöse Patient kraft Definition tot ist, dann ist er kein Patient mehr, sondern ein Leichnam, mit dem man anstellen darf, was immer Gesetz oder Brauch oder Testament oder Angehörige mit einem Leichnam zu tun erlauben und wozu diese oder jene Interessen im besonderen drängen. Das schließt ein – warum nicht? – das *Hinausziehen* des Zwischenzustandes (für den wir einen neuen Namen finden müssen [»Lebenssimulierung«?], da der des »Lebens« durch die neue Definierung des Todes unanwendbar geworden ist), um aus ihm alle Vorteile herauszuschlagen, die wir können. Es gibt deren viele. Bis jetzt [das war 1970!] sprechen die Neudefinierer nur davon, die Lungenmaschine weiterlaufen zu lassen, bis das Transplantorgan angefordert wird (was von der Meldung eines typologisch passenden Empfängers abhängt), sie dann abzustellen und zu schneiden beginnen, womit alles zu Ende wäre – und das klingt harmlos genug. Aber warum muß es damit zu Ende sein? Warum die Maschine abstellen? Sind wir erst einmal versichert, daß wir es mit einem Leichnam zu tun haben, dann sprechen keine logischen Gründe dagegen und starke pragmatische dafür, die künstliche Durchblutung (Lebenssimulierung) fortzusetzen und den Leib des Verschiedenen zur Verfügung zu halten – als eine Bank für lebensfrische Organe, möglicherweise auch als eine Fabrik für Hormone und andere biochemische Substanzen, nach denen Bedarf besteht. Ich zweifle nicht, daß einem solchen Leibe auch die natürliche Fähigkeit zu Narbenbildung und Heilung von Operationswunden erhalten werden kann, so daß er mehr als einen Eingriff überstehen könnte. Verlockend ist auch die Idee einer sich selbst regenerierenden Blutbank. Künstliche Nährstoffzufuhr wäre kein Problem. Und das ist noch nicht alles. Vergessen wir nicht die Forschung. Warum sollten nicht die wundervollsten Transplantexperimente an dem gefälligen Subjekt-Nichtsubjekt vorgenommen werden, wo der Kühnheit keine Schranken gesetzt sind? Warum nicht immunologische und toxikologische Untersuchungen, Infektion mit Krankheiten, alten und neuen, Ausprobieren von Drogen? Wir haben die »aktive« Kooperation eines funktionierenden Organismus, der für tot erklärt ist und deshalb keinen Schaden leiden kann: das heißt, wir haben die Vorteile des lebenden Spenders ohne die Nachteile, die dessen Rechte und Interessen auferlegen (denn ein Leichnam hat keine). Welch ein Segen für die medizinische Ausbildung, für anatomische und physiologische Demonstration und Übung an so viel besserem Material, als es sonst der Seziersaal bietet! Welche Chance für den Anfänger, gleichsam »in vivo« amputieren zu lernen, ohne daß seine Fehler etwas ausmachen! (Und so fort – in den weit offenen Raum der Möglichkeiten ...) Befürwortet wird ja »die volle Ausnutzung moderner Mittel, den Wert von Kadaverorganen zu maximieren«. Wohlan, hier hätten wir die Maximierung.

Aber nein, so werden die Berufsvertreter protestieren, an so etwas denkt doch niemand! Vielleicht nicht. Aber ich habe gerade gezeigt, daß man daran denken *kann*, und mein Argument ist, daß die vorgeschlagene Definition des Todes jeden Grund beseitigt, nicht daran zu denken, und, einmal gedacht, es nicht zu tun, wenn als wünschenswert befunden (und die Angehörigen zustimmen). Erinnern wir uns, daß die Harvard-Gruppe im Ergebnis nicht etwa eine Definition irreversiblen Komas als Grund für den Abbruch erhaltender Maßnahmen angeboten hat, sondern eine Definition des *Todes* durch das Kriterium irreversiblen Komas als Grund für die begriffliche Versetzung des Patientenleibes in die Klasse lebloser Dinge, *gleichviel* ob erhaltende Maßnahmen fortgesetzt oder abgebrochen werden. Es wäre unaufrichtig zu leugnen, daß die Neudefinierung auf eine *Vor*datierung des fait accompli hinausläuft, verglichen mit Kriterien nach konventionellen Lebenszeichen, die noch dauern können; daß sie nicht durch das ausschließliche Interesse am Patienten motiviert ist, sondern auch durch gewisse ihm äußere Interessen (Organspende das vorherrschende davon); und daß eben die Bedienung dieser Interessen, d. h. der tätliche Gebrauch der Freiheit, die die Definition theoretisch verschafft, bei ihrem diagnostischen Gebrauch schon typisch vorgesehen sein wird. Das letztere allein birgt gefährliche Versuchungen in sich für den diagnostischen Vorgang selbst. Aber einerlei, welcher besondere Gebrauch zur Zeit von der Zunft vorgesehen, nicht vorgesehen oder gar verpönt sei – es wäre naiv zu glauben, daß *irgendwo* eine Linie zwischen erlaubtem und unerlaubtem Gebrauch gezogen werden kann, wenn genügend starke Interessen sprechen: Die Definition, die absolut, nicht graduell ist, versagt jedes Prinzip für das Ziehen einer solchen Linie. (Bei der Ingeniosität der medizinischen Wissenschaft ist es wahrscheinlich, daß das »simulierte Leben« des hirnlosen Leibes schließlich jede extraneutrale Tätigkeit des menschlichen Körpers einbegreifen kann, vielleicht sogar manche künstlich aktivierten Nervenfunktionen.)

e. Nach alledem ist mein Argument sehr einfach. Es ist dies: Die Grenzlinie zwischen Leben und Tod ist nicht mit Sicherheit bekannt, und eine Definition kann Wissen nicht ersetzen. Der Verdacht ist nicht grundlos, daß der künstlich unterstützte Zustand des komatösen Patienten immer noch ein Restzustand von Leben ist (wie er bis vor kurzem auch medizinisch allgemein angesehen wurde). D. h., es besteht Grund zum *Zweifel* daran, daß selbst ohne Gehirnfunktion der atmende Patient vollständig tot ist. In dieser Lage unaufhebbaren Nichtwissens und vernünftigen Zweifels besteht die einzig richtige Maxime für das Handeln darin, nach der Seite vermutlichen Lebens hinüberzulehnen. Daraus folgt, daß Eingriffe, wie ich sie beschrieb, der Vivisektion gleichzuachten sind und unter keinen Umständen an einem menschlichen Körper stattfinden dürfen, der sich in diesem äquivoken oder Schwellen-Zustand befindet. Eine Definition, die solche Eingriffe dadurch autorisiert, daß sie als unäquivok stempelt, was bestenfalls äquivok ist, muß abgelehnt werden. Aber bloße Ablehnung im theoretischen Disput ist nicht genug. Bei dem Druck der – sehr realen und höchst schätzbaren – medizinischen Interessen, die hier im Spiel sind, läßt sich mit Sicherheit vorhersagen, daß die generelle Erlaubnis, die die Theorie erteilt, in der Praxis unwiderstehlich sein wird, wenn die Definition erst einmal öffentlich-rechtlich anerkannt ist. Daß es dazu kommt, muß daher mit allen Kräften verhindert werden. Es ist das einzige, dem jetzt noch widerstanden werden kann. Ist die Straße zu den praktischen Folgerungen erst offen, ist es dafür zu spät. Es ist ein klarer Fall von »principiis obsta«.

Die vorangehende Erörterung blieb ganz auf der Ebene des »gemeinen Verstandes« und der gewöhnlichen Logik. Es seien noch, mehr spekulativ, zwei philosophische Bemerkungen angefügt.

1. Hinter der vorgeschlagenen Definition mit ihrer offenkundigen pragmatischen Motivierung sehe ich eine seltsame Wiederkehr – die naturalistische Reinkarnation sozusagen – des alten Leib-Seele-Dualismus. Seine neue Gestalt ist der Dualismus von Körper und Gehirn. In einer gewissen Analogie zu dem früheren transnaturalen Dualismus hält er dafür, daß die wahre menschliche Person im Gehirn sitzt (oder dadurch repräsentiert wird), und der übrige Körper dazu nur im Verhältnis des dienstbaren Werkzeugs steht. Wenn daher das Gehirn stirbt, ist es so, wie wenn die Seele entfloh: was bleibt, sind die »sterblichen Überreste«. Nun wird niemand leugnen, daß der zerebrale Aspekt entscheidend ist für die menschliche Qualität des Lebens jenes Organismus, der »Mensch« heißt. Eben dies anerkennt die von mir vertretene Position mit der Empfehlung, daß man bei unwiderruflichem totalen Verlust der Gehirntätigkeit den darauf natürlich folgenden Tod des übrigen Organismus nicht aufhalten soll. Aber es ist nicht weniger eine Übertreibung des zerebralen Aspekts, als es eine der »bewußten Seele« war, dem extrazerebralen Leibe seinen wesenhaften Anteil an der Identität der Person abzusprechen. Der Leib ist so einzig der Leib dieses Hirns und keines anderen, wie das Hirn einzig das Hirn dieses Leibes und keines anderen ist. (Dasselbe galt eigentlich auch für das Verhältnis der unkörperlichen Seele zu »ihrem« Leib.) Das, was unter der

zentralen Kontrolle des Gehirns steht, das leibliche Ganze, ist so individuell, so sehr »ich selbst«, so einmalig zu meiner Identität gehörig (Fingerabdrücke! Immunreaktion!), so unaustauschbar, wie das kontrollierende (und reziprok von ihm kontrollierte) Gehirn selbst. Meine Identität ist die Identität des ganzen und gänzlich individuellen Organismus, auch wenn die höheren Funktionen des Personseins ihren Sitz im Gehirn haben. Wie sonst könnte ein Mann eine Frau lieben und nicht nur ihr Gehirn? Wie sonst könnten wir uns im Anblick eines Gesichtes verlieren? Angerührt werden vom Zauber einer Gestalt? Es ist das Gesicht, es ist die Gestalt dieser Person und keiner andern auf der Welt. Darum: Solange der komatöse Körper – selbst nur mit Hilfe der ›Kunst‹ – noch atmet, pulsiert und sonstwie organisch am Werk ist, muß er immer noch als restliche Fortdauer des Subjektes angesehen werden, das geliebt hat und geliebt wurde, und hat als solches immer noch Anspruch auf jene Sakrosanktheit, die einem solchen Subjekt nach menschlichem und göttlichem Recht gebührt. Diese Sakrosanktheit gebietet, daß es nicht als bloßes Mittel benutzt wird.

2. Meine zweite Bemerkung betrifft die Moral unserer Zeit im wunden Punkt ihres Verhältnisses zum Tode. Schwächliche Leugnung seines Rechtes, wenn seine Zeit gekommen ist, mischt sich darin mit robuster Versagung der Pietät, wenn er eingetreten ist. Der zitierte päpstliche Bescheid fürchtet sich nicht zu sagen: Unter bestimmten Umständen laßt den Patienten sterben; er sprach vom Patienten allein und nicht von Außeninteressen wie denen der Gesellschaft, der Medizin oder anderen. Die Feigheit der modernen Säkulargesellschaft, die vorm Tode als dem unbedingten Übel zurückschreckt, braucht die Versicherung (oder Fiktion), daß er schon eingetreten sei, wenn die Entscheidung zu treffen ist. Die Verantwortung wertbeladener Entscheidung wird ersetzt durch die Mechanik wertfreier Routine. Insofern als die Neudefinierer des Todes, indem sie sagen »er ist schon tot«, die Skrupel über die

Abstellung des Atemgeräts zu beheben suchen, kommen sie einer zeitgenössischen Feigheit entgegen, die vergessen hat, daß der Tod seine eigene Richtigkeit und Würde haben kann und der Mensch ein Recht darauf, daß man ihn sterben läßt. Insofern sie durch eben diesen Spruch ein noch besseres Gewissen dafür zu verschaffen suchen, das Gerät angestellt zu lassen und den so auf der Schwelle von Leben und Tod festgehaltenen Leib ungehindert zu nutzen, dienen sie dem herrschenden Pragmatismus unserer Zeit, der kein altertümliches »Furcht und Zittern« einer immer weiteren Ausdehnung des Reiches purer Dingheit und unbeschränkter Nutzung im Wege stehen läßt. Glanz und Elend unserer Zeit wohnen in dieser unaufhaltsamen Flut.

Postskript vom Dezember 1976[10]

Die Vorhersagen oder Vorahnungen, die 1970 in der hier wiedergegebenen Abhandlung zu Wort kamen, haben inzwischen begonnen, im grellen Licht des Operationssaales Wahrheit zu werden. Am 5. Dezember 1976 berichtete die New York Times unter der Überschrift »Künstlich beatmetes Mädchen wird für tot erklärt«:

»Eine 17jährige Schülerin..., die bei einem Straßenraubüberfall einen schweren Gehirnschaden erlitten hatte, wurde am Donnerstag, noch während sie mit Hilfe eines Atmungsgeräts erhalten (sustained) wurde, für tot erklärt. Die Todesbescheinigung wurde mit Zustimmung der Eltern vom Hausarzt und vom Vorsitzenden der ärztlichen Bezirksvereinigung unterzeichnet ... Innerhalb einer Stunde entfernte man die Augen und Nieren des Mädchens für Transplantationszwecke. Das Atmungsgerät blieb nach Angabe der Ärzte in Gang, um die Lebensfähigkeit der Organe zu erhalten, und wurde dann [d. h. *nach* erfolgten Exzisionen] abgeschaltet und die erzwungene Atmung eingestellt.«

Man beachte, daß hier die neue Definition des Todes tatsächlich dafür benutzt wurde, die Organexzision zu erlauben, während sich die »Spenderin« dank der Lungenmaschine noch in dem »äquivoken oder Schwellen-Zustand« (wie ich ihn nannte) des Komas befand. Das Atmungsgerät wurde abgeschaltet nach, nicht vor, der Entfernung von Augen und Nieren; und dann wohl nur, weil man zufällig keine weitere Nutzung ihres Körpers für jetzt oder später ins Auge gefaßt hatte (oder fassen konnte, da er ohne Nieren nicht »lebensfähig« war). Aber es hätte keiner weiteren Legitimierung oder neuen Prinzipienentscheidung bedurft, den Körper über die ersten zwei Operationen hinaus in Gang zu halten. So ist denn (zumindest durch einen Präzedenzfall) die Tür zur Tat geöffnet worden, die theoretisch verschlossen zu halten ich helfen wollte – und damit die Heerstraße frei zu einer unbestimmten Reihe praktischer Möglichkeiten, die meine gruselige Phantasie erspähte und deren Wahl kein Gesetz, Bedenken oder Prinzip mehr versperrt. Der Anfang ist gemacht: Fiktion weicht der Unternehmung, und das Ende ist nirgends in Sicht. Alles, was mein Versuch noch tun *kann* – mit geringer Hoffnung, daß er und seinesgleichen es auch tun wird – ist, daran mitzuhelfen, daß die »Gesellschaft«, dieses unbestimmteste aller Subjekte, mit offenen und nicht mit geschlossenen Augen durch jene Tür geht. Inkonsequent, wie (zum Glück) der Mensch ist, mag er immer noch irgendwo einen Trennstrich ziehen ohne den Beistand einer konsequenten Regel.

Post-Postskript 1985

Auch das obige Nachwort ist längst vom Gang der Ereignisse überholt. Der Vormarsch der Medizin, unaufhaltsam in diesem Fall, wo ärztlicher Eifer (altruistischer und anderer) nicht weniger als der Notruf so vieler Leidender nach lebensrettenden Fremdorganen ihn antreibt, hat den ganzen

– von Anfang mit geringer Hoffnung unternommenen – Versuch dieser Abhandlung antiquiert. So wenigstens in den Vereinigten Staaten, wo mir die Lage einigermaßen bekannt ist: Die Harvard-Definition oder Ableger davon sind inzwischen bei der Mehrzahl der Bundesstaaten in die Gesetzgebung eingegangen. Routinemäßig werden Organe für Transplantation allenthalben bei atmenden und durchbluteten »Leichnamspendern« (cadaver donors) entfernt. Vielfach werden die strengen Harvard-Kriterien für die Feststellung des »Gehirntods« gelockert. Das Elektrokephalogramm z. B. braucht nicht völlig flach zu sein, da Unebenheiten von Umweltquellen stammen können; manchmal wird es überhaupt durch das neurologische Gesamtbild ersetzt. Die Mindestfrist für Beobachtung und Testwiederholung wird herabgesetzt – von 24 auf 6 Stunden ab Eintritt des Komas. Schon vor ihrem Ablauf wird, in Voraussicht der schließlichen Spenderrolle, die Behandlung (z. B. Hydrierung) von gehirn- auf organgünstige Rücksicht umgestellt. Mancherorts gibt es zwei Todesfeststellungen: die ärztliche vor der Organentnahme, die rechtliche (für Erbschaftsfragen gültige) danach. Die Wartelisten für Transplantorgane, mit ihrem Druck auf die Ärzte an den ›Lieferquellen‹, sind lang; Nachfrage übersteigt jederzeit das Angebot; die Beschaffungsvermittlung (organ procurement) ist hochorganisiert; die Typenpaarung von Spendern und Empfängern computerisiert. Nichts davon scheint noch strittig zu sein; von öffentlicher Diskussion ist mir nichts bekannt.

Insofern ist eingetroffen, was meine Untersuchung als Folge der neuen Todesdefinition im Falle ihrer Annahme vorhersagte. Nicht eingetroffen ist allerdings die Gruselphantasie längerer Erhaltung des atmenden Leichnams für fernere medizinische Ausbeute: Sie wird uns wohl erspart bleiben, nicht aus inneren Bedenken, sondern weil sie schon durch die fortlaufende (immer exklusive) Beanspruchung teurer und knapper Apparatur viel zu unrationell wäre.

Doch im Prinzip ist die Schlacht verloren. Praktisch lie

meine Gegenwehr darauf hinaus, daß man zunächst die künstliche Atmung einstellt, dann die Zeit läßt, um die endgültige Abwesenheit aller Lebenszeichen festzustellen, und danach erst mit der Organentfernung beginnt. Das würde, da die Verzögerung kurz ist, immer noch brauchbares Material erbringen, aber die Bedingungen wären nicht mehr die optimalen, die Ausbeute daher wohl geringer. Das natürlich hat praktisch den Ausschlag gegeben.

Zum Schluß: Es gibt wichtigere, größere, das allgemeine Schicksal weit mehr betreffende Seiten des technischen Fortschritts als diese Sache der doch relativ wenigen Komatösen und der auf ihre Organe wartenden Transplantanwärter. Viel kapitalere Herausforderungen erstehen der Ethik aus der Technik; und die insofern unverhältnismäßige Breite dieser Darlegungen könnte den Eindruck hinterlassen, daß hier ein Steckenpferd geritten wurde. In der Tat, hierüber allein bräuchte der nicht direkt Beteiligte nicht den Schlaf zu verlieren (obzwar der beteiligte Arzt es sollte). Aber als Schulbeispiel eines Syndroms ist der Sonderfall lehrreich. Er exemplifiziert das Zusammenwirken all jener Faktoren, die uns willig machen, neuen Errungenschaften der Technik der handgreiflichen Gewinne wegen ihren Lauf zu lassen, dem technologischen Diktat die Verdinglichung auch unserer selbst uns zu beugen, ja sogar unser irrationales Empfinden, tiefsitzende Sensibilitäten dem einmal machbar Gewordenen anzupassen. Damit beleuchtet das Beispiel – ein Exerzitium in Vergeblichkeit – auch den schweren, oft hoffnungslosen Stand, den die unabhängige ethische Einsprache dagegen auch bei den Wohlmeinendsten hat.

Anmerkungen

1 »A Definition of Irreversible Coma. Report of the Ad Hoc Committee of the Harvard Medical School to Examine the Definition of Brain Death«, *Journal of the American Medical Association* 205, no. 6 (August 5, 1968), pp. 337-340.
2 26.-28. September 1968 in Boston, gemeinsam veranstaltet von der American Academy of Arts and Sciences und den National Institutes of Health.
3 Zuerst in *Daedalus*, Spring 1969 (= Vol. 98, No. 2 of the Proceedings of the American Academy of Arts and Sciences) unter dem Gesamttitel »Ethical Aspects of Experimentation with Human Subjects«. Eine um zusätzliche Beiträge vermehrte Ausgabe der Sammlung erschien als Buch, *Experimentation with Human Subjects*, ed. Paul A. Freund, New York 1969. Der Titel meines Aufsatzes, unter dem er dann wiederholt in weitere Sammelbände übernommen wurde, war »Philosophical Reflections on Experimenting with Human Subjects«. Das war in den Anfängen der inzwischen sehr allgemein gewordenen Diskussion ethischer Probleme des medizinischen Fortschritts in Amerika. Die relative Pioniersituation erklärt den ungewöhnlich breiten Widerhall gerade dieses Aufsatzes innerhalb und außerhalb des philosophischen Lagers.
4 Erklärung des Papstes Pius XII. im Jahre 1957.
5 Der Harvard-Bericht beschränkt sich auf die diskrete Nennung dieses Zweckes mit dem zweiten der beiden Gründe, »warum eine Definition nötig ist«: »(2) Veraltete Kriterien für die Definition des Todes können zu Kontroversen bei der Erlangung von Organen für Transplantation führen.« Der erste Grund (Zweck) ist die Entlastung von der Bürde eines endlos sich hinziehenden Komas. Der Bericht beschränkt seine Empfehlungen auf das, was hierunter fällt – Abstellung der Hilfsmaschinen – und schweigt im weiteren über den möglichen Gebrauch der Definition im Dienste des zweiten Grundes. Aber wenn »der Patient für tot erklärt worden ist aufgrund dieser Kriterien«, dann ist der Weg zu dem anderen Gebrauch theoretisch geöffnet worden – und er wird beschritten werden, wenn man nicht rechtzeitig eine besondere Schranke errichtet. Das Obige ist mein schwacher Versuch, an ihrer Errichtung mitzuhelfen.
6 Nur eine cartesianische Ansicht von der »Tiermaschine«, die ich hier irgendwie noch geistern sehe, könnte uns da beruhigen – wie sie es tatsächlich zu ihrer Zeit (17. Jhdt.) willkommenerweise in Sachen tierischer Vivisektion tat. Doch ihre Wahrheit ist sicherlich nicht durch Macht der Definition zu statuieren.

7 »Against the Stream«, veröffentlicht 1974 in H. Jonas, *Philosophical Essays: From Ancient Creed to Technological Man*, und seitdem mehrfach in Anthologien nachgedruckt.

8 Dies in Antwort auf die von ihm selbst gestellte rhetorische Frage, die o. (S. 121) verzeichnet ist. Ich kannte Dr. Beecher persönlich und kann – dem etwaigen Anschein des von ihm gebrauchten Utilitätsjargons zuwider – seine hohe Menschlichkeit und sittliche Feinfühligkeit bezeugen. Er war bahnbrechend in der Aufdeckung von Mißbräuchen bei Humanexperimenten. (Dr. Beecher übrigens war Vorsitzender der Ad Hoc Harvard-Kommission und Verfasser ihres in dieser ganzen Abhandlung diskutierten Berichtes über »Gehirntod«; s. o. Anm. 1.)

9 Von diesen nenne ich den Chirurgen Samuel Kountz, damals der führende Praktiker der Nierentransplantation; den Psychiater Harrison Sadler; und den Medizinhistoriker Otto Guttentag, philosophischer Sprecher der Gruppe. Als rühmliches Zeugnis für das dort gezeigte Verständigungsbemühen erwähne ich, daß man mich durch mehrere Tage die Realitäten der Organverpflanzung – die ›kunst‹mäßigen im Operationssaal, die menschlichen bei Spendern und Empfängern – aus nächster Nähe beobachten und, auch als Zeugen der ärztlichen Konferenzen, geradezu miterleben ließ.

10 Dies Postskript ist in späteren Auflagen von »Against the Stream« enthalten.

11. Techniken des Todesaufschubs und das Recht zu sterben

Die erste Reaktion auf den Titel dieser Untersuchung sollte Erstaunen sein. »Das Recht zu sterben«: Was für eine seltsame Verbindung von Worten! Wie sonderbar, daß wir heutzutage von einem Recht zu *sterben* sprechen sollen, wenn seit je alles Reden von Rechten überhaupt auf das fundamentalste aller Rechte: das Recht zu *leben*, rückbezogen war. In der Tat, jedes sonstige Recht, das je erwogen, verlangt, gewährt oder versagt worden ist, kann als eine Ausdehnung dieses Primärrechtes angesehen werden, da jedes besondere Recht die Betätigung irgendeines Lebensvermögens, den Zugang zu irgendeinem Lebensbedarf, die Befriedigung irgendeiner Lebensbestrebung betrifft.

Leben selbst existiert nicht kraft eines Rechtes, sondern kraft Naturentscheids: Daß ich lebend da bin, ist eine schiere Tatsache, deren einzige natürliche Ermächtigung die Ausstattung mit den angeborenen Fähigkeiten der Selbsterhaltung ist. Aber unter Menschen bedarf die Tatsache, ist sie erst einmal da, der Sanktion eines *Rechtes*, denn leben heißt Anforderungen an die Umwelt stellen und hängt daher davon ab, daß diese ihnen stattgibt. Insofern die Umwelt die menschliche ist und das Stattgeben, das sie gewährt, ein Element des Willens enthält, läuft solch ein summarisches Gewähren, wie es allem Gemeinschaftsleben zugrunde liegt, auf die implizite Zuerkennung des Lebens*rechtes* des einzelnen durch die vielen hinaus und natürlich auf dieselbe Zuerkennung durch ihn an alle anderen. Dies ist der Keim aller Rechtsordnung. Jedes weitere Recht, ob gleich oder ungleich verteilt, im Naturrecht oder positiven Recht, leitet sich von diesem Urrecht ab und von seiner gegenseitigen Anerkennung durch seine Subjekte. Mit Recht wird daher »Leben« zuerst unter den »unveräußerlichen Rechten« in der amerikanischen Unabhängigkeitserklärung genannt. Und wahrlich, die Menschheit hatte jederzeit (und hat noch heute) genug zu tun mit dem Entdecken, Definieren, Verfechten, Erlangen und Beschützen der mannigfachen Rechte, in denen das Recht zum Leben sich besondert.

Wie höchst merkwürdig ist es dann, daß wir uns neuerdings mit der Frage eines Rechtes zum Sterben befaßt finden! Um so merkwürdiger, als Rechte gemeinhin zur Förderung eines Gutes gesucht werden und der Tod als Übel gilt oder bestenfalls als etwas, worein man sich schicken muß. Und noch merkwürdiger, wenn man bedenkt, daß wir mit dem Tode keine Anforderung an die Welt stellen, wo denn die Frage eines Rechtes darauf sich erheben kann, sondern im Gegenteil jeden möglichen Anspruch aufgeben. Wie kann da auch nur die Idee von »Recht«, worin sich immer mehrere treffen müssen, Anwendung finden?

Wie aber, wenn durch besondere Umstände mein Sterben oder Nichtsterben in den Bereich der Wahl tritt; und wenn außer einem Recht zu leben auch eine Pflicht zu leben für mich statuierbar wäre? Dann könnten andere (in Form der »Gesellschaft«) nicht nur eine Pflicht gegenüber meinem Recht-zu-leben haben, sondern auch ein Recht, meine Pflicht-zu-leben gegen mich selbst geltend zu machen und z. B. mich daran zu hindern, früher zu sterben als ich muß, selbst wenn ich es will. Kurz, wie ist es, wenn das Sterben eines Menschenwesens unter menschliche Kontrolle kommt und seine eigene Stimme (wenn es die des Todeswunsches ist) vielleicht nicht die einzige ist, die dabei gehört werden muß? Dann wird ein »Recht zu sterben« eine reale, prüfungswürdige und umstreitbare Angelegenheit. Die war es in der Tat schon immer für Religion und Moral in Sachen des Selbstmordes (»Freitod«), bei dem das Element der Wahl am klarsten vorliegt; und in manchen Rechtsordnungen auch für das öffentliche Gesetz, das ein hinderndes Eingreifen in diesen privatesten aller Akte gutheißt, wenn nicht gar gebietet (und Beihilfe verbietet), ja, so weit gehen kann, den

Selbstmord strafrechtlich geradehin zum Verbrechen zu machen. Dies wäre die eindeutigste Verneinung eines anrufbaren Rechtes zu sterben. Aber nicht mit dem Selbstmord, der Tat eines aktiven Subjektes, hat es das heute die Gemüter bewegende »Recht zu sterben« zu tun, sondern mit der Situation des todkranken Patienten, der passiv den todverzögernden Techniken der modernen Medizin ausgesetzt ist. Obwohl gewisse Aspekte der Ethik des Selbstmordes auch in diese Frage hineinragen, so erlaubt uns doch das Vorliegen der tödlichen Krankheit als der eigentlichen Sterbensursache, einen Unterschied zu machen zwischen Dem-Tod-nicht-Widerstehen und Sich-Töten, ebenso wie zwischen Sterbenlassen und Den-Tod-Verursachen.

Das neuartige Problem ist dieses: Moderne medizinische Technologie, selbst wo sie nicht heilen oder lindern oder eine zusätzliche, wie immer kurze Frist lohnenden Lebens erkaufen kann, vermag doch vielfach das Ende jenseits des Punktes hinauszuzögern, wo das so verlängerte Leben dem Patienten selbst noch wert ist, ja, wo er überhaupt noch werten kann. Dies bezeichnet in der Regel (von Chirurgie abgesehen) ein therapeutisches Stadium, in dem die Grenzlinie zwischen Leben und Tod gänzlich zusammenfällt mit der zwischen Fortsetzung und Abbruch der Behandlung: m.a.W. wo die Behandlung nichts anderes tut als den Organismus in Gang halten, ohne den Zustand in irgendeinem Sinne zu verbessern (von Heilung ganz zu schweigen). Es wird nur der Tod durch Verlängerung des bestehenden Leidens- oder Minimalzustandes hinausgeschoben. Dieser Fall des hoffnungslos leidenden Patienten ist nur das Extrem in einem Spektrum ärztlicher Kunst, welche – im Verein mit der Anstaltsmacht des Krankenhauses und gestützt vom Gesetz – Situationen schafft, wo es fraglich wird, ob die Eigenrechte des (typisch machtlosen und irgendwie »gefangenen«) Patienten gewahrt oder verletzt werden, und darunter würde ein Recht zu sterben sein. Ferner, wenn Behandlung permanent identisch wird mit am Leben Erhalten, erhebt sich für Arzt und Hospital das Gespenst des Tötens durch Abbruch der Behandlung, für den Patienten das des Selbstmordes mit dem Verlangen nach dem Abbruch, für andere das der Mitschuld am einen oder anderen mit barmherziger Zulassung. Diesen Aspekt der Sache, der ihre rein ethische Auflösung mit juristischen Zwängen und Befürchtungen versetzt, lassen wir für später. Was die Rechte des Patienten betrifft, so scheint mit den angezeigten medizinischen Entwicklungen in der Tat ein neuartiges »Recht zu sterben« auf den Plan getreten zu sein; und wegen der neuartigen, lediglich »in Gang haltenden« Behandlungstypen fällt dies Recht offenbar unter das allgemeine Recht, Behandlung überhaupt entweder anzunehmen oder abzulehnen. Wir wollen zuerst dies weitere und kaum bestrittene Recht erörtern, welches im Ablehnungsfalle stets, obschon meist in nicht so direkter Form, auch den Tod als ein mögliches und vielleicht sicheres Ergebnis seiner Wahl einschließt. Hierbei, wie in unserer ganzen Betrachtung, werden wir zwischen legalen und moralischen Rechten (und ebenfalls Pflichten) zu unterscheiden haben.

Das Recht, Behandlung abzulehnen

Legal besteht in einer freien Gesellschaft keine Frage, daß jeder (ausgenommen Minderjährige und Geisteskranke) gänzlich frei darin ist, ärztlichen Rat und Behandlung für jederlei Krankheit zu suchen oder nicht zu suchen, und ebenso frei darin, von einer Behandlung jederzeit (außer inmitten einer kritischen Phase) zurückzutreten.[1] Die einzige Ausnahme ist eine Krankheit, die eine Gefahr für andere darstellt, wie es ansteckende Krankheiten und gewisse Geistesstörungen tun: da können Behandlung und Isolierung, auch vorbeugende Maßnahmen wie Impfung, obligatorisch gemacht werden. Ohne eine derartige direkte Implikation des öffentlichen Interesses ist meine Krankheit oder Gesundheit gänzlich meine Privatangelegenheit, und ich miete ärztliche Dienste in freiem Vertrag. Dies ist, so glaube ich, die *legale* Lage hier und allgemein in jedem nicht-totalitären Staat.

Moralisch ist die Sache nicht so eindeutig. Ich kann Verantwortungen für andere haben, deren Wohlfahrt von meiner abhängt, z. B. als Versorger einer Familie, als Mutter kleiner Kinder, als maßgeblicher Träger einer öffentlichen Aufgabe, und solche Verantwortungen beschränken zwar nicht legal, aber sittlich meine Freiheit, ärztliche Hilfe abzulehnen. Es sind dies dem Wesen nach dieselben Rücksichten wie die, welche auch mein Recht zum Selbstmord sittlich beschränken, selbst wenn hierin kein religiöses Verbot für mich mehr zählt. Bei gewissen Arten von Behandlung, wie der Dialysemaschine für Nierenversagen, kommt die Ablehnung im Ergebnis dem Selbstmord gleich. Dennoch besteht da ein bedeutsamer Unterschied zu dem »Hand an sich selbst legen«, d. h. sich gewaltsam umbringen: Andere, einschließlich öffentlicher Gewalten, in der Tat jeder Umstehende, haben das Recht (weithin sogar als Pflicht betrachtet), einen *aktiven* Selbstmordversuch durch rechtzeitige Intervention zu vereiteln, die nicht einmal Gewalt ausschließt. Zugegebenermaßen ist dies eine Einmischung in die privateste Freiheit des Subjekts, aber nur eine momentane und auf längere Sicht ein Akt im Namen eben jener Freiheit. Denn sie stellt nur den Status quo eines freien Tatsubjekts wieder her mit der Gelegenheit zu neuem Überdenken, in dem er oder sie revidieren kann, was vielleicht die Eingebung eines verzweifelten Augenblicks war – oder darin beharren kann. Der Beharrlichkeit wird es am Ende doch gelingen, und nur die etwaige Voreiligkeit wurde verhindert. Die zeitgebundene Intervention behandelt den zeitgebundenen Akt wie einen Unfall, von dem gerettet zu werden, selbst gegen seinen Willen, als des Opfers eigener dauerhafterer, nur zeitweise überschatteter Wunsch angenommen werden kann (und sich als solcher manchmal eben durch die unvollkommene Geheimhaltung des Versuchs verrät, wodurch ja die Intervention erst möglich wurde). Der Gerettete hat es in der Hand, diese Imputation zu widerlegen. Der entschlossene Selbstmörder behält immer das letzte Wort. Ich erörtere hier nicht die Ethik des Freitodes selbst, sondern nur die Rechte (oder Pflichten) anderer, darin einzugreifen. Und da zählt in unserer gegenwärtigen Erörterung eben dies, daß Gegengewaltsamkeit im Augenblick selbstmörderischer Gewaltsamkeit die Person nicht zum Weiterleben zwingt, sondern nur die Frage für sie wieder offenstellt.

Es ist offenbar etwas anderes, einen hoffnungslos Kranken und Leidenden dazu zu zwingen, sich weiterhin einer Erhaltungstherapie zu unterziehen, die ihm ein Leben erkauft, das er nicht des Lebens wert erachtet. Niemand hat das Recht, geschweige die Pflicht, dies jemandem in lang hingezogener Verneinung der Selbstbestimmung aufzuzwingen. Ein gewisses Maß aufschiebender Hemmung ist geboten, um das Unwiderrufliche gegen Voreiligkeit abzuschirmen. Aber über eine solche kurze Verzögerung hinaus kann nur der innere Zug der Verantwortung – »ich muß mich für die und die aufsparen« – das Subjekt *durch seinen eigenen Willen* davon abhalten, das zu tun, was zu tun es für sich allein wählen würde.[2] Aber dieselbe Art der Erwägung, so müssen wir hinzufügen, kann auch zum entgegengesetzten Schluß führen: »Die (doch nichts helfende) Behandlung ist finanziell ruinös für meine Familie, und um ihretwillen gebe ich auf.« Wenn eine Pflicht – zwar eine nicht erzwingbare – behauptet werden kann, dem eigenen Wunsch zuwider für andere weiterzuleben, dann muß zumindest auch ein Recht zugestanden werden, für sie zu sterben. Aber nicht eine Pflicht dazu! Die beiden entgegengesetzten Richtungen des Zugs der Verantwortung sind nicht von gleichem moralischem Gewicht, wie wir uns klarmachen können, wenn wir fragen, wofür jemand, der Ansprüche an die Person hat, anständigerweise mit ihr plädieren kann: gewiß nur für ihr

Am-Leben-Bleiben, niemals für ihre Einwilligung zu sterben. Der Tod muß die unbeeinflußteste aller Wählbarkeiten sein; das Leben darf seine Fürsprecher haben, sogar von der Selbstsucht und gewiß von der Liebe her. Doch selbst die Sache des Lebens darf nicht zu hart verfochten werden in einem solchen Plädoyer. Gerade die Liebe muß gegen die Stimme des Selbstinteresses anerkennen, daß keine Pflicht-zu-leben, ob sie gleich den *Wunsch* zu sterben in mir überstimmen kann, so daß ich ihn mir versage, wirklich mein *Recht* aufhebt, unter den hier angenommenen Umständen den Tod zu wählen. Was immer die Ansprüche der Welt an die Person seien, dies Recht ist (außerhalb der Religion) sittlich und rechtlich so unveräußerlich wie das Recht zu leben, obwohl die Wahrnehmung des einen wie des anderen Rechtes nach eigener Wahl – doch *nur* nach freier Wahl – anderen Erwägungen geopfert werden mag. Die Koppelung beider gegensätzlichen Rechte zu einem Paar sichert beiden zu, daß keines von ihnen in unbedingte Pflicht gewandt werden kann: weder in die zu leben noch in die zu sterben.[3]

Hat das öffentliche Recht einen Platz in alledem? Ja, und zwar in zwei unterstützenden Hinsichten: erstens, als Teil seiner Aufgabe, das Recht zum Leben zu schützen, muß das Gesetz auch das Recht auf ärztliche Behandlung sanktionieren, indem es grundsätzlich allen gleichen Zugang zu ihr gibt; und zweitens, angesichts der tatsächlichen Begrenztheit medizinischer Ressourcen muß es billige Kriterien des Vortritts für diesen Zugang aufstellen. Diese letztere Funktion öffentlicher Kontrolle kann, wie aus dem Dialyse-Beispiel wohlbekannt ist, auf Entscheidungen darüber hinauslaufen, wer leben und wer sterben soll; und unter den Prioritäten, die diese Entscheidung regieren, können die Verantwortungen und Rollen eines Individuums für andere, von ihm abhängige, gehören, die ceteris paribus ihm einen Vorsprung in der Auswahlordnung vor dem alleinstehenden Individuum geben mögen. Dasselbe also, was uns zuvor begegnete als Widerpart *von innen* gegen den Wunsch und das Recht einer Person, ärztliche Hilfe abzulehnen, nämlich das Angewiesensein anderer auf sie, das erscheint nun *von außen* als erhöhter Anspruch auf die Behandlung – auf Kosten des Lebensrechtes einer dritten Partei. Was aber die öffentliche Autorität geben kann, das kann sie später auch, nach demselben Prinzip der Billigkeit oder »distributiven Gerechtigkeit«, zugunsten eines besseren Anspruchs wieder nehmen. Wir werden hierauf zurückkommen als auf ein indirektes legales Mittel, dem Recht zu sterben behilflich zu sein.

Das Dialyse-Beispiel ist extrem. Gewöhnlich involviert das Recht, Behandlung abzulehnen oder ärztlichen Rat zu ignorieren, nicht das Recht zu sterben (außer in einem höchst abstrakten und entfernten Sinn), sondern das Recht, Risiken einzugehen, mit seiner Gesundheit ein wenig Glücksspiel zu treiben, der Natur zu vertrauen und der ärztlichen Kunst zu mißtrauen, oder einfach die Bereitschaft, spätere Schäden oder sogar eine kürzere Lebenserwartung in Kauf zu nehmen im Austausch gegen die Freiheit von einem einschränkenden Lebensregime; oder just das Recht, keine Schererei zu haben. Das Dialyse-Beispiel wurde gewählt, weil dort fortlaufende Behandlung gleichbedeutend mit am Leben Erhalten ist und ihr Abbruch sicheren Tod bedeutet, die Option gegen sie also nicht »ein Risiko eingehen« darstellt, sondern eindeutige und sofort wirksame Entscheidung fürs Sterben.

Dennoch ist es nicht ganz der Typ von Fall, bei dem das »Recht zu sterben« als das plagende Problem auftritt, das es neuerdings geworden ist. Denn hier ist der Patient gewöhnlich unbeeinträchtigt in der geistigen Fähigkeit, für sich selbst zu entscheiden, und körperlich aktionsfähig genug, um sich von der Maschine abzusetzen, und niemand kann ihn dahin zurückzwingen. Sein Recht zu sterben zieht also nicht die Mitwirkung anderer hinein und kann ganz von ihm allein ausgeübt werden. Dasselbe gilt für andere lebenserhaltende Therapien, wie Insulingebrauch für Diabetiker. In solchen Fällen ist die Fähigkeit vorhanden, die Entscheidung sowohl zu treffen als auch auszuführen, und das Recht zu sterben ist weder ernsthaft bestritten noch wirksam behindert von außen, was immer seine innere Ethik sein mag. Die »plagenden« Fälle sind die des mehr oder weniger »gefangenen« (z. B. im Krankenhaus) Patienten im Endstadium tödlicher Krankheit, dessen physische Hilflosigkeit andere in die Rolle von Helfershelfern bei der Realisierung seiner Todeswahl versetzt, im Extremfall sogar in die seiner Stellvertreter beim Treffen der Wahl.

Wir wollen zwei Beispiele erörtern: den *bewußten*, leidenden Patienten im Endstadium einer Krankheit wie Krebs, und den unwiederbringlich *bewußtlosen* Patienten im irreversiblen Koma. Das zweite Beispiel hat in den letzten Jahren, wegen der damit verbundenen legalen Dramatik, wiederholt die Schlagzeilen der Tagespresse erobert und die öffentliche Vorstellungskraft beschäftigt; aber das erste ist der Sache nach wesentlicher, häufiger und problemreicher.

Der bewußte, unheilbare Patient im Endstadium

Man stelle sich folgende Szene vor. Der Doktor sagt, vielleicht nach einer ersten oder zweiten Operation: »Wir müssen nochmals operieren.« Der Patient sagt: »Nein«. Der Doktor: »Dann wirst du bestimmt sterben.« Der Patient: »So sei es.« – Da eine Operation die Zustimmung des Patienten erfordert, scheint dies die Sache zu beenden und weder ethische noch legale Probleme aufzuwerfen. Doch die Wirklichkeit ist nicht ganz so einfach. Die Weigerung des Patienten muß, vor allem anderen, auf derselben befähigenden Bedingung basiert sein wie seine Zustimmung: sie muß wohlunterrichtet sein, um gültig zu sein. Tatsächlich ist ja auch eine Zustimmung nur dann wohlunterrichtet, wenn der sich Entscheidende außer dem »pro« auch das »contra« kennt, die ungünstigen und riskanten Aspekte, worauf sich ein »Nein« stützen könnte. Also ist das Recht zu sterben (wenn es von dem kompetenten Subjekt selbst und nicht von einem Stellvertreter für ihn ausgeübt werden soll) unzertrennlich von einem Recht auf Wahrheit und wird im Effekt aufgehoben durch Täuschung. Nun ist aber eine solche Täuschung fast ein Teil der ärztlichen Praxis, und das nicht nur aus humanen, sondern oft auch aus direkt therapeutischen Gründen.

Man denke sich obigen Dialog erweitert durch folgende Fragen des Patienten, nachdem der Doktor eine nochmalige Operation für nötig erklärt hat: »Was wird sie mir im Erfolgsfall verschaffen? Ein wie langes Weiterleben und was für eins? Als Dauerpatient oder mit Rückkehr zu einem normalen Leben? In Schmerzen oder frei davon? Wie lange bis zum nächsten Anfall des Leidens mit Wiederkehr der jetzigen Notlage?« (Man behalte im Auge, daß wir von einem unheilbaren, der Sache nach »terminalen« und nur in der Befristung noch variablen Zustand sprechen.) All diese Fragen können sich natürlich nur auf begründete *Chancen* gemäß dem Stande des medizinischen Wissens beziehen – auf nicht mehr, aber auch nicht weniger.

Offenbar hat der Patient das Recht auf eine ehrliche Antwort. Aber ebenso offenbar ist der Arzt in einer verzwickten Lage, wenn Ehrlichkeit Grausamkeit bedeutet. *Will* der Patient *wirklich* die ungeschminkte Wahrheit? Kann er sie ertragen? Was wird sie seinem Seelenzustand antun für den kostbaren Überrest seiner gezählten Tage, ob er sich nun für oder gegen einen Aufschub entscheidet? Wünscht er sich gar im Innersten die gnädige Täuschung? Und noch quälender: Könnte nicht vielleicht die schlimme Wahrheit der ärztlichen Einschätzung selbsterfüllend sein, indem sie die seelischen Reserven, den berühmten »Lebenswillen« untergräbt, womit der Patient den therapeutischen Maßnahmen zu Hilfe kommen könnte, so daß sein »Ich gebe auf«

tatsächlich die Prognose verschlechtert? Hoffnung ist schließlich eine Kraft für sich, und sie mehr zu betonen als ihr Gegenteil dient nicht nur der Überredung zur Therapie, sondern sehr wohl auch der realen Verbesserung ihrer Aussichten. Kurz, könnte nicht die Wahrheit dem Patienten tatsächlich schädlich und die Täuschung ihm in irgendeinem Sinne, subjektiv und objektiv, nützlich sein? So finden wir uns denn beim Meditieren über das Recht zu sterben mit der viel älteren und wohlbekannten Frage konfrontiert: Soll der Arzt »es sagen«? Die Frage erhob sich in der Tat schon vor der hier imaginierten Situation praktischer Entschließungen. Hätte von allem Anfang der Arzt dem Patienten überhaupt mitteilen sollen, daß sein Zustand klinisch unheilbar ist und sogar »final« in dem Sinne, daß er bestenfalls kurze Aufschübe zuläßt?

Schnellfertige Antworten auf diese Fragen würden Unempfindlichkeit gegen ihre Komplexität und die Unschärfe ihrer Grenzzonen beweisen. Für meine Person wage ich diese Grundsatzthese: Letztlich sollte die Autonomie des Patienten geehrt, also nicht durch Täuschung darum gebracht werden, ihre eigene bestunterrichtete Wahl zu treffen, wenn es ums Letzte geht – es sei denn, er *möchte* getäuscht werden. *Das* herauszufinden ist ein Teil der Kunst des wahren Arztes, der nicht in der medizinischen Ausbildung erlernt wird. Er muß die *Person* seines Patienten richtig einschätzen: keine geringe Leistung der Intuition. Hat er sich davon überzeugt, daß der Patient die Wahrheit wirklich will – sein So-sagen allein beweist es noch nicht –, dann ist der Arzt moralisch und vertragsmäßig gebunden, sie ihm zu geben. Tröstliche Täuschung, wenn erkennbar gewünscht, ist fair; ebenso auch ermutigende Täuschung von direktem therapeutischen Nutzen, die sowieso eine Situation voraussetzt, wo es noch nicht um die äußerste Wahl geht. Ansonsten aber, und besonders wo es eine Wahl zu treffen gilt, sollte das Recht der reifen Person auf volle Enthüllung, wenn ernsthaft und glaubhaft verlangt, in extremis das letzte

Wort haben gegenüber der Barmherzigkeit und jederlei vormundschaftlicher Autorität, die der Arzt im Namen des vermeinten Besten seines Patienten haben möge.

Dies Recht auf Enthüllung übrigens erstreckt sich jenseits der Erfordernisse informierter Entscheidung auf eine Sachlage, wo gar nichts zu entscheiden ist. Was dann in Frage steht, ist nicht das »Recht zu sterben«, eine Angelegenheit im praktischen Feld, sondern das der Menschenwürde anstehende *kontemplative* Recht auf den eigenen Tod, eine Angelegenheit im Felde nicht des Tuns, sondern des Seins. Das bedarf einiger Erläuterung. Selbst bei Abwesenheit therapeutischer Optionen, die ein Recht zu sterben ins Spiel bringen können, ist doch das Recht des todgeweihten Patienten auf Wahrheit eben hierüber ein Recht für sich, und zwar ein heiliges Recht um seiner selbst willen und ganz abgesehen von seiner praktischen Bedeutung für die außermedizinischen Verfügungen der Person, zu denen ihr die Wahrheit etwa Anlaß geben würde. Etwas vom Geiste des katholischen Sterbesakraments ist hier in die ärztliche Ethik übersetzbar: der Arzt sollte bereit sein, den wesentlichen Sinn des Todes für das endliche Leben zu ehren (entgegen seiner modernen Entwürdigung zu einem unnennbaren Mißgeschick), und einem Mitsterblichen nicht sein Vorrecht versagen, zum herannahenden Ende in ein Verhältnis zu treten – es sich auf *seine* Weise anzueignen, sei es in Ergebung, Versöhnung oder Auflehnung, jedenfalls aber in der Würde des Wissens. Anders als der anstelle Gottes handelnde Priester ist der Arzt in seiner rein weltlichen Rolle nicht befugt, dieses Wissen dem Patienten aufzudrängen, doch muß er auf sein wahres Wollen hören, soweit er es hinter den Worten erhorcht. Die Wahrheit, so muß der Menschenfreund bekennen, ist hier (noch mehr als sonst) nicht jedermanns Sache. Barmherzigkeit darf die Unwürde des Nichtwissens erlauben. Sie darf sie aber nicht eigenmächtig verhängen. Mit anderen Worten, außer dem »Recht zu sterben« gibt es auch das Recht, den eigenen Tod im konkreten Bewußtsein seines Bevorstands (nicht nur im abstrakten Wissen um die Sterblichkeit überhaupt) zu »besitzen«: tatsächlich vervollständigt sich hierin das Recht zum eigenen Leben, da dies das Recht zum Tod als »eigenen« einschließt. Dies Recht ist wahrhaft unveräußerlich, wenn auch menschliche Schwäche oft genug vorzieht, darauf zu verzichten – was wiederum ein Recht ist, dem Respekt und Stattgabe durch barmherzige Täuschung zusteht. Aber Barmherzigkeit darf nicht zur Anmaßung werden. Den Sterbenden in Nichtachtung seines glaubhaft bekundeten Willens belügen, heißt ihn betrügen um die auszeichnende Möglichkeit seines Selbstseins, Aug' in Auge mit seiner Sterblichkeit zu sein, wenn sie im Begriff ist, für ihn wirklich zu werden. Meine Voraussetzung ist hier, daß die Sterblichkeit eine integrale Eigenschaft des Lebens und nicht eine fremd-zufällige Beleidigung desselben ist.[4]

Doch zurück zum Recht zu sterben. Angenommen also der Patient weiß Bescheid und hat sich gegen therapeutische Hinausziehung seines todgeweihten Zustands entschieden und dafür, den Dingen ihren Lauf zu lassen. Indem man ihn durch Offenheit instand gesetzt hat, die Entscheidung zu treffen und ihr stattgibt, ist sein Recht zu sterben respektiert worden. Aber dann erhebt sich ein neues Problem. Die Wahl des Kranken gegen Hinausziehen war unter anderem auch eine Wahl gegen Leiden, schließt also den Wunsch ein, daß ihm Leiden erspart werden – entweder durch Beschleunigung des Endes oder durch Minimierung der Schmerzen während der verbleibenden Frist, wobei das letztere manchmal auf das erstere hinausläuft infolge der schweren Drogengaben, die es verlangt. Solchen Wünschen stattzugeben scheint in dem enthalten zu sein, was dem Patienten mit dem »Recht zu sterben« als solchem und der Hinnahme seiner Entscheidung bereits zugestanden wurde. Barmherzigkeit drängt zum gleichen Gewähren in dem Maße, als der Patient akut leidet. Doch die Erfüllung dieser Wünsche erfordert die Mitwirkung, vielleicht sogar die Alleinwirkung anderer, un-

hier schafft die allgemeingewordene Institutionalisierung des Sterbens durch Hospitalisierung im Verein mit dem hilflosen Zustand des Patienten Probleme der ernstesten Art. Entlassung in häusliche Pflege ist meist untunlich, und wir brauchen nicht zu erörtern, was privat in der unbewachten Intimität barmherziger Liebe getan oder geduldet werden könnte – selbst das ist nicht frei von mächtigen, äußeren und inneren Hemmungen. Aber das Krankenhaus jedenfalls plaziert den Patienten geradewegs in den öffentlichen Bereich und unter seine Normen und Kontrollen.

Was nun direkte, absichtsvolle Beschleunigung des Endes etwa durch tödliche Drogen anlangt, so kann billigerweise vom Arzt nicht verlangt werden, irgendeine seiner positiven Maßnahmen mit diesem *Zweck* zu treffen, noch vom Krankenhauspersonal, durch »Wegsehen« mitzuspielen, wenn jemand anders dem Patienten die Mittel verschafft. Nicht nur das Gesetz verbietet es (das geändert werden kann), sondern mehr noch der innerste Sinn des ärztlichen Berufes, der niemals dem Arzt die Rolle des Todbringers zuteilen darf, sei es selbst auf Verlangen des Subjektes. »Euthanasie« als ärztlicher Akt ist diskutierbar nur in den Fällen eines bewußtlos sich hinziehenden und künstlich aufrechterhaltenen Lebensrestes, in dem die Person des Patienten schon erloschen ist (s.w.u.). Wenn wir aber ansonsten Euthanasie durch die Hand des Arztes ausschließen, um die Integrität seines Berufes zu wahren, selbst gegen das Recht seines Patienten zu sterben, dann müssen wir hinzufügen, daß den Patienten in den Besitz der tödlichen Arznei zu setzen nur wenig zurücksteht hinter ihrer direkten Eingebung auf seinen Wunsch. Wenn nichts anderem, würde es der Vorbedingung des privilegierten ärztlichen Zugangs zu solchen Mitteln zuwiderlaufen – ein Privileg, das durch den bestgemeinten Mißbrauch gefährdet würde.

Es besteht jedoch ein Unterschied zwischen Töten und Zu-Sterben-Erlauben (wir sahen, daß hinsichtlich des ersteren ein Wille des Patienten unwirksam bleiben muß, aber hinsichtlich des letzteren Anspruch auf Befolgung hat) und wiederum ein Unterschied zwischen Erlauben zu sterben und Beihilfe zum Selbstmord. Im Falle des leidenden *bewußten* Patienten, von dem wir sprechen, sollte das Erlauben freigemacht werden von der Befürchtung gesetzlicher (straf- und zivilrechtlicher) wie auch berufsständischer Repressalien, wenn es dem standhaften Verlangen des Patienten nachgibt (nicht der Bitte eines verzweifelten Augenblicks), ihn z. B. von dem Atemgerät abzuschalten, das allein ihn am Leben hält ohne andere Aussicht als das Andauern eben dieses Zustands. Formal ist das Verlangen sein Recht und seines allein, kraft seiner Stellung als Auftraggeber in einem vertraglichen Dienstverhältnis; und die juristische Problematik entsteht nur durch die quasi-Übergabe von Rechten an eine institutionelle Treuhänderschaft, die mit der Hospitalisierung gegeben erscheint. Aber solch eine Übergabe in Sachen ärztlicher Routine bleibt gebunden an die fortbestehende primäre Absicht des Subjektes und erstreckt sich nicht auf sein Recht, diese zu überdenken und eine andere Wahl zu treffen: sie darf nicht zu seiner de-facto-Entmündigung führen. Was aber (jenseits der Rechtslage) die *Ethik* des Einstellens der Erhaltungsprozedur auf Wunsch des Patienten betrifft, so kann nur Sophisterei in diesem Falle das Ablassen von weiterem Tun mit Tun gleichsetzen, also Sterbenlassen mit Töten. Schließlich sollte doch die Hilflosigkeit, die den Patienten vom Nachgeben des Doktors abhängig macht, sein Recht nicht schlechter machen als das des beweglichen Patienten, der einfach aufstehen und ungehindert weggehen kann. Auch diesem wird man nicht Selbstmord vorwerfen (die Krankheit ist der Mörder) und ihn zum Weiterleben zwingen; und niemand wird das Nicht-Zwingen als Beihilfe zum Selbstmord verurteilen (nicht einmal, wer fälschlich das Verhalten des Patienten dafür ansieht). Es wäre ebenso unbillig wie unlogisch, den »gefangenen« Patienten für seine physische Ohnmacht mit Rechtsverlust büßen zu lassen. Wenn er sag

»genug«, muß ihm gehorcht werden; und gesellschaftliche Hindernisse, die dem entgegenstehen, sollten beseitigt werden.[5]

Wie aber ist es, wenn wir statt »Ablassen« ein »Tun« zu beurteilen haben, wie etwa Verabfolgung schmerzstillender Drogen, die doch eine positive Handlung des Arztes darstellt? Da kann, wenn schädliche Dosen nötig werden, um ständig quälenden Schmerz zu bannen, die Pflicht zu lindern in Konflikt kommen mit dem hippokratischen Eide, »nicht zu schaden«. Welche Pflicht hat hier den Vorrang? Bei dem heilbaren oder überhaupt therapeutisch noch positiv beeinflußbaren Patienten gewiß die letztere: Der Arzt muß gefährdende Dosen versagen. Aber in einem keiner Heilbehandlung mehr zugänglichen Endzustand – so scheint mir intuitiv klar – überstimmt der Schrei nach Linderung das Verbot der Schädigung und selbst der Lebensverkürzung und sollte erhört werden. Allerdings muß der Preis der Linderung dem Leidenden mitgeteilt und von ihm bejaht werden. Die Schädigung mag sich, wie gesagt, auf die Lebenserwartung auswirken, Schmerzstillung also die an sich gegebene Spanne kürzen: aber sie würde es im Dienste der Spanne selber tun, die an Qualität mehr gewinnt als sie an Quantität einbüßt. Das Ende auf diese Weise beschleunigen, nämlich als Nebenwirkung des ganz anderen Zweckes, den Rest eines unrettbaren Lebens erträglich und insofern noch »lebenswert« zu machen, ist sittlich richtig und sollte von Gesetz und Berufsethik gleicherweise für vorwurfsfrei gehalten werden – obwohl es der gegebenen tödlichen Sachlage eine weitere tödliche Komponente hinzufügt. Von einem bestimmten Moment an hört der Arzt auf, Heiler zu sein, und wird zum Todeshelfer des Patienten. Die ihm damit zufallende, derart sorgsam umschriebene Handlungsfreiheit öffnet nicht das Tor zum »Gnadentod« und scheint mir keiner Euthanasiegesetzgebung zu bedürfen, nur einer Verfeinerung des »Kunstfehler«-Begriffes in der Rechtsprechung, die eine solche auf Verlangen geleistete Sterbeslinderung aus seinem Anwendungsbereich ausklammert. Weder moralisch noch begrifflich läßt sich dieser im Einverständnis vorgenommene Tauschhandel zwischen Erträglichkeit und Länge eines Sterbeprozesses mit »Töten« verwechseln.

Der Patient im irreversiblen Koma

Erwägen wir schließlich den Patienten im irreversiblen Koma, den Fall also eines durch künstliche Beihilfe hingezogenen Restbestandes von Leben, wo nicht einmal die Fiktion eines Entscheidungssubjektes übrig ist, dessen mutmaßlichen Willen ein Stellvertreter ausführen könnte. Mangels eines solchen virtuellen und mit der Möglichkeit des Wählens in eigener Sache vorgestellten Subjektes kann von einem *Recht* zu sterben streng genommen nicht die Rede sein, denn dieses von allen Rechten setzt einen Besitzer voraus, der es gegebenenfalls in Anspruch nimmt, auch wenn er es nicht selber ausführen kann. Man könnte nicht eigentlich angeben, *wessen* Recht mit irgendeiner Entscheidung gewahrt oder verletzt würde: das der ehemaligen Person oder das des jetzigen unpersönlichen Überrestes. (Da nur eine Person das Subjekt von Rechten sein kann, müßte es wohl die ehemalige Person sein, deren sozusagen »posthume« Rechte man wirklich anrufen könnte. Eine von früher für diesen Fall vorliegende Willenserklärung würde eine solche Berufung moralisch – wenn auch z. Z. nicht rechtlich – stützen.) In Frage steht vielmehr die Pflicht oder schon das Recht anderer, den gegebenen Zustand zu perpetuieren, und alternativ ihr Recht oder gar ihre Pflicht, ihn durch Entzug der künstlichen Unterstützung zu beenden. Vernunft und Menschlichkeit, so darf man getrost behaupten, begünstigen überwältigend die zweite Alternative, ob als Recht oder als Pflicht: Laßt den armen Schatten dessen, was einst eine Person war, sterben wie der Körper zu tun bereit ist, und endet die Degradierung seines aufgezwungenen Fortbestehens. Doch mächtige, innere wie äußere Widerstände stellen sich diesem Rat der Vernunft entgegen. Da gibt es das menschliche Zurückscheuen vor dem Töten, als welches das Sterbenlassen hier – zwar irrig – gedeutet werden kann, da es das Einstellen seiner aktiven Verhinderung, also immerhin einen Akt meinerseits involviert. Da gibt es die Berufsauffassung, daß der Arzt unter allen Umständen auf Seiten des Lebens stehen muß. Und da gibt es das Gesetz, das absichtliche Verursachung des Todes verbietet und selbst die Verursachung durch Unterlassen seiner Verhütung schuldhaft macht. Obwohl all dies nicht eigentlich ein Recht zu sterben berührt und bestenfalls ein problematisch gedehntes Recht zu leben – da kein Subjekt mehr da ist, das auch nur implizit das eine oder andere Recht reklamiert und durch seine Verneinung verletzt wird –, so ist doch in der öffentlichen Diskussion der Fall des permanent komatösen Patienten mit dem »Recht zu sterben« verquickt worden, und man kann dies Recht zur Unterstützung der Forderung zitiert hören, dem Sterben nicht weiter im Wege zu stehen. Aus diesem Grunde sei das Problem in unsere Betrachtung eingeschlossen.

Zweierlei Auswege aus der ethisch-legalen Sackgasse, die wir beschrieben haben, bieten sich an. Der eine ist eine Neu-Definition von »Tod« und seiner Symptomatik, wonach ein Koma bestimmten Grades eben Tod bedeutet – die sogenannte »Gehirntod«-Definition[6], welche (da der Tod bereits vollzogene Tatsache ist) die ganze Angelegenheit aus dem Bereich der Entscheidung entfernt und zur bloßen Sache der Feststellung macht, ob die Kriterien der Definition erfüllt sind. Wenn sie es sind, dann ergibt sich der Abbruch der künstlichen Funktionshilfen als nicht nur erlaubt, sondern als selbstverständlich und sogar als obligatorisch, da die Vergeudung kostbarer medizinischer Ressourcen an einen Leichnam nicht zu rechtfertigen wäre. Oder vielleicht doch? Könnte nicht der Abbruch – das heißt: den Leichnam noch vollständiger zum Leichnam machen – eine Vergeudung in anderer

Richtung bedeuten? Ist nicht der Leib des Verschiedenen, wenn die Zirkulation weiter in Gang gehalten wird, selber eine wertvolle medizinische Ressource, nämlich als Organbank für mögliche Transplantationen? Fortgesetzte Durchblutung erhält die Organe im lebensfrischen Zustand und sichert dem schließlichen Empfänger ein vollwertiges Transplantat wie von einem lebenden Spender. Im Hinblick auf diesen Nutzwert würden also Todeserklärung nach zerebralen Kriterien und Fortsetzung vegetativer Lebenshilfen für den übrigen Organismus (Respirator usw., bei längerer Dauer auch künstliche Ernährung) keineswegs in Widerspruch stehen, vielmehr abgestimmte Teile eines Aktionsganzen mit Zwecken außerhalb des Patienten sein – zugunsten anderer Patienten oder auch der medizinischen Forschung. Eben dieser externe Nutzungsgewinn ist von Anfang an von den Befürwortern des »irreversiblen Koma als einer neuen Definition für den Tod« mit ins Feld geführt worden. Es sollte jedoch evident sein, daß die Mitsprache eines Interesses, und gar noch eines Interesses anderer Patienten, nicht nur die Definition ihrer theoretischen Reinheit beraubt, sondern auch ihre Anwendung in ein gefährliches Zwielicht wohlmeinender Versuchung stellt. Ich habe im vorigen Aufsatz meine ernsten Bedenken gegen diese Art der »Lösung« des Komaproblems dargelegt, d. h. gegen seine Verflüchtigung zu einer semantischen Frage, die durch Definition entschieden wird: eine Definition ad hoc, d. h. zugeschnitten auf die besondere Situation und ihre praktische Verlegenheit, behaftet mit dem Verdacht eines Nutzmotivs und damit Grund gebend zu Befürchtungen hinsichtlich des subjektfremden Gebrauchs, zu dem die Definition sich hergibt, und wovon Erlangung frischsten Materials für Organverpflanzung nur der nächstliegende ist. Es braucht kaum gesagt zu werden, daß meine – sehr konkreten – Warnungen vergeblich waren (obwohl »Against the Stream« immer wieder in Anthologien medizinischer Ethik nachgedruckt wird). Etwas davon, eben das Nächstliegende, ist im unwiderstehlichen Fortschritt inzwischen schon zur allgemeinen Übung geworden: Organentnahme vom »Kadaverspender« unter künstlicher, *nach formeller Todeserklärung zu diesem Zweck fortgesetzter* Respiration. In einem etwas abweichenden, notorischen Fall, dem Fall Quinlan[7], hat die Definition selbst sich als unzulänglich erwiesen, der Herausforderung des irreversiblen Komas zu begegnen: denn als mit richterlicher Erlaubnis die künstliche Atmung eingestellt wurde, setzte überraschend spontane Atmung ein, so daß nach den Kriterien der (in Amerika weithin akzeptierten) »Harvard-Definition« des Gehirntodes die Patientin *nicht* tot, aber dennoch weiterhin in tiefem Koma war – und die Frage fernerer künstlicher Funktionserhaltung (z. B. Einführung von Nährflüssigkeit) sich in ihrer ursprünglichen Schärfe von neuem stellte, ohne jetzt noch durch Rekurs auf die Ad-hoc-Definition entscheidbar zu sein. Die Verschiebung von der sittlichen auf die technische Ebene vermindert unsere Fähigkeit, der Frage in ihrem existentiellen Gehalt Genüge zu tun.

Es gibt aber einen anderen Ausweg aus der Sackgasse als den der definitorischen Semantik über Leben und Tod, nämlich den, daß man geradewegs die Frage ins Auge faßt, ob es denn *recht* ist, durch unsere Kunstgriffe allein etwas hinzuziehen, was vielleicht – beim Stande unseres Wissens oder Unwissens – zwar noch »Leben« heißen mag, aber eben nur diese Art Leben ist, und auch das gänzlich von Gnaden unserer Kunst. Hier stimme ich dem schon zitierten päpstlichen Entscheid zu, der da lautet: »Wenn tiefe Bewußtlosigkeit für permanent befunden wird, dann sind außerordentliche Mittel zur Weitererhaltung des Lebens nicht obligatorisch. Man darf sie einstellen und dem Patienten erlauben, zu sterben.« Die schlichte Freigabe des Sterbens unter solchen Grenzumständen braucht keine Umdefinierung des Todes und des Augenblicks seines Eintritts. Ich gehe einen Schritt weiter und sage: Nicht nur dürfen jene außerordentlichen Mittel eingestellt werden, sie *sollen* es – um des Patienten willen, dem man zu sterben erlauben *soll*; die Einstellung der künstlichen Erhaltung ist nicht permissiv, sondern obligatorisch. Denn etwas wie ein »*Recht* zu sterben« läßt sich schließlich doch im Namen und zum Schutz der Person konstruieren, die der Patient einmal war und deren Andenken gemindert wird durch die Degradierung eines solchen »Fortlebens«. Dies »posthume« Erinnerungsrecht (außerlegal wie es ist) wird zum Gebot für uns, die wir durch einseitig-totale Herrschaft über dieses Rechtsgut die Wächter seiner Integrität und die Mandatare seines Anspruches geworden sind. Wenn dies aber zu »metaphysisch« ist, um unser positivistisches Gewissen davon zu überzeugen, wo unsere Pflicht liegt, dann kann ein nüchternes Prinzip sozialer Gerechtigkeit – dem Patienten zwar äußerlich, aber dem Gesetzgeber wohl einleuchtender – diesem inneren Grund für eine Pflicht zum Ablassen zu Hilfe kommen: faire Zuteilung knapper medizinischer Ressourcen (ohne den Patienten selbst unter letztere zu zählen!).

Wir haben vorher von den peinlichen Entscheidungen über Leben und Tod gesprochen, die der Knappheitsumstand erzwingt. Besonders wahrscheinlich wird er bei den kostspieligen Apparaturen (mitsamt Hospitalraum und Pflegepersonal) vorliegen, deren lebenserhaltende Anwendung permanent sein muß. Unsere frühere Erwägung betraf die anfängliche *Zulassung* zu diesen Einrichtungen, wenn die Nachfrage danach das Angebot übersteigt (unser Beispiel war die Dialysemaschine). Für die dann nötigen Entscheidungen müssen die Prioritätsnormen so »gerecht« sein, wie wir sie eben stufen können. Auch die bestdurchdachten müssen der Natur der Sache nach immer unvollkommen sein. Das erste geschichtliche Beispiel einer solchen Regel der Auslese war das summarische Notbehelfssystem der »triage«, das die französischen Feldlazarette im Massengemetzel des Ersten Weltkrieges befolgten. Unter nicht-katastrophischen Bedingungen wird die Stufung stärkerer und schwächerer Ansprüche eine komplexe und stets disputierbare Sache, die oft – bei den vielen Unwägbarkeiten – am oberen Ende der Skala nur mit einer gewissen Willkür entschieden werden kann. Aber obwohl es strittig bleiben muß, welcher Fall in einem Spektrum der Konkurrenzen die meiste Berücksichtigung verdient, so ist doch nicht strittig, welcher an ihrem simplifizierenden unteren Ende die *geringste* verdient: derjenige, der am wenigsten von den knapp vorhandenen Mitteln *profitieren* kann, also der mit den geringsten Erfolgschancen. Ist dies zugestanden, dann bleibt die Frage, ob ein solches Ausleseprinzip sich über die Zulassung hinaus in den weiteren Verlauf der Dinge erstreckt und später auch auf die *Beibehaltung* des Patienten in der Behandlung Anwendung findet, wenn ein »besserer« Kandidat daherkommt. Im allgemeinen ist dies zu verneinen und hier ein Vorrecht erster Inhaberschaft anzuerkennen. Ist die Behandlung einmal im Gang, so wäre es eine namenlose Grausamkeit, die erst zugesprochene Lebenshilfe, zugunsten welcher äußerer Interessen auch immer, zu widerrufen, solange sie der Patient noch wünscht. Wie der Weltplatz des einmal geborenen Individuums nicht mehr austauschbar ist, so ist auch der dem Patienten einmal eingeräumte Platz einfach nicht mehr da zur Versteigerung an höhere Bieter. Doch den irreversibel Komatösen erreicht keine Grausamkeit mehr, so wenig wie noch eine Wohltat, und »sein« Nutzen von der Behandlung ist buchstäblich Null, wenn »sein« ein Subjekt meint, das den Nutzen ernten kann. Kein Wille seinerseits begehrt die Fortsetzung, wie ja schon die ursprüngliche Zulassung ohne seinen Willen geschah. In diesem einzigartigen Grenzfall kann daher das Kriterium des »geringsten Nutzens« in der Tat Kraft gewinnen und ethisch den Abbruch des vormals Begonnenen verfügen, um nicht anderen eine Lebenserhaltung zu versagen, aus der sie Nutzen ziehen können. Für mich, wie ich klargemacht habe, ist diese Erwägung sekundär gegenüber den *inneren* Meriten des Falles, die ich als genügenden und obligatorischen Grund für Beendigung des Verfahrens ansehe – ja, als *den* echten Grund. Da aber dieser innere Aspekt notorisch nicht über dem Streit der Meinungen steht, so mag distributive soziale Gerechtigkeit – ein mehr pragmatisches und daher breiterer Zustimmung versichertes Prinzip – zum gleichen Effekt angerufen werden. In meinen Augen ist dies, was Plato »zweite Fahrt« (*deuteros plous*) nannte: der zweitbeste Weg.

Die Aufgabe der Medizin

Eine Reflexion über das »Recht zu sterben« soll nicht mit diesem Sonderfall schließen, der bestenfalls noch eben am Rande zu dem Thema gehört. Der Fall des Komapatienten ist selten und an sich zu extrem, um als Paradigma zu dienen, selbst wenn das Sterbenlassen hier überhaupt noch als ein – wenigstens latentes – *Rechts*interesse der Person angesehen werden kann. (In einem »retrospektiven« Sinne hatten wir dies zugestanden.) Der wirkliche, aktuelle Ort eines solchen Rechtes, und der Schauplatz der Konflikte und Seelenkämpfe, die es gebiert, ist das viel häufigere und schlüpfrige Zwielichtland des bei vollem Bewußtsein terminal Leidenden, der den Tod verlangt, ihn sich aber nicht selber geben kann. Er ist es – nicht der allen Bewußtseins verlustige Leib –, dessen Not die ethisch plagenden Probleme aufgibt. Gemeinsam ist dennoch beiden dies: daß sie jenseits des Raumes der »Rechte« die Frage nach der letzthinnigen Aufgabe ärztlicher Kunst aufwerfen. Sie zwingen uns zu fragen: Gehört das bloße, hinauszögernde Zurückhalten vor der Todesschwelle zu den echten Zielen oder Pflichten der Medizin? Nun ist, was die tatsächlich von der willfährigen Kunst bedienten Zwecke betrifft, festzustellen, daß am einen Ende des Spektrums die vormals strenge Definition ärztlicher Ziele sehr gelockert worden ist und heute Dienste (besonders chirurgische, aber auch pharmazeutische) einschließt, die durchaus nicht »medizinisch indiziert« sind, wie Empfängnisverhütung, Abtreibung, Sterilisierung aus nichtmedizinischen Gründen, Geschlechtswechsel, zu schweigen von kosmetischer Chirurgie im Dienste der Eitelkeit oder beruflichen Vorteils. Hier ist der »Dienst am Leben« über die alten Aufgaben des Heilens und Linderns hinaus ausgedehnt worden zu der Rolle eines allgemeinen »Leibestechnikers« für verschiedenartige Zwecke sozialer oder persönlicher Wahl. Ohne Vorliegen eines pathologischen Zustandes ist es heute für den Arzt genug, daß der Kunde (= »Patient«) die betreffenden Dienste verlangt und das Gesetz sie erlaubt. Unser Urteil darüber gehört nicht hierher.

Doch am oberen, kritisch pathologischen Ende des Spektrums, wo unser »Recht zu sterben« seinen Platz hat, steht die Aufgabe des Arztes immer noch unter den hehren und herkömmlichen Zielverpflichtungen. Es ist daher wichtig, die zugrunde liegende »Verpflichtung auf das Leben« selbst zu definieren und von daher zu bestimmen, wie weit die ärztliche Kunst in ihrer Wahrnehmung gehen soll oder darf. Nun haben wir bereits die Regel aufgestellt, daß selbst eine transzendente Pflicht zu leben auf seiten des Patienten keine Nötigung zu leben von seiten des Arztes rechtfertigt. Doch gegenwärtig ist der Arzt selbst zu einer derartigen Nötigung gezwungen, teils durch das Standesethos und teils durch geltendes Gesetz und vorherrschende Rechtsprechung. Infolge der zur Regel gewordenen Hospitalisierung des Kranken, speziell des Todgeweihten, ist auch der Arzt, hat er erst einmal den Patienten in die lebenserhaltende Apparatur im Krankenhaus eingeschaltet, sozusagen selbst mit eingestöpselt und kein freihandelnder Außenstehender mehr. Es ist notorisch leichter, einen Gerichtsbeschluß für Zwangsbehandlung zu erwirken (Beispiel: Kinder von »Jehovas Zeugen«), als einen für Abbruch der Erhaltungsprozedur (Beispiel: Quinlan-Fall). Zur Verteidigung des Rechtes zu sterben muß daher die wirkliche Berufung der Medizin neu bejaht werden, um sowohl Arzt wie Patienten aus ihrer jetzigen Knechtschaft zu befreien. Das neuartige Phänomen von Patientenohnmacht gekoppelt mit der Macht todesverzögernder Techniken unter öffentlicher Obhut verlangt eine solche Wiederbejahung. Nun läßt sich, so glaube ich, Einhelligkeit darüber erzielen, daß die Treuhandschaft der Medizin es mit der Ganzheit des Lebens zu tun hat oder, in möglichster Annäherung daran, mit seiner Noch-Wünschbarkeit. Seine Flamme am Brennen, nicht seine Asche am Glimmen zu halten, ist ihr eigentlicher Auftrag, so sehr sie auch das Glimmen noch zu hüten hat. Am allerwenigsten ist es die Verhängung von Leiden und Erniedrigung, die nur der ungewünschten Hinziehung des Verlöschens dient. Wie sich solch ein Grundsatzbekenntnis in legal lebensfähige Praxis übersetzen läßt, ist ein sicher schwieriges Kapitel für sich; und wie gut wir unsere Sache dabei auch machen, so wird es ihrer Natur nach doch nicht ohne Zwielichtzonen abgehen, wo im Einzelfall drangvolle Entscheidungen zu treffen sind.[8] Aber ist das Prinzip erst einmal bejaht, so besteht eine bessere Hoffnung, daß der Arzt wieder ein humaner Diener statt eines tyrannischen und seinerseits tyrannisierten Herrn des Patienten wird.

So ist es denn im letzten der Begriff des *Lebens*, nicht der des Todes, der die Frage nach dem »Recht zu sterben« regiert. Wir sind zurückgebracht zum Anfang, wo wir das Recht zu leben als die Quelle aller Rechte befanden. Richtig und voll verstanden schließt es auch das Recht zu sterben ein.

Anmerkungen

1 Eine »kritische Phase« wäre z. B. der Intervall zwischen zwei planmäßig miteinander verbundenen Operationen oder postoperative Nachbehandlung, oder ähnliche Situationen, wo nur die vollständige therapeutische Sequenz medizinischen Sinn hat. Sie muß dann als ein vertraglich abgemachtes, unteilbares Ganzes angesehen werden. Der Arzt und das Krankenhaus hätten die ersten Schritte gar nicht ausgeführt, wenn sich der Patient nicht auch an die folgenden gebunden hätte.

2 Aus Gründen seines religiösen Glaubens mag der Patient auch »für sich allein« die Todeswahl, als unter die Sünde des Selbstmordes fallend,

verwerfen. Ich würde bestreiten, daß sie darunter fällt, denn sich dem durch die Unheilbarkeit bereits ergangenen Urteil unterwerfen ist so wenig Selbstmord wie das Ablassen eines zum Tode Verurteilten von weiteren Aufschubs- und Gnadengesuchen. Aber wir erwägen hier überhaupt nur die weltliche Ethik dieser Fragen und lassen ihre möglichen theologischen Aspekte offen.

Weltliche und religiöse Ethik stimmen hier überein. Keine Religion, wie streng sie auch den Selbstmord als Sünde verbieten mag, weil sie das Leben als eine Pflicht gegen Gott ansieht, macht damit die Selbsterhaltung zur unbedingten Pflicht – was in der Tat zu gräßlichen moralischen Konsequenzen führen würde.

Für die ontologische Begründung dieser »Voraussetzung« darf ich verweisen auf von mir zur Philosophie des Organischen oft Ausgeführtes – auf deutsch zuerst in *Organismus und Freiheit* (1973), siehe z. B. S. 15-17; 332 f.: »Aber man beachte, daß mit dem Leben zusammen der Tod kam, und daß Sterblichkeit der Preis ist, den die neue Möglichkeit des Seins für sich zu zahlen hatte ... Es ist wesentlich widerrufliches und zerstörbares Sein, ein Abenteuer der Sterblichkeit, das vom langwährenden Stoff auf dessen Bedingungen – auf die kurzfristige Bedingung des stoffwechselnden Organismus – die endlichen Laufbahnen individueller Selbste zum Darlehen erlangt«; vgl. *Das Prinzip Verantwortung* (1979) S. 156 f.; und zuletzt »Evolution und Freiheit« in *Scheidewege* 13 (1983/84) S. 88: »Daß das Leben sterblich ist, ist zwar sein Grundwiderspruch, aber gehört untrennbar zu seinem Wesen und ist nicht einmal von ihm wegzudenken. Das Leben ist sterblich nicht obwohl, sondern *weil* es Leben ist, seiner ursprünglichsten Konstitution nach, denn solcher widerruflicher, unverbürgter Art ist das Verhältnis von Stoff und Form, auf dem es beruht.«

Die gegenwärtige Rechtslage in den USA scheint zu sein, daß ein solches »Genug« des (geistig kompetenten) Patienten ihm zwar nicht zu verweigern ist, der Arzt aber unter der obwaltenden »Kunstfehler«-Justiz gezwungen wäre, die Behandlung niederzulegen, womit auch keines Verbleibens im Krankenhaus mehr wäre. Da dies den Patienten der weiteren Arzt- und Hospitalbetreuung berauben würde, die er immer noch braucht, um erträglich zu sterben, so ist ihm die abstrakt bestehende Wahl des Behandlungsabbruchs durch diese Drohung tatsächlich verschlossen.

»Gehirntod« und die damit verbundenen Fragen sind das Thema der vorangehenden Abhandlung. Für den Leser dieses Beitrags werden die hier einschlägigen Konsequenzen der dort ausführlich erörterten »Neudefinition des Todes« noch einmal kurz in Erinnerung gebracht.

Der berühmte, sich nun schon seit Jahren hinziehende Karen Quinlan-Fall: Das in tiefes Koma verfallene junge Mädchen wurde durch künstliche

Atmung, Ernährung und sonstige Hilfsdienste am vegetativ-organischen Leben erhalten. Auf Antrag der Eltern genehmigte das Gericht (übrigens ohne Berufung auf eine Definition des Todes und eine Totbefindung) den Abbruch der künstlichen Atmung. Es setzte spontane Atmung ein. Daraufhin bestanden die Eltern auf Fortsetzung der künstlichen Ernährung, deren Abbruch einen neuen Gerichtsbeschluß erfordert hätte. Ob die Eltern ihn damals hätten herbeiführen können, ist fraglich. Ohne diesen jedenfalls müssen nach bestehendem Recht Ernährung und sonstige Hilfsdienste weitergehen, solange der selbstatmende Organismus dank ihrer seinen Stoffwechsel und sonstige Vitaltätigkeit fortsetzt. Bis heute vegetiert der Leib des Mädchens in diesem bewußtlosen Zustand. Es sind aber Änderungen der Rechtslage unabhängig von einem Todesbefund im Gange, wonach in ähnlichen Fällen, mit Zustimmung der nächsten Angehörigen, Erhaltungshilfen ohne besonderen richterlichen Entscheid eingestellt werden dürfen. [Im Juni 1985 starb Karen Ann Quinlan nach zehnjährigem Koma. H.J.]

8 Die deutsche Vorgeschichte macht es nicht überflüssig, hier ausdrücklich einzuschalten, daß weder der Geisteskrankenmord noch die sonstige Ausmerzung »unwerten Lebens« auch nur entfernt in die möglichen Zwielichtzonen jenes Grundsatzbekenntnisses fällt: Sie sind eindeutig Verbrechen, und wenn so etwas wie »öffentlicher Nutzen« in dieser Sphäre überhaupt ein Spruchrecht hat, dann nur in dem Sinne, daß er ihre Begehung als todeswürdig stempelt.

12. Aus öffentlichen Gesprächen über das Prinzip Verantwortung

Seit dem Erscheinen seines Buches *Das Prinzip Verantwortung* (1979) wurde der Verfasser öfters bei Symposien sowie in Presse-, Rundfunk- und Fernseh-Interviews in die Lage versetzt, Aspekte des Generalthemas »Technik und Ethik« im Gespräch weiterzuentwickeln oder auf direkte Befragung hin erneut klarzustellen. Manches davon erschien später im Druck. Neben ihren wohlbekannten Nachteilen (des Zufalls, Glücks, fehlender Systematik und unstraffen Ausdrucks) hat die Dialogsituation (bei gutem Glück) auch die Vorteile der fördernden Einrede und Anregung vom anderen und des – dem Redestehenden selbst oft unvermuteten – Einfalls in Erwiderung darauf. Manchmal wünschte ich, daß mir dieser oder jener Gedanke schon früher gekommen wäre. Jedenfalls erschien mir bei Durchsicht des Materials einiges davon wert, zum Abschluß dieses Buches dem Urteil des Lesers unterbreitet zu werden, der ja (unsichtbar als Mitunterredner) immer hinzugedacht ist.

a. Podiumsgespräch (1981): »Möglichkeiten und Grenzen der technischen Kultur«[1]

RÖSSLER: ›Das Prinzip Verantwortung‹ ist eine Ethik für das technische Zeitalter, jedenfalls kann man dieses Buch so lesen. Was, so lautet die erste Frage an den Autor, ist das Eigentümliche dieses technischen Zeitalters? Was ist das eigentlich Besondere und Unterscheidende daran, das, was darin eine neue Ethik fordert? Warum reicht dafür die überlieferte Ethik nicht aus? Was behindert ihre Funktion oder macht sie unzeitgemäß? Oder generell: Was ist das Neue an der neuen Zeit?

Die zweite Frage kann ich nur etwas vage skizzieren. In welchem Sinne ist »Verantwortung« das Thema, das den Herausforderungen der neuen Zeit entspricht, und in welchem Sinne kann »Verantwortung« die Grundlage derjenigen Ethik sein, derer die Gegenwart bedarf? Was ist mit dieser Verantwortung gemeint, wenn sie doch nicht einfach einen traditionellen Begriff wiederholen soll? Was, so könnte man auch hier sagen, ist das Neue an einem zeitgemäßen Begriff von Verantwortung? Vielleicht genügen Ihnen diese Andeutungen für Ihre Stellungnahme.

JONAS: Danke sehr, ja, das reicht mir vollständig. Es ist so ungefähr alles eigentlich, was sich hier überhaupt fragen läßt. Die erste Frage ist etwas leichter zu beantworten als die zweite. Die erste lautet: »Was ist das Eigentümliche unseres Zeitalters oder unserer Zivilisation?« Dabei denken wir immer an die westliche Zivilisation, die allerdings schon seit einigen Jahrhunderten in einer wachsenden Ausdehnung sowohl hinsichtlich der Übernahme als auch der Auswirkungen eben global zu werden beginnt – es natürlich immer noch nicht total geworden ist, weil es immer noch große Teile der Welt gibt, die davon nicht ganz ergriffen worden sind. Aber man kann heute mehr als zu früheren Zeiten davon sprechen, daß die technische Zivilisation, die ein Geschöpf des westlichen Geistes ist, eigentlich eines kleinen Winkels der Welt, West- und Mitteleuropas, daß die heute das Weltschicksal darstellt: im Aktiven, in dem, was Menschen tun können, was sie können und dann auch tun, was tatsächlich eben geschieht im Zeichen dieser Zivilisation, und auch im Passiven, nämlich im Umfang derer, die die Auswirkungen dieses Tuns nun erleiden müssen, entweder profitieren von ihrem Segen oder leiden unter ihrem Fluch. Mit anderen Worten, eine Eigentümlichkeit des technischen Zeitalters ist schon der pure Umfang als solcher. Das hat gewisse Folgen auch für die Überlegungen darüber, was man tun kann und darf. Nun sind für das, was die Technik hervorbringt, ja nicht nur das technische Gerät, die Apparate, die Maschinerien, die Mittel des Eingriffs in die Welt charakteristisch, sondern auch die Gegenstände der Macht, d. h. das, worauf sich Macht erstrecken kann oder das, was die Macht zustande bringen kann: das hat dem menschlichen Tun völlig neue Provinzen hinzugefügt, die früher gar nicht im Umkreis der menschlichen Macht gelegen haben und großenteils nicht einmal im Umkreis der menschlichen Wünsche. Mit anderen Worten, es hat sich nicht nur das Ausmaß der menschlichen Macht der Natur gegenüber und auch innerhalb der Menschenwelt selbst quantitativ enorm gesteigert, es hat sich auch im Inhalt qualitativ verändert. Man kann das am einfachsten dadurch illustrieren, daß man auf gewisse Taten oder Tätigkeitsprozesse der modernen technischen Zivilisation hinweist, von denen früher nie jemand geträumt hat. Zum Beispiel das ganze Kommunikationswesen, das mikroelektronische Informations- und Computerwesen, hat dem menschlichen Tun eine wirklich neue Dimension hinzugefügt. Man kann nicht nur sagen, daß man jetzt gewisse Sachen besser machen kann oder mit weniger Arbeitsaufwand oder schneller, sondern man kann ganz andere Sachen tun.

Vielleicht eine noch wirksamere Illustration ist das, wovon gestern vormittag zum ersten Mal die Rede war, nämlich genetische Manipulation durch mikrobiologische Operationen. Die Molekularbiologie hat wirklich eine neue Dimension menschlicher Kontrolle eröffnet. Auch hier ist es nicht einfach so, daß man gewisse Dinge jetzt besser und effektiver tun kann oder in größerer Quantität oder mit geringerem Arbeitsaufwand, sondern es handelt sich zum Teil um ganz andere Sachen. Vor allen Dingen aber hat sich die Reichweite in die Zukunft ganz enorm verlängert. Von gewissen Prozessen, die unter dem Banner unserer technisch-industriellen Wirtschaft eingeleitet werden, läßt sich jetzt voraussehen – nicht exakt voraussagen, aber doch in der allgemeinen Richtung voraussehen –, daß sie in ihrer Wirkung ganze Generationsketten beeinflussen werden und daß wir in der Erwägung dessen, was wir tun, zu den Naheffekten, die zum großen Teil bekannt sind (auch diese natürlich niemals vollständig, aber doch genügend, um darauf Entscheidungen zu gründen, daß man das tun oder nicht tun soll und darf), daß dazu jetzt bei sehr vielen der Dinge, die unternommen werden, ein ganz neuer Aspekt hinzukommt, nämlich: Wie wird sich das kumulativ in ferner Zukunft auswirken? Das sind so einige der Eigentümlichkeiten der Zeit oder des Neuen an der neuen Zeit, in der wir leben. Die neue Zeit selber ist nicht mehr so ungeheuer jung, sie hat ihre eigene Zeit des Wachstums gebraucht. Aber die Wachstumszeiten waren eigentlich recht harmlos und in ihrem Wissen um sich selbst provinziell und unschuldig, verglichen mit dem, was heute als Produkt unseres eigenen Tuns auf uns zukommt. Auf uns zukommt heißt ja, die Zukunft. Man kann ganz allgemein sagen, es handelt sich um ein Phänomen der Macht, und zwar der Größe der Macht und der Qualitäten der Macht, d. h., worauf sie sich bezieht, welcher Art Dinge sie unternehmen kann und in welchem Umfang. Nun kann man, um den Übergang zur zweiten Frage zu finden, den sehr einfachen Satz aufstellen – jedenfalls bin ich davon als einer Arbeitshypothese in meinem Buch ausgegangen –, daß Verantwortung eine Funktion der Macht ist. Ein Machtloser hat keine Verantwortung. Man hat Verantwortung für das, was man anrichtet. Wer nichts anrichten kann, braucht auch nichts zu verantworten; in gewisser Weise kann man also sagen, derjenige, der nur sehr geringen Einfluß auf die Welt hat, ist in der glücklichen Lage, ein gutes Gewissen haben zu können. Er braucht nachher nicht vor irgendeiner Instanz Rede und Antwort zu stehen, entweder vor der seines Gewissens oder der Weltgeschichte und des Weltgerichts, auf die Frage: »Was hast du da angerichtet?« Antwort: »Kaum etwas, denn wer bin ich?« Das gilt für die meisten von uns auch heute noch. Ich glaube, jeder einzelne von uns kann sich noch ein ganz gutes, reines Gewissen leisten, denn was der einzelne von uns tut, ist in der Gesamtrechnung der ungeheuren Summe von Akteuren, von agierenden Kräften, beinahe gleich Null. Man kann jeden einzelnen von uns wegdenken, und – Sie verzeihen mir bitte – ich glaube, nicht ein einziger von uns kann sagen, daß sich dadurch am Lauf der Dinge etwas sehr Wesentliches ändern würde. Aber in summa wirken wir alle mit und sogar im bloßen Verbrauchen, sogar ohne etwas zu tun. Schon dadurch, daß wir an den Früchten dieses Systems partizipieren, sind wir alle mit kausale Kräfte in der Gestaltung der Welt und der Zukunft; und das, was ich von der vergrößerten Macht der heutigen Technik gesagt habe, nämlich daß die Menschheit als solche – »der Mensch« als Gattungswesen – solch einen ungeheuren Einfluß auf die Welt hat, das bedeutet: Wir alle sind es, ohne daß es ein einzelner zu sein braucht. Um noch einmal auf das einfache Grundprinzip zurückzukommen: Verantwortung ist kommensurabel der Macht – zuerst also größenordnungsmäßig. Außerdem aber ist sie auch mitbestimmt von den *Qualitäten* der Macht, nämlich von der Art der Dinge, die in den Umkreis des menschlichen Tuns geraten und ihm unterworfen sind. Und das bestimmt denn auch die etwaige Antwort auf die Frage: Brauchen wir, abgesehen von der Größe unserer Handlungen, eine neue Ethik wegen der Neuheit ihrer Gegenstände und unserer dadurch bedingten Situation, oder ist das einfach eine Magnifikation dessen, was immer gegolten hat, nur daß das sozusagen jetzt noch mit größerer Dringlichkeit beobachtet werden muß?

Nun glaube ich, wenn man das Argument aufstellt, neue Arten der Macht erfordern auch neue ethische Vorschriften, daß das nichts von dem außer Kraft setzt, was schon immer ethisch gegolten hat, nämlich in den Kategorien der Nächstenliebe oder überhaupt der interpersonalen Beziehungen, in denen die Liste der alten Tugenden gegolten hat und auch heute noch gilt: daß man sich anständig benimmt, ehrlich, gerecht, fair, nicht grausam usw. Kurz, weder an der Liste der vier »Kardinaltugenden« oder der in den Zehn Geboten ausgedrückten wäre etwas zu ändern. Es ist also nicht an dem, daß jetzt eine Ethik eine andere *ablösen* soll, aber es müssen eben im Katalog der Pflichten und der Art der Pflichten doch neue *hinzugefügt* werden, die deswegen niemals erwogen worden sind, weil gar keine Gelegenheit dazu bestand. Denn niemand brauchte sich jemals den Kopf darüber zu zerbrechen, ob es erlaubt oder nicht erlaubt, erwünscht oder nicht erwünscht ist, z. B. an der genetischen Komposition des Menschen etwas zu ändern. Ich sehe nicht recht, wie die traditionelle Ethik darauf Antwort geben soll. Jedenfalls, wenn sie es kann, gegebenenfalls mit Hilfe der Religion, dann ist es hier ganz gewiß eine neue Fragestellung. Von solchen neuen Fragestellungen haben wir sicher eine sehr große Zahl, und deswegen ist eine neue Überlegung der Pflichten notwendig, und es wird vielleicht dazu kommen, daß unserem Katalog der Pflichten oder der Tafel der Gebote und Verbote neue hinzugefügt werden müssen, ohne damit alte außer Kraft zu setzen. Das ist so eine ganz vorläufige Antwort, aber ich möchte nur eines noch dazu sagen. Ich habe vorhin erwähnt, daß die Macht jedes einzelnen von uns, d. h., was seinen Anteil an der Bestimmung der Dinge und des Geschicks seiner Umwelt betrifft, ja relativ gar nicht gestiegen ist. Fast kann man bei der ungeheuren Massenhaftigkeit der Gesellschaft sogar das Gegenteil behaupten: Vielleicht ist die Macht des einzelnen proportional sogar geringer geworden. Aber was zweifellos größer geworden ist, ist die relative Macht des Kollektivs, d. h. die kollektiver Handlungssubjekte wie etwa »der Industrie«: Das ist ein Kollektivkörper, der unzählige Einzelhandelnde in seinem Gesamthandeln integriert. Sagen wir einmal Hoechst AG oder die pharmazeutische Industrie, die chemische Industrie, aber auch die moderne Landwirtschaft mit ihren Methoden, das moderne Städtewesen. Worauf ich hinaus will, ist dies: Die Art von Pflichten, die das Prinzip Verantwortung etwa zu entdecken anregt (und das ist schon selbst die erste Pflicht des Prinzips Verantwortung), ist die der Verantwortung von Handlungsinstanzen, die gar nicht mehr die Einzelpersonen sind, sondern unser politisch-gesellschaftliches Gemeinwesen, ein dunkles und vages Wort, aber es bezeichnet etwas, was sich mehr konkretisieren läßt. Das bedeutet also, daß die meisten der großen Probleme, die die moderne technische Zivilisation ethisch stellt, Sache der kollektiven Politik geworden sind. Zum Teil sind dies ganz klare Überlebensprobleme, z. T. aber auch sehr viel subtilere, denn das Überleben der Menschheit steht ja nicht in Frage, wenn man z. B. vereinzelte genetische Experimente am Menschen anstellt, die für die Art numerisch nicht ins Gewicht fallen. Die Art der Dinge, die unter die Kontrolle neuzuformulierender Pflichten, Auflagen, nicht nur Gebote, sondern auch Verbote zu kommen haben, ist eine solche, daß die Entscheidung darüber mehr in die öffentliche als in die private Sphäre fällt. Mit anderen Worten, das meiste, was wir uns heute sittlich zu fragen haben, ist nicht so sehr: Wie führe *ich* mein Leben sinnvoll und anständig? (das bleibt immer noch bestehen), sondern: Was können »*wir*« dazu tun, »wir«, nämlich dieses ganze große, als Ganzes handelnde Super-Subjekt, die heutige technisch-zivilisierte Menschheit – was können wir dazu tun, daß sie sich nicht so verhält, daß die zukünftigen Möglichkeiten von Menschen, wie wir es sind, oder wie sie sein sollten in einer annehmbaren Welt, im voraus in Frage gestellt werden? Daß es also diese Existenzmöglichkeiten weiterhin gibt, im doppelten Sinne der Ermöglichung des Überlebens als solchen und eines menschlich würdigen, unverdorbenen Daseins? Und damit ergibt es sich schon, daß hier im Moment gar kein Bild von einer großen Erfüllung das Vordringliche ist, sondern vielmehr die Sorge darum, was man verhüten muß und was erhalten werden soll.

WILD: Ich würde Ihnen zustimmen, daß der Begriff der Macht eine zentrale Bedeutung hat, daß die Macht eine qualitativ neue Dimension gewonnen hat und auch, daß unsere Verantwortung eine Funktion dieser Macht ist. Nun scheint mir recht wichtig, daß wir uns überlegen, ob es Grenzen dieser Macht gibt, ob sich irgendwelche Begrenzungen absehen lassen. Daß es gewisse Begrenzungen gibt, scheint mir als Wissenschaftler evident, jedenfalls vom Stand unserer heutigen Theorien aus. Zum Beispiel können wir kein Signal schneller als mit Lichtgeschwindigkeit übertragen. Die Lichtgeschwindigkeit scheint nach unserem Verständnis eine absolute Grenze zu sein. Dies hat erhebliche Konsequenzen: So ist es z. B. sehr wahrscheinlich, daß wir im Kosmos immer allein sein werden, daß wir nie eine interstellare Kommunikation aufnehmen können. In unserem Sonnensystem gibt es aber Leben offenbar nur auf der Erde. – Außerdem begrenzt die Endlichkeit der Lichtgeschwindigkeit die Möglichkeiten unserer Computer. Wenn wir in einer Pikosekunde einen Vorgang abwickeln wollen, dann kann ein Signal nur einen Bruchteil eines Millimeters weit gehen. Hier existieren offensichtlich objektive Grenzen. – Ein anderer Punkt ist die Heisenbergsche Unschärferelation. Auch hier existiert eine objektive Grenze: Wir können die Beobachtung nicht von dem Vorgang selbst entkoppeln, und wir haben deshalb nur die Möglichkeit, physikalische Systeme innerhalb einer gewissen Schwankungsbreite zu beeinflussen. – Vielleicht gibt es eine dritte Grenze von fast ebenso fundamentaler Bedeutung, nur wissen wir das nicht so sicher. Und das ist die, daß in komplexen Systemen kleine Ursachen große Wirkung haben können. Das zeigt sich etwa beim Würfeln oder der Ziehmaschine für die Lottozahlen; die bestmögliche Reproduktion, die wir erreichen, führt trotzdem zu gänzlich unterschiedlichen Resultaten. Manfred Eigen hat gesagt, wir glauben zwar heute zu verstehen, welche physikalischen und chemischen Vorbedingungen erfüllt sein müssen, damit ein Evolutionsprozeß in Gang kommt, und wir glauben zu verstehen, wie in einem System Reproduktionen und sogar Vervollkommnungen ohne äußere Beeinflussungen zustande kommen können, aber wir verstehen durchaus nicht – weil es von unabsehbaren und nicht manipulierbaren Zufallsereignissen abhängt –, wie der konkrete Gang der Evolution gegangen ist. – Es könnte durchaus sein, daß die Ausbeute bei der Gentechnologie gegen Null konvergiert, daß also hier eine von der Natur gegebene objektive Grenze des Machbaren vorliegt.

Ein letzter Punkt: Ich meine, daß unserer Macht auch rein von den Kosten her eine gewisse Grenze gesetzt ist. Wenn Sie sich die Forschungsausgaben und das Bruttosozialprodukt der Kennedy-Ära anschauen und deren Trends linear extrapolieren, dann wäre noch vor dem Jahr 2000 das gesamte Bruttosozialprodukt durch Forschungsausgaben verbraucht. In dem Maße, in dem wir in immer exotischere Dimensionen eintreten, erhöhen sich auch die Mittel, die wir aufbringen müssen, um erfolgreich experimentell forschen zu können. Das ist ganz evident in der Elementarteilchenphysik und in der Astrophysik, wo die Apparate geradezu extrem kostspielig werden. Andererseits ist es doch ganz sicher, daß die Gesellschaft, längst bevor das gesamte Bruttosozialprodukt für die Forschung aufgewendet worden ist, einen Schlußpunkt setzen wird. Ich meine also, daß es Grenzen unserer Macht gibt, und wir sollten diese Grenzen etwas genauer bestimmen.

HENNIS: Ich finde es schon ungeheuer faszinierend, daß Herr Wild, offenbar doch im Sinne einer gewissen Entdramatisierung unserer Lage, als Physiker auf die Grenzen, die dem Menschen gesetzt sind, auf die Naturgesetze, verweist. Die Naturgesetze haben nicht verhindert, daß der Mensch in den letzten Jahrzehnten unzählige Tier- und Pflanzenarten ausgerottet hat. Welchen Trost können uns die Naturgesetze für die Erhaltung unserer eigenen Art geben? Unsere Macht ist durch Anwendung der Naturgesetze bereits heute so groß, daß wir mit ein paar Knopfdrücken imstande sind, unsere Gattung zu vernichten. Ich verstehe es einfach nicht, wie man in einer solchen Lage die Naturgesetze als Trost anführen kann.

WINNACKER: Ich wollte noch etwas zu Ihrer Fragestellung sagen, Herr Jonas, was das Neue an der neuen Zeit sei, und auch zu den Beispielen, die Sie genannt haben, und vielleicht auch wieder zu dem der Gentechnologie und der

Frage, ob deren Möglichkeiten heute nicht allgemein überbewertet werden. Die große Furcht, die existiert, betrifft ja die Änderung des genetischen Materials des Menschen, die gewollte Änderung des menschlichen Genpools. Man muß hier zwischen einer einfachen Korrektur eines genetischen Defekts und der [genetischen] Korrektur eines Defekts unterscheiden, und zwar derart, daß diese auf die Nachkommen übertragen wird. Dann nämlich erst wird es konzeptionell schwierig, dann erst gewinnt man wirklich Einfluß, dann erst kommt dieser lange Arm, diese neue Macht der Naturwissenschaft, von der gestern die Rede war, zum Tragen. Hier möchte ich denn doch zu bedenken geben, daß Ähnliches sich eigentlich immer schon als Nebenwirkung der Medizin eingestellt hat. Dies haben wir vielleicht lange übersehen. So kam z. B. gestern zum Ausdruck, daß heute Diabetiker mit genetischer Disposition in ihrer Krankheit ein Lebensalter erreichen, in dem sie sich reproduzieren können. Auch auf diese Weise wird Genmanipulation betrieben und dadurch die ganze genetische Struktur der Bevölkerung langfristig verändert. Insofern werden vielleicht die heutigen Methoden, die spezifischer und gerichteter sind, überbewertet.

ROHRMOSER: Herr Jonas, ich möchte einige Verständnisfragen stellen. Die Möglichkeiten technischer Machbarkeit, die den Menschen heute zur Verfügung stehen, sind qualitativ und quantitativ unvorstellbar gewachsen. Es steht den Menschen Macht zur Verfügung, wie das bisher nicht der Fall war. Was heißt in diesem Zusammenhang Macht? Die Expansion der Möglichkeiten des Einwirkens und des Veränderns sind verknüpft mit dem, was Sie System nennen. Wer ist das konkrete Subjekt, an das man sich wenden könnte? Sie haben von kollektiven Größen gesprochen, von Politik, also vom Staat. Ist aber nun nicht der Prozeß expansiver Möglichkeiten der Machtausübung gerade von einem Verfall von Handlungsfähigkeit ermöglichenden institutionellen Strukturen begleitet? Schließlich stellen Sie in diesem Kontext die Forderung nach einer neuen Ethik, das heißt genauer nach der Ethik überhaupt.

JONAS: In Sachen Hennis contra Wild hat sich aus dem Dialog, der hier in Form von Fragen an mich geführt worden ist, im Grunde genommen schon eine Antwort ergeben. Natürlich, es gibt naturgegebene Grenzen. Die Macht des Menschen ist nicht nur aus einer ganzen Anzahl von handgreiflichen Gründen begrenzt, sondern auch durch das Walten der Naturgesetze. Dafür, daß die Bäume nicht in den Himmel wachsen, ist auf jeden Fall gesorgt. Aber das gibt keinerlei Anlaß zur Beruhigung, denn bis diese Grenzen erreicht sind, können andere Grenzen längst überschritten sein, um die es uns eigentlich geht und wo zu fragen es sich dann gar nicht mehr lohnt, ob darüber hinaus sowieso noch Grenzen bestehen, die die Sache hätten aufhalten können, vorausgesetzt, sie wäre weitergelaufen. Herr Hennis hat natürlich mit dem Hinweis auf einen möglichen Atomtod einen extremen Gegenfall heraufbeschworen, nämlich, daß die Sache sehr, sehr vorzeitig und lange, ehe irgendwelche Naturgrenzen erreicht sind, sich selber vernichten könnte. Aber auch, wenn wir diese dramatisch-apokalyptische Perspektive einmal auslassen, sagen wir einmal, wir verlassen uns darauf, daß das nicht passiert, daß mit einer Mischung von Vorsicht, Ängstlichkeit und der gegenseitigen Abschreckung es dazu nicht kommt (und das müssen wir ja alle hoffen), dann bleiben doch in der Dynamik des Fortschreitens unserer Macht und ihres Aufprallens auf die ganzen Bedingungen und die Substanz unseres Daseins noch genug Längen, Laufzeiten übrig, innerhalb derer sich schon Dinge ereignen können, die vom Standpunkt der Natur aus absolut verdaulich sind und wenig Unterschied machen, aber vom Standpunkt des Menschenschicksals vielleicht ganz entscheidende Katastrophen oder Verschlechterungen bedeuten würden. Immerhin, die Frage der Naturgrenze ist doch für die menschliche Perspektive nicht unerheblich. Ich bin in meinen eigenen Überlegungen darauf gestoßen, beim

Durchdenken der Möglichkeiten der Utopie, einfach durch die Überlegung, was können wir eigentlich von diesem Planeten erwarten in punkto Versorgung einer ständig ansteigenden, sehr, sehr zahlreichen Menschheit mit all den Lebensgütern, die wir heute als zu einem befriedigenden Dasein gehörig zählen, von denen die Dritte Welt nun auch ihren Anteil bekommen soll? Und wo wir alle nicht nur auskömmlich, sondern in Fülle leben können? Und sogar ohne Arbeit, nämlich durch die zunehmende Freisetzung des Menschen von der Plage der Arbeit, jenem Fluch des aus dem Paradiese Vertriebenen, im Schweiße seines Angesichts sein Brot verdienen zu müssen? Davon befreit uns ja die Maschine, erst von der schweren körperlichen Arbeit, dann aber auch von der leichteren. Die volle Automatisierung würde also eine ganze Menschheit von Staatspensionären schaffen, die dazu angestellt sind, zu konsumieren, nämlich das zu verzehren, was die automatisierte Wirtschaft hervorbringt. Da ergeben sich nun zwei Grenzen, und zwar zwei ganz verschiedene:

Die eine ergibt sich aus der Frage: Ist das physisch erreichbar; d. h., ist dem Planeten das »physisch« zumutbar? Und da glaube ich, daß das, was Sie gesagt haben, Herr Wild, nun wirklich in Kraft tritt. Da gibt es wahrscheinlich rein physikalische, biologische, atmosphärische und chemische Grenzen auch dessen, was dem Wasser, der Luft etc. dieses Planeten zumutbar ist, die da längst vorher einen Stop setzen und diese Paradiesvision eigentlich von vornherein dazu verurteilen, ein kindlicher Traum zu bleiben. Nun könnte man sagen: Auf diese Grenzen können wir uns also verlassen. Es kommt aber dann noch eine ganz andere Überlegung hinzu: Wieviel wäre *wünschbar* auch von dem, was erreichbar ist? Ist das Anstreben dieses Ideals, jedenfalls soweit es überhaupt realisierbar ist, das Richtige, das, wofür wir unsere Kräfte ohne sonstigen Vorbehalt einsetzen sollen, eben mit dem Verlaß darauf, daß die Grenzen sich von selber einstellen würden? Und da bin ich nun allerdings der

Überzeugung, daß hier ein bestimmtes, jetzt nicht weiter zu definierendes Bild vom Menschen und der Würde des Menschen und dessen, was den Inhalt eines menschlichen Lebens ausmacht, das auch des Namens »Menschenleben« wert ist, uns eigentlich schon verbietet, diese Art von Vision überhaupt zu unterhalten und zu fördern. Aber darüber kann es sehr verschiedene Ansichten geben, und das Ausmaß dessen, was an Freisetzung menschlicher Arbeitsleistung und menschlicher Mühe möglich und erträglich ist, kann sehr verschieden eingeschätzt werden. Dann ergibt sich aber die Frage, die schon nichts mehr mit den Naturgrenzen zu tun hat, es sei denn, daß man zur Natur auch die menschliche Natur zählt, nämlich die völlig andere Frage: Was ist dem Menschen zuträglich? Und das ist nicht mehr die Frage: Was *läßt* sich eventuell machen?, sondern: Was, innerhalb des Machbaren, *soll* eigentlich gemacht werden? Und da muß ich gestehen – und ich nehme an, daß viele hier ein ähnliches Gefühl haben –, daß die bloße Vorstellung eines allgemeinen Müßiggangs, die zunächst mal ihre verlockenden Aspekte hat – also jeder kann sich seinen Liebhabereien widmen, der eine bastelt, der andere malt, der dritte komponiert, der vierte schreibt Bücher, der andere wieder liest sie –, daß diese Vision im ganzen zu einer völligen Groteske führt, zu einer Absurdität. Wenn das aber der Fall ist, dann braucht man gar nicht bis zum utopischen Zustand zu gehen. Dann muß man sich schon fragen: Wie weit soll denn die Automatisierung vorangetrieben werden? Das liegt doch letzten Endes an uns. Wir können doch nicht einfach sagen: die Sache ist im Gange, daran ist nichts mehr zu machen, man muß damit weitergehen, denn wenn wir es nicht tun, dann tun es andere, z. B. die Russen oder die Chinesen; wer es nicht tut, den beißen die Hunde, infolgedessen sind wir also in dem Zwang, vorwärtsgehen zu müssen. Wenn wir das sagen, haben wir schon kapituliert. Letzten Endes sind die Sachen unser Werk. Es ist eine Handvoll Menschen, die an diesen Grenzen arbeitet, an den

Frontpositionen der Automatisierungs- und Informationstechniken. Daß sich das nicht unter Kontrolle bringen lassen soll, nur weil eine Dynamik im Gange ist, die wir ja z. T. durchschauen – vor dieser deterministischen Verzichterklärung sollten wir uns doch an erster Stelle hüten.

Und nun komme ich zu den Fragen von Herrn Winnacker und Herrn Rohrmoser. Es gibt unter diesen neuartigen Macht- und Macharten solche wie die genetische Manipulation der menschlichen Erbsubstanz, etwa durch DNA-Rekombination: Diese eröffnet Möglichkeiten ganz eigener Art, von denen Herr Winnacker sagte, daß im Grunde genommen so etwas ja schon die ganze Zeit vor sich gegangen sei. Schon die ärztliche Kunst als solche veranlaßt ja eine Veränderung des Genpools der Bevölkerung dadurch, daß sie z. B. Genotypen erhält, die in der natürlichen Auslese oder außerhalb einer medizinisch hochentwickelten Gesellschaft eines Wohlfahrtsstaates zugrunde gehen würden, ganz bestimmt unter Naturbedingungen, deren Schutz und Erhaltung also auch einen Einfluß auf die genetische Zusammensetzung der Bevölkerung haben. Und das kann man auf lange Sicht als Veränderung ansehen. Nun gibt es aber einen wichtigen Unterschied zwischen dieser Art von genetischer Beeinflussung der menschlichen Zukunft, die sich ungeplant aus dem Prinzip des Schutzes von Individuen ergibt, und geplanten Veränderungen des menschlichen Typs durch mikrobiologische Techniken wie DNA-Rekombination, demonstrierbar zunächst einmal an experimentellen Einzelbeispielen und gewählt etwa nach gewissen Neugiergesichtspunkten oder auch nach gewissen pragmatischen Gebrauchsinteressen: Für die Raumfahrt z. B. brauchen wir vielleicht einen etwas anders eingerichteten menschlichen Organismus, mit etwas anderen Eigenschaften, als den, der für das terrestrische Leben durch die Evolution entstanden ist. Wenn man damit anfängt, so kann man Eingriffe ganz neuer Art mindestens ins Auge fassen, die nicht von derselben Art sind, wie Sie es charakterisiert haben. Nun, hier handelt es sich um etwas, was mutwillig getan wird. Niemand und nichts zwingt einen dazu, auch nicht das Gebot, Individuen mit gewissen Erbmängeln weiter am Leben und damit auch zeugungsfähig zu erhalten. Dieser Imperativ, der aus unserer ganzen Kultur stammt, daß man Nachteile der Natur ausgleichen und jedem seine Lebenschance geben soll, dieses Argument verfängt ja nicht, wo man sich in mutwillige Experimente einläßt. Angesichts der Kühnheit gewisser Träume unserer biologischen Pioniere, die da schon aufwarten mit Ideen, was da alles mit den Menschen gemacht werden könnte und wie großartig es ist, daß wir das mal ausprobieren können, ergibt sich meiner Ansicht nach für die Ethik eine Art von Veto-Recht. Dies hat mit der Angst vor den Folgen für die Menschengattung im ganzen und für ihr Überleben gar nichts zu tun, sondern es führt in Wesensdimensionen hinein, wo selbst der Einzelfall ein genauso großes Greuel wäre wie ein Massenexperiment, und deswegen betone ich auch die *Neuartigkeit* unserer Macht. Das heißt, nicht nur quantitativ haben wir einen so viel größeren Einfluß auf den Gang der Dinge im planetarischen Ausmaß, auch qualitativ erwerben wir Möglichkeiten, die wir unter die Lupe nehmen müssen und können. Aber hier kommt nun die Schlußfrage von Herrn Rohrmoser: Was ist Macht und wer ist ihr Subjekt? Die Möglichkeiten des Machenkönnens sind enorm gewachsen. Dieses Machenkönnen wird umgesetzt in Machen von – ja, von wem? Ist nicht ein Teil der Macht, die wir haben, gerade mit darauf begründet und dadurch qualifiziert, daß die eigentlichen Organe der Macht sich selber schon gar nicht mehr kennen? Daß das in einer Anonymität ausgeübt wird, die für den einzelnen – und diejenigen, die Überlegungen darüber anstellen – schon wieder so etwas wie Schicksal ist, so daß man sozusagen eine Art deterministische Wissenschaft daraus entwickeln kann, wenn wir nur die Mechanik genügend durchschauen, wie die Sache weiterlaufen wird? Also, dem kann ich eigentlich nur entgegenstellen, was jeder von uns erwidern muß: »Tua res agitur«, und nicht nur »tua res agitur«, sondern auch: »Tu agis«, du bist auch ein Mithandelnder. Die Sache muß in den Griff, muß in die Hand zu bekommen sein. Es ist richtig, daß die Institutionen der Macht, die nunmehr gegen die Automatik der Macht zu mobilisieren wären, noch nicht sichtbar sind. Aber wenn es irgend etwas Visionäres oder Utopisches im Prinzip Verantwortung gibt, dann ist es eben das: solche Institutionen doch sichtbar zu machen, vielleicht sie im Umriß zu erblicken und an ihrem Zustandekommen mitzuwirken, so daß diese Trennung zwischen einer automatisch sich selbst fortzeugenden Machtausübung und den eigentlichen Inhabern der Macht, die doch letzten Endes *wir* sein sollen, wieder überwunden wird. Und es ist eine Sache des Glaubens oder des persönlichen Temperaments, ob man glaubt, daß es dazu kommen wird oder nicht. Wenn man denkt, daß es nicht dazu kommt, ist man ein Pessimist, und wenn man glaubt, daß wir das ja können, ist man ein Optimist. Aber unabhängig davon, ob man ein Optimist oder ein Pessimist ist: Selbst der Pessimist kann ja seines Pessimismus nicht so sicher sein, daß er sagt: »Man soll nicht einmal versuchen.«

WILD: Es ist ohne Zweifel so, daß die Möglichkeiten der Zerstörung, der Selbstzerstörung, die wir haben, ungeheuer sind und eine qualitativ neue Dimension angenommen haben; die Atombombe ist dafür ein Beispiel. Und es ist ganz sicher so, daß wir für diesen enorm verlängerten Arm, den wir heute haben, eine neue Art von Ethik brauchen, die über das hinausgeht, was uns tradiert worden ist. Was aber könnten Komponenten dieser neuen Ethik sein? Ich muß sagen, daß ich in erster Linie hierhergekommen bin, um hier vielleicht etwas über solche Komponenten einer neuen Ethik zu lernen. Ich selbst meine, daß eine Komponente dieser neuen Ethik die Verpflichtung sein könnte, mit absoluter Redlichkeit Folgeabschätzungen parallel mit der Entwicklung von Technologie zu betreiben; so z. B. in der Reaktortechnologie die Folgeabschätzungen ganz genau so ernst zu nehmen wie die Entwicklungen dieser Technologie selbst. Dieses ist eine Komponente, die wir in eine neue Ethik einbringen müssen. Und an der Stelle kommt nun natürlich die Begrenzung dessen, was wir machen können, ganz eindeutig hinein; denn wir müssen genau abschätzen können, diese und diese Folgen können eintreten; diese und diese werden aber höchstwahrscheinlich nicht eintreten; weshalb wir sie in einer vorläufigen Analyse außer acht lassen dürften. Und insofern meine ich, daß wir uns in der Tat immer auch über die Begrenzungen unserer Macht Rechenschaft geben müssen. Wenn wir uns über die Grenzen des überhaupt Machbaren, im Rahmen der Naturgesetze Machbaren, klar sind, dann brauchen wir bei manchen Problemen, so vielleicht auch bei der Gentechnologie, weniger Skrupel zu haben, als das heute der Fall ist.

HENNIS: Was Herr Wild eben angeführt hat, begrenzt sich auf die kognitive Problematik, also auf die Frage: »Was kann ich eigentlich tun?« Erst dann aber beginnt das ethische Problem. Ich weiß, daß ich dieses und jenes tun kann, tue es aber nicht. Erst hier stellt sich die ethische Frage. Abzuschätzen, ob der Mensch in Zukunft fähig sein wird, das, was er tun könnte, nicht zu tun, scheint mir keine Frage von Pessimismus und Optimismus zu sein. Zunächst einmal müßten wir doch die Faktoren analysieren, die uns vielleicht helfen könnten, das nicht zu tun, was wir tun könnten. Alle bisherige Ethik setzte ja diese faktischen Begrenzungen voraus. Die Ethik des »kurzen Armes« genügte eben, weil der Arm kurz war, dies war aber doch mitbedacht! Ich meine, daß wir in dieser Lage all das vordringlich bedenken und in unser Bewußtsein zurückholen müssen, was uns vielleicht hindern könnte, das zu tun, was wir tun können. Gibt es noch Tatbestände, die dem Menschen, will er Mensch bleiben, Grenzen seiner Autonomie setzen? Herr Jonas hat in seinem großen Buch immer wieder auf die eventuelle Unverzichtbarkeit der Religion und der »Ehrfurcht« hingewiesen. Wenn einmal alle äußeren, heteronomen Grenzen gefallen sind, so kann ich mir schwer vorstellen, daß die Ethik, auf sich allein gestellt, imstande sein wird, neue Grenzen zu ziehen.

ROHRMOSER: Man kann das Problem der Ethik so diskutieren, wie Sie, Herr Wild, es getan haben. Die Forderung nach einer Ethik des Verbotes und der Begrenzung des Machbaren auf das Maß, das den Menschen noch zuträglich ist, wirft aber auch grundsätzliche, weil philosophische Fragen auf. Was sind die Kriterien oder Maßstäbe, aufgrund deren ich entscheiden kann, was dem Menschen förderlich oder zuträglich ist? Diese Frage muß jeder stellen, der Platon nicht vergessen hat. Wenn es aber keinen Konsens in den Grundwerten gibt, dann bleibt nur das Interesse am Überleben. Versteht sich aber dieses Überlebensinteresse von selbst? Kann es als Begründung für Ethik dienen oder bedarf es selbst einer ethischen Begründung? Das klingt in den Ohren von Naturwissenschaftlern nicht sehr pragmatisch, aber es hat eine enorme praktische und politische Bedeutung, ob es uns gelingt, die Menschen ethisch enttäuschungsfest zu machen. Also: Können wir eine Ethik entwickeln, die auf die Frage nach dem guten Leben verzichtet und gleichzeitig das Interesse am Überleben mobilisiert und die Opfer ermöglicht, ohne die wir nicht überleben können? Daß dies möglich ist, scheint mir gar nicht selbstverständlich zu sein.

KAUFMANN: Meine Frage, und zwar speziell an Herrn Jonas: Ist es nicht so, daß alles, was im naturwissenschaftlichen Bereich geschieht, öffentlich geschieht? Ist nicht die Öffentlichkeit selbst ein Teil der Machtkontrolle? Das Kollektiv delegiert eine der schwierigsten Aufgaben der Zeit, die naturwissenschaftliche Forschung, an den einzelnen Gelehrten oder an Institute. Was der Gelehrte tut, ist bekannt und wird ständig besprochen, auch in seinen Möglichkeiten; und ich sehe darin – übrigens auch, beispielsweise, für die industrielle Herstellung von Mitteln, die beim Menschen angewandt werden – die eigentliche Kontrolle der Zeit: daß nämlich die Gelehrten selber untereinander wissen, was der andere tut, und einer von ihnen ja wohl auf den Gedanken kommt, daß etwas schädigend sein könnte und daß man vor bestimmten Entwicklungen warnen müßte. Ich finde, es ist nicht ein Problem des Vorschreibens »das darf man tun, das darf man nicht tun«, sondern der ständigen Diskussion sowohl zwischen den Gelehrten selbst als auch zwischen den Gelehrten und der Öffentlichkeit.

MAIER-LEIBNITZ: Durch Ihre Ausführungen bin ich zu vielen Fragen angeregt worden. Mit großer Zustimmung habe ich Ihr Buch gelesen, Herr Jonas, und bin auch der Meinung, daß wir Verantwortung für künftige Generationen tragen, so wie Eltern Verantwortung für ihre Kinder haben. Auf diesen Punkt wollte ich noch einmal hinweisen. Daraus resultiert nun die erste Frage: Wer kann diese Verantwortung heute tragen, wer muß sie tragen? Dann kommen Fragen auf, die die Verantwortung der Wissenschaftler selbst betreffen. Sie haben vorhin zu meinem Leidwesen etwas gesagt, was auf Verzicht auf Forschung hinausläuft. Verzicht auf Forschung. – Ich glaube, Sie haben natürlich eine ganz bestimmte Forschung oder Anwendung der Forschung gemeint. Sie haben gesagt: Wir dürfen es nicht machen, auch wenn wir meinen, die Russen machen »es« dann. Und unter »es« habe ich die Forschung verstanden. Und da sind wir ja auf einem furchtbar schwierigen Gebiet angelangt, da die Forschung ins Unbekannte geht und weil es Gründe gibt zu glauben, daß wir Forschung brauchen, schon, damit wir mit allem besser und ohne große Probleme fertig werden. Soweit zur ersten Frage. Die zweite Frage bezieht sich darauf, wie wir etwas von dem erreichen können, von dem wir meinen, daß es für unsere Zukunft gut sein könnte. Es könnte z. B. eine Einmann-Bewegung geben – und es gibt sicher Anhänger von diesem einen Mann, der sagt: Wir müssen jetzt ganz konkret etwas tun, um die Reserven, die wir in der Welt haben, etwa Energie oder Rohstoffe, nicht in den nächsten zwei Generationen auszugeben, weil wir damit die künftigen Generationen ihrer Existenz berauben. Und da habe ich mir überlegt: Was kann so jemand tun, und wenn ich mit ihm sympathisiere, was kann *ich* tun? Er kann einen Klub gründen von Leuten, die keine oder nur wenig Energie verbrauchen. Ich habe das den 10^{-9}-Klub genannt, weil jedes Mitglied die Katastrophe, von der Sie sprechen, daß also keine Rohstoffe oder Energien mehr vorhanden sind, um 10^{-9} seiner Lebensdauer verschiebt. Das ist etwa eine Sekunde, wenn ich mich recht erinnere. Wenn es Entwicklungsländer sind, sind es 10^{-10}. Dies scheint mir keine gute Methode zu sein.

Das zweite ist, daß man diese Wirkung multipliziert, indem man versucht, eine Wirkung auf die Politik auszuüben. Und dies wird heute über Minderheiten versucht mit einem nicht zu unterschätzenden Erfolg. Die Verzögerung, die dadurch erzielt wird, ist sicher größer als 10^{-9} und kann also in die Größenordnung von Prozenten der Lebenszeit einer solchen Bewegung kommen. Auch das ist nicht entscheidend. Und dann gibt es noch eine große Schwierigkeit: Was kann man einem Politiker zumuten, eine Statesmanship für eine ferne Zukunft? Ich war dabei, als Helmut Schmidt erklärt hat: Wir müssen die Atomenergie haben, weil die CO_2-Anhäufung in der Atmosphäre zu einer Erwärmung auf der Welt führen kann. Aber wenn man das analysiert, dann war das eine Art zu sagen: »Ich bin für Atomenergie.« Ich weiß nicht, ob er genau weiß, daß die Frage noch strittig ist, aber er weiß genau, daß das Argument in der Öffentlichkeit z. Z. ankommt und daß es deshalb nützlich ist, so etwas zu sagen. Dann gibt es einen weiteren Weg: die Schaffung vollendeter Tatsachen über Seitenlinien. Also nehmen wir diese außerordentlich sympathische Bewegung, die sagt: Wir müssen zu einem weniger gehetzten Leben kommen. Wir müssen gemächlicher den Fortschritt suchen. Diese können natürlich auch einen 10^{-9}-Klub gründen, und das machen sie auch. Aber auf diesem Wege versuchen sie, vollendete Tatsachen zu schaffen, d. h., wenn irgendwo ein Kraftwerk gebaut wird, dann versuchen sie das so lange wie möglich zu verhindern oder zu erreichen, daß statt dessen ein kleineres gebaut wird, z. B. ein Wasserkraftwerk. Oder sie versuchen, irgendwo eine Unregierbarkeit herzustellen; wenn nichts passiert, ist das auch eine Verlangsamung des Fortschritts. Ähnlich ist es mit der sehr charmanten Bewegung »Small is beautiful«, die ja eine gewisse Breitenwirkung hat. Ich bekenne meine Sympathie dazu und würde es begrüßen, wenn so etwas wirksamer wäre. Nur, ich sehe den Weg noch nicht. Und nun komme ich wieder auf die Forschung zurück: Der Verzicht, Dinge zu tun, die Folgen für die Zukunft haben könnten, das ist eine vage, oft zu vage Aussage. Sie haben, glaube ich, in Ihrem Buch – das hat mir auch sehr gut gefallen – gesagt, daß wir bei Dingen, die in der Zukunft passieren können, besonders auf die achten müssen, die eine schlechte Wirkung haben können. Wir dürfen nicht wegen erhoffter guter Wirkungen Risiken eingehen, die zu etwas Negativem führen können. Das ist m. E. eine Handlungsanweisung, die sich relativ viele merken sollten. Aber die Grenzen des möglichen Verzichts sind so vielseitig und so eng, daß ich mich etwas ratlos fühle.

JONAS: Ich hoffe, niemand erwartet, daß ich auf alle diese Fragen eine Antwort habe.

JAKOBS: Ich habe zwei Bemerkungen zu den Ausführungen von Herrn Jonas über Verantwortung. Verantwortung besteht ja nicht nur insoweit, als bestimmte Personen zu garantieren haben, daß bestimmte Konflikte ausbleiben; Verantwortung besteht vielmehr auch, wenn ein Konflikt trotzdem eintritt: dann macht man die zuständige Person dafür verantwortlich.

Nun hat Herr Jonas ausgeführt, Verantwortung hänge mit Macht zusammen. Man kann das auch dahingehend formulieren, daß Verantwortung mit Freiheit im Sinne eines Freiraums zusammenhängt, eines Bereichs, in dem der

Verantwortliche entscheidet und ihm andere Personen nicht hineinreden. Bezogen auf das Thema dieser Tagung heißt das: Soll »die Technik« selbst die Verantwortung tragen, so daß bestimmte Konflikte ausbleiben? Will man sie notfalls, so ein Konflikt doch eintritt, zur Verantwortung ziehen, so muß man ihr auch die Macht, den Freiraum geben, der zur Verantwortung gehört. Ob es aber überhaupt wünschenswert ist, diese Macht, diesen Freiraum abzugeben und ob nicht eine wesentlich fremdbestimmte Technik vorzugswürdig ist, dürfte noch nicht entschieden sein.

Die zweite Bemerkung hängt mit den Schwierigkeiten zusammen, die sich beim Verantwortlich-Machen nach einem Konflikt ergeben. Das Verantwortlich-Machen muß mit einer Deutlichkeit erfolgen, die dem Maß des Konfliktes adäquat ist, sonst ist es überflüssig. Dazu ein triviales Beispiel: Schlägt jemand einen anderen Menschen tot, so ist dieser Konflikt nicht mit der Bemerkung, der Täter sei ein Lümmel, zu erledigen; der Täter muß viel stärker verantwortlich gemacht werden.

Nun besteht heute das Problem, daß die Macht, die Herr Jonas treffend als Voraussetzung der Verantwortung bezeichnet hat, weithin nicht bei einzelnen Personen liegt, sondern bei Institutionen. Einzelne Personen kann man also für einen Konflikt nicht adäquat verantwortlich machen. Wie man aber Institutionen überhaupt verantwortlich machen will und wie das insbesondere in der erforderlichen Stärke geschehen soll, dafür gibt es bislang nicht einmal Modelle, wenn man von nicht übertragbaren Formen des Völkerrechts (Vergeltungskrieg) absieht. Die Lage wird noch schwieriger, wenn man einbezieht, daß die Institutionen möglicherweise überhaupt nicht mehr in der ursprünglichen Gestalt bestehen, wenn es zum Konfliktfall kommt. Beispielsweise mag ein verantwortliches Parlament dann allenfalls noch in ganz anderer Zusammensetzung vorhanden sein. Selbst wenn die Institution noch greifbar ist, wird eine adäquate Reaktion dadurch behindert, daß die Institution –

ganz anders als ein verantwortlicher einzelner Mensch – in aller Regel konstitutiv für das gesamte System und deshalb unverzichtbar ist. Wir können uns bei dieser Lage nur das eigene Auge ausreißen, das uns geärgert hat, aber der Schaden einer solchen Tat mag größer sein, als es der Nutzen ist.

Im Ergebnis besteht also ein dreifaches Problem: Verantwortung von Institutionen für Konflikte ist nicht erprobt; die Institutionen sind in der Gestalt, in der sie sich verantwortlich gemacht haben, nach einem Konflikt oft nicht greifbar; schließlich sind sie trotz aller Verantwortlichkeit oft unverzichtbar.

[. . . . .]

JONAS: Ich möchte zunächst einmal mit der juristischen Situation beginnen, die Herr Jakobs angeschnitten hat. Nämlich, wenn es für gewisse Sachen zur Verantwortlichmachung kommt, dann ist der Verantwortliche, der Rede stehen soll, der Rechenschaft ablegen soll, eventuell gar nicht mehr da. Und auch dann, wenn man ihn sogar noch nominieren könnte, ist es gar keine Person oder ein bestimmtes Subjekt, sondern es ist eine Institution, und man stößt also gewissermaßen ins Leere, wenn man hier von Verantwortung spricht. Nun habe ich einige Mühe darauf verwendet, zwischen zwei ganz verschiedenen Begriffen von Verantwortung zu unterscheiden, nämlich dem rein formalen, sozusagen rechtlichen Begriff der Verantwortung, daß jeder verantwortlich ist für das, was er tut, und also auch verantwortlich zu machen ist für das, was er getan hat, falls er noch da ist. Das ist selber gar kein Prinzip des moralischen *Tuns*, sondern nur der nachträglichen moralischen Haftbarmachung für das Getane. Wenn das Subjekt der Haftbarmachung nicht mehr da ist, dann ist also sozusagen nichts mehr zu tun. Nun ist aber davon ein ganz anderer Begriff der Verantwortung zu unterscheiden, den ich eben besonders am Eltern-Kind-Verhältnis zu illustrieren versucht habe, nämlich Verantwortung für Zu-Tuendes: nicht also Verantwortung für getane

Taten, sondern durch Verantwortung gehalten sein, etwas zu tun, weil man verantwortlich ist für eine *Sache*. Man ist aber verantwortlich für die Sache, weil die Sache im Bereich der eigenen Macht liegt, also vom eigenen Tun abhängt. Hat diese Sache aus gewissen Gründen, die allerdings angegeben werden müssen, einen besonderen *Anspruch* auf mein Zutun oder mindestens auf mein Unterlassen im Zuge dessen, was ich tue, dann werde ich verantwortlich dafür, gewisse Dinge zu tun oder nicht zu tun *um dieser Sache willen*. Nun, eine solche Sache wäre das Überleben der Menschheit, und es ist die Frage aufgeworfen worden: Können wir eigentlich eines Interesses der Menschheit an ihrem Überleben so sicher sein? Dann muß man von vornherein unterscheiden zwischen der Frage, ob ein solches Interesse de facto in den Subjekten *besteht*, und der, ob es bestehen *soll*. Sollen wir uns verantwortlich fühlen für die Zukunft der Menschheit, für das, was sein wird, wenn wir schon längst, längst tot sind? Und wenn ja, kann dies Sollen auf ein vorhandenes Gefühl bauen? Lassen wir einmal die sehr heikle Sollensfrage beiseite. Ich bin allerdings der Ansicht, und ich habe einen entsprechenden Versuch gemacht mit den unbehilflichen Mitteln, die das heutige Philosophieren bietet, das ja eben der Metaphysik abgeschworen hat, eine Art spekulative Grundlage dafür zu legen, daß die Menschheit und damit also jedes Mitglied der Menschheit, also jedes einzelne Individuum, in der Tat eine transzendente oder metaphysische Pflicht hat dazu, daß es auch künftig Menschen, Verkörperungen dieses Genus Mensch, auf Erden gibt, und zwar unter Bedingungen des Daseins, welche die Verwirklichung der Idee des Menschen noch zulassen. Aber lassen wir das einmal beiseite, das ist ein Gebiet, wo ich selbst meine philosophischen Fachgenossen derzeit nicht auf meiner Seite habe und noch weniger erwarten kann, daß ich positive Wissenschaftler etwa davon überzeugen könnte, daß sich ein solches Argument überhaupt aufbauen läßt. Der Gläubige, ich meine den z. B., für den es etwas bedeutet, daß Gott

Himmel und Erde schuf und zur Schöpfung gesagt hat am 6. Tage »sie ist gut«, und damit bejaht hat, was er geschaffen hat, und dazu gehört die Schöpfung des Menschen als ein besonderer Endpunkt der Schöpfung – für diesen Gläubigen ist die Antwort leicht, ihm sagt sein Glaube, es wäre eine schwere Versündigung an der Schöpfungsordnung, etwa mitschuldig zu werden daran, daß dieses »Ebenbild Gottes« (was immer das heißen mag) verschwindet oder beeinträchtigt wird, verkrüppelt, verzerrt wird, eine Karikatur seiner selbst wird. Ich halte es für durchaus möglich, daß auch streng philosophisch – wenn sich die Philosophie erst einmal von der rein analytisch-positivistischen Denkweise befreit hat – ein Argument sich entwickeln läßt, das in eine ähnliche Richtung geht. Aber wie gesagt, das ist vielleicht Zukunftsmusik. Wir können jedoch immerhin etwas dazu sagen, ob ein solches *Gefühl* der Verantwortung für die Zukunft da ist, ob ein Interesse dieser Art als *Faktum* des menschlichen Daseins festzustellen ist, worauf sich ja auch aufbauen ließe. Nun, um das festzustellen, ist es vielleicht ganz gut, ein gewisses Gedankenexperiment anzustellen. Angenommen, die menschliche Fortpflanzung arbeitete so wie bei gewissen Insektenarten, wo jeweils eine Population aus lauter Gleichaltrigen besteht, also gleichzeitig = gleichaltrig ist, jede Generation für sich lebt, sich mit keiner andern überschneidet, keine Mitglieder der nächsten zu Zeitgenossen hat. Sie werden im Frühjahr geboren, haben ihren Lebensspann während des Sommers, hinterlassen ihre Eier, und in der nächsten Saison fängt die ganze Sache von neuem an. Nehmen wir einmal an, die Menschheit bestünde jeweils aus lauter Gleichaltrigen – und dann kommt eine Zäsur, und dann kommt die nächste Generation, von der wissen wir schon gar nichts mehr. Wir wissen nur, es wird eine da sein. Wir können dieser ja gewisse Dokumente hinterlassen, um sie zu belehren, was wir uns so vorgestellt haben. Aber die Verbindung besteht nur darin, daß wir Ehemaligen sie gezeugt haben, und es gibt keinen Overlap. Dann allerdings könnte man ernsthaft fragen: Ja, kann man beim denkenden Menschen, wenn er nicht mehr rein instinktbedingt ist, eigentlich damit rechnen, daß er ein überwältigendes Interesse daran hat, daß es diese nächste Generation gibt? Und der Maßstab dafür wäre, welche Opfer er bereit ist, dafür auf sich zu nehmen. Da gibt es den berühmten zynischen Satz, ich weiß nicht, ob er hier bekannt ist, auf englisch heißt er: »What has the future ever done for me?« (Was hat die Zukunft je für mich getan?). Da aber doch alle Tunsverpflichtungen gegenseitig sind, eine Art »do ut des«, so ist nicht einzusehen, daß ich mich aufopfern soll dafür, daß dieselbe Art Käfer, wie ich es bin, im nächsten Jahr oder Jahrhundert wieder da ist. Nun ist es aber tatsächlich ja ganz anders. Die Menschheit besteht ja *nicht* aus Gleichaltrigen, sondern in jedem Augenblick aus Angehörigen *aller* Lebensalter, jedes Alter ist vertreten, in diesem Augenblick sind alle zugleich da, vom schlotternden Greis bis zum schreienden Neugeborenen. Das heißt, wir sind ja jeweils schon mit einem Teil der Zukunft da und ein Teil der Zukunft mit uns (sie hat also auch schon etwas für mich getan!). Ich weiß nicht, wie es überhaupt um den ganzen Begriff und die Tatsache der Verantwortung als Verantwortlichkeitserfahrung bestellt wäre, wenn es nicht dieses Eltern-Kind- oder Generationsverhältnis gäbe, in dem es uns tatsächlich schon auferlegt ist, die kommende Generation zu hüten und darauf vorzubereiten, an unsere Stelle zu treten. Ich glaube also, die Frage bezüglich eines Interesses am Überleben der Menschheit braucht gar nicht mit der Frage zu beginnen: Ist wirklich jeder daran interessiert, daß es in tausend Jahren noch Menschen gibt? Jeder von uns hat normalerweise (die Ausnahmen immer ausgenommen) etwas davon in sich, daß die Zukunft dauernd schon mit uns da ist, mit uns schon lebt, langsam heranwächst und die Kontinuität des menschlichen Daseins sich schon in der Anwesenheit von Vertretern aller Lebensalter in jeder menschlichen Gegenwart ausdrückt. Darauf setze ich in der Tat einige Hoffnung, darauf beruht z. T. mein Vertrauen, daß der Appell an ein Verantwortlichkeitsgefühl für die Zukunft nicht ins Leere stößt, sondern auf etwas sehr konkret Gegebenes, das sich ja in dem bloßen Hegen, mit dem die Mutter ein Neugeborenes in den Arm nimmt und der Vater dabeisteht, zeigt. Ich meine, darin äußert sich etwas, wo sozusagen die Schöpfungsordnung uns einen Teil der ethischen Motivierung und auch der spekulativen Last – nämlich zu begründen, warum man für die Zukunft verantwortlich sein soll – abgenommen hat. Etwas davon ist dauernd am Werke, und ohne das würde wahrscheinlich sehr viel von der Sorge, die uns eben so stark in Anspruch nimmt und vielleicht manchen nicht schlafen läßt, gar nicht vorhanden sein. Denn wenn es wirklich mit dem einzelnen Individuum in der Stunde des Todes zu Ende wäre, so könnte jeder das einfach a) für sich bejahen und b) dann multipliziert mit einigen Milliarden – nämlich soviel Menschen, wie da sind – auch auf die gegenwärtig Lebenden ausdehnen. Und das würde das Ende allen Lebens bedeuten. Aber keiner, der in dem Prozeß steht, in dem er wieder Kinder aufwachsen sieht und dafür auch etwas zu tun hat, wird wirklich wollen, daß eine solche Phantasie Wirklichkeit wird. Das ist für mich ein Grund, anzunehmen, daß auch ohne den Beweis dafür, daß der Mensch eine transzendente Pflicht hat, auf Erden zu bleiben (speziesmäßig, genusmäßig), sich aus diesem kardinalen Erlebnis der »Ungleichzeitigkeit« menschlicher Zeitgenossenschaft auf der Erde eine Kontinuität und ein Kontinuitätsdrang sozusagen von selbst ergeben, worin gefühlte Verantwortung schon eingeschlossen ist.

SAMSON: [. . . . .] So möchte ich Ihnen gern die Frage stellen, wie ethisch zu entscheiden ist, wenn es um folgenden Extremfall geht: Gesetzt der Wert, Fortbestand der Spezies, kann nur erhalten werden, wenn dieser Fortbestand, die rein physische Existenz, auf einem stark reduzierten Niveau möglich ist. Darf dann in einer solchen Situation die Position erlaubt sein, die da sagt, ich nehme nicht die sichere

Vernichtung, aber die Gefährdung des Fortbestandes der Spezies in Kauf um bestimmter anderer Werte willen? Und als solche Werte wären etwa denkbar die technische Kultur, die Zivilisation, die Freiheit des Denkens. Muß man es als unethisch bezeichnen, wenn jemand sagt, die Reglementierung des Denkens, des Forschens, des freien Umganges mit der Natur ist mir bedenklicher als die Gefährdung der physischen Existenz der Spezies? Ist das eine mögliche Position, oder ist dies von Ihrer Ableitung her unethisch?
[.....]
RAZIM: Ich darf sagen, daß auch ich von den Ausführungen, die Sie eben gemacht haben, Herr Jonas, sehr beeindruckt war. Nur, dem Weg, den Sie beschritten haben, um dort hinzukommen, kann ich nicht so ohne Widerspruch, bzw. ohne eine Frage zu stellen, folgen. Es ist folgendes: Sie haben ja sehr klar und eindringlich dargelegt, daß Macht heutzutage weniger, nein gar nicht, den Individuen zukommt, sondern vielmehr dem Kollektiv. Sie haben Begriffe wie »Gemeinwesen«, »die Pharmazie« gewählt und andere mehr, und dann haben Sie einen Sprung getan und den Appell an das Individuum gerichtet. Ich sehe hier eine Schwierigkeit, ja fast möchte ich sagen Ausweglosigkeit. Sie haben ja anerkannt, daß Macht ein Moloch ist, Sie haben aber dennoch den Vorschlag gemacht, daß das Individuum sich dagegen auflehnen soll.

Wenn ich in diese Runde schaue, dann gehe ich davon aus, daß hier in der Tat nur Individuen sitzen, und ich bin überzeugt davon, daß in bezug auf die Fragestellung, die wir hier 2½ Tage diskutieren, von einem Kollektiv ganz bestimmt nicht die Rede sein kann. Insofern habe ich Schwierigkeiten, wenn ich mich frage: Wie soll es dann möglich sein, vom individuellen Reagieren heraus den Moloch der Masse, des Kollektivs, beeinflussen zu wollen?

JONAS: Ja, ich kann versuchen, darauf mit ein paar Worten zu antworten. Vielleicht bringt mich das dazu, auf ein, zwei andere Punkte einzugehen. Also, der Moloch oder, wie

Hobbes sagte, der Leviathan, nämlich das organisierte Kollektiv, ist eine unleugbare Realität. Ich stehe vollkommen zu dem, was ich sagte, daß die Handlungen, über deren Kontrolle wir uns den Kopf zerbrechen, im wesentlichen von diesem Leviathan ausgehen und nicht von uns einzelnen. Man soll aber trotzdem nicht aus dem Auge verlieren, daß dieser Leviathan zusammengesetzt ist aus allen von uns, und daß jeder von uns ja auch in der einen oder anderen Form wieder in institutionellen Formen sein eigenes Wirken entfaltet. Ich meine, es ist sehr selten, daß heute jemand nur Privatmann ist. Bei vielen Handlungen, mindestens in den Augenblicken, wo man den Stimmzettel abgibt, aber auch in sehr vielen anderen und sehr viel kontinuierlicheren Lebenszusammenhängen, ist man Mitglied von institutionalisierten Kollektiven, und es besteht also hier keinesfalls eine absolute Dichotomie. Der Leviathan ist nicht einfach ein Ungeheuer, das da steht, und wir stehen auf der anderen Seite und schauen zu, wie der sich nun verhält. Sondern wir sind ja selber darin Faktoren. Und nun handelt es sich um zwei Probleme. Das eine ist die Maximierung des möglichen Einflusses richtiger Einsicht, die immer zunächst mal bei einzelnen vorhanden ist, auf das Reagieren dieses Kolossal-Organismus, von dem die Machthandlungen ausgehen. Und das andere Problem ist: zu sehen, daß dieses Durchsetzen des Wollens und Wünschens einzelner an den Schlüsselstellen der Macht eben den Richtigen und nicht den Falschen zufällt.

Mit anderen Worten: Die Frage der Machteliten kommt auf und wie die zu erziehen sind, so daß sie diesen Moloch oder Leviathan oder einfach neutral das Kollektiv richtig leiten, also zuerst einmal selber von der richtigen Einsicht und dem guten Willen beseelt sind. Das heißt, wir kommen zurück auf das alte Problem von Plato, wer die Macht im Staate ausübt. Und seine utopische Lösung bleibt ja als Regulativ, trotz des von Plato selber zugestandenen Utopismus, bestehen. Er hat das so ausgedrückt: Wenn die Philosophen Könige werden oder Könige Philosophen werden, dann kann man vielleicht darauf vertrauen, daß das Gemeinwesen richtig geleitet wird. Daß aber solche Eliten entstehen und zunächst einmal auch die richtige Art von Eliten, also nicht einfach Politbüros, die selber durch einen Machtmechanismus an diese Schlüsselstellungen kommen, sondern ausgewählt nach Qualifikationen, bei denen die Qualität der Einsicht eine Rolle spielt, das ist eines der Probleme der Staatskunst, die man wieder ganz, ganz ernsthaft und sogar ohne Angst vor eventueller Beeinträchtigung rein egalitärer, demokratisch-parlamentarischer Methoden in Angriff nehmen muß. Ich habe absolut keine Antwort darauf, wie das zu machen wäre. Aber eins ist doch klar, daß die Spaltung zwischen dem Individuum und den großen Massenorganisationen ja auch de facto keineswegs bedeutet, daß das Individuum nicht ungeheuer einflußreich werden kann. Manchmal viel zu einflußreich, nämlich dann vielleicht mit verhängnisvollen und falschen Entscheidungen. Mit anderen Worten: Letzten Endes geht wohl der Weg zur Rettung oder sagen wir mal, mindestens zur relativen Sicherung, Sicherstellung unserer Zukunft, doch über die einzelnen. Und ich sehe keinen Widerspruch darin, allerdings ungeheure Fragen und Schwierigkeiten, wie so etwas nun eingerichtet werden könnte. Aber noch etwas dazu: Das Beispiel »Sintflut« finde ich sehr ansprechend. Sehen wir uns doch den Text einmal einen Moment an. Zunächst sagt Gott, so steht da: es gereute ihn, den Menschen geschaffen zu haben. Gott hat es gereut, den Menschen geschaffen zu haben, denn er sah das Treiben, wie es auf der Erde zuging. Und er hat also die Sintflut verhängt usw., und nachher sagt Gott, und das geht eben dem Regenbogen, dem neuen, Noahitischen Bund voran: »Das Trachten des menschlichen Herzens ist böse von Jugend an.« Damit muß man sich abfinden, und damit muß die Welt bestehen können. Daraus muß das Beste gemacht werden. Und in diesem Neuen Bund, da verspricht

Gott: »Ich werde hinfort nicht mehr die Erde vernichten wollen um des Tuns der Menschen willen.« Das heißt, ein bescheideneres Ziel als der vollkommene Mensch ist von Gott selbst akzeptiert worden, und ich finde, wir müssen es auch akzeptieren. Und das bedeutet für die Ethik, um die ich mich bemühe, von der ich in gar keiner Weise vorgebe, daß ich sie besitze, sondern nur, daß ich darauf hinarbeite, eine gewisse Abkehr von der Ethik der Perfektibilität, die irgendwie unter den heutigen Machtverhältnissen des Menschen ihre besonderen Gefahren hat, und die ja auch zu dem führen kann, was vor der Sintflut einen Moment lang gewissermaßen bei Gott selbst in Kraft trat: »Fiat justitia et pereat mundus.« Eine Ethik der Furcht vor unserer eigenen Macht wäre statt dessen doch mehr eine Ethik der Bescheidung, einer gewissen Bescheidenheit. Dies scheint mir eine der Lehren zu sein, die man aus diesem Sintflut-Exempel vielleicht lernen kann. Freilich, das Wort »Bescheidenheit« inspiriert nicht. »Der vollkommene Mensch« oder »der neue Mensch« – das inspiriert und hat ja Menschen auch zu ganz außerordentlicher Hingabe und den größten Selbstaufopferungen gebracht, während es sehr schwer ist, Begeisterung zu erwecken für ein Ziel der Bescheidung, wo die Fallibilität und die Grenzen des Menschen schon mit eingerechnet sind. Und trotzdem, dieses ist nun eine Möglichkeit, erwachsen zu werden, die uns gerade aus der quasi utopistischen, gefährlichen Machtfülle der heutigen Menschheit zuwächst, daß wir uns vielleicht gewisse Träume des »höchsten Gutes«, des realisierbaren höchsten Gutes auf Erden versagen, uns ihrer entledigen und uns auf das Erreichbare des fehlbaren Menschen einstellen. Da ist allerdings vorausgesetzt – ich weiß nicht, wer die Sache aufgebracht hat, jedenfalls stimme ich vollkommen zu –, es muß dabei im Innersten verstanden sein, daß es sich *um den Menschen lohnt*, so wie er *ist*, nicht wie er gemäß einer schlackenlosen Idealvorstellung sein könnte, sondern daß es sich um die Weiterführung des ständigen menschlichen *Versuches* lohnt. Das läßt sich allerdings nicht beweisen. Aber ich glaube, es müßte als eine Art Prämisse all den Bemühungen zugrunde liegen, die noch sehr viel Raum lassen für Verbesserungen des menschlichen Loses und auch Verbesserung des Menschen, ohne daß da jemand erhofft, daß nun die absolute Gerechtigkeit, die absolute Gleichheit, der gleichmäßige Anteil aller Mitglieder der Menschenfamilie am Glück, aber nicht nur am Glück, sondern auch an der möglichen Vollkommenheit des Menschen, der Höhe seiner Einsicht, der Tiefe seiner Erfahrung – daß das alles zugleich und dazu noch als Dauerzustand erreichbar ist.

Was nun die Neuartigkeit der Ethik betrifft, die der Neuartigkeit unserer Taten antworten würde, so hat Herr Schwan hier mit Recht die Frage aufgeworfen: Kommen wir nicht eigentlich mit der alten Ethik aus, wenn wir nur mit ihr Ernst machen? Vielleicht, aber ich bin nicht ganz sicher, ob es ausreicht, nur an die Kategorien der Fairneß, der Gerechtigkeit und der Güte, der Liebe, des Vergebens, des Respektes usw. zu appellieren, sondern glaube, daß man wahrscheinlich doch etwas mehr nötig hat, was natürlich alle jene Begriffe im Keim schon enthalten, nämlich, daß man außer gegen den Mitmenschen Pflichten gegen die Menschheit hat. Und da könnte es ja sein, daß sich solche Alternativen ergeben, wie Herr Samson sie aufbrachte: Wie wäre es, wenn nun ein Überleben der Menschheit nur möglich wäre unter Bedingungen, mit denen man die Rechte oder auch die Würde der Menschen aufs empfindlichste verletzt? Ich bin mir nicht klar, ob es innerhalb der Ethik, die wir kennen, Präskriptionen gibt, die auf diese Frage Antwort geben. Das ist keineswegs eine künstliche und fernliegende, ausgedachte Sache. Das klassische Beispiel in der herkömmlichen Ethik ist die Rettungsboot-Situation. Ich glaube, jeder, der sich mit ethischer Kasuistik, also mit der Moralphilosophie beschäftigt hat, ist schon darauf gestoßen. Wie ist die Situation, wenn in einem Rettungsboot, das nur so und so viele Menschen faßt, kein Platz mehr ist für andere, die noch im Wasser schwimmen und die genausoviel Anspruch darauf haben, daß ihr Leben gerettet wird? Werden diese auch noch aufgenommen, so wird das Boot versinken. So bleibt nichts anderes übrig, als sie zurückzustoßen. Die Antwort darauf kann eigentlich in unserer jetzigen Situation nur sein: *Man darf es mit der Menschheit nicht zur Rettungsboot-Situation kommen lassen!* Wenn es erst dazu kommt, dann allerdings gilt eine ganze Anzahl von Moralbestimmungen nicht mehr, die uns selbstverständlich sind. Ich erinnere mich übrigens an einen schrecklichen Fall, der auch hier in Europa bekannt wurde, wo in einem Hochgebirge – ich glaube in Chile – ein Flugzeug verunglückte und eine Gruppe von Menschen wochenlang im Eis isoliert war und es schließlich zu Kannibalismus kam. Ich glaube, von katholischer Seite wurde sogar nachher Absolution dafür erteilt. Man kann keine Moral für Extremsituationen schaffen. Man kann nur, allerdings von sehr grundlegenden ethischen Prinzipien aus, zur höchsten Pflicht machen, die Menschheit nie in eine Rettungsboot-Situation kommen zu lassen, die bei ihr ja, anders als beim Schiff oder Flugzeug, nicht die Folge eines plötzlichen Unfalls, sondern eines langen Prozesses eigenen Tuns wäre. Damit habe ich allerdings eine gewisse Hilflosigkeit zugestanden, nämlich eine Hilflosigkeit vor äußersten Situationen, die uns eventuell beschieden sein könnten. Was dann sein wird – man darf eigentlich niemanden danach fragen, was dann geschehen soll oder geschehen darf. Es sollte nicht dazu kommen – und *dafür* in der Tat läßt sich etwas tun und muß heute, morgen und immer weiter etwas getan werden.

b. Interview (1981):
»Im Zweifel für die Freiheit?«[2]

REDAKTION: Sie plädieren spätestens seit Ihrem letzten Buch »Das Prinzip Verantwortung« für eine Verantwortungsethik; und Verantwortung ist ja seit dem 2. Weltkrieg auch bei den Naturwissenschaftlern ein sehr populäres Schlagwort geworden. Ethik ist eigentlich eine zeitlose Wissenschaft. Wie weit haben spezifische Zeitläufe des 20. Jahrhunderts eine Rolle gespielt, daß Sie gerade jetzt diesen Begriff aufgenommen haben? Hat sich der Philosoph von faktischen Zwängen sein Thema geben lassen?

JONAS: Entschieden ja. Durch die Entwicklung der menschlichen Macht sind der Ethik ganz neue Aufgaben gestellt und ganz neue Gegenstände geliefert worden, mit denen sie sich beschäftigen muß. Womit hat es Ethik zu tun? Doch wohl mit einer Regulierung unseres Handelns. Unsere Handlung ist eine Funktion unserer Macht, dessen, was wir tun *können*. Die Technik hat seit ihrer enormen Entwicklung mit Hilfe der Wissenschaft für den modernen Menschen zu einer Erweiterung des Bereiches des menschlichen Könnens geführt. Der Mensch *kann* ungeheuer viel mehr tun, im positiven und negativen Sinn, als er je konnte. Der Wirkbereich seines Handelns erstreckt sich über den ganzen Globus, ist vielleicht von Bedeutung für zukünftige Generationen. Er kann den Zustand der Erde, der Lebenswelt auf der Erde, des Menschen, der Atmosphäre in entscheidender Weise verändern, eventuell schädigen. Bevor man noch auf einzelne Fragen eingeht und entscheidet, was schädlich, was nützlich, was erwünscht und unerwünscht ist, wird bereits klar, daß Dimensionen der Verantwortung eröffnet worden sind, die es früher gar nicht gegeben hat. Über sehr viele Dinge brauchte sich früher der Mensch und auch der Ethiker nicht den Kopf zu zerbrechen, weil sie gar nicht im Bereich des menschlichen Könnens lagen. Denken Sie z. B. an den Bereich der genetischen Manipulation; da es das früher nicht gab, brauchte man sich über die Ethik einer Veränderung menschlicher Erbeigenschaften durch künstliches Einwirken – auf englisch sagt man so schön genetic engineering, also »genetische Ingenieurkunst« – keine Gedanken zu machen, ergo gibt es vielleicht nicht einmal die ethischen Kategorien, mit denen so etwas zu beurteilen ist. Und das gilt für vieles andere, z. B. auch für ein Gebiet, das nur mittelbar mit dem Biologischen zu tun hat: Die steigende Automatisierung entfernt den Menschen immer mehr von Arbeitsprozessen, die bisher sein Tätigkeitsbedürfnis befriedigt, sein Leben strukturiert und ihm einen Inhalt gegeben haben, natürlich auch gewisse Zwänge darstellten. Jetzt muß man sich eine Mußegesellschaft vorstellen, die eventuell durch eine sehr weit getriebene Automatisierung hervorgebracht wird. In der früheren Tugendethik war natürlich Fleiß eine Tugend, und Faulheit war ein Laster. Aber es stellte sich nicht die Frage, was man dem Menschen antut, wenn man ihm ermöglicht oder sogar aufzwingt, untätig zu sein oder sich erst Tätigkeiten erfinden zu müssen, um überhaupt etwas zu tun zu haben. Offenbar hat also die Entwicklung der Technik in diesem Jahrhundert der Ethik neue Aufgaben gestellt. Das ist in der Tat eine ganz neue Situation für die Menschheit, die der Ethik – und nebenbei bemerkt auch der Psychologie und Anthropologie – ganz neue und sehr ernsthafte Fragen stellt.

REDAKTION: Gilt das nur für die Technik und angewandte Forschung oder tauchen solche Probleme bereits bei der Grundlagenforschung auf?

JONAS: Was ich bisher gesagt habe, bezieht sich auf die Anwendung wissenschaftlicher Erkenntnisse, die Umsetzung in menschliche Machtmöglichkeiten, in menschliches Können. Die bisherige Erfahrung zeigt ja, daß es beinahe ein Zwangsgesetz zu sein scheint, daß das, was man tun kann, auch getan wird, daß sich Ziele, an die man vorher gar nicht gedacht hat, plötzlich zu außerordentlich starken Lebensbedürfnissen entwickeln, wenn erst einmal die Möglichkeit besteht, es zu tun. Früher haben Menschen ohne Fernsehen sehr glücklich leben können, heute können es viele schon nicht mehr, und das nicht etwa, weil man aus einem starken Bedürfnis darauf hingearbeitet hat, es zu bekommen. Nein, als das Können dazu entwickelt war, hat sich teils aus kommerziellen Gründen, aber nicht nur aus solchen, eine Art Notwendigkeit entwickelt, diese Sache auch zu praktizieren. Damit wurden ganz neue Lebensformen und Lebensgewohnheiten geschaffen. Wenn man also weiß, daß Wissen zu Können und Können zu Tun führt und dieses Tun dann zu einem Tunmüssen, und wenn man voraussieht, daß gewisse Folgen in dieser Kette verhängnisvoll sind, dann erhebt sich die Frage, wo man abstellen sollte. Ihre Frage war, ob man das schon an der Quelle, nämlich bei der Grundlagenforschung tun sollte. Dagegen ist der Widerstand natürlich am größten.

REDAKTION: Normalerweise gibt es innerhalb der Naturwissenschaften eine eigene Ethik, die durch Begriffe wie Wahrhaftigkeit, methodische Strenge, vielleicht auch offene Kommunikation gekennzeichnet ist. Dann macht der Naturwissenschaftler erst einmal Schluß. Alles was darüber hinausgeht, ist seine Privatsache und hat eigentlich nichts mehr mit seiner Profession zu tun.

JONAS: Ja, und man sagt, daß die Naturwissenschaftler nicht dafür verantwortlich sind, was andere mit den Ergebnissen ihrer Forschung tun. Ja, wenn die Forschung wirklich rein kontemplativ, rein gedanklich wäre, dann ließe sich dieser Standpunkt eventuell vertreten. Auch dann ist er problematisch, aber er ließe sich immerhin verteidigen. Tatsächlich ist aber die Grundlagenforschung in erheblichem Maße schon selber ein Tun. Wenn man an die enormen Apparaturen denkt, die dafür erstellt werden, und die Mitwirkung der Gesellschaft daran. Denken Sie nur an ein Cyclotron. Kein einzelner Forscher kann in seinem Studierzimmer Kernforschung betreiben, sondern diese Forschung ist bereits ein Unternehmen, in dem auch schon die Technologie geschaffen oder zumindest vorbereitet wird, die aus dem rein Theoretischen, Erkenntnismäßigen herausführt ins Handeln. Das heißt das Handeln ist selber schon ein Teil der modernen Forschung. Es ist nicht so, wie Aristoteles die Natur angesehen hat, und auch noch Kopernikus und

Kepler, die das Weltall und den Gang der Sterne betrachteten, in den sie ja gar nicht eingreifen konnten, und die das nur erkennen wollten. Heute ist alles Erkennen und Eindringen in die Geheimnisse der Natur bereits ein Manipulieren der Natur. Man muß also dem Grundlagenforscher sagen, daß er dauernd etwas tut. Dem läßt sich entgegenhalten, daß dieses Tun in einem abgegrenzten Bereich, in einem Laboratorium, in einer wissenschaftlichen Apparatur geschieht und daß es dabei nur um Zuwachs von Wissen und Erkennen geht. Aber nachdem erst einmal Millionen und Milliarden in diese Forschungsvorgänge investiert worden sind, kann man nicht erwarten, daß diejenigen, die das ermöglicht haben, also letzten Endes die Steuerzahler, sich damit begnügen werden, daß das alles nur zur Befriedigung des Wissens- und Erkenntnistriebes des Naturwissenschaftlers dient. Es wird immer gefragt werden, was läßt sich damit machen? Was wird dabei herauskommen? Das ist völlig berechtigt, wir haben es schließlich alle aus unserer eigenen Tasche mitbezahlt. Trotzdem wäre meine Antwort immer noch, daß der Erkenntnisvorgang als solcher weitergehen soll, soweit nicht die Erkenntnisgewinnung schon erfordert, daß man die Sache im vollen Umfang in die Praxis umsetzt. Die Atomforscher sind ein ganz gutes Beispiel. Was Otto Hahn entdeckt hatte, führte zu gewissen Aussagen darüber, daß sich das Atom spalten läßt und Energie dabei frei wird. Aber was wir heute wissen und was weit darüber hinausgeht, ist nur dadurch gewonnen worden, daß man die Sache wirklich in ihrer vollen Wucht ausprobiert hat, ob in Hiroshima oder irgendwo in der Wüste. Das ist auch Erkenntnis, zu wissen, wie menschliche und andere Organismen sofort oder – falls sie überleben – in ein oder zwei Generationen auf die Einflüsse der Strahlungswirkung reagieren. Da muß man doch sagen, es wäre sehr viel besser, daß wir diese Erkenntnisse schon gar nicht hätten, wenn sie nur um diesen Preis zu erwerben waren. Es ist wirklich schwierig zu entscheiden, ob man gewisse Arten der Grundlagenforschung heute stoppen soll. Ich neige dazu, nein zu sagen, wenn man Sicherheitsmaßnahmen einbauen kann, die verhindern, daß Forschungsergebnisse durch völlig andere Interessen – militärische, politische, wirtschaftliche – in die praktische Sphäre hineingerissen werden, die sie dann zu einem allgemeinen Schicksal machen. Aber wo die Grenze liegt, ist sicher nicht durch eine Allgemeinaussage festzustellen.

REDAKTION: Die Frage der Prognostizierbarkeit ist sicher schwierig, aber doch entscheidend. Bei Otto Hahn, Straßmann, Meitner kann man sagen, daß die Entwicklung noch vor dem Sündenfall lag. Otto Hahn hat bei einem Besuch in Stockholm Anfang der vierziger Jahre erklärt: »Auch hier ist dafür gesorgt, daß die Bäume nicht in den Himmel wachsen.« Das ist ein wörtliches Zitat. Während dieser Zeit wurde in den Vereinigten Staaten bereits die Entwicklung der Atombombe sehr stark vorangetrieben. Bei den Praktiken des genetic engineering kann man aber heute schon prognostizieren, daß sie zu Entwicklungen führen *können*, die wir alle nicht wollen. Vielleicht kann man doch so viel aus der Geschichte lernen, daß es an einigen entscheidenden Punkten Weichenstellungen gibt, die man früh genug erraten kann.

JONAS: Ich stimme Ihnen zu. Ich glaube das auch. Besonders kann man das da, wo die Forschung nicht durch letzte theoretische Interessen vorangetrieben wird, sondern wo ein gewisser Spieltrieb mitwirkt. Es ist ja gar kein Zweifel, daß es beim Ausprobieren, was alles an DNA-Rekombinationen möglich ist, nicht nur um Wissensvermehrung geht und darum, das Leben besser zu verstehen, sondern daß dabei auch der Trieb oder die Lust am Ausprobieren der Möglichkeiten im Spiel ist. Die Kombinationsmöglichkeiten, die es gibt, locken ungeheuer: Wollen wir doch mal sehen, was dabei herauskommt. Das halte ich schon nicht mehr für ein echtes theoretisches Unternehmen. Darin sehe ich schon eine Art von diabolisch-faustischen

Gefühl, das Faust und Mephisto vereint: Die ganze Schöpfung steht uns frei. Es ist alles erlaubt – wir können jedenfalls alles einmal ausprobieren. Nun haben aber einige Erfahrungen dieses Jahrhunderts das gute Gewissen des bloßen faustischen Weiterstrebens etwas getrübt. Ich bin auch der Ansicht, daß es Punkte gibt, wo man sagen muß, bis hierher und nicht weiter. Es besteht kein echtes legitimes Wissensinteresse, an dieser Stelle weiterzugehen.

REDAKTION: Wie genau lassen sich diese Grenzen angeben?

JONAS: Gar nicht genau. In bezug auf das Klonieren bin ich gefragt worden, ob es ethische Einwände gibt, das bei Tieren zu machen. Ich sehe keine besonderen ethischen Einwände, aber ich kann mir natürlich Tierfreunde vorstellen, denen auch davor schon schaudert. Für die Tiere ist die geschlechtliche Vermehrung gewissermaßen von der Natur vorgesehen, und ungeschlechtliche Duplikate von einzelnen Tierindividuen zu schaffen ist an sich schon ein durch nichts gerechtfertigter Eingriff in die Schöpfungsordnung oder in das autonome Recht des Tiers, sich auf seine Weise zu vermehren. Da fraglich ist, ob Tiere personenhafte Wesen sind, ist die Frage, ob ein Tier dadurch geschädigt ist, daß es ein Duplikat eines schon vorhandenen anderen Individuums ist, schwer zu beantworten. Man müßte dann schon auf die Tierseele zu sprechen kommen, und da begibt man sich in sehr dunkle Gebiete. Aber beim Menschen kann man evident sagen: Ein Mensch, der kloniert worden ist von einem schon vorhandenen Individuum, ist in einem seiner existentiellen Grundrechte verletzt worden, nämlich in dem Recht, nicht um sich selbst zu wissen, sondern sich erst zu finden, sich sein Leben selbst zu bahnen, seine Möglichkeiten auszuprobieren und sich selber zu überraschen usw., anstatt sich als Abklatsch eines schon vorgelebten Wesens zu wissen, an dem alles schon demonstriert worden ist, was an Möglichkeiten vorhanden war. Hier kann man mit absoluter Evidenz sagen – unabhängig davon, ob das einmal oder hundertmal gemacht wird, ob das gesellschaftlich relevant ist für die Bevölkerung oder für den Einzelfall – schon im einzelnen Fall ist das ein durch nichts zu rechtfertigendes Vergehen an einem existentiellen Grundrecht des Individuums. Im Talmud heißt es an einer Stelle: »Ein Mensch prägt viele Münzen von einer Form, und sie sind alle einander gleich, doch der König, der König über alle Könige ist, prägt jeden Menschen im Bilde des ersten Menschen, und doch gleicht keiner dem andern.« Da ist also ausgedrückt, daß es ein besonderes Vorrecht des Menschen ist, daß jeder seine eigene und nicht wiederholte Persönlichkeit ist. Es gibt natürlich eineiige Zwillinge, die in gewisser Weise identisch sind, was wohl seine Probleme hat, doch gewöhnlich ist kein Mensch dafür verantwortlich. Neuerdings scheint allerdings durch den Gebrauch von gewissen Fruchtbarkeitsdrogen die Sache stimuliert zu werden, und dann ist schon eine Verantwortung da, das sollte man vielleicht vermeiden. Aber jedenfalls, auch bei einem solchen Spiel der Natur, die eineiige Zwillinge und Drillinge hervorbringt, leben die Menschen *gleichzeitig*. Keiner ist dem anderen voraus, keiner hat dem andern sozusagen schon vorweggenommen, was er sein könnte. Der geschlechtlich erzeugte Genotyp ist jeweils ein Novum, über den niemand Bescheid weiß, weder der Inhaber, der Träger des Genotyps, noch die Umwelt. Keiner weiß Bescheid und alles muß sich erst herausstellen, auch bei Zwillingen, auch bei Drillingen. Aber bei Klonen wäre das anders – und hier hat man z. B. eine Anwendung ethischer Reflexion auf eine mögliche Technologie, und sogar schon im voraus, noch ehe die Technologie da ist. Vielleicht kommt es ja gar nicht dazu. Die Frage ist, ob es gelingt, die Inaktivierung der Gene in den spezialisierten Körperzellen aufzuheben, damit sowas bei erwachsenen Menschen möglich wird. Bei Amphibien ist es schon gelungen, bei Krallenfröschen. Mit Mäusen hat man Versuche gemacht, aber da hat man Zellen von Embryos und nicht von einer ausgewachsenen Maus benutzt. Die Frage ist, soll man das weiter versuchen? Meiner Ansicht nach gehört das nicht mehr zur Grundlagenforschung.

REDAKTION: Man begründet diese Versuche damit, daß man z. B. bestimmte Vorgänge bei der Zelldifferenzierung auf diese Weise optimal untersuchen kann, die man bisher nur sehr schlecht oder gar nicht untersuchen konnte.

JONAS: Na ja, es gibt immer einen theoretischen Überbau.

REDAKTION: Vielleicht kommen wir jetzt zu etwas Grundsätzlichem: Das, was Sie vorhin ausführten zur Freiheit, alles machen zu können, sozusagen »in dubio pro libertate«, ist seit drei oder vier Jahrhunderten ein Grundsatz der Moderne, der vielleicht jetzt doch in Frage gestellt wird.

JONAS: Sie finden mich zögernd. Die Angst, die ganz reale Furcht wird einen vielleicht dazu bringen, das ganze Prinzip in Zweifel zu ziehen – sehr schön ausgedrückt »in dubio pro libertate«.

REDAKTION: Der Ausdruck stammt von Spämann.

JONAS: Ausgezeichnet. – Man möchte es gerne so lange wie möglich vermeiden, denn es würde dabei etwas sehr Kostbares gefährdet werden: Die Freiheit des theoretischen Untersuchens. Aber ich sehe auch schon Grenzen, die sich da abzeichnen; manchmal wird es eben doch – wie bei dem letzten Beispiel – eine Frage einerseits der Bedrohlichkeit der Folgen, aber andererseits auch der Wichtigkeit für das Theoretische selber. Wenn sie nun herausbekommen haben, wie man für den Dornröschenschlaf der Gene in entwickelten spezialisierten Körperzellen den richtigen chemischen Prinzen findet, der sie wachküßt – und dann ist natürlich die Bahn frei für das Klonieren von erwachsenen menschlichen Individuen –, ist das eigentlich noch ein legitimes Wissensziel oder Wissensinteresse? Vielleicht muß man doch zu einer Neudefinierung dessen kommen, worum es in dem großen menschlichen Streben nach Erkenntnis, nach Wissen eigentlich geht. Was davon zur Würde und zum Adel des Menschen gehört und was davon bloße, ja wirklich *bloße*

Neugierde ist. Ob man eine solche Unterscheidung machen kann zwischen dem, was einem sagt, was die Welt im Innersten zusammenhält, was das Wesen der Dinge ist, was das Leben *ist*, mit welchen Mechanismen es funktioniert – und dem, was man alles noch *machen* könnte. Ob das letztere auch noch ein legitimes Erkenntnisinteresse ist, ob das mit gehört zu dem, wovon man sagt, daß es eigentlich zum Beruf des Menschen gehört, vom Unwissen zum Wissen fortzuschreiten. Sie sehen, ich werfe jetzt die Frage auf Sie zurück. Würden Sie sagen, man darf Unterscheidungen machen?

REDAKTION: Man muß sicher Unterscheidungen machen, doch die Schwierigkeit ist natürlich, dafür Kriterien zu finden. Dies ist eine ganz praktische Schwierigkeit, die der Naturforscher hat. Es ist gut, ethische Prinzipien aufzustellen; es ist auch gut, sie an extremen Beispielen zu verifizieren, wie Sie das jetzt am Beispiel der Klonierung des Menschen gemacht haben, aber der normale Naturwissenschaftler, der gerade von Berufs wegen neugierig ist, der würde wahrscheinlich am liebsten so eine Art Checkliste haben, eine ethische Checkliste, in der er ankreuzen kann, das und das ist erfüllt – also darf ich das Experiment machen, oder ich darf es nicht machen.

JONAS: Es gibt aber auch immer eine praktische Rechtfertigung, außer der theoretischen. Z. B. bei der Forschung über DNA-Rekombination wird ja immer wieder gesagt, sie könnte der Erkenntnis der Krebsprozesse zugute kommen, und das ist bereits ein Köder – es könnte etwas wunderbar Gutes dabei herauskommen.

REDAKTION: Bisher gab es den Konsens in der Gesellschaft, daß wenn Forscher neue Erkenntnisse haben, diese selbstverständlich auch angewendet werden können.

JONAS: Es war ein doppelter Konsensus: a) alles Wissen ist gut, und b) aus allem Wissen lassen sich gute Früchte für die Praxis und das Allgemeinwohl ableiten.

REDAKTION: Aber, um die Frage wieder zurückzugeben.

wäre eine Aufstellung einer solchen Checkliste praktikabel? Könnten Sie sich vorstellen, welche Punkte diese Checkliste enthalten sollte?

JONAS: Ja, ich kann mir verschiedene vorstellen. Natürlich, von einer vollständigen Checkliste kann gar keine Rede sein. Aber wenigstens habe ich einige Beispiele für mich, von denen ich weiß, daß Stoppen hier besser wäre. Die »Freiheit« der Forschung ist ja sowieso sehr abhängig von den Dotierungen aus der öffentlichen Kasse; man kann also schon einfach auf dem Wege der Mittelverteilung einen starken Einfluß ausüben. Der eine Punkt auf meiner Liste ist, es gar nicht erst bis zum Ausprobieren der Klonierung am Menschen kommen zu lassen. Das ist für mich ein völlig klarer Punkt. Es gibt noch andere, z. B. die Lebensverlängerung. Nehmen wir einmal an, daß biotechnische Mittel im Werden sind, den Alterungsprozeß, der ja wohl ein intrazellulärer Prozeß ist, soviel wir wissen, aufzuhalten oder irgendwie regenerierend einzugreifen, so daß man Menschenleben indefinit verlängern kann. Ich will nicht sagen ewig, aber z. B. die durchschnittliche Lebensdauer des Menschen verdoppeln. Das ist keine unmögliche Vorstellung. Ich glaube, daß man sich sehr wohl im voraus überlegen kann, wie wünschenswert es ist, daß Menschen sehr viel länger leben – ich meine nicht vegetieren, sondern aktiv leben –, und ob die natürliche Länge des menschlichen Lebens nicht ein richtiges Maß ist. Das führt zu sehr interessanten Überlegungen, nicht nur über das, was für das Individuum gut ist, sondern auch über das, was für die Menschheit gut ist. Ich weiß nicht, ob Sie von Bernard Shaw »Zurück zu Methusalem« kennen, ein futuristisches Drama. Diese Lebensverlängerung führt u. a. dazu, daß der Zugang an Jugend entsprechend reduziert werden muß. Das, was immer wieder als Frisches, Erneuerndes einfließt, wird also immer weniger. Wenn man erreichte, daß alle jetzt lebenden Menschen überhaupt nicht sterben, dann dürfte keiner mehr geboren werden. Dann hätte man eine Menschheit, die nur aus alten Leuten besteht. Man kann sich sehr gut vorstellen, was dabei verlorengeht und daß das gar nicht erwünscht ist. Es gab noch einen anderen angelsächsischen Denker, lange vor Shaw, und im Gegensatz zu dem Optimisten Shaw ein sehr pessimistischer, nämlich Jonathan Swift, der in »Gullivers Reisen« von einem Volk spricht, in dem manchmal Menschen geboren werden, die unter dem Fluch stehen, daß sie nicht sterben können. Das hat ganz entsetzliche Folgen und wird als ein großes Unglück angesehen. Gulliver meint, das seien komische Leute; jeder von uns würde das für das größte Glück halten. Und dann wird ausgemalt, was für eine Art Leben diese Leute führen, die schon alles wissen und alles hinter sich haben, die sich gegenseitig schon nicht mehr ausstehen können, immer mehr isoliert werden müssen und sich und anderen eine Qual sind. Das Beispiel klingt sehr phantastisch, ist es aber vielleicht gar nicht. Hier würde ich auch sagen, eine Forschung, die darauf zielt, den alten Traum der Menschen, nicht oder nicht so bald sterben zu brauchen, zu erfüllen, ist eine Forschungsrichtung, die man stoppen soll. Man sollte die Forschung natürlich darauf richten, wie man das Leben innerhalb seiner Grenzen so gut und vielleicht auch so frei von Krankheiten wie möglich machen kann. Aber Forschung mit dem Ziel der Lebensverlängerung halte ich auch für einen Punkt in der Checkliste, bei dem man sagen sollte: nein. Und da es auch keinen Zwang dazu gibt, da es nicht notwendig ist, daß wir das verfolgen, denn es würde kein Unglück geschehen, wenn wir es nicht machten, da es letzten Endes ein – auf Englisch sagt man »a gratuitous goal« – also ein »Gratisziel« ist, so kann man darauf durchaus verzichten. Etwas anderes ist z. B. die weitere Steigerung der Ergiebigkeit unserer Nutzpflanzen. Soll das immer weiter getrieben werden? Man kennt ja auch schon sehr gefährliche Nachteile, die u. a. dazu führen, daß die chemischen Zugaben, die zu den erhöhten Erträgen führen, immer größer werden, und außerdem die so gezüchteten Pflanzen immer anfälliger sind. Hier kann man allerdings erst dann eine Grenze setzen, wenn man die menschliche Vermehrung begrenzt. Wenn man bei gewissen Entwicklungen sagt, die sollte man nicht mehr weitertreiben, dann übernimmt man es gleichzeitig auch, etwas dafür zu tun, daß die Zwänge, die zu einem solchen Fortschritt nötigen, abgestellt werden. Aber solange es soviel Hunger gibt auf der Erde und soviel Unterproduktion an Nahrung in gewissen Gegenden, muß man zunächst eine Entwicklung weitertreiben, von der man schon jetzt weiß, daß sie auch ihre Gefahren hat. Man ist gar nicht immer frei darin. Wer will denn den Leuten in der dritten Welt sagen, ihr dürft diese Art von intensiver Bewässerung und Bodenbearbeitung nicht betreiben, die Energie reicht nicht aus, gewisse Gleichgewichtsverhältnisse in der Pflanzenwelt werden so gestört, daß sich die Sache à la longue zur Katastrophe der Menschheit auswirkt. Die Leute würden sagen: Was interessiert uns die Menschheit nach uns, wir hungern!

REDAKTION: Sie haben bis jetzt Fälle erwähnt, von denen die Wissenschaft möglichst ihre Finger lassen sollte. Man kann aber auch umgekehrt fragen: Können Sie als Philosoph dem Naturwissenschaftler gewisse Hinweise geben, auf welchem Gebiet er sich engagieren sollte? Mehr als er es bisher getan hat – also eine positive Ethik?

JONAS: Ich gestehe, daß ich auf die Frage nicht vorbereitet bin. Darüber werde ich nachdenken müssen. Sie haben vollkommen recht, bis jetzt ist alles darauf eingestellt aufzuspüren, wo man eventuell nein sagen oder zur Vorsicht mahnen soll. Aber gibt es nicht vielleicht aus denselben Prinzipien der Verantwortungsethik auch die Zuweisung von positiven Forschungsrichtungen? Dazu gehört ganz gewiß alles, was sich damit befaßt – aber ich weiß nicht, ob das eine Wissenschaft ist –, was die moralische Natur des Menschen betrifft, nämlich unter welchen Verhältnissen er als Mensch am besten gedeiht. Das ist ein ungeheuer wichtiger Forschungsgegenstand, bei dem ich überzeugt bin, daß unsere heutige Psychologie *nicht* auf richtigen Wegen ist. Sie hat eine Vorstellung von spannungsfreiem oder lustbelohntem Dasein, die mit dem *eigentlichen* Glück und der eigentlichen Erfüllung des Menschen sehr wenig zu tun hat. Ich könnte mir schon gewisse Forschungsrichtungen vorstellen, die sich mit der Natur des Menschen befassen. Ich meine jetzt in diesem Moment nicht so sehr die biologische Natur, sondern eher die seelische oder psychologische Natur des Menschen. Vielleicht sollte man gewisse Forschungsrichtungen, die heute durch den Vorrang der analytischen Naturwissenschaften etwas in Mißkredit geraten sind, wieder ermutigen.

REDAKTION: Woher kommen denn diese Schwierigkeiten, die wir heute haben und z. T. noch viel schrecklicher vor uns sehen? Das hat doch offensichtlich etwas mit der analytischen Naturwissenschaft zu tun, die eine sehr wirksame Methode war, um vereinfachte Ausschnitte der Natur und des Menschen zu untersuchen, so daß der menschliche Geist sie überhaupt erfassen konnte, und mit der er so weit gekommen ist, daß er eingreifen kann. Aber er hat sich im nachhinein nie klargemacht, daß es nur Ausschnitte sind. Das andere – das komplexe Ganze – ist, wie Sie sagen, irgendwo auf der Strecke geblieben.

JONAS: Bravo, ich kann nur Beifall rufen. Die Frage ist, ob nicht wieder eine Art der Anschauung des Zusammenhangs der Dinge nötig ist, die aus dem isolierenden und analytischen Griff herausführt. Es gibt ja den Ausdruck Ganzheitlichkeit. Es ist leider ein vager Begriff, aber ich möchte sagen, er spricht einen Instinkt aus, eine Intuition, daß wir mit der Erkenntnis des Ineinanderwirkens der Teile und Teilchen oder der Teilchen der Teilchen vielleicht das Wirkliche doch gar nicht erfassen, sondern daß das viel mehr holistischer, also ganzheitlicher Natur ist, was überhaupt nur durch eine andere Art des Zugangs des Erkennens erfaßbar ist. Wenn man sich in diese Richtung bewegt, ist man immer in Gefahr, etwas in mystische Spekulationen zu geraten. Das muß aber auch verhütet werden, denn dann wird wieder ein Feld für Willkür eröffnet, das wir auch nicht wollen. Wie das als Wissenschaft, als wirklich diszipliniertes Wissen möglich ist, weiß ich nicht. Wenn ich es wüßte, würde ich zu den Großen der Philosophiegeschichte gehören. Aber ich erkühne mich zu sagen, es hat so etwas einmal gegeben, in der früheren Art des Philosophierens, die keineswegs undiszipliniert war, sondern ihre eigene Strenge hatte. Zumindest als Möglichkeit soll man es nicht aus dem Auge verlieren. Mehr als das kann ich dazu nicht sagen.

REDAKTION: Wäre es nicht eine Aufgabe der Philosophen, den Naturwissenschaftlern – deren Verständnis von der eigenen Geschichte der Wissenschaften von der Natur immer so ist, daß sie alles als Vorgeschichte der heutigen Wissenschaft betrachten – zu zeigen, daß die aristotelische Naturphilosophie nicht, wie man heute oft meint, reine Spekulation gewesen ist, sondern daß sie sehr wohl aus der Normalität herausentwickelt wurde und eben nicht diese idealisierende, abstrakte Form hatte. Es kann also durchaus gleich richtige Weltbilder geben, so daß mindestens heute immer die Vorstellung mitschwingt, daß es neben diesem Weltbild unserer Naturwissenschaft auch ein anderes geben könnte. Man kann es noch nicht formulieren, wie Sie sagen, aber das Bewußtsein davon sollte man vielleicht verstärken.

JONAS: Ich stimme Ihnen zu. Aber das Merkwürdige ist, daß die Philosophie, die heute die Bühne beherrscht, ja gerade eine vollständige Kapitulation darstellt vor den Kriterien des naturwissenschaftlichen Erkennens. Sie sehen eine Selbstkastration der Philosophie, die sich vollkommen, nicht nur den Mut, sondern sogar das Recht abgesprochen hat, sich überhaupt so zu äußern, wie sich früher Philosophie geäußert hat. Sie will selber so analytisch wie möglich sein. Infolgedessen ist im Moment in dieser Richtung von der Philosophie sehr wenig Hilfe zu erwarten. Die zwei Kulturen, so wie C. P. Snow das verstanden hat, sind heute auf der einen Seite die Naturwissenschaften und Mathematik plus der analytischen Philosophie und auf der anderen Seite

Literatur, schöne Künste, Musik, Philologie, Geschichte usw. Aber die Philosophie sollte natürlich gerade über diesen beiden Richtungen stehen. Wenn ich sage die Philosophie, dann ist das so, wie wenn man von der Forschung spricht, aber die Forschung wird von Forschern und die Philosophie von Philosophen gemacht. Für viele meiner Kollegen ist das, was ich tue, reine Spekulation und nicht wissenschaftliches Philosophieren. Wissenschaftliches Philosophieren untersucht die Strukturen des menschlichen Wissens und Sagens, die Semantik, sprachliche Äußerungen und die logischen Voraussetzungen für sinnvolle oder verifizierbare Aussagen. Aussagen sind verifizierbar, wenn sie durch Sinnesdaten belegbar sind. Die Sinnesdaten werden beschafft, sie bestehen letzten Endes in Zeigerablesungen. Sie werden durch wissenschaftliche Experimente geliefert, mit anderen Worten, man hat *ein* Gesetz zum höchsten Richter über Wahrheit oder das, was sinnvoll ist, erhoben: die Ergebnisse und Erfahrungen der Naturwissenschaft. Damit hat sich natürlich die Philosophie der Möglichkeit begeben, sich ihrerseits überhaupt die Frage zu stellen, ob damit eigentlich das Universum des geistigen Erfassens der Wirklichkeit durch den Menschen erschöpft ist. Ich meine, ganz entschieden nein. Es hat sich ganz verengt auf eine Sache. Das bezeichne ich als das Elend der heutigen Philosophie, die diese Aufgabe, die Sie eben aufgezeigt haben, nicht nur nicht erfüllt, das wäre ihr nicht vorzuwerfen, weil sie vielleicht ungeheuer schwer, wenn überhaupt zu erfüllen ist, sondern diese Aufgabe als solche ganz von sich gewiesen hat. Aber es gibt dann immer solche Reaktionäre wie mich, die daran festhalten, daß aus der klassischen Philosophie doch was zu lernen ist darüber, wie man fragen und denken kann.

REDAKTION: Nicht nur hier in Deutschland, sondern genauso in Amerika breitet sich unter der Führungsschicht der Naturwissenschaftler Angst vor einer großen Wissenschaftsfeindlichkeit aus. Man könnte sich vorstellen, daß einige der Ängste, aus denen diese Wissenschaftsfeindlichkeit hervorgeht, im Prinzip in die gleiche Richtung gehen wie bei Ihnen, wenn sie vielleicht auch nicht so reflektiert sind. Können Sie dazu etwas sagen?

JONAS: Ich halte die Wissenschaftsfeindlichkeit selber für gefährlich. Sie ist sehr verständlich, und bei der Jugend ist sie manchmal mit einem großen sittlichen Pathos verbunden. Sie ist sehr ernst gemeint, aber Zuflucht zu Gurus und zur Astrologie zu nehmen, ist sicher falsch. Ich meine, man muß über die Pandorabüchse wissenschaftlicher Erkenntnis, die wir geöffnet haben, die Kontrolle gewinnen, ohne wissenschaftsfeindlich zu werden.

REDAKTION: Die Kernfrage ist, ob wir Methoden entwickeln können, die dazu ausreichen. Diese Wissenschaftsfeindlichkeit ist zwar verständlich, aber nicht richtig, denn es ist ein legitimes menschliches Erkenntnisziel, rational wissenschaftlich vorzugehen. Aber wie wollen Sie, wenn Wissenschaft – vielleicht nur in einigen wenigen Punkten – heute diskreditiert ist, dem ein positives Ideal entgegenstellen?

JONAS: Ja, ich frage mich manchmal, wie Oppenheimer in seinen letzten Lebensjahren sich das gedacht hat. Dem ist ja wirklich das große Gruseln gekommen vor seinem eigenen Lebenswerk und seiner eigenen Lebenshingabe an die Entschlüsselung der Natur bis in die subatomaren Kernsphären hinein. Man wird wohl kaum annehmen können, daß er jemals befürwortet hätte, das wissenschaftliche Unternehmen ganz einzustellen. Die Ehe zwischen Wissenschaft und Technologie ist derart unlösbar geworden, daß ein Weitergang der Wissenschaft zwangsläufig auch ein Weiterwuchern der Technologie bedeutet. Ich fühle mich überfragt. Vielleicht sollte man mal eine Pause eintreten lassen und sich wirklich überlegen, wo man steht, und dann mit Hilfe der Weisheit entscheiden, in welche Richtung es weitergehen soll, welche Art Wissenschaft weiterbetrieben werden soll und an welcher Stelle man sagen kann, da wissen wir jetzt genug, hier braucht man nicht weiter zu forschen.

REDAKTION: Glauben Sie, daß es möglich wäre, um der

Wissenschaftsfeindlichkeit begegnen zu können, eine rational wissenschaftliche Methode zu entwickeln, die eben nicht diese reduktionistische Erfassung der Natur betreibt, sondern eine, die möglichst das Ganzheitliche sieht und gleichzeitig nicht in technischer Form verwertbar ist? Sie sagen selbst, das sei eine Königsaufgabe. Philosophie ist gerade heute auch sehr viel Philosophiegeschichte: Kann man nicht in Analogie zu den vormodernen Weltbildern mindestens das Bewußtsein stärken, daß es auch noch anderes gibt als unser naturwissenschaftlich-technisches Weltbild? Gibt es bestimmte Wissenschaften, die nicht auf Verwertung angelegt sind, sondern eher phänomenologisch vorgehen, und wenn ja, sollte man die nicht fördern?

JONAS: Ich stimme Ihnen zu, nur mit einer Einschränkung. So etwas soll unbedingt ermutigt, gefördert und vielleicht auch wieder erneuert werden. Aber unsere Welt ist pluralistisch, und es gibt alles nebeneinander. Dadurch wird das andere nicht weniger. Sie werden immer Geister finden, die in diese Richtung tendieren – das sind aber nicht dieselben Personen, die Naturwissenschaftler im jetzigen Sinn werden. Es ist genug Vorrat da, um alle Positionen zu besetzen. Und wir sind dann immer noch nicht das Vorwärtsrennen der Wissenschaften in ihren eigenen Richtungen los. Wir haben nur eine Ergänzung hinzugefügt. Vielleicht ist es so: Philosophie heißt doch Liebe zur Weisheit – Weisheit ist nicht genau dasselbe wie Wissen. Weisheit urteilt u. a. darüber, was man mit dem Wissen anfangen soll. Nun, seit Bacon haben wir die Formel, daß Wissen Macht ist. Das ist in einer Weise Wirklichkeit geworden, die weit über alle Erwartungen Bacons hinausging. Die Erkenntnis der Natur gibt dem Menschen wirklich Macht, und diese Macht wird auch ausgeübt. Aber die Frage, ob man Macht, die man hat, auch ausüben soll, liegt ja auf einer anderen Ebene als die Gewinnung dieser Möglichkeit. Die Wissenschaft, die man nötig hat, ist die von eventueller Enthaltsamkeit, daß man also auf gewisse Möglichkeiten der Machtausübung aus-

Einsicht bewußt verzichtet. Die Frage ist nur, wenn man es erst zur Gewinnung der Macht kommen läßt, ob man es dann noch fertigbringt, Herr darüber zu bleiben, was von dieser Macht ausgeübt wird und was nicht. Das eigentlich Dämonische an der von der Wissenschaft gespeisten Technologie ist doch, daß sie von Macht zu Macht führt, und die Macht liegt überhaupt nur in der Ausübung. Die wirkliche Macht ist erst da, wenn man die abstrakte Möglichkeit wirklich anwendet. Wir müssen wieder zu einem Begriff der Kontemplation kommen, der Theoria, die abgeschieden ist von dem Hinblick auf Macht und dem, was man damit tun kann. Wir brauchen eine Wiederherstellung des ursprünglichen klassischen Begriffs der Theoria, der Anschauung, die ihren Erkenntnisobjekten gerade nichts antut, sondern sie betrachtet und sein läßt, was sie sind. Die Förderung der ehrfürchtig kontemplativen Haltung des Menschen ist eine der Aufgaben der Philosophie, der Ethik, die sich dann auch auf den Wissenschaftsbetrieb auswirken könnte. Aber vielleicht gehört das zu den Träumen eines Geistersehers.

REDAKTION: ... besonders drei bis vier Jahrhunderte, nachdem das andere Modell so erfolgreich war.

JONAS: Über alle Erwartungen erfolgreich. Das hat sich keiner von den damaligen Philosophen träumen lassen, weder Bacon noch Descartes. Descartes hat zwar davon gesprochen, wenn man erst die Mechanik der Natur wirklich durchschaut hat – und er war der Ansicht, daß man innerhalb einer Generation alles über die Natur wissen würde –, dann könnte man alles tun und dann wäre der Mensch erst Herr über die Dinge. Aber keiner von ihnen hat sich träumen lassen, was kam. Wir stehen heute vor der Frage: Ist Naturwissenschaft mit Ehrfurcht und einer Achtung für das Heilige vereinbar? Naturwissenschaft ist anscheinend etwas, das zunächst einen gewissen Respekt vor dem Naturgegebenen abstreifen muß, weil man ja in alles eindringen will. Es liegt ein Triumph in dieser Art der Entkleidung – man meint, der Kaiser hat ja gar keine Kleider an, er ist ja eigentlich ganz nackt, wir kommen allem auf die Schliche. Wie ist das z. B. mit einem Denkprozeß, wir sind ja schon dabei, mit gewissen Modellen, elektronischen Modellen, auch dahinter zu kommen. Aber ich glaube, da wird ein Punkt erreicht, an dem man vielleicht sieht, daß es doch Kleider gibt, durch die man zwar wieder sehen muß, ohne sie jedoch dabei zu verflüchtigen. Ich kann mir nicht vorstellen, daß die naturwissenschaftliche Art, die Wirklichkeit zu sehen, alles ist. Denn unser Leben spielt sich ja außerhalb der Wissenschaft ab; von dort kommen die Wichtigkeiten, die Begeisterungen und die Verzweiflungen. Daß das als Wirklichkeit minderen Ranges angesehen wird gegenüber dem, was »eigentlich« ist, nämlich den Quarks, Elektronen und schwarzen Löchern, ist ein Unrecht am menschlichen Eigentum und letztlich absurd. Wenn man auf die letzte Nacktheit stößt, wird einem klar, daß das nicht alles sein kann.

REDAKTION: Ein aktuelles Forschungsgebiet der Naturwissenschaft befaßt sich mit der Entstehung des Lebens. Glauben Sie, daß man so etwas mit naturwissenschaftlichen Methoden sinnvoll erforschen kann?

JONAS: Der augenblickliche Befund ist doch der, daß sich die Vorformen organischer Moleküle bereits in interstellaren Räumen bilden. Die Vorstufen der Aminosäuren sind in der interstellaren Materie bereits festgestellt. Man könnte also sagen, daß die Welt, daß die Materie aufs Leben hin angelegt sind, daß sie sich darauf hin bewegen. Damit wird Aristoteles eigentlich immer aktueller. Wenn es so ist, daß diese molekularen Verbände unter gewissen Bedingungen spontan entstehen, dann ist es doch sehr schwer, noch zu sagen, da ist keine Tendenz. Wenn man aber eine Tendenz zugibt, dann hat man bereits das, was Aristoteles dauernd im Auge hatte, daß es nämlich teleologische Prinzipien in der Natur gibt; und die Tatsache, daß das Leben sehr selten ist im Universum, z. B. in unserem Sonnensystem anscheinend nur hier auf der Erde existiert, zeigt nur, daß schon sehr günstige

Bedingungen vorliegen müssen, damit diese Stufe erreicht wird. Aber wenn die Bedingungen gegeben sind, scheint es ja mit einer gewissen Unwiderstehlichkeit dazu zu kommen, und irgendwo in diesem Prozeß stellt sich dann auch Bewußtsein ein oder Fühlen, Begehren, Streben usw. Das gehört doch mit zur Natur. Das muß doch dem Wesen des Stoffes ebenso gutgeschrieben werden wie die Schwerkraft und die elektrischen oder die schwachen und starken Kräfte im atomaren Bereich. Daraus wieder ein wirkliches Weltbild zu machen, nicht wie Jacques Monods »Zufall und Notwendigkeit«, es muß doch etwas anderes sein: Das wieder einzubauen in unser Schema, in unser begriffskategoriales Denken von der Wirklichkeit, ist wirklich eine sich allmählich aufdrängende Aufgabe. Wir haben das für ein paar Jahrhunderte suspendiert, aber es klopft doch wieder an die Tür.

Anmerkungen

1 Symposium Hotel Schloß Fuschl, Österreich, 7.-10. Mai 1981. Erschienen als *Möglichkeiten und Grenzen der technischen Kultur* / Hrsg.: D. Rössler, E. Lindenlaub. – Stuttgart, New York: Schattauer, 1982 (Symposia Medica Hoechst, 17); das abschließende »Podiumsgespräch mit Hans Jonas« dort S. 265-296. Die hier gebotenen Auszüge lassen folgende Teilnehmer zu Wort kommen: Prof. Dr. W. Hennis (Politikwissenschaft), Prof. Dr. G. Jakobs (Strafrecht), R. Kaufmann (freier Journalist), Prof. Dr. Dr. h. c. mult. H. Maier-Leibnitz (Physik), Prof. Dr. C. Razim (Werkstofftechnik), Prof. Dr. G. Rohrmoser (Sozialphilosophie), Prof. Dr. Dr. D. Rössler (Theologie), Prof. Dr. E. Samson (Jurisprudenz), Prof. Dr. W. Wild (Physik), Prof. Dr. H.-L. Winnacker (Biochemie).
2 *Nachrichten aus Chemie, Technik und Laboratorium* 29 (1981), Nr. 1, S. 434-439.

Bibliographische Notiz

Erstveröffentlichungen der einzelnen Abhandlungen, englisch und deutsch:

1. »Toward a Philosophy of Technology«, *The Hastings Center Report* 9/1, 1979.
   »Philosophisches zur modernen Technik«, in: *Fortschritt ohne Maß?* (Civitas Resultate), hrsg. v. Reinhard Löw (u. a.), R. Piper, München 1981.
2. »Technology as a Subject for Ethics«, *Social Research* 49/4, 1982.
   »Technik, Ethik und biogenetische Kunst. Betrachtungen zur neuen Schöpferrolle des Menschen« (I), *Die Pharmazeutische Industrie* 46/7, 1984.
3. »Auf der Schwelle der Zukunft: Werte von gestern und die Welt von morgen« in: Hans Jonas/Dietmar Mieth, *Was für morgen lebenswichtig ist,* Herder, Freiburg 1983.
4. »Forschung und Verantwortung«, *Aulavorträge* 21, Hochschule St. Gallen 1983.
5. »Freedom of Scientific Inquiry and the Public Interest«, *The Hastings Center Report* 6/4, 1976; und »Straddling the Boundaries of Theory and Practice« in: John Richards (ed.), *Recombinant DNA: Science, Ethics, and Politics,* Academic Press, New York 1983.
   »Freiheit der Forschung und öffentliches Wohl«, *Scheidewege* 11/2, 1981
6. »Philosophical Reflections on Experiments with Human Subjects«, *Daedalus*, 98/2, 1969.
   »Philosophische Betrachtungen über Versuche an menschlichen Subjekten« in: *Recht und Ethik in der Medizin*, hrsg. v. W. Doerr (u. a.), Springer, Berlin 1982.
7. »Ärztliche Kunst und menschliche Verantwortung«, *Renovatio* 39/4, 1983.
8. »Biological Engineering – A Preview« in: Hans Jonas, *Philosophical Essays: From Ancient Creed to Technological Man.* Prentice-Hall, Englewood Cliffs 1974 (jetzt: University of Chicago Press 1980).

»Laßt uns einen Menschen klonieren. Betrachtungen zur Aussicht genetischer Versuche mit uns selbst«, *Scheidewege* 12/3-4, 1982.

9. »Technik, Ethik und biogenetische Kunst. Betrachtungen zur neuen Schöpferrolle des Menschen« (II), *Die Pharmazeutische Industrie* 46/7, 1984.

10. »On the Redefinition of Death«; Sonderabschnitt des oben genannten Aufsatzes (6.) in: *Daedalus* 1969; und »Against the Stream: Comments on the Definition and Redefinition of Death« in: Jonas, *Philosophical Essays* 1974 und 1980 (s. o., 8.).

11. »The Right to Die«, *Hastings Center Report* 8/4, 1978.
   »Das Recht zu sterben«, *Scheidewege* 14, 1984/85.

12. a. »Podiumsgespräch mit Hans Jonas« in: *Möglichkeiten und Grenzen der technischen Kultur*, hrsg. v. D. Rössler (u. a.), Schattauer, Stuttgart 1982 (Symposia Medica Hoechst 17).
    b. »Im Zweifel für die Freiheit?«, *Nachrichten aus Chemie, Technik und Laboratorium* 29/1, 1981.

Für die Abdruckgenehmigung der genannten Beiträge sei hiermit gedankt.

Claude Lévi-Strauss
im Suhrkamp Verlag und
im Insel Verlag

- Das Ende des Totemismus. Aus dem Französischen von Hans Naumann. es 128
- Die elementaren Strukturen der Verwandtschaft. Aus dem Französischen von Eva Moldenhauer. Leinen
- Mythologica I. Das Rohe und das Gekochte. Aus dem Französischen von Eva Moldenhauer. Leinen und stw 167
- Mythologica II. Vom Honig zur Asche. Aus dem Französischen von Eva Moldenhauer. Leinen und stw 168
- Mythologica III. Der Ursprung der Tischsitten. Aus dem Französischen von Eva Moldenhauer. Leinen und stw 169
- Mythologica IV. Der nackte Mensch. Aus dem Französischen von Eva Moldenhauer. Zwei Bände. Leinen und stw 170
- Mythologica I–IV in Kassette. stw 167–170
- Mythos und Bedeutung. Fünf Radiovorträge. Gespräche mit Claude Lévi-Strauss. Herausgegeben von Adelbert Reif. es 1027
- Strukturale Anthropologie. Aus dem Französischen von Hans Naumann. Mit Illustrationen. stw 226
- Strukturale Anthropologie II. Aus dem Französischen von Eva Moldenhauer. Leinen und Sonderausgabe
- Traurige Tropen. Aus dem Französischen von Eva Moldenhauer. Leinen und stw 240
- Der Weg der Masken. Aus dem Französischen von Eva Moldenhauer. Mit farbigen Illustrationen. it 288
- Das wilde Denken. Aus dem Französischen von Hans Naumann. stw 14

Lévi-Strauss, Claude/Vernant, Jean Pierre
- Mythos ohne Illusion. es 1220

Materialien:
- Orte des wilden Denkens
  Zur Anthropologie von Claude Lévi-Strauss. Herausgegeben von Wolf Lepenies und Hans Henning Ritter. Theorie-Diskussion

Herbert Marcuse
im Suhrkamp Verlag

- Schriften. Leinen und kartoniert.
Bisher erschienen:
  Band 1: Der deutsche Künstlerroman. Frühe Aufsätze.
  Band 3: Aufsätze aus der ›Zeitschrift für Sozialforschung‹.
  Band 5: Triebstruktur und Gesellschaft.
  Band 8: Aufsätze und Vorlesungen 1941-1969. Versuch über die Befreiung.

Einzelausgaben:
- Ideen zu einer kritischen Theorie der Gesellschaft. es 300
- Konterrevolution und Revolte. Aus dem Amerikanischen von Rolf und Renate Wiggershaus. es 591
- Kultur und Gesellschaft I. es 101
- Kultur und Gesellschaft II. es 135
- Triebstruktur und Gesellschaft. Essay. Aus dem Amerikanischen von Marianne v. Eckardt-Jaffe. BS 158
- Versuch über die Befreiung. Aus dem Amerikanischen von Helmut Reinicke und Alfred Schmidt. es 329
- Zeit-Messungen. Drei Vorträge und ein Interview. es 770

Beiträge zu Anthologien:
- Aggression und Anpassung in der Industriegesellschaft. Mit Beiträgen von Herbert Marcuse, Klaus Horn, Alexander Mitscherlich, Dieter Senghaas. es 282
- Kritik der reinen Toleranz. Herbert Marcuse, Barrington Moore, Robert Paul Wolff. Aus dem Amerikanischen von Alfred Schmidt. es 181
- Dubiel, Helmut/Söllner, Alfons (Hg.)
  Wirtschaft, Recht und Staat im Nationalsozialismus. Analysen des Instituts für Sozialforschung 1939-1942 von Max Horkheimer, Friedrich Pollock, Franz L. Neumann, A. R. L. Gurland, Otto Kirchheimer und Herbert Marcuse. stw 471
- Der Stachel Freud. Eine Kontroverse zwischen Otto Fenichel und Herbert Marcuse. Mit Nachträgen von Alfred Lorenzer und Alfred Schmidt. Herausgegeben von Bernhard Görlich. es 961
- Habermas, Jürgen/Bovenschen, Silvia u. a.
  Gespräche mit Herbert Marcuse. es 938

suhrkamp taschenbücher
Eine Auswahl

Abish: Wie deutsch ist es 1135
Achternbusch: Alexanderschlacht 1232
– Die Atlantikschwimmer 1233
– Die Olympiasiegerin 1031
– 1969 1231
Adorno: Erziehung zur Mündigkeit 11
– Studien zum autoritären Charakter 107
Aitmatow: Der weiße Dampfer 51
Alain: Die Pflicht, glücklich zu sein 859
Alberti: Der verlorene Hain 1171
Alegría: Die hungrigen Hunde 447
Anders: Erzählungen. Fröhliche Philosophie 432
Ansprüche. Verständigungstexte von Frauen 887
Ansprüche. Verständigungstexte von Männern 1173
Antonioni: Zabriskie Point 1212
Arendt: Die verborgene Tradition 303
Armstrong: Kiss Daddy Goodnight 995
Artmann: The Best of H. C. Artmann 275
– Gedichte über die Liebe 1033
Augustin: Eastend 1176
Ba Jin: Die Familie 1147
Bachmann: Malina 641
Ball: Hermann Hesse 385
Ballard: Billenium 896
– Die Dürre 975
– Hallo Amerika! 895
– Das Katastrophengebiet 924
– Mythen der nahen Zukunft 1167
– Der tote Astronaut 940
Barnet: Das Lied der Rachel 966
Baur: Überleben 1098
Beach: Shakespeare and Company 823
Beck: Krankheit als Selbstheilung 1126
Becker, Jürgen: Die Abwesenden 882
Becker, Jurek: Aller Welt Freund 1151
– Irreführung der Behörden 271
– Jakob der Lügner 774
Beckett: Der Ausgestoßene 1006
– Endspiel 171
– Glückliche Tage 248
– Malone stirbt 407
– Der Namenlose 546
– Warten auf Godot 1
– Wie es ist 1262
Behrens: Die weiße Frau 655
Beig: Hochzeitslose 1163
– Rabenkrächzen 911
Bender: Der Hund von Torcello 1075
Benjamin: Deutsche Menschen 970
– Illuminationen 345
Benjamin/Scholem: Briefwechsel 1211
Berkéwicz: Josef stirbt 1125
Bernhard: Frost 47
– Gehen 5
– Der Kulterer 306
Bertaux: Hölderlin 686
Beti: Perpétue und die Gewöhnung ans Unglück 677
Bierce: Das Spukhaus 365
Bioy Casares: Die fremde Dienerin 962
– Morels Erfindung 939

- Der Traum des Helden 1185
Blatter: Kein schöner Land 1250
- Love me tender 883
Bloch: Freiheit und Ordnung 1264
Böni: Die Fronfastenkinder 1219
Bohrer: Ein bißchen Lust am Untergang 745
Brandão: Null 777
Brasch: Kargo 541
- Der schöne 27. September 903
Braun, J. u. G.: Conviva Ludibundus 748
- Der Fehlfaktor 687
- Die unhörbaren Töne 983
Braun, Volker: Gedichte 499
- Das ungezwungene Leben Kasts 546
Brecht: Gedichte für Städtebewohner 640
- Gedichte über die Liebe 1001
- Geschichten vom Herrn Keuner 16
Brecht-Liederbuch 1216
Bertolt Brechts Dreigroschenbuch 87
Brentano: Theodor Chindler 892
Broch, Hermann: Gedichte 572
- Massenwahntheorie 502
- Schlafwandler 472
- Die Schuldlosen 209
- Der Tod des Vergil 296
- Die Verzauberung 350
Brod: Der Prager Kreis 547
Buch: Die Hochzeit von Port-au-Prince 1260
- Karibische Kaltluft 1140
Cain: Serenade in Mexiko 1164
Campbell: Der Heros in tausend Gestalten 424
Carossa: Der Arzt Gion 821
Carpentier: Explosion in der Kathedrale 370
- Krieg der Zeit 552

Celan: Atemwende 850
Christo: Der Reichstag 960
Cioran: Vom Nachteil geboren zu sein 549
- Syllogismen der Bitterkeit 607
Cortázar: Album für Manuel 936
- Das Feuer aller Feuer 298
Dahrendorf: Die neue Freiheit 623
Dorst: Merlin oder das wüste Land 1076
Dorst/Fallada: Kleiner Mann – was nun? 127
Duras: Ganze Tage in den Bäumen 1157
- Moderato cantabile 1178
- Die Verzückung der Lol V. Stein 1079
- Der Vize-Konsul 1017
Eich: Fünfzehn Hörspiele 120
Eliade: Kosmos und Geschichte 1273
- Yoga 1127
Eliot: Die Dramen 191
Enzensberger: Der kurze Sommer der Anarchie 395
- Politische Brosamen 1132
- Der Untergang der Titanic 681
Erikson: Lebensgeschichte und historischer Augenblick 824
Eschenburg: Über Autorität 178
Fanon: Die Verdammten dieser Erde 668
Federspiel: Die Märchentante 1234
- Der Mann, der Glück brachte 891
- Massaker im Mond 1286
Feldenkrais: Bewußtheit durch Bewegung 429
Fleißer: Abenteuer aus dem Englischen Garten 925
- Ein Pfund Orangen 991
- Eine Zierde für den Verein 294

Franke: Der Atem der Sonne 1265
- Die Kälte des Weltraums 990
- Keine Spur von Leben 741
- Schule für Übermenschen 730
- Tod eines Unsterblichen 772
- Zone Null 585

Freund: Drei Tage mit J. Joyce 929

Fries: Das nackte Mädchen auf der Straße 577

Frisch: Andorra 277
- Dienstbüchlein 205
- Gesammelte Werke Bd. 1-7 1401-1407
- Homo faber 354
- Mein Name sei Gantenbein 286
- Der Mensch erscheint im Holozän 734
- Montauk 700
- Stiller 105
- Tagebuch 1946-1949 1148
- Tagebuch 1966-1971 256
- Wilhelm Tell für die Schule 2

Fromm/Suzuki/de Martino: Zen-Buddhismus und Psychoanalyse 37

Fuentes: Nichts als das Leben 343

Fühmann: 22 Tage oder die Hälfte des Lebens 463

Gabeira: Die Guerilleros sind müde 737

Gandhi: Mein Leben 953

García Lorca: Dichtung vom Cante Jondo 1007
- Das Publikum 1207

Ginzburg: Caro Michele 863
- Mein Familienlexikon 912

Goetz: Irre 1224

Goytisolo: Identitätszeichen 1133
- Rückforderung des Conde don Julián 1278
- Spanien und die Spanier 861

Griaule: Schwarze Genesis 624

Gründgens' Faust 838

Gulyga: Immanuel Kant 1093

Handke: Als das Wünschen noch geholfen hat 208
- Die Angst des Tormanns beim Elfmeter 27
- Ich bin ein Bewohner des Elfenbeinturms 56
- Kindergeschichte 1071
- Der kurze Brief 172
- Langsame Heimkehr 1069
- Die Lehre der Sainte-Victoire 1070
- Die linkshändige Frau 560
- Die Stunde der wahren Empfindung 452
- Über die Dörfer 1072
- Wunschloses Unglück 146

Hesse: Aus Indien 562
- Berthold 1198
- Casanovas Bekehrung 1196
- Demian 206
- Emil Kolb 1202
- Gertrud 890
- Das Glasperlenspiel 79
- Die Heimkehr 1201
- Heumond 1194
- Karl Eugen Eiselein 1192
- Kinderseele 1203
- Klein und Wagner 116
- Klingsors letzter Sommer 1195
- Die Kunst des Müßiggangs 100
- Kurgast 383
- Ladidel 1200
- Der Lateinschüler 1193
- Lektüre für Minuten 7
- Die Morgenlandfahrt 750
- Narziß und Goldmund 274
- Die Nürnberger Reise 227
- Peter Camenzind 161
- Roßhalde 312
- Siddhartha 182
- Der Steppenwolf 175
- Unterm Rad 52
- Walter Kömpf 1199

- Der Weltverbesserer 1197
Hildesheimer: Marbot 1009
- Mitteilungen an Max 1276
- Mozart 598
Höllerer: Die Elephantenuhr 266
Hohl: Die Notizen 1000
Horváth: Ein Kind unserer Zeit 1064
- Geschichten aus dem Wiener Wald 1054
- Italienische Nacht 1053
- Jugend ohne Gott 1063
Hrabal: Erzählungen 805
Huchel: Gezählte Tage 1097
Hürlimann: Die Tessinerin 985
Hughes: Ein Sturmwind auf Jamaica 980
Im Jahrhundert der Frau 1011
Innerhofer: Die großen Wörter 563
- Schöne Tage 349
Inoue: Die Eiswand 551
- Der Stierkampf 944
Janker: Zwischen zwei Feuern 1251
Jens: Republikanische Reden 512
Johnen/Zech: Allgemeine Musiklehre 1218
Johnson: Das dritte Buch über Achim 169
- Mutmassungen über Jakob 147
Jonas: Das Prinzip Verantwortung 1085
Joyce, James: Anna Livia Plurabelle 751
- Giacomo Joyce 1003
Joyce, Stanislaus: Das Dubliner Tagebuch 1046
Kästner: Der Hund in der Sonne 270
Kaminski: Die Gärten des Mullay Abdallah 930
- Herzflattern 1080
Kasack: Fälschungen 264

Kaschnitz: Der alte Garten 387
- Jennifers Träume 1022
- Tage, Tage, Jahre 1141
Kawerin: Das Ende einer Bande 992
Kenkô: Betrachtungen aus der Stille 1227
Kirchhoff: Einsamkeit der Haut 919
Koch, Werner: Jenseits des Sees 718
- See-Leben I 132
- Wechseljahre oder See-Leben II 412
Koeppen: Amerikafahrt 802
- Die Mauer schwankt 1249
- Romanisches Café 71
- Tauben im Gras 601
- Der Tod in Rom 241
- Das Treibhaus 78
Koestler: Der Yogi und der Kommissar 158
Kohl: Entzauberter Blick 1272
Komm: Der Idiot des Hauses 728
Konrád: Der Besucher 492
- Der Komplize 1220
Kracauer: Das Ornament der Masse 371
Kraus: Aphorismen 1318
- Die letzten Tage der Menschheit 1320
Kreuder: Die Gesellschaft vom Dachboden 1280
Kroetz: Der Mondscheinknecht 1039
- Der Mondscheinknecht. Fortsetzung 1241
Krolow: Das andere Leben 874
- Ein Gedicht entsteht 95
Kühn: Der Himalaya im Wintergarten 1026
- Josephine 587
- Die Präsidentin 858
- Stanislaw der Schweiger 496

Kundera: Abschiedswalzer 591
- Das Buch vom Lachen und Vergessen 868
- Das Leben ist anderswo 377
Laederach: Sigmund 1235
Lao She: Die Stadt der Katzen 1154
le Fort: Die Tochter Jephthas und andere Erzählungen 351
Lem: Also sprach GOLEM 1266
- Altruizin 1215
- Der futurologische Kongreß 534
- Imaginäre Größe 658
- Mondnacht 729
- Nacht und Schimmel 356
- Robotermärchen 856
- Die Stimme des Herrn 907
- Terminus 740
- Wie die Welt noch einmal davonkam 1181
Lenz, Hermann: Andere Tage 461
- Die Augen eines Dieners 348
- Die Begegnung 828
- Tagebuch vom Überleben 659
Leutenegger: Ninive 685
- Vorabend 642
Lezama Lima: Paradiso 1005
Link: Tage des schönen Schreckens 763
Lipuš: Der Zögling Tjaž 993
Loerke: Die Gedichte 1049
- Tagebücher 1903-1939 1242
Lovecraft: Berge des Wahnsinns 220
- Cthulhu 29
- Das Ding an der Schwelle 357
Majakowski: Her mit dem schönen Leben 766
Malson: Die wilden Kinder 55
Mao Dun: Shanghai im Zwielicht 920
Maupassant: Die Totenhand 1040

Mayer: Außenseiter 736
Mayröcker. Ein Lesebuch 548
Meier: Der schnurgerade Kanal 760
Meyer: Eine entfernte Ähnlichkeit 242
- Ein Reisender in Sachen Umsturz 927
Miller: Am Anfang war Erziehung 951
- Das Drama des begabten Kindes 950
- Du sollst nicht merken 952
Miłosz: Verführtes Denken 278
Mitscherlich: Ein Leben für die Psychoanalyse 1010
- Massenpsychologie ohne Ressentiment 76
Molière: Drei Stücke 486
Mommsen: Hofmannsthal und Fontane 1228
Morante: Lüge und Zauberei 701
Moser: Familienkrieg 1169
- Grammatik der Gefühle 897
- Lehrjahre auf der Couch 352
Muschg: Fremdkörper 964
- Gegenzauber 665
- Liebesgeschichten 164
- Mitgespielt 1083
Museum der modernen Poesie 476
Neruda: Liebesbriefe an Albertina Rosa 829
Nizon: Canto 319
Nossack: Das kennt man 336
- Der jüngere Bruder 133
- Um es kurz zu machen 255
O'Brien: Irischer Lebenslauf 986
Offenbach: Sonja 688
Onetti: Das kurze Leben 661
Oz, Im Lande Israel 1066
Paz: Essay I/II 1036
Pedretti: Heiliger Sebastian 769

- Die Zertrümmerung von dem Karl 1156
Penzoldts schönste Erzählungen 216
Phantastische Aussichten 1188
Phantastische Träume 954
Phantastische Welten 1068
Plenzdorf: Die Legende vom Glück ohne Ende 722
- Die neuen Leiden des jungen W. 300
- Gutenachtgeschichte 958
Plessner: Die Frage nach der Conditio humana 361
Poe: Der Fall des Hauses Ascher 517
Portmann: Biologie und Geist 124
Proust: Die Entflohene 918
- Die Gefangene 886
- Im Schatten junger Mädchenblüte. 2 Bde. 702
- In Swanns Welt 644
- Sodom und Gomorra. 2 Bde. 822
Puig: Die Engel von Hollywood 1165
- Der Kuß der Spinnenfrau 869
Ramos: Karges Leben 667
Regler: Das große Beispiel 439
Reinshagen: Das Frühlingsfest 637
Ribeiro: Maíra 809
Rochefort: Frühling für Anfänger 532
- Die Welt ist wie zwei Pferde 1244
- Zum Glück gehts dem Sommer entgegen 523
Rodoreda: Auf der Plaça del Diamant 977
Roumain: Herr über den Tau 675
Russell: Eroberung des Glücks 389

Sanzara: Die glückliche Hand 1184
Schertenleib: Die Ferienlandschaft 1277
Schimmang: Das Ende der Berührbarkeit 739
Schivelbusch: Intellektuellendämmerung 1121
Schleef: Gertrud 942
Schneider: Der Balkon 455
- Der Friede der Welt 1048
- Die Hohenzollern 590
Schröder: Fülle des Daseins 1029
Scorza: Trommelwirbel für Rancas 584
Semprun: Die große Reise 744
- Yves Montand: Das Leben geht weiter 1279
Sender: Der Verschollene 1037
Shaw: Der Aufstand gegen die Ehe 328
- Mensch und Übermensch 987
- Der Sozialismus und die Natur des Menschen 121
- Unreif 1226
Soriano: Das Autogramm 1252
- Traurig, Einsam und Endgültig 928
Spectaculum 1-15 900
Spectaculum 16-25 1050
Sperr: Bayrische Trilogie 28
Steiner: Ein Messer für den ehrlichen Finder 583
- Schnee bis in die Niederungen 935
Sternberger: Drei Wurzeln der Politik 1032
- Die Politik und der Friede 1237
- Die Stadt als Urbild 1166
Stierlin: Delegation und Familie 831
Stolze: Innenansicht 721
- Nachkriegsjahre 1094

Strätz: Frosch im Hals 938
Strindberg: Ein Lesebuch für die niederen Stände 402
Struck: Die Mutter 489
Strugatzki, A. u. B.: Der ferne Regenbogen 956
– Fluchtversuch 872
– Die gierigen Dinge des Jahrhunderts 827
Das Suhrkamp Taschenbuch 1100
Tango 1087
Tendrjakow: Die Abrechnung 965
Terlecki: Ruh aus nach dem Lauf 1030
Timmermans: Der Heilige der kleinen Dinge 611
Unseld: Der Autor und sein Verleger 1204
– Begegnungen mit Hermann Hesse 218
– Hermann Hesse. Werk- und Wirkungsgeschichte 1257
– Peter Suhrkamp 260
Vargas Llosa: Gespräch in der Kathedrale 1015
– Der Hauptmann und sein Frauenbataillon 959
Vogt: Schnee fällt auf Thorn 755
Waggerl: Brot 299
– Das Jahr des Herrn 836
Walser, Martin: Die Anselm Kristlein Trilogie. 3 Bde. 684
– Ehen in Philippsburg 1209
– Ein fliehendes Pferd 600
– Jenseits der Liebe 525
– Liebeserklärungen 1259
– Das Schwanenhaus 800
– Seelenarbeit 901
Walser, Robert: Bedenkliche Geschichten 1115
– Der Gehülfe 1110
– Geschwister Tanner 1109
– Jakob von Gunten 1111
– Poetenleben 1106
– Der Räuber 1112
– Wenn Schwache sich für stark halten 1117
– Zarte Zeilen 1118
Watts: Der Lauf des Wassers 878
– Vom Geist des Zen 1288
Weber-Kellermann: Die deutsche Familie 185
Weiß, Ernst: Der Aristokrat 792
– Der arme Verschwender 795
– Der Augenzeuge 797
– Die Feuerprobe 789
– Die Galeere 784
– Der Gefängnisarzt 794
– Georg Letham 793
– Mensch gegen Mensch 786
Weiss, Peter: Das Duell 41
Wilhelm: Die Wandlung 1146
Winkler: Das wilde Kärnten. 3 Bde. 1042–1044
Zeemann: Einübung in Katastrophen 565
– Das heimliche Fest 1285
Zweig: Brasilien 984